Eva Heinetzberger

AF828071

Macht Gender Mainstreaming Gleichstellung?

Eine Evaluierung eines Teilbereiches des österreichischen Arbeitsmarktes anhand der Beispiele Einkommen und Führungspositionen

PETER LANG
Internationaler Verlag der Wissenschaften

Bibliografische Information der Deutschen Nationalbibliothek
Die Deutsche Nationalbibliothek verzeichnet diese Publikation in der Deutschen Nationalbibliografie; detaillierte bibliografische Daten sind im Internet über http://dnb.d-nb.de abrufbar.

ISSN 0531-7339
ISBN 978-3-631-62541-5

© Peter Lang GmbH
Internationaler Verlag der Wissenschaften
Frankfurt am Main 2012
Alle Rechte vorbehalten.

Das Werk einschließlich aller seiner Teile ist urheberrechtlich geschützt. Jede Verwertung außerhalb der engen Grenzen des Urheberrechtsgesetzes ist ohne Zustimmung des Verlages unzulässig und strafbar. Das gilt insbesondere für Vervielfältigungen, Übersetzungen, Mikroverfilmungen und die Einspeicherung und Verarbeitung in elektronischen Systemen.

www.peterlang.de

Macht Gender Mainstreaming Gleichstellung?

Europäische Hochschulschriften
Publications Universitaires Européennes
European University Studies

Reihe V
Volks- und Betriebswirtschaft

Série V Series V
Sciences économiques, gestion d'entreprise
Economics and Management

Bd./Vol. 3421

PETER LANG
Frankfurt am Main · Berlin · Bern · Bruxelles · New York · Oxford · Wien

Inhaltsverzeichnis

A. Teil 1:

Ausgangslage und Forschungsgrundlagen

1. Einleitung

Die österreichische Regierung hat mit Ministerratsbeschluss vom 11. Juli 2000 die Einführung und Umsetzung von Gender Mainstreaming beschlossen (BMSG 2002, 1f), denn es war nicht zu übersehen, dass die Gleichstellung von Mann und Frau weder in der Gesellschaft noch in der Wirtschaft erfolgt ist. Zahlreiche Untersuchungen untermauern dieses nicht zufrieden stellende Ergebnis (vgl. Jarosch 2001, 102; Verloo 2001, 6ff; Gatrell/Cooper 2007, 58f). Feministische Forscherinnen haben nachgewiesen (vgl. Stiegler 2002a, 5; Behning/Sauer 2005, 12), dass die hierarchische Geschlechterordnung noch immer im politischen Handeln, in politischen Institutionen und Systemen eine wichtige Rolle spielt und diese „geschlechtsspezifische Verteilung von ökonomischer, kultureller und symbolischer Macht (...) bedeutet ein Demokratiedefizit" (Jarosch 2001, 11). Gender Mainstreaming wurde von der Europäischen Union ins Leben gerufen, um diese hierarchische Geschlechterordnung aufzubrechen. Es ist eine reichlich kontroversielle Debatte, die sich rund um Gender Mainstreaming seit seiner verpflichtenden Einführung entsponnen hat. Während die einen Gender Mainstreaming als Instrument ansehen, das Geschlechterdemokratie zum Thema für die politischen und administrativen Spitzen des Landes machen wird, sehen andere darin lediglich eine neue Methode oder Technik, die im Rahmen von Qualitätsmanagement und Verwaltungsmodernisierung eingeführt wird (vgl. Weg 2003a, 32). Zwischen diesen beiden Polen bewegt sich die Diskussion: auf der einen Seite diejenigen, die das Konzept als Aufforderung und Chance sehen, die Geschlechterperspektive in Politik, Organisationen und Verwaltungen einzubringen und auf der anderen Seite diejenigen, die dahinter nichts als ein im Kontext von Managing Diversity betriebswirtschaftliches Kalkül mit der Ressource Frau sehen (vgl. Weg 2003a, 32).

Der Begriff Gender Mainstreaming erscheint attraktiv im modernen Jargon der öffentlichen Verwaltungen und politischen Parteien, da er sich „zwanglos in die Rede von Steuerung, Instrumenten, Techniken und Qualitätssicherung – und noch attraktiver, da noch moderner – in die Rede von ‚Tools', ‚Assessment' oder ‚Controlling' einfügt" (Baer 2002a, 41). Nach Verloo (2001, 6) wird Gender Mainstreaming häufig als „die bessere Strategie" bezeichnet, besonders im Vergleich mit spezifischen Gleichstellungsprogrammen und -politiken, jedoch konnte Gender Mainstreaming nach Ansicht vieler Autor/innen (vgl. Gschwandtner/Buchinger 2006, Gubitzer 2004) die hoch gesteckten Erwartungen bislang nicht erfüllen. Dieses Kapitel zunächst beginnt zunächst mit der Beschreibung der Problemstellung und Zielsetzung der Arbeit, anschließend daran wird die Forschungsfrage formuliert und der Aufbau der Dissertation dargestellt.

1.1. Problemstellung

Gender Mainstreaming wird zwar seit gut einem Jahrzehnt angewandt, aber dennoch gibt es eine Vielzahl an Schwierigkeiten, eine richtige Einschätzung über Erfolg, Potenziale, Gefahren sowie Schwächen vorzunehmen, um daraus Schlüsse für die Zukunft des Gender Mainstreaming zu ziehen (vgl. Verloo 2007, 15). Aus einer ganzen Reihe von grundlegenden Problemen, auf die in dieser Arbeit noch näher eingegangen wird, ist nach Verloo (2007, 15) als größtes Problem zu nennen, dass es grundsätzlich schwierig ist, den spezifischen Beitrag und die Auswirkungen von politischen Strategien auf Gesellschaften einzuschätzen. Da sich Gesellschaften stetig verändern, ist es kaum möglich, Veränderungen einer bestimmten Politik zuzuschreiben (vgl. Verloo 2007, 16). Die Frage, was als Erfolg von Gender Mainstreaming gelten kann, befindet sich knapp zehn Jahre nach seiner Einführung im Anfangsstadium und Walby (2005, 15) bezeichnet das Erstellen von Erfolgskriterien für Gender Mainstreaming als einen der umstrittensten Punkte im Kontext des gesamten Konzepts.

Stiegler (2002b, 21) vergleicht das Prinzip von Gender Mainstreaming, der Berücksichtigung der geschlechterspezifischen Sichtweise in allen politischen Handlungen und Entscheidungen, mit dem Prinzip der Ökonomie. Ökonomische Gesichtspunkte prägen viele Entscheidungsprozesse von Organisationen und ziehen sich wie ein roter Faden durch die Organisationen. Unter dem Prinzip der Ökonomie versteht man die Tatsache, dass bei allen Entscheidungsprozessen in Organisationen die Frage der Kosten insofern eine wichtige Rolle spielt, indem unter Kosten-Nutzen-Gesichtspunkten versucht wird, den maximalen Nettonutzen zu erreichen. Damit versucht Stiegler (2002b, 21) auch das Wirkungsprinzip von Gender Mainstreaming zu klären, denn genauso, wie in öffentlichen Verwaltungen die Frage nach den Kosten und Nutzen in allen Entscheidungsprozessen eine erhebliche Rolle spielt, soll bei der Anwendung des Gender Mainstreaming Prinzips die Frage nach den Geschlechterverhältnissen an Bedeutung gewinnen. Doch während in Organisationen unbestritten ist, dass der Einfluss von ökonomischen Aspekten und Kostenfragen einen erheblichen Einfluss auf den in zumeist ökonomischen Kategorien definierten Erfolg der jeweiligen Organisation hat, steckt das Denken, dass Gender Perspektiven die Entscheidungsprozesse von Organisationen sowie deren daraus generierbaren ökonomischen Nutzen wesentlich beeinflussen können, noch ziemlich am Anfang (vgl. Degener 2008, 291f; Steinhage 2006, 160).

Geschlechterrelevante Aspekte in der Beschäftigungspolitik werden heute mehr diskutiert als noch vor einigen Jahren. Maier (2002, 83) analysiert jedoch in diesem Zusammenhang, dass – obwohl sich die europäischen Mitgliedsstaaten zwar auf dem Papier geeinigt haben, ihre jeweilige nationale Beschäftigungspolitik mit besonderem Augenmerk auf das Geschlechterverhältnis neu zu definieren und auch viele Länder Initiativen ergriffen haben, um Gender Mainstreaming über die Politik zu etablieren und implementieren – es unklar erscheint, ob die Regierungen der EU Länder das Gender Mainstreaming Konzept überhaupt akzeptiert bzw. verstanden haben. In der ESF-Verordnung des Europäischen Parlaments und Rates (1999) wurde ein doppelter Ansatz zur Förderung der Chancengleichheit für Frauen und Männer aufgenommen:

> „Spezifische Maßnahmen zur Verbesserung des Zugangs von Frauen zum und ihrer Beteiligung am Arbeitsmarkt, einschließlich ihres beruflichen Aufstiegs, ihres Zugangs zu neuen Beschäftigungsmöglichkeiten und zum Unternehmertum, sowie Verringerung der geschlechtsspezifischen vertikalen und horizontalen Aufgliederung des Arbeitsmarkts."

Betrachtet man zum Beispiel das Problem der geringen Zahl an Frauen in Führungspositionen, so provoziert dieses weitgefächerte Diskussionen, jedoch besteht meist Einigkeit darüber, dass Frauen und Männer nicht in gleicher Weise an den Führungspositionen in Organisationen und der damit verbundenen Macht partizipieren (vgl. Struthmann 2008, 9). Je höher die Hierarchieebene, desto geringer wird der Frauenanteil und desto mehr wird Führung zur „Männersache" (Struthmann 2008, 9). Im engen Zusammenhang damit steht das hartnäckige Vorhandensein von Ungleichbehandlung in der Bezahlung von Frauen gegenüber Männern, denn „Frauen erhalten, wenn überhaupt, vor allem Zugang zu niedriger entlohnten Führungspositionen" (Baur/Fleischer/Schober 2005, 103). Gender Mainstreaming soll nun als gleichstellungspolitisches Instrument das geschlechtsspezifische Lohn- und Gehaltsgefälle sowie Aufstiegsbarrieren identifizieren und durch geeignete Maßnahmen eliminieren. Ausgehend von der Annahme, dass das Geschlecht Einfluss auf die Verteilung von Macht, Geld und Teilhabe hat, stellt Gender Mainstreaming nach Schmitt (2005, 81) ein Konzept dar, dessen Ziel es ist, einen Wandel der Einstellungen von Menschen, gekoppelt an eine gleichzeitige Veränderung von Organisationen, herbeizuführen. Anders ausgedrückt: Gender Mainstreaming liegt nach Verloo (2007, 20) die Erkenntnis zugrunde, dass Geschlechterungleichheit nicht nur durch das Verhalten und die Erfahrungen von Menschen hervorgerufen wird, sondern außerdem eine so tiefe Verankerung in Systemen, Institutionen und Organisationen besitzt, dass eine

Transformation eben dieser Systeme, Institutionen und Organisationen notwendig ist, damit daraus Geschlechtergerechtigkeit entstehen kann.

Gender Mainstreaming, so führt es Weg (2003b, 179) aus, wird nur vorankommen, wenn „das Leitprinzip in einem Prozess systematischer Implementierung und Steuerung einschließlich Evaluierung abgesichert wird". Dabei geht es nicht um ein einzelnes Modell, sondern um eine Umgestaltung von Programmen, beginnend bei den Richtlinien, über die Umsetzung bis hin zur Evaluierung (vgl. Weg 2003b, 179).

1.2. Zielsetzung

Zielsetzung dieser Arbeit ist es, zu evaluieren, ob Gender Mainstreaming Gleichstellung am Arbeitsmarkt – speziell in der Problematik des bestehenden Lohn- und Gehaltsgefälles sowie der unterschiedlichen Karrierechancen von Frauen und Männern am Arbeitsmarkt – herbeiführen kann. Seit der verpflichtenden Einführung von Gender Mainstreaming in Österreich im Jahr 2000 beginnt sich der Begriff Gender Mainstreaming langsam durchzusetzen, damit ist gemeint, dass dieser Begriff in öffentlichen Institutionen, vor allem bei den Personal- und Gleichstellungsverantwortlichen, bekannt geworden ist. Aber genau darin lauert auch die Gefahr:

> „Ist Gender Mainstreaming bloß eine neue Fahne, die wir über den alten, frauenpolitischen Forderungen schwenken, ein Trick, Frauenpolitik unter einem neuen, moderner klingenden Begriff wieder interessant zu machen? […] Wird Geschlechterdemokratie nun mit Gender Mainstreaming salonfähig in den Machtetagen und ein Thema für die politischen und administrativen Führungsspitzen? Oder ist Gender Mainstreaming bloß eine neue Methode und Technik im Rahmen der Verwaltungsmodernisierung und des Qualitätsmanagements?" (Weg 2003a, 32).

Gerade von ausgewiesenen Expert/inn/en wird Gender Mainstreaming und die in diesem Zusammenhang auffällig gewordene Diskrepanz zwischen Theorie und Praxis sehr kritisch durchleuchtet. Nach Schunter-Kleemann (2001, 8) kann Gender Mainstreaming in der Arbeitsmarktpolitik nur dann funktionieren, wenn es als Konzept in eine konsistente und wohlfahrtsstaatlich ausgerichtete Gesamtstrategie integriert wird und deshalb nicht Gefahr läuft, dass es anderen Politikansätzen, wie dem Neoliberalismus, entgegensteht und letztlich diesen zum Opfer fällt. Ein Gradmesser dafür sind die beschäftigungspolitischen Leitlinien, die von der Europäischen Union ins Leben gerufen wurden: jährlich werden diese Leitlinien festgelegt, die dann von den Mitgliedsstaaten der EU in nationalen Maßnahmen umgesetzt werden. Bei der Betrachtung dieser beschäftigungspolitischen Leitlinien, kann man erkennen, kommt Schunter-Kleemann (2001, 8) zum

Schluss, dass diese weiterhin kontraproduktive Wirkung zeigen, obwohl sie in vielen Punkten ganz ausdrücklich die Förderung der Chancengleichheit und des Gender Mainstreaming Prinzips ansprechen.

Gerade deshalb genügt es nicht allein, dass Gender Mainstreaming als Begriff bekannt ist, sondern es muss das Hauptaugenmerk auf die in diesem Zusammenhang gesetzten Ziele und Maßnahmen und die Evaluierung derselben gelegt werden. Behning/Sauer (2005, 12) formulieren es so: „Es geht bei Gender Mainstreaming weniger um die schlichte Integration einer geschlechterbezogenen Sichtweise [...], sondern vielmehr um die kritische Reflexion und Evaluation von geschlechtsspezifischen Sichtweisen in politischen Prozessen [...]". Tatsächlich aber fehlt es vielfach an klar definierten Kriterien für Gender Mainstreaming, an denen ein Fortschritt in der einen oder anderen Richtung gemessen werden könnte. Nach Behning/Sauer (2005, 11) weist die Definition des Europarates (1998) zu Gender Mainstreaming, welche im zweiten Kapitel dieser Arbeit ausführlich besprochen wird, eine Leerstelle auf, konkreter gesagt, die Zielbestimmung des Instrumentes. Die Präzisierung der Ausgestaltung der Ziele von Gender Mainstreaming wird von der Europäischen Union jenen politischen Akteur/inn/en und Expert/inn/en überlassen, die auf nationalstaatlicher Ebene mit der Umsetzung befasst sind. Wroblewski/Lassnig/Kahlhammer (2007, 87) beschäftigen sich intensiv mit der Rolle der Evaluierung im Gender Mainstreaming Implementierungsprozess und fordern eine systematische Integration von Evaluationsfragestellungen bereits während des Umsetzungsprozesses, denn damit könnten Fehlentwicklungen frühzeitig erkannt und rückgemeldet werden. Gleichzeitig stellt die Evaluierung durch systematische Begleitung Informationen bereit, die möglichst viele unterschiedliche Perspektiven berücksichtigt (vgl. Wroblewski/Lassnig/Kahlhammer 2007, 87).

Im Rahmen dieser Dissertation liegt der Schwerpunkt der Prüfung der Wirksamkeit von Gender Mainstreaming auf dem Themengebiet Arbeitsmarkt mit besonderem Augenmerk auf den Teilarbeitsmarkt des Öffentlichen Dienstes. Ziel dieser Prüfung ist es, zu untersuchen, ob und wenn ja, welche Gleichstellungsziele in Bezug auf die beiden Arbeitsmarktschwerpunkte *Frauen in Führungspositionen* und *Lohn- und Gehaltsgefälle* überhaupt definiert wurden und inwieweit diese durch die bisher auf Basis von Gender Mainstreaming eingeleiteten Maßnahmen erreicht werden können. Wöhl (2007, 14) geht von der These, dass bestehende geschlechtsspezifische Machthierarchien und Herrschaftsstrukturen in den staatlichen Verwaltungen, die Gender Mainstreaming als Top Down Prozess umsetzen sollen, diesen Prozess der Umsetzung von Geschlechterpolitiken bislang behinderten. Das wiederum bedeutet, dass in dieser Arbeit im Sinne eines theoretisch-konzeptionellen Bezugsrahmens auf Gender-Theorien als Erklärungsansätze für Geschlechterverhältnisse als auch Geschlechterkonstrukte zurückgegriffen werden muss. Als weiterer theoretischer Bezugspunkt werden Organisationstheorien und hier vor allem die konstruktivistischen Ansätze zugrunde gelegt, da erst die Möglichkeit der Veränderung von Geschlechterkonstrukten in Organisationen eine Überprüfung der Wirksamkeit der Maßnahmen in der Arbeitsmarktpolitik ermöglicht. Eine Veranschaulichung dieser Zusammenhänge erfolgt im nächsten Kapitel.

1.3. Forschungsfrage

Gender Mainstreaming bezeichnet eine neue gleichstellungspolitische Strategie zur Herstellung von Chancengleichheit zwischen den Geschlechtern. Erstmals wird durch ein offizielles Steuerungsinstrument auf europäischer Ebene eine weit reichende Einflussmöglichkeit auf nationale Politiken, Wissenschaft und Forschung eröffnet. Struthmann (2008, 6) wirft zum Beispiel im Zusammenhang mit Wissenschaft jene wichtigen Fragen auf, um die es im Kern bei der Umsetzung von Gender Mainstreaming geht:

> „Stellt das Konzept des Gender Mainstreaming auf der Makro-Ebene eine adäquate handlungspolitische Reaktion auf die unbestreitbare Tatsache dar, dass die Ungleichheit zwischen den Geschlechtern zu Ungunsten der Frauen ständig reproduziert wird? [...] Ermöglicht Gender Mainstreaming auch auf der Mikro-Ebene die individuelle Karriereplanung und -förderung von Nachwuchswissenschaftler/innen, um dadurch den Frauenanteil bei der Besetzung von Professuren nachhaltig zu erörtern?".

Damit spricht Struthmann (2008, 6) die wesentlichen Elemente, die bei einer kritischen Betrachtung von Gender Mainstreaming zu hinterfragen sind, an: die soziale Konstruktion von Geschlecht und die Reproduktion von Ungleichheit durch das tägliche Doing Gender sowohl auf der Makro- als auch Mikro-Ebene von Gesellschaften und Organisationen und deren Auswirkungen auf arbeitsmarktpolitische Themenstellungen wie Zugangsbarrieren zu Führungspositionen sowie ungleiche Entlohnung. Die entscheidende Frage im Rahmen dieser Arbeit ist, ob die Maßnahmen aufgrund von Gender Mainstreaming geeignet sind, die intendierte Gleichstellung auf dem Arbeitsmarkt hinsichtlich des Gender Pay Gap und den Aufstiegschancen tatsächlich herbeizuführen. Die Forschungsfrage im Rahmen dieser Arbeit lautet daher folgendermaßen:

Inwieweit führen die bisher aufgrund von Gender Mainstreaming eingeleiteten Maßnahmen in der Arbeitsmarktpolitik eine Gleichstellung in Bezug auf den Zugang zu Führungspositionen und bezüglich der Entlohnung in Organisationen herbei?

Bei der Beantwortung dieser Forschungsfrage sind vor allem drei Einflussfaktoren zu beachten, die bereits an dieser Stelle herausgearbeitet werden sollen: Erstens ist zu berücksichtigen, dass Gender Mainstreaming für eine Evaluierung eine besondere Herausforderung darstellt, weil Gender Mainstreaming nicht konkret genug definiert ist und daher auch unterschiedlich interpretiert werden kann. Auf die fehlende Konkretisierung des Gender Mainstreaming Ansatzes wird im dritten Kapitel dieser Arbeit näher eingegangen. Das Ziel, Gleichstellung in fast allen Lebensbereichen zu verwirklichen, stellt einen Anspruch, der in der Realität nur mit großem Aufwand berücksichtigt werden kann. Bedingt durch die mangelhafte Verfügbarkeit von Daten, die Zeiterfordernis für die Datenüberprüfung und die Unsicherheit, wie eine Verbesserung in der Situation der Chancengleichheit überhaupt gemessen werden kann (vgl. Leitner/Wroblewski 2000, 7), ist ein Kompromiss und eine Einschränkung auf spezifische Themenfelder unabdingbar. Deshalb konzentriere ich mich im Folgenden in der Beantwortung der Forschungsfrage auf Maßnahmen der österreichischen Arbeitsmarktpolitik, die die beiden Bereiche Einkommensunterschiede zwischen Frauen und Männern und Frauen in Führungspositionen betreffen, da zum einen eine Einschränkung des in seiner beabsichtigten Wirksamkeit sehr weit gespannten Konzeptes Gender Mainstreaming notwendig und sinnvoll ist, und zum anderen diese beiden Themen des Arbeitsmarktes seitens der Regierung (BMWA 2001, 5) als vorrangig definiert wurden. Wie die Erfahrungen aus einem Pilotprojekt (Moritz 2008, 81) in der Arbeiterkammer Wien zeigen, wurden zwar wichtige Impulse für einen differenzierten Blick auf die Geschlechter gesetzt und Gender Mainstreaming konnte in vielen Tätigkeitsfeldern laufend integriert werden, jedoch ist es bisher nicht zu einer institutionellen Verankerung des Prinzips mit verbindlichen Zahlen und einer Evaluierung gekommen. Walby (2005, 15) bezeichnet die Absenz von Erfolgskriterien als einen der umstrittensten Punkte im gesamten Kontext des Gender Mainstreamings.

Zweitens wird eine klare und nachvollziehbare Trennung zwischen Frauenförderung und Gender Mainstreaming nicht immer gelingen und vielleicht auch nicht immer sinnvoll sein. Deshalb schlagen Leitner/Wroblewski (2000, 7) vor, dass Gender Mainstreaming und spezifische Maßnahmen zur Chancengleichheit von Frauen und Männern, weil sie sich gegenseitig ergänzen, auch in der Bewertung ergänzend berücksichtigt werden sollten. Naylon/Weber (2000, 9) beschreiben es so, dass im Österreichischen Nationalen Aktionsplan für Beschäftigung (NAP) 1999 Gender Mainstreaming als Teil eines umfassenden Ansatzes zur Beseitigung von Diskriminierung von Frauen am Arbeitsmarkt gesehen wird, der durch positiv wirkende, frauenfördernde Maßnahmen ergänzt werden muss. Dies wirft aber eine wichtige Frage auf: wenn man sich mit Zahlen und Fakten betreffend Lohn- und Gehaltsgefälle sowie Frauen in Führungspositionen befasst, dann mögen diese zwar eindeutige Belege für die jeweilige Situation am Arbeitsmarkt darstellen, jedoch kann man schwer unterscheiden, was davon von nationalen Frauenförderprogrammen und was von Gender Mainstreaming beeinflusst wird. Im Grunde müsste man hier eine klare Trennung vornehmen, um eine seriöse Evaluierung der Maßnahmen vornehmen zu können. Andererseits wird Gender Mainstreaming als Ergänzung zu den traditionellen Frauenförderprogrammen verstanden.

> „Die ursprüngliche Idee der Gleichbehandlung der Geschlechter wurde durch Entwicklung von spezifischen Frauenmaßnahmen (*positive action* oder positive Diskriminierung) abgelöst und dahingehend weiterentwickelt, dass nunmehr die Geschlechterperspektive in sämtlichen Entscheidungen und Maßnahmen mitberücksichtigt werden soll (*Mainstreaming*)" (Leitner/Wroblewski 2000, 3).

Dem Zusammenspiel bzw. auch der Abgrenzung von klassischer Frauenförderpolitik zu Gender Mainstreaming wird aufgrund der Wichtigkeit des Themas für die Beurteilung der Wirksamkeit von Gender Mainstreaming auf dem Arbeitsmarkt ein eigenes Kapitel gewidmet. In der vorliegenden Arbeit werden dort, wo Ursache und Wirkung von Maßnahmen, die auf Basis von Gender Mainstreaming eingeleitet wurden, von Ursache und Wirkung von Frauenförderprogrammen deutlich unterscheidbar sind, dieses auch an der jeweiligen Stelle eindeutig festgehalten. Deshalb wird besonderes Augenmerk darauf zu legen sein, die Bedingungen, unter denen die Evaluierung durchgeführt wird, detailliert und nachvollziehbar zu beschreiben.

Der dritte Einflussfaktor ist, dass die Bewertung geschlechtsspezifischer Auswirkungen von Maßnahmen und Zielsetzungen nicht losgelöst zu sehen ist von den unterschiedlichen Bedingungen und Bedürfnissen von Frauen und Männern. Damit wird zum Ausdruck gebracht, wenn man von Chancengleichheit auf dem Arbeitsmarkt und einer Evaluierung derselben spricht, man sich darüber im Klaren sein muss, dass es sich dabei um kein streng isoliertes Thema handelt, sondern dass man es mit komplexen Wirkungszusammenhängen zu tun hat. Nach Schunter-Kleemann (2004, 99) sind ein deutliches Beispiel dafür die Verpflichtungen der Währungsunion und des Stabilitätspaktes, die eine Gender Mainstreaming Politik erschweren:

> „Im Klartext: mit diesen währungspolitischen Beschlüssen wurden zusätzliche Hindernisse für eine Politik der Gleichstellung im Erwerbs- und Familienbereich aufgerichtet, weil die nationalen und die europäischen Finanzhaushalte auch in der Zukunft in ein enges währungspolitisches Korsett eingezwängt werden".

Durch den anhaltenden Druck auf die Mitgliedsländer, ihre Staatsverschuldung zu reduzieren, ist es vorzugsweise zu Einsparungen bei den Sozialausgaben und durch die Privatisierung von öffentlichen Betrieben zu Beschäftigungseinbrüchen gekommen, die vor allem wieder die Frauen betroffen haben und zwar in doppelter Hinsicht: einerseits wurde die Quantität und Qualität ihrer Arbeitsplätze verschlechtert, andererseits gab es Einsparungen vor allem bei jenen öffentlichen Dienstleistungen, die für die Vereinbarkeit von Beruf und Familie Voraussetzung sind (vgl. Schunter-Kleemann 2004, 99f). Damit wird verdeutlicht, dass die große Gefahr besteht, dass Gender Mainstreaming Maßnahmen in der Arbeitsmarktpolitik, die bereits Wirkung zeigen würden, durch andere, diesen Maßnahmen entgegenstehenden Zielen wieder aufgesogen werden können.

Gender Mainstreaming an sich steht heute bei den meisten politischen Entscheidungsträger/innen nicht mehr in Frage. Wie die vorliegende Literatur zu Gender Mainstreaming zeigt (vgl. Verloo 2007, 15ff) wird die Frage nach dem Umsetzungsstand des Konzeptes in der Praxis noch zu wenig beleuchtet. Genauer gesagt, geht es um die Klärung, ob das angestrebte Ziel der Gleichstellung mit diesem Instrument erreicht werden kann. Leitner/Wroblewski (2000, 7) bringen es auf den Punkt:

> „Auch wenn der Mainstreaming-Ansatz mit all den Problemen der Bewertung systematisch in der Politik berücksichtigt wird, bedeutet dies nicht, dass damit Chancengleichheit erreicht wird. Denn während das Gender Mainstreaming innerhalb eines gegebenen Kontexts auf eine geschlechtsneutrale Politik abzielt und damit längerfristig zur Erreichung der Chancengleichheit beiträgt, sind aufgrund der bestehenden Unterschiede zwischen Frauen und Männern begleitende Programme notwendig, um durch spezifische Maßnahmen gegebene Ungleichheiten zwischen den Geschlechtern zu vermindern".

Die folgende Abbildung 1 veranschaulicht nochmals jene Komponenten, die für die Beantwortung der Forschungsfrage einen wesentlichen Beitrag leisten. Dabei handelt es sich um den Einfluss von Gender Theorien und Organisationstheorien auf Maßnahmen in der Arbeitsmarktpolitik, die aufgrund von Gender Mainstreaming definiert wurden. Die soziale Konstruktion von Geschlecht spielt dabei für das Gleichstellungsziel von Gender Mainstreaming ebenso eine Rolle wie die Frage der Veränderungsfähigkeit von Organisationen.

1.4. Aufbau der Arbeit

Der theoretische Teil der vorliegenden Arbeit beginnt im ersten Kapitel zunächst mit der Beschreibung der Problemstellung, der Zielsetzung und der Forschungsfrage, die der Arbeit zugrunde liegt. Im zweiten Kapitel werden Begriff, Entstehung und Definition von Gender Mainstreaming erläutert. Ein weiterer Teil des zweiten Kapitels widmet sich der wichtigen Frage, ob Gender Mainstreaming als Strategie, Konzept oder Programm zu bezeichnen ist, um die grundsätzliche Ausrichtung und Intention von Gender Mainstreaming besser verstehen zu

Abbildung 1: Der Beitrag von Gender Mainstreaming zur Gleichstellung am Arbeitsmarkt

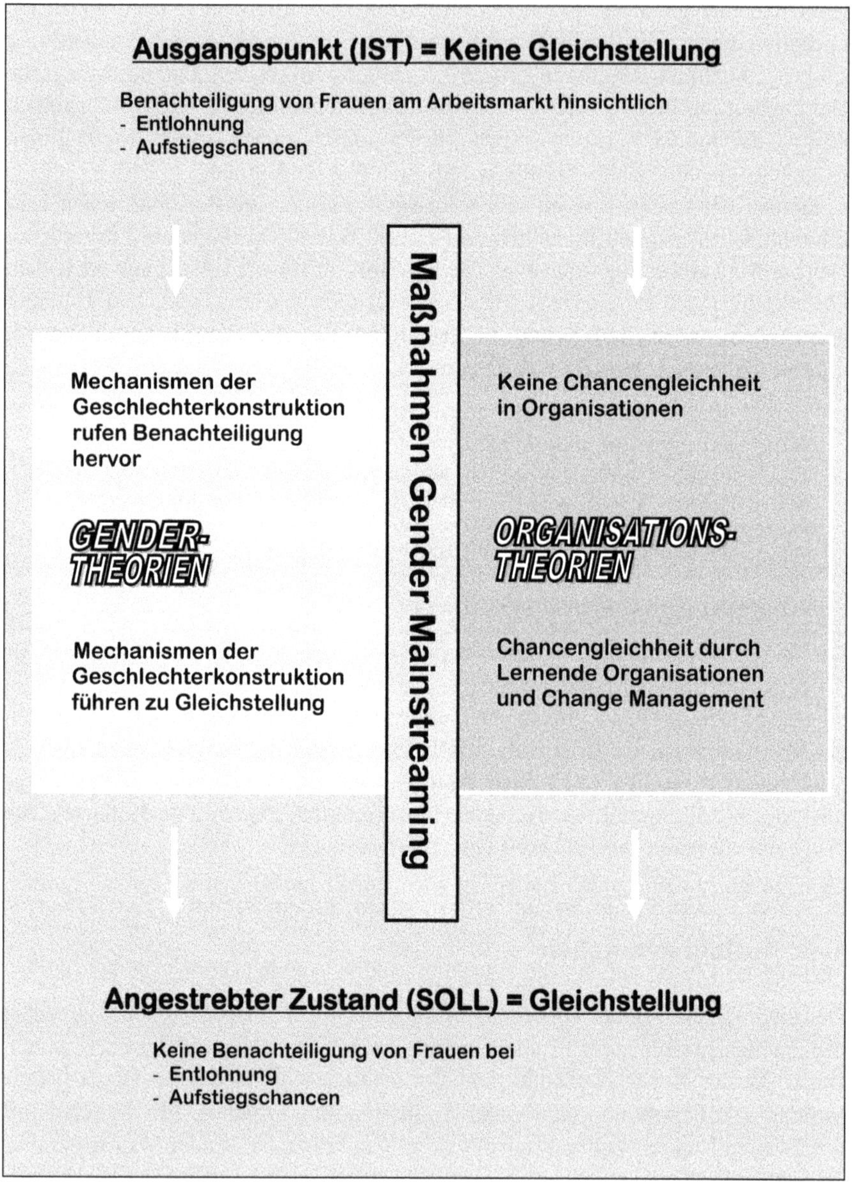

Quelle: eigene Darstellung.

können. Kapitel drei beschäftigt sich mit Gender Mainstreaming im österreichischen Arbeitsmarkt.

Im dritten Kapitel erfolgt nach einer Betrachtung der Einführung von Gender Mainstreaming in Österreich sowie des Status Quo eine Evaluierung, welche Maßnahmen bisher aufgrund von Gender Mainstreaming zur Gleichstellung auf dem Arbeitsmarkt eingeleitet wurden. Die Grundlage für die Überprüfung bilden vor allem Inhalte und Informationen, die die mit der Umsetzung betrauten Institutionen und Organisationen auf ihren Internetseiten bereitgestellt haben. Dazu zählen die Bundesministerien, die österreichische Bundesregierung, das Arbeitsmarktservice, die interministerielle Arbeitsgruppe Gender Mainstreaming und das Institut L&R Sozialforschung im Rahmen von GeKo (Gender Kompetenz). Dieser Überblick über die bisher aufgrund von Gender Mainstreaming eingeleiteten Maßnahmen zur Gleichstellung von Frauen und Männern auf dem Arbeitsmarkt soll eine Einschätzung des aktuellen Umsetzungsstandes von Gender Mainstreaming über die österreichische Arbeitsmarktpolitik ermöglichen. In der Praxis erlebt man immer wieder, dass der Begriff Gender Mainstreaming häufig recht allgemein im Zusammenhang mit klassischer Frauenförderung verwendet wird. Deshalb ist es notwendig, im Zuge des Konzeptes Gender Mainstreaming den Zusammenhang mit, aber auch die Abgrenzung von traditioneller Frauenförderpolitik zu diskutieren. Diese Diskussion erfolgt im letzten Teil des dritten Kapitels der vorliegenden Arbeit.

Daran anschließend werden in Kapitel vier Daten, Zahlen und Fakten zur Entwicklung des Arbeitsmarktes seit der Einführung von Gender Mainstreaming dargestellt. Dabei werden zunächst Daten und Fakten betreffend Lohn- und Gehaltsgefälle in Österreich erhoben und danach mit Daten und Fakten der Europäischen Union und zuletzt im internationalen Umfeld verglichen. Die Daten und Fakten zu Frauen in Führungspositionen werden ebenso im ersten Schritt für Österreich erhoben und danach wird ein Vergleich mit der Europäischen Union gezogen. Dabei liegt der Schwerpunkt auf der Geschlechtsstruktur der Parlamente und Regierungen, denn – wie in einem späteren Kapitel noch ausführlicher erörtert wird – stellt Gender Mainstreaming unter anderem auf die erhöhte Teilhabe von Frauen in Entscheidungsprozessen ab. Zur Abrundung des Bildes werden Daten und Fakten zur Präsenz von Frauen in den Chefetagen von österreichischen und internationalen Unternehmen gezeigt. Die gesamten Daten und Fakten dienen unter anderem als Grundlage für die qualitative Befragung in dieser Arbeit.

In Kapitel fünf liefern theoretische Ansätze eine mögliche Erklärung für das bestehende und seit vielen Jahren gegen jegliche Maßnahmen resistente Lohn- und Gehaltsgefälle sowie die verringerten Aufstiegschancen von Frauen auf dem österreichischen Arbeitsmarkt. Dabei werden die Ursachen für die geschlechtsspezifische Teilung des österreichischen Arbeitsmarktes aufgrund von Doing

Gender näher beleuchtet. Darunter versteht man die im Alltagsleben andauernde Reproduktion der herrschenden Rollenstereotype und damit die weitere Verfestigung der Benachteiligung von Frauen auf dem Arbeitsmarkt. In Kapitel sechs erfolgt eine Beschreibung des theoretisch-konzeptionellen Bezugsrahmens, in dem die eigene empirische Untersuchung sich bewegen wird. Der erste Teil widmet sich den aktuellen Gender-Theorien und wie sich Gender Mainstreaming in den Gender Diskurs einfügt. Der zweite Teil des theoretisch-konzeptionellen Bezugsrahmens beschäftigt sich mit Organisationstheorien. Obwohl die Schwerpunkte der Forschungsfrage – Problemstellungen hinsichtlich des Arbeitsmarktes – eher makroökonomischen Gesichtspunkten zuzuordnen sind, kann meines Erachtens eine Überprüfung nur in mikrotheoretischer Hinsicht, nämlich in der Spiegelung an Organisationen und Unternehmen, in denen Gender Mainstreaming umgesetzt und wirksam werden soll, erfolgen. Eine ausführliche Begründung dafür wird im Kapitel sechs vorgenommen. Im siebenten und letzten Teil des theoretischen Abschnitts werden zusammenfassend fünf zentrale Thesen formuliert, die die Grundlage für die empirische Untersuchung und die Gestaltung des Interviewleitfadens im zweiten Teil der Arbeit bilden.

Der empirische Teil beginnt in Kapitel acht mit der Erläuterung des methodischen Rahmens der Arbeit und umfasst zunächst einen kurzen Einblick in die qualitative Sozialforschung. Daran anschließend wird die Auswahl der Interviewpartner/innen, die Durchführung der Erhebung der Daten sowie die Auswertung der Daten beschrieben. Kapitel neun beschäftigt sich mit der ausführlichen Darstellung der Ergebnisse aus den aus den Interviews gewonnenen Daten und Fakten. Kapitel zehn widmet sich der Überprüfung der fünf zentralen Thesen, die im theoretischen Teil gebildet wurden sowie der Beantwortung der Forschungsfrage. Den Abschluss der vorliegenden Dissertation bildet Kapitel elf, in dem eine Zusammenfassung der Arbeit sowie Empfehlungen für die weitere Forschung und Gleichstellungspolitik dargestellt werden.

2. Grundlagen zu Gender Mainstreaming

Gender Mainstreaming ist in einem gesamtgesellschaftlichen Zusammenhang zu sehen und seine Umsetzung ist von Veränderungen der Kontextbedingungen abhängig. Einerseits heißt das zwar nicht, dass nicht einzelne Aktivitäten zur Erreichung der Chancengleichheit zwischen Frauen und Männern gesetzt werden können, nur weil es nicht die *optimalen* Bedingungen dafür gibt. Andererseits könnte jedoch ein in einem bestimmten Kontext falsch verstandenes Konzept des Gender Mainstreaming die Maßnahmenumsetzung erschweren bzw. Chancen zu Gefahren werden lassen (vgl. Naylon/Weber 2000, 11). Gender Mainstreaming erhebt den Anspruch auf Querschnittspolitik: Chancengleichheit der Geschlechter kann es nur dann geben, wenn in allen Politikbereichen dieses Ziel gleichermaßen angestrebt wird (vgl. Frauenberger 2002, 5). Der Auftrag an die Politik der EU Mitgliedsländer lautet, die in der Priorität nachgereihte und eher ausgegrenzte Geschlechter- und Gleichstellungspolitik aus dieser Stellung herauszuholen und in das organisationale Handeln aller Politikbereiche im Sinne von Mainstreaming als Querschnittsaufgabe einzubeziehen (vgl. Bendl, 2004, 52f). Bislang einseitig orientierte Konzepte der Frauenförderung sollen durch die zentrale Querschnittskategorie Geschlecht erweitert und die Realisierung der Chancengleichheit von allen Beteiligten als gemeinsame und allgemeine Aufgabe betrachtet werden (vgl. Struthmann 2008, 51).

Nach der Darstellung der Problemstellung und Zielsetzung am Beginn dieser Arbeit ist es für das Verständnis der weiteren Kapitel wichtig und notwendig, als erstes die Grundlagen von Gender Mainstreaming zu erläutern. Zunächst werden der Begriff und die Entstehung des Konzeptes beschrieben. Daran anschließend erfolgt eine Auflistung von in der Literatur einschlägigen Definitionen von Gender Mainstreaming. Diese leiten sich zwar alle aus einer, nämlich jener Definition ab, die die Europäische Union gewählt hat; sie werden aber ebenfalls einer Betrachtung unterzogen, um die unterschiedlichen Sichtweisen, die die einzelnen Autor/innen und Expert/inn/en jeweils zugrunde gelegt haben, herausarbeiten zu können.

Weiters beschäftigt sich das folgende Kapitel mit der Frage, was Gender Mainstreaming eigentlich ist. Für manche ist es ein Konzept, für manche eine Strategie und für wiederum andere ist es ein Programm. Schon diese unterschiedlichen Bezeichnungen deuten darauf hin, dass Gender Mainstreaming nicht einheitlich gesehen wird. Gender Mainstreaming soll als „neue Handlungsstrategie in der Gleichstellungspolitik“ (BMSG 2002, 1) dazu dienen, die Geschlechterverhältnisse in Organisationen zu berücksichtigen. Als frauen- und geschlechterpolitisches Instrument zur Veränderung von Entscheidungsprozessen in Organisationen erhebt es die integrierte Chancengleichheitspolitik zur primären Gemeinschaftsaufgabe aller Beteiligten auf allen Ebenen (vgl. Struthmann 2008, 43). Im zweiten Teil des folgenden Kapitels wird daher der Frage nachgegangen, ob der Ansatz des Gender Mainstreaming genügend konkret ausgearbeitet wurde, um ihn ohne weitere Spezifikationen in den EU Mitgliedsländern umzusetzen oder ob ein nationalstaatlicher Interpretationsspielraum offen bleibt.

2.1. Begriff, Entstehung und Definition von Gender Mainstreaming

Der Begriff Gender Mainstreaming kommt aus dem Englischen und setzt sich zusammen aus den beiden Begriffen „Gender“ und „Mainstreaming“:

Gender = soziales Geschlecht

Gender steht in Abgrenzung zum biologischen Geschlecht (sex) für soziales Geschlecht und meint, dass Geschlechterrollen und geschlechtsspezifische Handlungsweisen nicht angeboren, sondern ein Ergebnis gesellschaftlicher Sozialisation sind. „Soziale Unterschiede zwischen Frauen und Männern werden erlernt, können sich im Laufe der Zeit verändern und sowohl innerhalb als auch zwischen den Kulturen sehr unterschiedlich sein“ (Hofmann/Körner/Färber/ Geppert/Rösgen/ Wanzek 2003, 12). Gender beschreibt diese soziale und kulturelle Geschlechterrollen als historisch gewachsen und damit politisch veränderbar (vgl. Stiegler 2002b, 22). Nach Krell/Mückenberger/Tondorf (2008, 98) verweist die Bezeichnung *Gender* darauf, dass „es sich um etwas handelt, das historisch-gesellschaftlich hervorgebracht worden ist und beständig neu hervorgebracht wird“. Der Baustein Gender in Gender Mainstreaming bedeutet lediglich die Erkenntnis, dass Geschlechterverhältnisse eine Rolle spielen und Frauen und Männer unterschiedlich davon betroffen sind, bietet aber noch keine Richtung der Geschlechterpolitik oder sogar konkrete politische Zielsetzungen an (vgl. Struthmann 2008, 41).

Mainstreaming = in den Hauptstrom bringen

Die wörtliche Übersetzung von Mainstream bedeutet Hauptstrom oder -strömung. „to mainstream" bedeutet, etwas, was bisher eher eine Nebensache war, zu einer Hauptsache zu machen (vgl. Fleischer 2005, 39). Mainstreaming heißt auch, den Mainstream zu durchdringen und zu verändern. Diese Veränderung soll sowohl in Politik als auch Verwaltung über entsprechende Projekte, Programme und Maßnahmen geschehen (vgl. Kuppe/Körner 2002, 200f). Geschlechterdemokratie soll als wesentliches Kriterium ein zentraler Bestandteil in der Alltagspraxis und in Planungsaspekten von Organisationen werden. „Geschlechterorientiertes Denken und Handeln soll zur Selbstverständlichkeit werden, um dadurch tradierte Denkmuster und Entscheidungsprozesse zu reflektieren bzw. zu modernisieren" (Struthmann 2008, 42). Dieser zweite Baustein Mainstreaming im Begriff Gender Mainstreaming existierte bis vor kurzem auch im englischen Sprachgebrauch nicht, es existierte jedoch bereits das Wort „mainstream" im Sinne von Hauptströmung oder Hauptrichtung (vgl. Struthmann 2008, 42).

Aus den Begriffserläuterungen ist nachvollziehbar, dass sich der Begriff Gender Mainstreaming nicht ganz ohne Bedeutungsverlust von der englischen in die deutsche Sprache übersetzen lässt, da die englische Sprache Nuancen und Interpretationen kennt, die der deutschen fremd sind (vgl. Krell/Mückenberger/Tondorf 2008, 98). Mainstreaming bedeutet, eine Gender-Perspektive in alle Politikbereiche einzubringen und diese Perspektive als selbstverständliches Prinzip zu verankern. Nach Schwarzer (2000, 8) besagt die Gender-Perspektive, dass Frauen und Männer unterschiedliche Lebensbedingungen und Chancen vorfinden, weiters aufgrund ihrer geschlechtsspezifischen Sozialisation unterschiedliche Bedürfnisse und Interessen entwickeln sowie von gesellschaftlichen Prozessen und deren Auswirkungen unterschiedlich betroffen sind. Diese Sichtweise soll zum Mainstream gemacht werden, das heißt in den politischen Mainstream aufgenommen werden. Denn hinter vielen vorgeblich geschlechtsneutralen Verfahren und Regelungen verbergen sich oft mittelbare Diskriminierungen. Mit mittelbarer Diskriminierung ist gemeint, dass in Politik, Gesellschaft und Arbeitsleben sehr selten berücksichtigt wird, dass Frauen und Männer unterschiedliche Interessen haben, unterschiedliche Voraussetzungen mitbringen und vielfach in unterschiedlichen Lebenssituationen stecken (vgl. Frauenberger 2002, 6).

Wenn man die Entstehungsgeschichte von Gender Mainstreaming zurückverfolgt, dann besteht in weiten Teilen der Literatur (siehe Struthmann 2008, 45; Wöhl 2007, 159; Schmitt 2005, 63, Ehrhardt 2003, 15) Einigkeit darüber, dass das Konzept des Gender Mainstreaming auf der dritten Weltfrauenkonferenz in Nairobi von 1985 entstand, auf der erstmals der Begriff „Gender Mainstreaming" diskutiert wurde und später auf der fünften Weltfrauenkonferenz in Peking 1995 nochmals aufgegriffen wurde. In der Folge fand der Begriff Eingang in jene Literatur, die sich vorrangig mit genderspezifischen Themen befasste. Gender Mainstreaming wurde als Strategie der Europäischen Gemeinschaft erstmals im dritten mittelfristigen Aktionsprogramm der Gemeinschaft (1991 bis 1995) erwähnt. Im vierten Aktionsprogramm zur Chancengleichheit zwischen Frauen und Männern (1996 bis 2000) wurde Gender Mainstreaming zum zentralen Punkt (vgl. Schmitt 2005, 63).

1996 erscheint die Mitteilung der Europäischen Kommission über die „Einbindung der Chancengleichheit in sämtliche politischen Konzepte und Maßnahmen der Gemeinschaft", die Gender Mainstreaming darin fest verankerte (vgl. Schmitt 2005, 63f). Wörtlich wird das Konzept des Gender Mainstreaming in dieser Mitteilung wie folgt beschrieben:

> „...die Bemühungen um das Vorantreiben der Chancengleichheit nicht auf die Durchführung von Sondermaßnahmen für Frauen zu beschränken, sondern zur Verwirklichung der Gleichberechtigung ausdrücklich sämtliche allgemeinen politischen Konzepte und Maßnahmen einzuspannen" (Schwarzer 2000, 16).

Diese übergeordneten Ziele der Chancengleichheit wurden im Vertrag von Amsterdam 1997 nochmals erheblich aufgewertet. In Artikel 2 des Amsterdamer Vertrages wurden die Aufgaben der Europäischen Gemeinschaft um die Gleichstellung von Männern und Frauen ergänzt. In Artikel 3 wird beschrieben, dass bei allen Tätigkeiten, die in diesem Artikel formuliert und beschrieben sind, darauf hingewirkt wird, dass Ungleichheiten überwunden und die Gleichstellung von Frauen und Männern sichergestellt werden. Die entsprechenden Auszüge aus den beiden Artikeln lauten wie folgt (Vertrag von Amsterdam, zitiert in Döge (2002b, 40):

> Artikel 2:
>
> Aufgabe der Gemeinschaft ist es, durch die Errichtung eines gemeinsamen Marktes und einer Wirtschafts- und Währungsunion sowie durch die Durchführung der in den Artikeln 3 und 4 genannten gemeinsamen Politiken und Maßnahmen in der ganzen Gemeinschaft eine harmonische, ausgewogene und nachhaltige Entwicklung des Wirtschaftslebens, ein hohes Beschäftigungsniveau und ein hohes Maß an sozialem Schutz, die Gleichstellung von Männern und Frauen, ein beständiges, nichtinflationäres Wachstum, einen hohen Grad von Wettbewerbsfähigkeit und Konvergenz der Wirtschaftsleistungen, ein hohes Maß an Umweltschutz und Verbesserung der Umweltqualität, die Hebung der Lebenshaltung und der Lebensqualität, den wirtschaftlichen und sozialen Zusammenhalt und die Solidarität zwischen den Mitgliedsstaaten zu fördern.
>
> Artikel 3:
>
> (2) Bei allen in diesem Artikel genannten Tätigkeiten wirkt die Gemeinschaft darauf hin, Ungleichheiten zu beseitigen und die Gleichstellung von Frauen und Männern zu fördern.

Das Gleichstellungsziel wurde somit zu einer besonderen Aufgabe der Europäischen Union und deren Mitgliedsländern erklärt. Nach Ansicht von Krell/Mückenberger/Tondorf (2008, 102) ist damit eine primärrechtliche Verpflichtung der Europäischen Gemeinschaft zu Gender Mainstreaming festgelegt. Mit der Ratifizierung des Amsterdamer Vertrages 1999 besteht nunmehr auch eine gesetzliche Verpflichtung zur Einführung von Gender Mainstreaming und damit der Berücksichtigung der Chancengleichheit von Frauen und Männern in allen Bereichen ihrer nationalen Politiken für die EU Mitgliedsländer (vgl. Welpe/Schmeck 2005, 87).

Nach der Klärung des Begriffs und der Beschreibung der Entstehung von Gender Mainstreaming werden im Folgenden die Definition des Europarates sowie unterschiedliche Interpretationen sowie Umformulierungen von Autor/innen, die sich mit der Definition des Europarates von Gender Mainstreaming kritisch auseinandergesetzt haben, dargestellt. Die exakte Definition des Europarates (1998) zu Gender Mainstreaming lautet:

> „Gender Mainstreaming besteht in der (Re-)Organisation, Verbesserung, Entwicklung und Evaluierung politischer Prozesse mit dem Ziel, eine geschlechterbezogene Sichtweise in allen politischen Konzepten auf allen Ebenen und in allen Phasen durch alle an politischen Entscheidungen beteiligten Akteure und Akteurinnen einzubeziehen“.

Verloo (2005, 350) erklärt die drei Elemente, die der Council of Europe (1998) als Basis für die Definition zugrunde gelegt hat: Das erste Element referenziert auf das Ziel, das damit erreicht werden soll, nämlich Gleichstellung der Geschlechter; als zweites Element wird die Notwendigkeit hervorgehoben, neue Wege in der Politik zu entwickeln sowie Änderungen in der organisationalen und institutionellen Kultur herbeizuführen, welche letztlich zu einer Änderung der sozialen Strukturen führt; das dritte Element bezieht sich darauf, dass Gender Mainstreaming als so offen wie möglich angesehen werden soll, um es nicht auf Tools und Techniken alleine zu beschränken. Krell/Mückenberger/Tondorf (2008, 100f) zerlegen die Definition von Gender Mainstreaming ebenso in verschiedene Komponenten. Zuallererst richtet sich nach den Autor/innen das Konzept an *alle an politischen Entscheidungen beteiligten Akteur/inn/en* und spricht damit in erster Linie gewählte haupt- und ehrenamtliche Politiker/innen sowie an den Prozessen beteiligte Führungskräfte und Mitarbeiter/innen in Verwaltungen an. Die zweite Komponente bildet die Vorgabe von Gender Mainstreaming, *auf allen Ebenen* ein neues Denken zu etablieren, welches den Gleichstellungsaspekt als substanzielles Teilziel in Politik und Verwaltung integriert. Hinsichtlich der Komponente der Gleichstellung von Frauen und Männern im Sinne einer *geschlechterbezogenen Sichtweise* gibt es nach Krell/Mückenberger/Tondorf (2008, 101) Verständnisprobleme, weil damit weder formale Gleichbehandlung im Sinne von „Gleichmacherei“ noch Gleichstellung im Sinne einer Anpassung von Frauen an unveränderte, männlich orientierte Strukturen und Verhältnisse, gemeint sein kann. Bei der Betrachtung der Zielgruppe muss bei der vierten und letzten Komponente, *auf allen Ebenen und in allen Phasen* zwischen Frauen und Männern differenziert werden, um zu vermeiden, dass sich politische Programme und Maßnahmen an den einseitigen Vorstellungen einer männlichen dominierten Gesellschaft orientieren (vgl. Krell/Mückenberger/Tondorf 2008, 101).

Frey (2003, 9) verwendet in ihren Ausführungen die folgende Umformulierung der Definition von Gender Mainstreaming mit der Begründung, dass diese in Publikationen am häufigsten herangezogen wird:

> „Gender Mainstreaming besteht in der (Re-) Organisation, Verbesserung, Entwicklung und Evaluierung von Entscheidungsprozessen, sodass von den Akteur/inn/en, die üblicherweise in Entscheidungsprozesse eingebunden sind, eine Perspektive der Gleichberechtigung der Geschlechter in allen Vorgehensweisen, auf allen Ebenen und in allen Phasen eingenommen wird".

In dieser Definition wird im Gegensatz zu jener des Europarates gänzlich auf den Politikbezug verzichtet. Dafür verschärft sich im Gegenzug der Anspruch auf Reorganisation, Verbesserung, Entwicklung und Evaluierung von *politischen Prozessen* laut der Originaldefinition des Europarates auf *Entscheidungsprozesse*, in denen vorgenanntes geschehen soll. Ein weiterer Unterschied der letztgenannten Definition gegenüber der Definition des Europarates besteht darin, dass sie eine Einbeziehung von Akteur/inn/en, die üblicherweise in *Entscheidungsprozesse* eingebunden sind und nicht *aller* politischen Akteurinnen und Akteure fordert. Nach Wöhl (2007, 160) definiert der Europarat Gender Mainstreaming als Gleichheit in der Differenz:

> „... Gender equality is the opposite of gender inequality, not of gender difference, and aims to promote the full participation of women and men in society. (...) Gender equality is not synonymous with sameness, with establishing men, their life style and conditions as the norm. (...) Gender equality includes the right to be different ... the quintessence is to assure that the social construction of gender leaves room for difference and does not contain a notion of hierarchy placing men higher than women." (Europarat 1998, 6ff).

In dieser genauen Definition des Europarates wird die die soziale Konstruiertheit von Geschlecht ebenso betont wie die Tatsache, dass Gleichheit nicht Angleichung bedeutet. Nicht die Anpassung von Frauen an männliche Wertvorstellungen steht im Vordergrund, sondern die Gleichwertigkeit weiterer verschiedener Existenzweisen (vgl. Wöhl 2007, 160). In der Definition von Gender Mainstreaming steckt die Erkenntnis, dass Ungleichheiten zwischen den Geschlechtern zunächst erkannt werden müssen, damit diese auch konsequent beseitigt werden können (vgl. Schwarzer 2000, 9). Es muss Bewusstsein darüber geben, dass die Geschlechterverhältnisse eine Rolle spielen und Frauen und Männer in verschiedener Weise von diesen betroffen sind. Die Umsetzung von Gender Mainstreaming setzt voraus, dass zunächst die unterschiedlichen Bedingungen, die Frauen und Männer vorfinden, erkannt und analysiert werden, damit in der Folge wirksame gegensteuernde Maßnahmen eingeleitet werden können (vgl. Bergmann 2006, 50). Die Problematik, die dahinter steht, ist nach Krell/Mückenberger/Tondorf (2008, 99), dass im Alltagsverständnis von Organisationen und Institutionen Strukturen und Prozesse häufig als geschlechtsneutral angesehen werden und damit eine wichtige Ursache der Nicht-Wahrnehmung oder Verleugnung von Geschlechterdiskriminierung erst gar nicht erkannt wird.

Für die weitere Arbeit wird die als erstes genannte Definition des Europarates Gültigkeit haben, denn meines Erachtens ist der Politikbezug bei Gender Mainstreaming unverzichtbar. Das Konzept kann nur dann in die Umsetzung gebracht werden, wenn es von der Politik entsprechend vorangetrieben wird. Gender Mainstreaming verfolgt das Ziel, durch Einbindung der Chancengleichheit in sämtliche politische Konzepte und Maßnahmen Ausgewogenheit und Gerechtigkeit für Frauen und Männer zu erreichen. Das bedeutet, die Veränderung des Verhältnisses der Geschlechter zueinander zu berücksichtigen und nicht mehr die Situation der Frauen allein zu sehen. Dabei soll die Förderung der Chancengleichheit nicht auf die Durchführung von Sondermaßnahmen für Frauen beschränkt werden, sondern sämtliche allgemeinen politischen Konzepte und Maßnahmen umfassen. Die erwarteten Auswirkungen auf die Situation der Frauen bzw. der Männer sollen bereits in der Konzeptionsphase erkannt und berücksichtigt werden: „Gender Mainstreaming ist the process of bringing a gender perspective into the mainstream activities of government at all levels, including in policies, programmes and projects“ (McGregor/Bazo 2001, 20).

2.2. Strategie / Konzept / Programm oder doch alles?

Die Frage, was Gender Mainstreaming vom Grundsatz her ist, lässt sich nicht eindeutig beantworten. Die Bezeichnungen „Konzept“ und „Strategie“ finden sich bei der Beschreibung von Gender Mainstreaming am häufigsten (vgl. auch Ehrhardt 2003, 15, Schmitt 2005, 63), wie die folgenden Zitate beispielhaft zeigen:

> „Während die Implementierung von Chancengleichheitsprogrammen in Betrieben nationalstaatlich inspiriert und gänzlich auf freiwilliger Basis war und für die Verwaltungen des Bundes und der Länder nur teilweise rechtlich geregelt wurde (Frauenförderprogramme etc.), wurde von der EU mit Gender Mainstreaming ein Konzept eingeführt, das in allen Ländern umzusetzen ist“ (Bendl 2004, 52).
>
> „The essential element in this definition of the strategy of gender mainstreaming is its accent on what needs to be changed, targeting policy processes as the main change object“ (Verloo 2001, 2).
>
> „Gender Mainstreaming als Strategie, durch welche *Entwicklungsprozesse* initiiert und Impulse zu deren Steuerung gesetzt werden, ist gerichtet auf das Ziel, Gleichstellung von Frauen und Männern in unterschiedlichsten Systemzusammenhängen herzustellen. Eine

Voraussetzung für den Erfolg dieser Strategie, ist die Einbindung von Frauen und Männern in die Initiierung, Steuerung und Bewertung dieser Entwicklungsprozesse" (Rosenbichler 2006, 122).

Die EU hebt die inhaltliche Zielsetzung der Schaffung von Gleichstellung zwischen den Geschlechtern stärker hervor, als dies aus der reinen Definition von Gender Mainstreaming hervorgeht. Denn die EU betont stärker den prozeduralen Charakter des Mainstreaming im Sinne einer weiblichen Perspektive in allen politischen Belangen (vgl. Leitner/Wroblewski 2000, 7). Für die EU war einer der Grundgedanken, dass künftig alle Strukturfondsprogramme darstellen müssten, wie sie die Förderung von Gleichheit von Frauen und Männern planen, bevor sie die Genehmigung der Kommission erhalten. Vor der weiteren Erörterung, ob es sich bei Gender Mainstreaming um eine Strategie, ein Konzept oder ein Programm handelt, werden die Originaldefinitionen aus dem Duden dargestellt:

Konzept = das Zusammenfassen.
Unter Punkt 2 wird angeführt: „klar umrissener Plan, Programm für ein Vorhaben; ein klares, vernünftiges, bildungspolitisches Konzept haben, entwickeln" (Duden1999, 2233).
Programm = Schriftliche Bekanntmachung; Aufruf; Tagesordnung.
Unter Punkt 2 wird angeführt: „Konzeptionen, Grundsätze, die zur Erreichung eines bestimmten Zieles dienen; ein politisches, wirtschaftliches Programm" (Duden1999, 3020f).
Strategie = genauer Plan des eigenen Vorgehens, der dazu dient, ein [...] politisches, psychologisches o.ä. Ziel zu erreichen, u. in dem man diejenigen Faktoren, die in die eigene Aktion hineinspielen könnten, von vornherein einzukalkulieren versucht (Duden1999, 3772).

Wenig überraschend ist, dass bei der Definition der Begriffe Konzept und Programm auf den jeweils anderen Begriff zurückgegriffen wird. Doch während der Begriff Konzept ausdrückt, dass man einen klar umrissenen Plan für ein Vorhaben hat, beinhaltet die Definition von Programm eine noch stärkere Umsetzungskomponente, in dem es sich bereits um eine Bekanntmachung, eine Tagesordnung handelt, die in die Umsetzung gebracht werden soll. Der Begriff Strategie deckt sich insofern mit jenem des Programms, als beide explizit die Erreichung eines bestimmten Zieles ausdrücken; sie unterscheiden sich wiederum darin, dass bei der Strategie zusätzlich auch die Rahmenbedingungen, also jene Faktoren, die den Plan, die Erreichung des Zieles beeinflussen können, mit einbezogen werden. Betrachtet man diese Definitionen bezogen auf Gender Mainstreaming, so stellt sich die Frage, ob Gender Mainstreaming genügend Vorgaben für die Umsetzung gibt, um es als Programm bezeichnen zu können. Verglichen mit der Definition Strategie wäre zu hinterfragen, ob jene Faktoren, die in die Umsetzung hineinspielen könnten, tatsächlich von vornherein genügend einkalkuliert wurden. Die Definition Konzept verlangt vor allem Klarheit, einen klar umrissenen Plan, ein klares, vernünftiges Konzept. In einem weiteren Kapitel wird in der Folge noch erörtert, dass Gender Mainstreaming eben diese Klarheit vermissen lässt. Damit stellt sich die Frage, ob es zulässig ist, Gender Mainstreaming als Konzept, Strategie oder Programm zu bezeichnen.

Döge (2002a, 16) zum Beispiel bezeichnet Gender Mainstreaming als doppeltes strategisches Konzept: „Im Sinne einer Gleichstellung von Frauen und Männern zielt Gender Mainstreaming auf gleiche Rechte, Pflichten und Chancen von Frauen und Männern in allen gesellschaftlichen Bereichen".

Abbildung 2: Gender Mainstreaming als doppelte Strategie

Gleiche Rechte, Pflichten und Chancen von Frauen und Männern in allen gesellschaftlichen Bereichen	Aufwertung weiblich konnotierter Lebensmuster und Kompetenzen gegenüber männlichen
↓	↓
GLEICHSTELLUNG	GLEICHWERTIGKEIT

Quelle: nach Döge (2002a, 17).

Gleichstellung ist für Döge (2002a, 17) nicht gleichbedeutend mit Gleichheit, mit der eine Verallgemeinerung der Lebensbedingungen und -entwürfe von Männern als Norm gemeint ist. Gender Mainstreaming muss, um das Gleichstellungsziel zu erreichen, als weiteres Ziel die Gleichwertigkeit [1] von weiblichen

---

1 Begriffsdefinitionen:
Gleichstellung:
Es wird der Anspruch begründet, dass Frauen und Männer unter gleichen Voraussetzungen die gleichen Rechte haben. Die Gleichstellung der Geschlechter ist in den meisten Verfassungen der westlichen Welt verankert (vgl. Kroll 2002, 164).
Gleichheit (der Geschlechter):
Gleichheit wird in diesem Zusammenhang definiert als das Fehlen von Unterschieden (vgl. Kroll 2002, 164); Gleichheit im Sinne von Gleichartigkeit in Bezug auf Rechte oder Erfahrungen ungeachtet etwaiger Unterschiede mit Bezug auf die Ressourcenausstattung, Fähigkeiten und (sozialen) Hintergründe (vgl. Anand 2004, 15ff).
Gleichwertigkeit:
Wird in der Literatur häufig mit dem Begriff „Gleichheit" gleichgesetzt. Gleichheit der Geschlechter ist ein Begriff aus der klassischen politischen Theorie und bezeichnet das Fehlen von Unterschieden (vgl. Kroll 2002, 164).
Gerechtigkeit:
Gerechtigkeit bedeutet, dass gleichartige Fälle auf die gleiche Art und Weise behandelt werden und und ungleiche Fälle unterschiedlich behandelt werden (vgl. Bambas/Casas 2003, 324). Vermeidbare oder unnötige Ungleichheiten werden als ungerecht angesehen (vgl. Daniels/Kennedy/Kawachi 2004, 72ff).

und männlichen Lebensbedingungen und -entwürfen im Sinne einer Aufwertung der weiblich konnotierten Lebensmuster und Kompetenzen gegenüber den männlichen anstreben (vgl. Döge 2006, 31). Diese Aufwertung auf der Ebene von Personen und Individuen, von Frauen und Männern, kann und muss vor allem auch auf der Ebene der Organisationen passieren: in diesem Sinne kann Gender Mainstreaming als Ansatz der Organisationsentwicklung verstanden werden, der seine Grundlage in der Veränderung der Geschlechter- und damit gesamten Organisationskultur findet (vgl. Döge 2006, 31). Die in Organisationen herrschende Benachteiligung von Frauen ergibt sich jedoch aus der Minderbewertung weiblich konnotierter Fähigkeiten und Tätigkeiten. Beispielsweise werden Kompetenzen aus Familienbetreuung nicht anerkannt oder die Leistung von Frauen ganz allgemein geringer eingeschätzt als die von Männern (vgl. Döge 2002a, 19). Betrachtet man diese unterschiedlichen Zugänge, so bleibt das Problem bestehen, dass der Begriff Gender Mainstreaming nicht eindeutig definiert ist und daher unterschiedlich interpretiert wird (vgl. Leitner/Wroblewski 2000, 7). Es ist nachvollziehbar, dass aufgrund dieser weit gefassten Interpretationen europaweit eine Debatte um das richtige Verständnis des Mainstreaming entbrannte und der Begriff des Gender Mainstreaming deswegen oft auch als vage und unklar bezeichnet wird. Weg (2003a, 45) hingegen ist der Auffassung, es sei kein Problem, dass Gender Mainstreaming nicht selbst definiert, ob das Ziel Gleichheit, Differenz oder Dekonstruktion von Geschlechtern sein soll; dieses sei nicht der Anspruch des Konzeptes. Diese Zieldefinition muss nach Weg (2003a, 45) in der politischen und fachlichen Debatte gebildet werden.

Bei Feminist/innen und Gleichstellungspolitiker/innen (vgl. Baur/Fleischer/Schober 2005, 44f, Behning/Sauer 2005, 13) hat sich eine gewisse Skepsis breit gemacht, was die Erfolgsaussichten von Gender Mainstreaming angeht. Gender Mainstreaming soll in der Realität zwischen Geschlechtern eine gerechtere Verteilung materieller und kultureller Ressourcen herbeiführen und damit die bislang den Männern zugestandenen Privilegien abbauen. „Als gesellschaftspolitische Aufgabe ist das ein mittlerweile unbestrittenes Anliegen. In der Umsetzung gestaltet sich dieses Vorhaben jedoch äußerst komplex und vielgestaltig“ (Schacherl 2003, 22). Doch obwohl das Gedankengut des Gender Mainstreaming erstmals auf internationaler Ebene zum Thema gemacht wurde, ist der Begriff des Gender Mainstreaming nach Ansicht von Bluth (2004, 66) bis heute kein bedeutendes Thema in Gesellschaft und Wirtschaft.

Zusammenfassend lässt sich sagen, dass es wegen all der eben diskutierten Punkte wohl auch in Zukunft zu keiner einheitlichen Meinung der Expert/inn/en aus Wissenschaft und Politik hinsichtlich der Definition von Gender Mainstreaming als Konzept, Strategie oder Programm kommen wird. In der vorliegenden Arbeit wird vorrangig mit dem Begriff Konzept gearbeitet, teilweise aber auch mit den Begriffen Programm oder Strategie, je nach Kontext und Zusammenhang, in dem Gender Mainstreaming gerade betrachtet wird. Meines Erachtens ist eine Festlegung auf eine bestimmte Definition auch nicht zwingend erforderlich, denn die Forschungsfrage bezieht sich vorrangig auf Maßnahmen der Arbeitsmarktpolitik, die definiert wurden und die es zu überprüfen gilt. Da sich Maßnahmen sowohl aus einem Konzept, einem Programm oder auch einer Strategie ableiten lassen, ist es für die Beantwortung der Forschungsfrage und die weiteren Ausführungen in dieser Arbeit letztlich nicht so wichtig, ob es eine eindeutige Festlegung von Gender Mainstreaming auf die Definition als Konzept, Programm oder Strategie gibt.

3. Gender Mainstreaming im österreichischen Arbeitsmarkt

Nach der Erarbeitung der allgemeinen Grundlagen zu Gender Mainstreaming widmet sich der erste Teil des folgenden Kapitels der Beschreibung der bisherigen Aktivitäten und dem derzeitigen Stand von Gender Mainstreaming in Österreich. Dabei finden die aktuellen Entwicklungen auf dem Arbeitsmarkt mit einem Fokus auf den Bereich des Öffentlichen Dienstes und der politischen Parteien besondere Beachtung. Denn die Verpflichtung zur Umsetzung von Gender Mainstreaming besteht in erster Linie für Ministerien, politische Parteien und staatsnahe Organisationen, nicht jedoch für privatwirtschaftliche Unternehmen. Den Ausgangspunkt bildet dabei der EU Beitritt Österreichs im Jahre 1996, mit dem Österreich die gemeinsamen Zielsetzungen der EU, zu denen als einer der zentralen Schwerpunkte die Chancengleichheit von Frauen und Männern am Arbeitsmarkt gehört, in die nationale Beschäftigungspolitik übernommen hat.

Vor der Beantwortung der Forschungsfrage, inwieweit die durch Gender Mainstreaming eingeleiteten Maßnahmen eine Gleichstellung auf dem Arbeitsmarkt hinsichtlich der Entlohnung und der Karrierechancen herbeiführen (werden), ist es notwendig, zunächst die Situation am österreichischen Arbeitsmarkt hinsichtlich seiner geschlechtsspezifischen Teilung zu analysieren. Ein wesentlicher Aspekt dabei ist, wie diese Segregation, die eine Benachteiligung von Frauen nach sich zieht, zustande kommt, das heißt, welche Mechanismen der Ungleichbehandlung hinter dieser Benachteiligung stehen und wie diese durch das alltägliche „Doing Gender" immer wieder reproduziert werden. Darauf aufbauend wird als Grundlage für die qualitativen Expert/inn/en-Interviews erhoben, welche Schwerpunkte die österreichische Regierung in der Arbeitsmarktpolitik seit Einführung von Gender Mainstreaming bislang gesetzt hat bzw. ob und welche Maßnahmen konkret im Hinblick auf die beiden Themenfelder des Arbeitsmarktes daraus eingeleitet wurden.

3.1. Entwicklung und Status Quo von Gender Mainstreaming in Österreich

In Österreich begann man ab dem Jahre 1998 auf Basis der von der EU ausgearbeiteten Doppelstrategie zur Umsetzung von Chancengleichheit – damit sind, wie bereits ausgeführt, Frauenförderung UND Gender Mainstreaming als zwei unterschiedliche Strategien gemeint – in Ergänzung zu bereits bestehenden Frauenfördermaßnahmen das Instrument des Gender Mainstreamings einzuführen. Im Jahre 1999 fand der Gender Mainstreaming-Ansatz Eingang in den Nationalen Aktionsplan für Beschäftigung, kurz NAP genannt (BMWA 2000, 2). Jauk (2003, 58) stellt dazu fest:

> „Umgesetzt auf die österreichische Frauenpolitik dieser Zeit bedeutete das ein grundlegendes Umdenken: Bis dahin war der Gedanke, Gleichstellungspolitik als Querschnittsaufgabe in allen Ressorts zu integrieren, von der Befürchtung überlagert, die Wahrnehmung frauenpolitischer Anliegen in allen Ressorts würde dazu führen, dass Frauenpolitik letztlich ihren eigenen Stellenwert verlieren könnte".

Bis zu diesem Zeitpunkt war das Wissen über Frauenförderung und Gleichstellungsthemen in der Regierung vor allem bei Expert/inn/en im Frauenministerium konzentriert und Vorschläge zur Verbesserung der Situation der Frauen wurden von diesem aus in alle anderen Ressorts eingebracht. Nun gilt es, die Geschlechterperspektive zu einem wesentlichen Entscheidungskriterium für die Qualität einer Maßnahme zu machen. Die österreichische Regierung hat mit Ministerratsbeschluss vom 11. Juli 2000 die Einsetzung einer interministeriellen Arbeitsgruppe zur Einführung und Umsetzung von Gender Mainstreaming beschlossen, deren wichtigsten Aufgaben die folgenden sind (vgl. BMSG 2002, 1f):

- Unterstützung und Begleitung des Implementierungsprozesses von GM in allen Ressorts und auf allen politischen Ebenen
- Austausch von Informationen und Initiativen (Best-Practice-Beispiele)
- Entwicklung von Kriterien für die Umsetzung der GM-Strategie
- Begleitung und Evaluierung laufender Projekte, Maßnahmen und Gesetze für die Anwendung.

In dieser interministeriellen Arbeitsgruppe sind alle Bundesministerien, der Verfassungs- und Verwaltungsgerichtshof, der Rechnungshof, die Volksanwaltschaft sowie die Parlamentsdirektion durch Ressortbeauftragte vertreten, um die Strategie des Gender Mainstreamings auf Regierungsebene umzusetzen. Bei der Zusammensetzung der Gruppe waren zwei Punkte besonders wichtig: erstens sollten die Mitglieder – im Sinne des Top Down Ansatzes – in leitenden Funktionen tätig sein und zweitens sollte das Geschlechterverhältnis ausgewogen sein. Das erste Erfordernis wurde weitgehend erfüllt, während das zweite durch eine massive Unterrepräsentanz von männlichen Mitgliedern bislang nicht erfüllt werden konnte (vgl. Jauk 2003, 62). Das vom Ministerrat im April 2002 erarbeitete und beschlossene Arbeitsprogramm zu Gender Mainstreaming wird in Österreich mit folgenden Schwerpunkten festgelegt (vgl. Jauk 2003, 69f): „Die Schwerpunkte dieses Arbeitsprogramms liegen in

- der Durchführung und Evaluierung von Gender Mainstreaming Pilotprojekten, für die, je nach Projektvorhaben, die Bildung flexibler Arbeitsgruppen aus Mitgliedern der jeweiligen ressortinternen Gender Mainstreaming Arbeitsgruppen, leitenden Beamt/innen und allenfalls externen Expert/inn/en empfohlen wird;
- der Durchführung von Gender Mainstreaming Schulungen im Rahmen der Aus- und Weiterbildungsmaßnahmen für die öffentlich Bediensteten;
- der Überprüfung von Gesetzen und Verordnungen unter dem Aspekt von Gender Mainstreaming sowie
- einer wissenschaftlichen Evaluierung des Implementierungsprozesses nach drei Jahren".

Diese Aufzählung bildet die Grundlage der Umsetzungsstrategien von Gender Mainstreaming, unter anderem Gleichstellungsfragen auf dem österreichischen Arbeitsmarkt. Bevor eine detaillierte Betrachtung der bereits eingeleiteten Maßnahmen betreffend der beiden spezifischen Themenstellungen des Arbeitsmarktes in Österreich, nämlich das geschlechtsspezifische Lohngefälle und der Zugang zu Führungspositionen erfolgt, werden einzelne Statements von Expert/inn/en zum derzeitigen Stand der Umsetzung von Gender Mainstreaming in Österreich angeführt. Diese Bewertungen sind jedoch teilweise nur verständlich und nachvollziehbar, wenn sie im Kontext der europäischen Union dargestellt werden. Daher wird in folgendem Abschnitt auch auf Aussagen von Expert/inn/en außerhalb Österreichs Bezug genommen.

Hofmann (2008, 22) betrachtet den Stand der Umsetzung der Gleichstellung der Geschlechter auf dem österreichischen Arbeitsmarkt sehr kritisch. Ihrer Ansicht nach stellen Lohnungleichheit (Frauen verdienen bei gleicher Tätigkeit rund ein Viertel weniger als Männer), horizontale und vertikale Segregation sowie indirekte Diskriminierungen aufgrund des Geschlechts nach wie vor Probleme dar. Bluth (2004, 96) analysiert den Stand der Umsetzung in den einzelnen Mitgliedsländern und nimmt hinsichtlich der Situation in Österreich Bezug auf eine Empfehlung des Rates der Europäischen Union aus dem Jahre 2001:

> „Es bestehen weiterhin beträchtliche geschlechtsspezifische Unterschiede bei Beschäftigung und Arbeitslosigkeit, und dieses, obwohl die Beschäftigungsquote für Frauen über dem EU Durchschnitt liegt. Österreich sollte deshalb [...] eine umfassende Strategie zum Abbau der noch immer beträchtlichen geschlechtsspezifischen Unterschiede bei der Beschäftigung verfolgen, beispielsweise durch Maßnahmen, die zur Verringerung des Lohngefälles beitragen und die Vereinbarkeit von Beruf und Familienleben erleichtern".

Im Jahre 2000 kamen die damals 15 europäischen Staats- und Regierungschefs auf der Lissabonner Frühjahrstagung des europäischen Rates überein, dass sich die EU dem Ziel zu verpflichten habe, Wachstum und Beschäftigung zu steigern, um damit den sozialen Zusammenhalt zu fördern (Hochrangige Sachverständigengruppe 2004, 9). In dieser, später als „Lissabon-Strategie" bezeichneten Agenda wurde unter anderem das Ziel einer Verbesserung der Position von Frauen auf dem Arbeitsmarkt als eine wesentliche Voraussetzung für die Stärkung der Wirtschaftsposition der EU insgesamt verabschiedet (vgl. Kamleithner 2006, 125f). Vor allem wurden die Förderung der Erwerbsarbeit von Frauen in allen Altersstufen, der Abbau des geschlechtsspezifischen Lohngefälles sowie die bessere Vereinbarkeit von Beruf und Familie, welche indirekt die Karrierechancen von Frauen beeinflusst, beschlossen. Nach Rubery/Grimshaw/Figueiredo (2005, 185) spezifiziert darauf aufbauend die Europäische Kommission im Jahr 2003 in einer Richtlinie zur Gleichstellung der Geschlechter, dass eine substantive Reduzierung des Gender Pay Gap durch einen vielfältigen Ansatz erreicht werden muss, in dem die zugrunde liegenden Faktoren, inklusive der horizontalen und vertikalen Segregation, Ausbildungen und Trainings, Job Klassifizierungen und Gehaltssysteme, adressiert werden. Kamleithner (2006, 126) zieht die Bilanz, dass die Realität mehr als fünf Jahre später zeigt, dass Europa seine selbst vorgegebenen Ziele nicht erreichen wird. Als wesentlichen Grund sieht sie die rigiden Vorgaben des Stabilitäts- und Wachstumspaktes, der von den EU Mitgliedsländern mit dem Nulldefizit eine absolute Budgetdisziplin abverlangt. Der seit Jahren anhaltende Druck auf die Mitgliedsstaaten, ihre Staatsverschuldung zu senken, hat vor allem auch in Österreich dazu geführt, dass sich die Quantität und Qualität der Arbeitsplätze von Frauen dramatisch verschlechtert hat (vgl. Kamleithner 2006, 126).

Nach Verloo (2007, 19) fällt die Bewertung der meisten Bemühungen um Gender Mainstreaming als unzureichend, inkonsistent oder lückenhaft aus. Bei der Erhebung des Ist-Zustandes spielen Indikatoren und Statistiken eine wichtige Rolle. Geschlechtsspezifische Statistiken bezogen auf Österreich tragen nach Leitner/Walenta (2007, 12) zwar dazu bei, Gleichstellung zu thematisieren und neue Erkenntnisse über die Geschlechterverhältnisse zu gewinnen. Andererseits können dabei auch neue Wirklichkeiten konstruiert werden, wenn Statistiken als Mittel der Komplexitätsreduktion durch Hervorhebungen gekennzeichnet sind, die eigene Realitäten schaffen. Im Sinne des vorhin dargestellten Kreislaufs werden nach Leitner/Walenta (2007, 16) im Gender Mainstreaming Indikatoren in unterschiedlichen Prozess-Schritten eingesetzt. Ausgangspunkt bildet eine Gender-Analyse zur Problemidentifikation und diese endet mit einer Evaluierung oder Erfolgskontrolle. Als einen in der Europäischen Union und in weiterer Folge auch in Österreich eingesetzten Indikator nennen Leitner/Walenta (2007, 26) den

Gender Pay Gap, welcher das Verhältnis der durchschnittlichen Nettostundenlöhne der Frauen im Verhältnis zu jenen von Männern ausweist.

Wroblewski/Leitner (2004, 41) analysieren in ihrer Studie „Benchmarking Chancengleichheit“ den Umsetzungsstand von Gender Mainstreaming in Österreich im Vergleich zu anderen EU Mitgliedsländern unter anderem hinsichtlich des Gender Pay Gap. Dabei kommen die Expertinnen (2004, 41) zu dem Schluss, dass in Österreich die geschlechtsspezifischen Unterschiede in der Erwerbsbeteiligung zwar durch einen erhöhten Frauenanteil in der Beschäftigungsquote insgesamt reduziert werden konnten, diese aber primär auf die zusätzliche Beschäftigung von Frauen in Teilzeit zurückzuführen sei, womit der Gender Pay Gap gemessen an Vollzeitarbeit kaum zurückging. Rubery/Grimshaw/Smith/Figueiredo (2004, 156) bezeichnen den österreichischen NAP insoferne als bemerkenswert, weil in diesem jegliche konkrete Maßnahmen oder politische Vorgaben fehlen, um den Gender Pay Gap zu schließen, trotz der Tatsache, dass Österreich mit 20 Prozentpunkten einen der höchsten in der EU aufweist. Rubery (2002, 119) analysiert bei der Betrachtung der Situation in Österreich, dass es einen maßgeblichen Einfluss hatte, dass Österreich zur Zeit der Aufnahme des Gender Mainstreaming Prinzips in die beschäftigungspolitischen Leitlinien den EU Vorsitz inne hatte. Obwohl es daraus noch immer Effekte auf den österreichischen NAP gibt, sei es unklar, wie die Mechanismen für die Entwicklung des Gender Mainstreamings innerhalb der Regierung funktionieren (vgl. Rubery 2002, 119). Im Anschluss an die Entwicklung und die Einschätzung des Status Quo von Gender Mainstreaming in Österreich durch Expert/inn/en wird im folgenden Kapitel herausgearbeitet, welche Maßnahmen bisher im Rahmen der Arbeitsmarktpolitik auf Basis von Gender Mainstreaming eingeleitet wurden.

3.2. Bisher aufgrund von Gender Mainstreaming eingeleitete Maßnahmen in der österreichischen Arbeitsmarktpolitik

Die beschäftigungspolitischen Leitlinien, die seit 1998 jedes Jahr von den EU Mitgliedsländern neu formuliert und von Jahr zu Jahr leicht modifiziert werden, stellen die Basis für die jeweiligen Nationalen Arbeitspläne dar (BMSG 1999, 13). Der österreichische Nationale Aktionsplan fordert einen umfassenden Ansatz zur Beseitigung von Diskriminierung von Frauen am Arbeitsmarkt, wobei Gender Mainstreaming als Teil eines solchen Ansatzes gesehen wird und um positive frauenfördernde Maßnahmen ergänzt werden muss (vgl. Naylon/Weber 2000, 9). Dabei wurden folgende Zielsetzungen formuliert (vgl. Naylon/Weber 2000, 9):

- Sichtbarmachung der unterschiedlichen Situation von Frauen und Männern,
- Formulierung der Ziele und Maßnahmen der Beschäftigungspolitik unter Bedachtnahme auf ihre geschlechtsspezifisch unterschiedlichen Auswirkungen,
- Verfolgung des Zieles der Gleichstellung von Frauen,
- Anwendung von Gender Mainstreaming grundsätzlich in allen Leitlinien des NAP.

Der erste Punkt der obgenannten Zielsetzungen, die Sichtbarmachung der unterschiedlichen Situationen von Frauen und Männern, wird im fünften Kapitel durch die Analyse der Ursachen der geschlechtsspezifischen Teilung des österreichischen Arbeitsmarktes aufgrund von geschlechterspezifischen Stereotypen und Zuschreibungen deutlich gemacht. Der zweite Punkt, die Formulierung der Ziele und Maßnahmen der Beschäftigungspolitik unter Bedachtnahme auf ihre geschlechtsspezifisch unterschiedlichen Auswirkungen wird im nächsten Kapitel unter dem Punkt „Bisher aufgrund von Gender Mainstreaming eingeleitete Maßnahmen zur Gleichstellung von Frauen auf dem Arbeitsmarkt" behandelt. Auf den dritten Punkt der genannten Zielsetzungen, die Verfolgung des Zieles der Gleichstellung von Frauen, wird im Rahmen des letzten Abschnitts des theoretischen Teils bei der kritischen Betrachtung der Chancen und Gefahren des Gender Mainstreramings und inwiefern das Ziel der Gleichstellung von Frauen auf dem Arbeitsmarkt, vor allem betreffend der Entlohnung und Aufstiegschancen, damit beeinflusst werden kann, eingegangen. Der vierte Punkt, die Verankerung des Gender Mainstreaming Prinzips im österreichischen NAP, wurde, wie zu Beginn des Kapitels erwähnt, ab 1998 realisiert (BMSG 1999, 13).

Im Bericht des Bundesministeriums für Wirtschaft und Arbeit (BMWA 2008, 8) wird festgestellt, dass zwar die Beschäftigungsquote von Frauen in Österreich angestiegen ist, andererseits aber weiterhin eine Einkommensschere zwischen Männern und Frauen besteht. Begründet wird diese Tatsache teils durch die nach wie vor bestehende Segregation, Qualifikationsunterschiede und Teilzeitarbeit, teils sei aber nach wie vor Bewusstseinsarbeit erforderlich, um diese Situation zu verändern (vgl. BMWA 2008, 8). Darauf aufbauend wird als Maßnahme formuliert (BMWA 2008, 8):

> „Gender Mainstreaming ist in allen Bereichen des AMS anzuwenden und 50 % aller geschlechtsspezifisch zuordenbaren budgetären Aufwendungen der aktiven Arbeitsmarktpolitik sollen für Frauen aufgewendet werden."

Gschwandtner/Buchinger (2006, 239) stellen fest, dass an der Umsetzung der Strategie des Gender Mainstreaming vor allem deshalb Kritik geübt wird, weil viele Autor/innen befürchten, dass Fraueninteressen im Gender Mainstreaming Prozess untergehen, vor allem im Hinblick auf geringer werdende Ressourcen und eingeleitete Sparmaßnahmen. Dies gilt vor allem für die Thematik Gender Budgeting, mit dem die Einbeziehung der Gender-Perspektive in die Budgetpolitik gemeint ist. Denn nach Gubitzer (2004, 17) ist bei der Einbeziehung von Gender Mainstreaming in die Themenstellungen des Gender Budgeting auch Vorsicht geboten, denn nur allzu leicht können Haushaltsausgaben und Maßnahmen zur Frauenförderung dem Argument zum Opfer fallen, dass die reine Frauenförderung eine veraltete und überholte Strategie sei und Gender Mainstreaming als neue, moderne Strategie diese ersetzen können und sollen.

In der Praxis wird Gender Mainstreaming oftmals als Alibi in kleineren Projekten berücksichtigt, während es in größeren politischen Strategien und Konzepten keine Beachtung erfährt (vgl. Gschwandtner/Buchinger 2006, 239). Dennoch gehen die beiden Autorinnen (2006, 240) davon aus, dass Gender Mainstreaming nicht abgeschafft oder boykottiert werden darf, vor allem angesichts der dramatischen Entwicklungen auf dem Arbeitsmarkt. Bergmann/Sorger (2007, 15) nennen bei der Implementierung von Gender Mainstreaming als relevante Institutionen das Arbeitsmarktservice und die Bundessozialämter, weiters die jeweils verantwortlichen Ministerien sowie Projektträger, welche die Maßnahmen umsetzen. Dieser Aufzählung folgend widmet sich der weitere Verlauf dieses Kapitels der Aufgabe, herauszufinden, ob bei den genannten Institutionen und Ministerien Maßnahmen beschrieben oder genannt werden, deren Ziel es ist, über das Instrument Gender Mainstreaming auf dem Arbeitsmarkt eine Verbesserung hinsichtlich des Lohn- und Gehaltsgefälles bzw. des Anteils von Frauen in Führungspositionen herbeizuführen. Will man sich ein Bild über den aktuellen Stand der Umsetzung von Gender Mainstreaming auf dem österreichischen Arbeitsmarkt verschaffen, so bietet sich zunächst das Studium der einschlägigen Internetseiten der damit befassten Bundesministerien und Institutionen an. An dieser Stelle sei ausdrücklich darauf hingewiesen, dass die Recherchen im Zeitraum September 2008 bis April 2009 durchgeführt wurden. Die nachfolgend beschriebenen Ergebnisse geben daher ausschließlich den zu diesem Zeitpunkt auf den Internet-Seiten vorhandenen Inhalt und nicht den aktuellen Stand bei Abschluss der Dissertation wieder.

3.2.1. Bundesministerium für Frauen und Öffentlichen Dienst

Beginnt man die Recherche beim Bundesministerium für Frauen und Öffentlichen Dienst, so wird man bei der Suche nach Hinweisen auf Gender Mainstreaming als erstes unter dem Link „Frauensektion" fündig. Abteilung 1, wird an dieser Stelle ausgeführt, befasst sich mit der „ressortübergreifenden Koordination des Gender Mainstreaming sowie Geschäftsführung der interministeriellen Arbeitsgruppe für Gender Mainstreaming" [2]. Eine weiterführende inhaltliche Beschreibung existiert zum Zeitpunkt der Analyse (2008) nicht. Die Stichwortsuche nach Gender Mainstreaming in der Internet-Seite des genannten Bundesministeriums erbringt einundzwanzig Treffer [3]. Neben diversen Leitfäden für die Legistik und Gender Budgeting verweisen die Treffer großteils auf Links zu den Themenbereichen Gleichstellung in der Europäischen Union, dem beratenden Ausschuss für Chancengleichheit und Gleichbehandlung in der EU. [4] Zwei der genannten Dokumente, der Leitfaden für Gender Mainstreaming in der Legistik sowie die Arbeitshilfe für Gender Budgeting in der Verwaltung sind Bestandteil des Ministerratsbeschlusses vom 5. März 2008 [5], deren Anwendung die Umsetzung von Gender Mainstreaming im Rahmen der legistischen Vorhaben und im Bereich der Budgeterstellung bekräftigen sollen. Der Leitfaden für Gender Mainstreaming in der Legistik dient dazu, Anwender/inn/en in Bund, Ländern und Gemeinden die Möglichkeit zu geben, Gesetze und Verordnungen bereits in der Entstehungsphase einer Prüfung hinsichtlich gleichstellungsrelevanter Aspekte zu unterziehen. Die Arbeitshilfe für Gender Budgeting soll in der konkreten Umsetzung in der Verwaltung dahingehend einen Teil beitragen, indem Auswirkungen auf die Geschlechterverhältnisse offengelegt, Prioritäten verändert und Mittel umverteilt werden mit dem Ziel, einen geschlechtssensiblen und -gerechten Haushalt zu erreichen. Wenn man bedenkt, dass bereits mit dem Ministerratsbeschluss im Jahre 2000 die Umsetzung von Gender Mainstreaming in Österreich beschlossen wurde, so ist es fraglich, weshalb es acht Jahre (!) gebraucht hat, um einen Leitfaden für einen der Kernpunkte von Gender Mainstreaming, nämlich die Auswirkungen von geschlechtsrelevanten Aspekten in der Gesetzgebung bereits bei ihrer Entstehung zu prüfen, zu erstellen. Ähnliches gilt für ein geschlechtssensibles Gender Budgeting, auch hier regt es zum Nachdenken an, dass nach so vielen Jahren des Gender Mainstreamings es noch einer eigenen Arbeitshilfe für die Verwaltung, die immerhin eine bedeutende Zielgruppe darstellt, bedarf, mit dem die Auswirkungen auf die Geschlechterverhältnisse bei allfälligen Maßnahmen aufgezeigt und mitbedacht werden.

Auffällig ist, dass man bei der Suche nach einem konkreten Umsetzungsstand von Gender Mainstreaming bezogen auf die beiden in dieser Arbeit gewählten Themenstellungen des Arbeitsmarktes in Österreich kaum auf konkrete Maßnah-

---

2 http://www.frauen.bka.gv.at/site/5466/default.aspx; Abfrage 20.09.2008; [13:13]

3 http://www.frauen.bka.gv.at/site/search__Gender%20Mainstreaming/5458/default.aspx; Abfrage 19.04.2009; [12:31]

4 http://www.frauen.bka.gv.at/site/search__Gender%20Mainstreaming/5458/default.aspx; Abfrage 20.09.2008; [13:45]

5 http://www.imag-gendermainstreaming.at/cms/imag/attachments/7/3/2/CH0136/CMS1205846037360/mr05032008.pdf; Abfrage 20.09.2008 [14:38]

men stößt, sondern lediglich auf Leitfäden und Arbeitshilfen, die zur Umsetzung in der Beschäftigungspolitik angeboten werden. Als einzige konkrete Maßnahme wird die Erhöhung des Frauenanteils in der Professorenschaft an österreichischen Universitäten genannt. Frauen machen zwar mehr als die Hälfte der Studierenden als auch Absolvent/inn/en aus, der Prozentsatz der Professorinnen liege jedoch trotz steigender Tendenz bei 7% [6]. Künftig soll bei der Besetzung von Spitzenpositionen bei gleicher Qualifikation von Frauen und Männern den Frauen der Vorzug gegeben werden, bis Frauen 52% der Führungsfunktionen einnehmen. In einem nächsten Schritt wird die Suche nach Hinweisen auf Maßnahmen, die aufgrund von Gender Mainstreaming in der österreichischen Arbeitsmarktpolitik gesetzt wurden, in den Internet-Seiten des Bundesministeriums für Arbeit, Soziales und Konsumentenschutz fortgesetzt.

3.2.2. Bundesministerium für Arbeit, Soziales und Konsumentenschutz

Bei der Suche nach Hinweisen auf Gender Mainstreaming in den Internetseiten des Bundesministeriums für Arbeit, Soziales und Konsumentenschutz, gelangt man unter dem Menüpunkt „BürgerInnen" auf den Themenbereich „Arbeitsmarkt". Dabei werden im Unterpunkt „Arbeitsmarktpolitik in Österreich" die Ziele der österreichischen Arbeitsmarktpolitik aufgezählt [7]:

- die Erreichung und Aufrechterhaltung der Vollbeschäftigung,
- ältere ArbeitnehmerInnen länger im Erwerbsleben zu halten,
- aktive Maßnahmen zur Qualifizierung und Chancengleichheit zu treffen,
- die Transparenz am Arbeitsmarkt zu erhöhen,
- Humanressourcen zu entwickeln,
- Arbeitslose zu aktivieren und Langzeitarbeitslosigkeit zu bekämpfen.

Eine nähere Beschreibung zum Punkt „aktive Maßnahmen zur Qualifizierung und Chancengleichheit" erfolgt nicht, daher bleibt es offen, ob damit unter anderem die Chancengleichheit von Frauen und Männern auf dem österreichischen Arbeitsmarkt gemeint ist. In einem weiteren Unterpunkt des Links „Arbeitsmarkt" werden die „Zielvorgaben des Bundesministers zur Durchführung der Arbeitsmarktpolitik an das AMS" (BMWA 2008, 7f) erwähnt. Darin findet sich unter anderem folgende Zielvorgabe: „Chancengleichheit für bestimmte Personengruppen am Arbeitsmarkt fördern: Bei der Beschäftigungsquote von Frauen

6 http://www.frauen.bka.gv.at/site/cob__20277/5508/default.aspx; Abfrage 20.09.2008 [17:08]
7 http://www.bmsk.gv.at/cms/site/liste.html?channel=CH0689; Abfrage 18.04.2009 [16:46]

hat Österreich das Lissabon-Ziel bereits überschritten, neuer Benchmark sollen die skandinavischen Länder sein. 50% der eingesetzten Mittel zur aktiven Arbeitsmarktpolitik sollen der Beschäftigung von Frauen dienen.“ [8] In diesen Zielvorgaben des Bundesministers für Wirtschaft und Arbeit (BMWA 2008, 7f) ist konkret unter dem Punkt „Chancengleichheit und frühzeitige Intervention für bestimmte Personengruppen“ hinsichtlich der Gruppe der Frauen nachzulesen, dass zwar die Frauenbeschäftigungsquote in Österreich weiter angestiegen ist (Statistik Austria 2008, 7), aber ungeachtet dessen die Quote von 60% durch gemeinsame Anstrengungen aller Beteiligten noch weiter erhöht werden soll. Die Einkommensschere zwischen Frauen und Männern besteht diesem Bericht zufolge weiterhin, wobei als Ursachen die nach wie vor bestehende Segregation am Arbeitsmarkt, die Qualifikationsunterschiede und das Beschäftigungsausmaß ebenso wie das mangelnde Bewusstsein darüber genannt werden (vgl. BMWA 2008, 8). Als Maßnahme wird der gleiche Zugang für Frauen und Männer zu allen Berufen definiert, wobei Frauen nach einer familienbedingten Berufsunterbrechung zu einer Arbeitsaufnahme befähigt werden sollen, die ihre weitere Berufslaufbahn auf zumindest gleichem Qualifikations- und Einkommensniveau sichert (vgl. BMWA 2008, 8).

Die Stichwortsuche nach „Gender Mainstreaming“ in der Homepage des Bundesministeriums für Arbeit, Soziales und Konsumentenschutz ergibt zwar siebzehn Treffer [9], die jedoch entweder gänzlich keinen Bezug zu Gender Mainstreaming haben oder dieses nur sehr peripher betreffen. Hingegen wird bei der Stichwortsuche „Frauen“ unter anderem ein Link „Gendermainstreaming / 16.10.2008“ angeboten, der, wenn man diesem folgt, zunächst die Entstehung, den Begriff und die Zielsetzung von Gender Mainstreaming erläutert. Daran anschließend wird sehr ausführlich auf folgende Punkte eingegangen [10]:

- Gegenüberstellung Frauenpolitik und Gender Mainstreaming
- Gender Budgeting
- Gendermainstreaming auf Ebene der EU
- Gendermainstreaming auf Ebene der UNO
- Gendermainstreaming auf nationaler Ebene
- Gendermainstreaming im BMASK.

Hinweise auf konkrete Maßnahmen, die zum Ziel haben, das Lohn- und Gehaltsgefälle zwischen Frauen und Männern oder die Aufstiegschancen von Frauen auf dem österreichischen Arbeitsmarkt über das Instrument des Gender Mainstrea-

---

8 http://www.bmsk.gv.at/cms/site/liste.html?channel=CH0699; Abfrage 18.04.2009 [16:49]

9 http://www.bmsk.gv.at/cms/site/search.html?rf=10&query=gender%20mainstreaming &locator=CH0004&suche=bereich; Abfrage 18.04.2009 [16:54]

10 http://www.bmsk.gv.at/cms/site/liste.html?channel=CH0114#; Abfrage 18.04.2009 [17:12]

mings zu verbessern, gibt es jedoch nicht. Das Ergebnis der Recherchen in den Internetseiten der beiden Bundesministerien muss demzufolge lauten, dass es zwar ein Problembewusstsein hinsichtlich dem existierenden Lohn- und Gehaltsgefälle zwischen Frauen und Männern gibt, für diese Unterschiede teils auch Erklärungen geliefert werden, jedoch keine Hinweise auf konkrete Maßnahmen zu finden sind, wie diese Lücke über Gender Mainstreaming und die Arbeitsmarktpolitik geschlossen werden soll. Betreffend den Themenbereich Frauen in Führungspositionen gilt Ähnliches, als einzige definierte Maßnahme ist die Erhöhung des Frauenanteils in den Professuren der österreichischen Universitäten erkennbar.

3.2.3. Bundesregierung

Eine weitere Quelle für Maßnahmen der Arbeitsmarktpolitik stellt das Regierungsprogramm der derzeit amtierenden Bundesregierung dar. Im Regierungsprogramm 2008–2013 findet sich unter dem Punkt sieben „Gesellschaft, Frauen, Familie und Chancenpolitik“ unter dem Titel „Frauenpolitik“ gleich zu Beginn folgendes Statement (Österreichische Bundesregierung 2008, 156):

> „Chancengleichheit, Gleichstellung von Frauen in der Arbeitswelt, Einkommensgerechtigkeit und Förderung von Frauen in der Wissenschaft, Forschung sowie atypischen Berufen und in Spitzenpositionen sind und bleiben zentrale Anliegen. Als Querschnittsmaterie werden die besonderen Anliegen von Frauen in den verschiedenen Kapiteln des Regierungsprogramms Berücksichtigung finden. […] Die Regierungspartner kommen überein, gemeinsam mit den Sozialpartnern einen Nationalen Aktionsplan für Gleichstellung zu erarbeiten.“

Dieser NAP für Gleichstellung, so wird weiter ausgeführt, wird für die Dauer von fünf Jahren konzipiert und soll der Bundesregierung jährliche Berichte, die als Evaluierungs- und Planungsinstrument dienen, vorlegen. Die Gesamtkoordination des NAP für Gleichstellung liegt dabei in den Händen des Frauenministeriums. (Anmerkung der Autorin: eine entsprechende Stichwortsuche „Nationaler Aktionsplan für Gleichstellung“ in den Internetseiten des Frauenministeriums ergibt allerdings Null Treffer [11]). Eine interministerielle Arbeitsgruppe wird beauftragt, Indikatoren zu folgenden Punkten festzulegen:

- Entwicklung der Vollzeitbeschäftigung von Frauen
- Erwerbsbeteiligung von Frauen
- Einkommensentwicklung von Frauen (Einkommensschere)
- Anteil von Frauen in Führungspositionen.

---

11 http://www.frauen.bka.gv.at/site/search__Nationplan/5458/DesktopDefault.aspx?search =Nationplan&tabid=5458; Abfrage 19.04.2009 [12:06]

Die beiden letztgenannten Punkte haben besondere Relevanz für die Forschungsfrage der vorliegenden Arbeit, daher werden die im Regierungsprogramm 2008–2013 der österreichischen Bundesregierung (2008, 159f) festgelegten Maßnahmen an dieser Stelle der Arbeit im Originaltext dargestellt. Das Regierungsprogramm definiert zu diesen beiden Themenstellungen folgende konkrete Zielsetzungen und Maßnahmen:

„Schließen der Einkommensschere

- Weiterführung und Ausbau von bestehenden Initiativen und Projekten zur Unterstützung von Mädchen und Frauen bei der nicht-traditionellen Berufswahl und Berufsausbildungswahl
- Sensibilisierung der Unternehmen in Bezug auf nicht-traditionelle Berufswahl
- Gemeinsame Initiative mit den Sozialpartnern zur Eliminierung von versteckten Diskriminierungen in kollektivvertraglichen Bestimmungen und Beseitigung von Stereotypen bei der Arbeitsbewertung (Pilotprojekte in der Privatwirtschaft und im Öffentlichen Dienst), insbesondere durch Anrechnung von Elternkarenzzeiten als Vordienstzeiten
- Förderung von Transparenz bei Karrierewegen und Gehältern in Unternehmen; Unterstützung von Karriereförderung von Frauen
- Initiativen mit den Sozialpartnern, um die Rückkehr von Teilzeit- auf Vollzeitarbeitsplätze zu erleichtern
- Verbesserung der Datenlage von Teilzeit durch die Erfassung des Arbeitszeitumfangs bei den Beschäftigtendaten des Hauptverbandes in Zusammenarbeit mit den Sozialpartnern.

Förderung von Frauen in Spitzenpositionen

- Weiterführung und Ausbau von Mentoring-Programmen
- Forcierung und Verankerung einer echten Selbstverpflichtung zu einer gleichmäßigen Verteilung der Geschlechter im Aufsichtsrat im Rahmen des Corporate Governance Kodex seitens der Wirtschaft
- Etablierung einer öffentlich zugänglichen Datenbank mit potentiellen geeigneten Kandidatinnen für Aufsichtsratsfunktionen
- Erhöhung des Anteils von Frauen in Vorstands- und Aufsichtsratsfunktionen, insbesondere in Unternehmen mit signifikanter staatlicher Beteiligung
- Maßnahmen zur Erhöhung des Frauenanteils in Spitzenpositionen in Wissenschaft und Forschung, in der Verwaltung und in der Politik

- Durchführung einer Studie zu den betriebswirtschaftlichen Aspekten von Diversität in Entscheidungsgremien besonders im Hinblick auf die Geschlechter in Unternehmen
- Weiterentwicklung in der Gleichbehandlungsgesetzgebung
- Monitoring im Rahmen der jährlichen Berichtspflicht im Nationalen Aktionsplan."

Einerseits hat die Bundesregierung damit sehr konkret die Zielsetzungen, die Einkommensschere zu verringern und mehr Frauen in Spitzenpositionen zu bringen, in ihr Regierungsprogramm aufgenommen und Maßnahmen dazu definiert; andererseits bekräftigt diese pointierte Herangehensweise, dass sich die Bundesregierung darüber im Klaren ist, hinsichtlich dieser beiden Themenstellungen für die Gleichstellung von Frauen auf dem Arbeitsmarkt im Rahmen der laufenden Legislaturperiode einiges tun zu müssen. Ein weiterer Schluss, den man daraus ziehen kann, ist, dass in den über zehn Jahren seit der Einführung von Gender Mainstreaming die Arbeitsmarktpolitik gerade in diesen beiden Punkten noch zu keinem befriedigenden Ergebnis geführt hat, im Gegenteil, es sind weitere, hohe Anstrengungen nötig, um die Einkommensschere zu schließen und Frauen den Zugang zu Führungspositionen zu erleichtern. Zum Stand des Nationalen Aktionsplans für Gleichstellung findet sich im Internet eine Pressemitteilung der SPÖ Frauensprecherin, wonach der NAP vor der Umsetzung stehe und man sich trotz der Wirtschaftskrise nicht von der Bewältigung der besonderen Herausforderungen in der Gleichstellung abbringen lassen werde [12]. Ergänzend sei noch festgehalten, dass die Stichwortsuche nach „Gender Mainstreaming" in der Internet-Seite des Bundeskanzleramtes elf Treffer ergibt, die zum größten Teil entweder veraltet (aus dem Jahre 2003) sind oder gar keinen Bezug zu Gender Mainstreaming haben.

3.2.4. Arbeitsmarktservice

Das Arbeitsmarktservice als Adressat der Zielvorgaben des Bundesministers für Arbeit, Soziales und Konsumentenschutz zur Durchführung der Arbeitsmarktpolitik bietet sich als nächste Institution an, bei dem konkrete Maßnahmen zur Gleichstellung von Frauen und Männern auf dem Arbeitsmarkt, vorrangig hinsichtlich der Einkommensschere zwischen Frauen und Männern und Karrierebarrieren für Frauen nachzulesen sein könnten. Beim Aufrufen der Internet-Einstiegsseite des Arbeitsmarktservice Österreich findet sich zunächst kein Hinweis auf Gender Mainstreaming. Die Suchfunktion ergibt bei der Eingabe des Begrif-

12 http://www.tirol.spoe.at/index.php?pid=3486&id=17972; Abfrage 19.04.2009 [12:24]

fes Gender Mainstreaming neun Treffer [13]. Einer der Treffer verweist unter anderem auf die (bereits eingestellte) Koordinationsstelle für Gender Mainstreaming im ESF. Der Menüpunkt „Über AMS" führt zu einem Unterpunkt „Gleichstellung im AMS", in dem beschrieben wird, dass das Arbeitsmarktservice die Gleichstellung von Frauen und Männern in der Gesellschaft/auf dem Arbeitsmarkt fördert und daher dem AMS auch gleiche Chancen für die eigenen Mitarbeiterinnen wichtig seien.[14] Es wird ausgeführt, dass von über 4500 MitarbeiterInnen 62% Frauen seien, wovon 24% in Teilzeit arbeiten. 36% der Führungspositionen im AMS seien mit Frauen besetzt, als Ziel wird ein Frauenanteil von 50% genannt. Mit welchen Maßnahmen dieses ambitionierte Ziel erreicht werden soll, lässt das AMS jedoch an dieser Stelle offen.

Unter den weiteren angebotenen Links findet sich keinerlei Hinweis dafür, in welchen Bereichen bzw. mit welchen konkreten Maßnahmen das AMS der Zielsetzung, Gleichstellung von Frauen und Männern auf dem Arbeitsmarkt zu erreichen, gerecht werden will. In den eingangs erwähnten „Zielvorgaben des Bundesministers zur Durchführung der Arbeitsmarktpolitik an das AMS" (BMWA 2008, 7f), wurde unter anderem die Schließung der Einkommensschere zwischen Frauen und Männern als vorrangiges Ziel definiert. Demnach wäre zu erwarten gewesen, dass abgeleitet aus dieser Vorgabe der indirekte Einfluss und die Verantwortung des Arbeitsmarktservice durch konkrete Maßnahmen, welche einen Beitrag zur Verringerung des Gender Pay Gap leisten sollen, zu finden sind. Damit ergibt die Suche nach Maßnahmen zur Gleichstellung von Frauen auf dem Arbeitsmarkt mit besonderer Berücksichtigung auf das Lohn- und Gehaltsgefälle und Karrierechancen von Frauen über das Instrument des Gender Mainstreaming betreffend das AMS insgesamt kein Ergebnis.

3.2.5. Interministerielle Arbeitsgruppe Gender Mainstreaming

Als eine von der Bundesregierung eingesetzte interministerielle Arbeitsgruppe und Koordinationsstelle dient IMAG GM als weitere Quelle, um eventuelle Maßnahmen betreffend Gender Mainstreaming in der österreichischen Arbeitsmarktpolitik aufzuspüren. In der Einleitungsseite des IMAG GM findet sich folgende Aussage der Bundesministerin für Frauen und Öffentlichen Dienst [15]:

---

13 http://searchext.ams.or.at/search?q=Gender+Mainstreaming&btnG=Suche&sort=date%3AD%3AL%3Ad1&output=xml_no_dtd&oe=UTF-8&ie=UTF-8&client=ams_at&proxystylesheet=ams_at; Abfrage 19.04.2009 [12:42]

14 http://www.ams.or.at/ueber_ams/14154.html; Abfrage 18.04.2009 [17:34]

15 http://www.imag-gendermainstreaming.at/cms/imag/content.htm?channel=CH0136&doc=CMS1190211757706; Abfrage 18.04.2009 [18:19]

„Für eine breite und durchgängige Anwendung von Gender Mainstreaming sind praxisorientierte Instrumente wie Leitfäden und Checklisten Voraussetzung. Deshalb werde ich in wesentlichen Bereichen wie Gesetzgebung, öffentliche Finanzen und Organisation von öffentlichen und privaten Einrichtungen solche Instrumente zur Verfügung stellen, die eine Prüfung von geschlechterrelevanten Aspekten in diesen Bereichen ermöglichen.

Damit wird klargestellt, dass sich die IMAG GM vordergründig als eine Koordinationsstelle sieht, die durch die Bereitstellung von Arbeitshilfen im Sinne von Leitfäden und Checklisten eine Umsetzung von Gender Mainstreaming unterstützt, jedoch selbst keine konkreten Maßnahmen definiert. Die Anwendung der Arbeitshilfen für die Prüfung von geschlechterrelevanten Aspekten wird hier nicht als verpflichtend angeführt, sondern als eine Option in den Bereichen Gesetzgebung, öffentliche Finanzen und Organisation von öffentlichen und privaten Einrichtungen. Es ist rasch erkennbar, dass sich die Inhalte dieser Seiten mit jenen des Bundesministeriums für Frauen weitgehend decken, beispielsweise findet sich auch hier der Ministerratsbeschluss vom März 2008 mit den beiden zugehörigen Dokumenten, dem Leitfaden für Gender Mainstreaming in der Legistik und der Arbeitshilfe für Gender Budgeting in der Verwaltung [16].

Folgt man dem Link, welcher unter „Equal Pay Day“ angeboten wird, dann gelangt man zu einer Internet-Seite, in der der Inhalt einer Veranstaltung mit dem Titel „Wo steuern wir hin? Modelle gerechterer Verteilung“, beschrieben wird [17]. Dabei wird der 27. September 2007, an dem die Veranstaltung stattgefunden hat, als Equal Pay Day bezeichnet, der aus diesem Grund so benannt wurde, weil an diesem Tag des Jahres Männer bereits jenes Einkommen erreicht haben, das Frauen erst bis zum Ende des Jahres erzielen können. Ausführungen über konkrete Maßnahmen, die das Lohn- und Gehaltsgefälle beseitigen sowie die Aufstiegschancen von Frauen über Gender Mainstreaming verbessern sollen, existieren nicht.

3.2.6. Gender Mainstreaming bei GeKo

Folgt man dem unter IMAG GM angebotenen Link „GeKo“, darunter versteht man Gender Kompetenz bei der L&R (Lechner, Reiter & Riesenfelder) Sozialforschung OEG, so bekommt man als erstes zu lesen, dass die Koordinationsstelle für Gender Mainstreaming im Europäischen Sozialfonds (ESF) mit Ende der Strukturfondsperiode 2006 ihre Arbeit eingestellt hat. Das ist bemerkenswert,

16 http://www.imag-gendermainstreaming.at/cms/imag/content.htm?channel=CH0136&doc=CMS1190211757706; Abfrage 18.04.2009 [18:20]

17 http://www.imag-gendermainstreaming.at/cms/imag/content.htm?channel=CH0136&doc=CMS1189505151783; Abfrage 18.04.2009 [18:29]

wenn man bedenkt, dass die zentrale Aufgabe der GeM-Koordinationsstelle darin bestand, die Umsetzung von Gender Mainstreaming in den Maßnahmen des Europäischen Sozialfonds und im weiteren Sinn in der österreichischen Arbeitsmarkt- und Beschäftigungspolitik zu fördern (vgl. Bergmann/Sorger 2007, 46). Es wird jedoch auf einen Erfahrungsbericht verwiesen, der die bestehenden Erfahrungswerte und Ergebnisse, die bislang bei der Umsetzung von Gender Mainstreaming im Bereich der Arbeitsmarktpolitik gemacht wurden, dokumentiert. Im Vordergrund stehen dabei insbesondere die Erfahrungen von relevanten österreichischen Institutionen wie Arbeitsmarktservice sowie Ministerien, welche die Maßnahmen von Gender Mainstreaming konkret umsetzten[18]. Bei der Suche nach Hinweisen auf Maßnahmen in der österreichischen Beschäftigungspolitik in den unter dem Punkt Gender Mainstreaming angebotenen Dokumenten findet man zwar eine Reihe von Publikationen, die unter anderem auf das weiterhin bestehende Lohn- und Gehaltsgefälle sowie geringere Karrierechancen von Frauen eingehen, aber nur teilweise konkrete Maßnahmen nennen, die daraus abgeleitet wurden. Beispielhaft seien zwei Dokumente mit besonderer Relevanz für die vorliegende Arbeit und eine kurze Zusammenfassung ihrer wichtigsten Inhalte genannt:

„Bekämpfung des geschlechtsspezifischen Lohngefälles“:

Mitteilung der Kommission (2008) an das Europäische Parlament, den Rat, den europäischen Wirtschafts- und Sozialausschuss und den Ausschuss der Regionen. Wesentliche Inhalte: Obwohl die Verringerung des Lohngefälles eines der Ziele der europäischen Strategie für Wachstum und Beschäftigung (Lissabon-Strategie) in den Jahren 2006 bis 2010 ist, besteht das Lohngefälle trotz der eingeleiteten Maßnahmen und der zu seiner Bekämpfung eingesetzten Mittel weiter fort. Da das Gefälle großteils nicht auf objektive Kriterien zurückzuführen ist, liegt die Vermutung für eine fortbestehende Ungleichbehandlung von Frauen auf dem Arbeitsmarkt nahe. Als mögliche Gründe werden die geringere Wertschätzung der Frauenarbeit, die geschlechtsspezifische Segregation am Arbeitsmarkt, Traditionen und Stereotype sowie die Unvereinbarkeit von Berufs- und Privatleben genannt. Bei allen umgesetzten politischen Maßnahmen habe man stets darauf geachtet, gegen alle dem Lohngefälle zugrunde liegenden Faktoren vorzugehen.

„Leitfaden für Gender Mainstreaming in der Beschäftigungspolitik“:

Europäische Kommission (2007), Generaldirektion Beschäftigung, soziale Angelegenheiten und Chancengleichheit. Wesentliche Inhalte: Die Segregation des

---

18 http://www.imag-gendermainstreaming.at/cms/imag/content.htm?channel=CH0136&doc=CMS1187854278586; Abfrage20.09.2008 [17:45]

Arbeitsmarktes erweist sich als anhaltendes Problem, was seinen Ausdruck in einer signifikanten und stabilen Einkommensschere findet. Eine Gleichstellung der Geschlechter kann aber ohne Entgelt- und Chancengleichheit nicht erreicht werden. Deshalb wurden 2003 die EU Mitgliedsländer aufgerufen, Ziele zu formulieren, um bis 2010 das geschlechtsspezifische Lohngefälle mit dem Ziel seiner vollständigen Beseitigung zumindest beträchtlich zu reduzieren. Als drei mögliche Ansätze für die Reduzierung des Lohngefälles werden genannt: erstens eine Politik der Entgeltgleichheit, die das Problem der direkten oder indirekten Entgeltdiskriminierung durch (zusätzliche) Gesetze, Verbreitung von Informationen und Initiativen von Arbeitsplatzbewertung in Angriff nimmt; zweitens eine Politik der Chancengleichheit zur Verringerung des Lohngefälles, indem eine kontinuierliche Berufslaufbahn für Frauen durch Maßnahmen der horizontalen und vertikalen Desegregation ermöglicht wird; drittens eine Entgeltpolitik, die auf Verringerung von Entgeltungleichheit und Verbesserung der Entlohnung von niedrig bezahlten und/oder weiblich dominierten Jobs abzielt.

Als Ergebnis der Recherchen in den Internetseiten des GeKo ist festzustellen, dass hier zwar konkrete Vorschläge für Maßnahmen vorzufinden sind, wie eine Verbesserung der Situation hinsichtlich des Lohn- und Gehaltsgefälles sowie der Karrierechancen für Frauen über Gender Mainstreaming und Arbeitsmarktpolitik hergestellt werden könnte; andererseits es sich aber auch hier wiederum nur um Vorschläge handelt und nicht um konkret eingeleitete Maßnahmen. Die folgende Übersicht zeigt die wichtigsten Ergebnisse aus der Suche nach Maßnahmen bei den vorgenannten Institutionen und Organisationen:

Tabelle 1: Zusammenfassung der Internet-Recherche 2008/2009 zu konkreten Maßnahmen von Gender Mainstreaming in der Arbeitsmarktpolitik

Bundesministerium für Frauen und Öffentlichen Dienst	– Stichwortsuche nach „Gender Mainstreaming“ ergibt 21 Treffer
	– Abteilung 1 der Frauensektion befasst sich mit der ressortübergreifenden Koordination des Gender Mainstreaming
	– Vorrangig Leitfäden und Arbeitshilfen dargestellt
	– Fazit: Als einzige konkrete Maßnahme wird die Erhöhung des Frauenanteils in den Professuren der österreichischen Universitäten genannt

Bundesministerium für Arbeit, Soziales und Konsumentenschutz	– Stichwortsuche nach „Gender Mainstreaming“ ergibt 17 Treffer, obwohl die dazu bereitgestellten Informationen nur wenig bis gar keinen Bezug zu Gender Mainstreaming haben
	– Stichwortsuche nach „Frauen“ führt zu Erläuterungen über Gender Mainstreaming (Entstehung, Begriff und Zielsetzung)
	– Als ein Ziel der österreichischen Arbeitsmarktpolitik wird die Ergreifung von aktiven Maßnahmen zur Chancengleichheit genannt; eine nähere Beschreibung, welche Maßnahmen dies sein sollten, erfolgt nicht
	– Bei der Beschäftigungsquote von Frauen hat Österreich mit 60 % das Lissabon-Ziel bereits erreicht; 50 % der Mittel zur aktiven Arbeitsmarktpolitik sollen zu einer weiteren Steigerung der weiblichen Beschäftigungsquote verhelfen
	– Die Einkommensschere zwischen Frauen und Männern besteht weiterhin; als Ursachen werden die bestehende Segregation, die Qualifikationsunterschiede und Teilzeit genannt
	– Fazit: es sind keine konkreten Hinweise auf konkrete Gender Mainstreaming Maßnahmen zu finden
Bundesregierung	– Stichwortsuche nach „Gender Mainstreaming“ ergibt 11 Treffer
	– Punkt 7 des Regierungsprogramm 2008 bis 2013 beschreibt das allgemeine Ziel, Chancengleichheit und Gleichstellung von Frauen in der Arbeitswelt herbeiführen zu wollen
	– Gemeinsam mit den Sozialpartnern soll ein Nationaler Aktionsplan für Gleichstellung erarbeitet werden, dessen Gesamtkoordination in den Händen des Frauenministeriums liegt
	– Stichwortsuche nach „Nationaler Aktionsplan für Gleichstellung“ ergibt Null Treffer
	– Das Regierungsprogramm formuliert ganz konkrete Maßnahmen zur Schließung der Einkommensschere und Förderung von Frauen in Spitzenpositionen
	– Fazit: erst 10 Jahre nach der verpflichtenden Einführung von Gender Mainstreaming formuliert die Bundesregierung dazu konkrete Umsetzungsmaßnahmen in der Arbeitsmarktpolitik

Arbeitsmarktservice	– Stichwortsuche nach „Gender Mainstreaming“ ergibt 9 Treffer
	– Das AMS setzt nach eigenen Angaben Gleichstellung von Frauen und Männern auf dem Arbeitsmarkt um, indem die Gleichstellung der eigenen Mitarbeiterinnen gefördert wird
	– Fazit: es finden sich keine Hinweise auf konkrete Maßnahmen, die sich aus den „Zielvorgaben des Bundesministers zur Durchführung der Arbeitsmarktpolitik an das AMS“ ableiten
Interministerielle Arbeitsgruppe Gender Mainstreaming	– IMAG GM sieht sich vordergründig als Koordinationsstelle, die durch die Bereitstellung von Checklisten und Leitfäden die Umsetzung von GM unterstützt
	– Die Anwendung der Arbeitshilfen ist jedoch für die Prüfung von geschlechterrelevanten Aspekten nicht verpflichtend, sondern optional
	– Die Inhalte der Internet-Seiten von IMAG GM decken sich weitgehend mit jenen des Bundesministeriums für Frauen
	– Fazit: es gibt keine Hinweise auf konkrete Maßnahmen zur Umsetzung von Gender Mainstreaming in der Arbeitsmarktpolitik
Gender Kompetenz bei L&R Sozialforschung	– Auf der Homepage wird zunächst darauf hingewiesen, dass die Koordinationsstelle für Gender Mainstreaming im Europäischen Sozialfonds (ESF) im Jahr 2006 ihre Arbeit eingestellt hat
	– Aus dem ESF gibt es einen Erfahrungsbericht, der die Erfahrungen und Ergebnisse aus der Umsetzung von Gender Mainstreaming im Bereich Arbeitsmarkt dokumentiert; darin findet sich eine Reihe von Publikationen, die auf das Lohn- und Gehaltsgefälle bzw. die geringeren Aufstiegschancen von Frauen eingehen
	– Fazit: Bei den beschriebenen Maßnahmen handelt es sich um reine Vorschläge und keine konkret eingeleiteten Maßnahmen

Quelle: eigene Darstellung.

Zusammenfassend muss aus den Recherchen dieses Kapitels in den Internetseiten der Ministerien und maßgeblichen Institutionen der Schluss gezogen werden, dass zwar zweifellos eine Reihe von Maßnahmenvorschlägen existiert, wie eine Verbesserung bezüglich Lohn- und Gehaltsgefälle sowie Förderung der Karrierechancen für Frauen über Gender Mainstreaming und die Arbeitsmarktpolitik herbeigeführt werden kann; konkret umgesetzte Maßnahmen, die bereits dazu geführt haben, die Einkommensschere in Österreich zu schließen und den Anteil der Frauen in Führungs- und Entscheidungsfunktionen zu erhöhen, sind jedoch nicht erkennbar. Es soll an dieser Stelle ausdrücklich festgehalten werden, dass dieser Befund ausschließlich aus den in den beschriebenen Internet-Seiten Inhalten resultiert. Es ist davon auszugehen, dass es über die dargestellten Maßnahmen und Programme hinaus noch weitere Initiativen in den vorgenannten Organisationen gibt, die keinen Eingang in die Internet-Seiten gefunden haben. In diesem Sinne gibt die in diesem Kapitel vorgenommene Analyse zwar eine Orientierung, die jedoch durch eine weiterführende Evaluierung ergänzt werden muss. Für die Beantwortung der Forschungsfrage sind daher nicht nur die bisher verwendeten Quellen, sondern vor allem die Ergebnisse aus den Interviews mit den mit der Umsetzung von Gender Mainstreaming befassten Expert/inn/en und Akteur/inn/en auf dem Wege einer qualitativen Erhebung essentiell. Vor dem Aufzeigen von Erklärungsansätzen für die nicht zufrieden stellende Situation auf dem Arbeitsmarkt setzt sich das nun folgende Kapitel mit dem Zusammenspiel von Gender Mainstreaming mit klassischer Frauenförderpolitik auseinander, denn eine wichtige Frage, die in Zusammenhang mit Gender Mainstreaming häufig diskutiert wird, ist jene, wie Frauengleichstellungspolitik und Gender Mainstreaming zueinander stehen.

3.3. Gender Mainstreaming und klassische Frauenförderpolitik

Nach Struthmann (2008, 53) muss Klarheit über das Verhältnis von Frauenförderung und Gender Mainstreaming existieren, wenn von einem Paradigmenwechsel von der Frauen- hin zur Geschlechterpolitik gesprochen wird und Geschlechterverhältnisse die Grundlage der Analyse für gesellschaftliche Verhältnisse bilden. Gender Mainstreaming ist ein Konzept, welches unter anderem die Gleichstellung der Geschlechter hinsichtlich besonderer Fragestellungen auf dem Arbeitsmarkt erreichen will. Ein ähnliches Ziel verfolgt jedoch auch, bereits wesentlich länger als Gender Mainstreaming, auf nationalstaatlicher Ebene, die Frauengleichstellungspolitik. Squires/Wickham-Jones (2004, 81) stellen fest: „Gender Mainstreaming represents a particular strategy for pursuing gender justice, to be distinguished from equal opportunities and positive action strategies". Während einige Expert/inn/en Gender Mainstreaming als das umfassendere Konzept sehen und daher eine Integration der Frauenförderung in dieses neuere Konzept befürworten, sieht der überwiegende Teil der Expert/inn/en es als sinnvoll an, beide Ansätze nebeneinander bestehen zu lassen und je nach Grundlage und Kontext der Ausgangssituation eines der beiden Strategien anzuwenden. Dies gilt selbstverständlich für alle Bereiche, in denen Frauen gegenüber Männern benachteiligt sind, vor allem aber auch für den Bereich Arbeitsmarkt.

In diesem Kapitel wird daher eine knappe Gegenüberstellung zwischen Gender Mainstreaming und Frauengleichstellungs- bzw. Frauenförderpolitik hergestellt, um die Unterschiede in den Denkansätzen und Herangehensweisen darstellen zu können. An den Anfang dieses Kapitels werden deshalb zunächst jene Begriffsdefinitionen gestellt, um die es in weiterer Folge in der Gegenüberstellung von Gender Mainstreaming und Frauengleichstellungspolitik geht:

Frauenförderung

Bei Frauenförderung geht es um Maßnahmen, die der faktischen Benachteiligung von Frauen gezielt entgegenwirken und echte Chancengleichheit bewirken sollen. Nach Arioli (1991, 135) handelt es sich um „all jene Maßnahmen, die zum Ziel haben, die Gleichstellung von Mann und Frau in allen gesellschaftlichen Bereichen zu verwirklichen".

Chancengleichheit

Chancengleichheit verlangt, dass jeder Mensch, unabhängig vom Geschlecht, die gleichen Chancen (im Sinne von Ausgangsbedingungen) haben soll. Chancengleichheit ist erreicht, wenn es keine geschlechtsbedingten Barrieren mehr gibt, die einer gleichberechtigten Teilnahme am wirtschaftlichen, politischen und sozialen Leben im Wege stehen (vgl. Baur/Fleischer/Schober 2005, 32).

Gleichstellung

Gleichstellung wird als eine Situation definiert, in der alle Menschen ohne geschlechtsspezifische Einschränkungen ihre persönlichen Fähigkeiten frei entwickeln und freie Entscheidungen treffen können. Es werden die unterschiedlichen Ziele, Verhaltensweisen und Bedürfnisse von Frauen und Männern in gleicher Weise berücksichtigt, anerkannt und gefördert (vgl. Baur/Fleischer/Schober 2005, 34). In diesem Sinne bedeutet Gleichstellung die faktisch umgesetzte Gleichberechtigung (vgl. Doblhofer/Küng 2008, 23).

Gleich zu Beginn sei gesagt, dass Frauenförderkonzepte und Gleichstellungskonzepte kaum voneinander zu trennen sind; beide haben als Ausgangspunkt eine durchgängige Übereinstimmung in der Auffassung, dass Frauen Diskriminierungen und Benachteiligungen rein durch ihr Geschlecht hinnehmen müssen, denen Männer nicht ausgesetzt sind (vgl. Schmitt 2005, 69). Den Unterschied zu traditionellen Frauenförder- und Gleichstellungsprogrammen sehen Bendl/Leitner/Rosenbichler/Walenta (2007, 34) bei Gender Mainstreaming in der Veränderung der Politik und der damit verbundenen Strukturen und Entscheidungsprozesse.

Frauenförderung zielt auf Personen, die im Sinne der tradierten weiblichen Rollenbilder behandelt, sozialisiert oder einfach als solche wahrgenommen werden; basierend auf einer Analyse der Beteiligung von Geschlechtern in Positionen oder Bereichen, besteht Frauenförderung in einer Aktion oder Regelung, die geortete Benachteiligung von spezifischen Gruppen zu überwinden (vgl. Stiegler 2003, 9). Konsequente Frauenförderung hat zum Ergebnis, dass das Geschlecht für die Gestaltung von Arbeitsbedingungen, für die Besetzung von Positionen und deren Entlohnung keine Rolle mehr spielt. „Frauenförderung dient dem Ziel, Frauen und Männer innerhalb der Organisation oder innerhalb eines Bereiches gleichzustellen" (Stiegler 2003, 9). Demgegenüber sieht Stiegler (2003, 9) Gender Mainstreaming als umfassenderes Instrument an, um geschlechterpolitische Ziele zu erreichen. Mithilfe von Gender-Analysen werden sozusagen den Frauenfördermaßnahmen vorgelagert die geschlechtliche Prägung von Normen, Verfahrensweisen, Leistungsstandards und Laufbahnregelungen in Organisationen untersucht (vgl. Stiegler 2003, 9). Frauenförderung als Ergebnis von Gender Mainstreaming Prozessen gedacht, zeigt die Vereinbarkeit als auch den inneren Zusammenhang auf: Gender Mainstreaming ist das allgemeine, die Entscheidungsprozesse steuernde, Instrument, während Frauenförderung eine Konkretisierung in der Personalpolitik bedeutet (vgl. Stiegler 2003, 9f).

Als Chancengleichheit bezeichnet man nach Arioli (1991, 37) jenen Begriff, der die meiste Verbreitung erfahren hat, wenn es um die Nennung von Zielvorstellungen in Zusammenhang mit dem Geschlechterverhältnis geht. Dabei unterscheidet sie den Begriff Chancengleichheit nach den folgenden Kriterien: auf welche Chancen sind die Ziele gerichtet, welche Prozess- und Ergebnisorientierung steckt dahinter und nicht zuletzt erfordert Chancengleichheit vorangehend Ungleichbehandlung (vgl. Arioli 1991, 39). Denn wenn keine Ungleichbehandlung vorliegt, wird auch das Ziel Chancengleichheit obsolet. Beide Begriffe – Chancengleichheit und Gleichstellung – werden oft als Ziele von Gender Mainstreaming genannt. Doch erst wenn eine Gleichstellung eingetreten ist, existiert wahre Chancengleichheit. In diesem Sinne ist Gleichstellung der umfassendere Begriff (vgl. Baur/Fleischer/Schober 2005, 33). Im beruflichen Feld bedeutet das, dass die Start- und Rahmenbedingungen für Männer und Frauen gleich sein müssen, z.B. gleiche Bezahlung für gleichwertige Arbeit und gleichwertige Aufstiegsmöglichkeiten (vgl. Baur/Fleischer/Schober 2005, 34). Die Klärung der Frage, ob Gender Mainstreaming und Frauengleichstellungspolitik als Strategien jeweils für sich alleine stehen können oder nur in Verbindung miteinander einen Sinn ergeben, wird in der Literatur weitestgehend dahingehend beantwortet, dass nur eine sinnvolle Verbindung von nationalstaatlicher Frauenförderpolitik und Gender Mainstreaming das Ziel Gleichstellung, unter anderem auch auf dem Arbeitsmarkt, erreichen kann. Nach Hyöng/Schwerma (2002, 62) ist eine eigenständige gleichstellungsorientierte Frauen- und Männerförderung Grundlage und Ergebnis von Gender Mainstreaming. Wenn aber eine gleichstellungskompatible Männerförderung im Sinne von Gender Mainstreaming auf Kosten der bisherigen Frauenförderung geht, wird nach Meinung dieser beiden Autoren der falsche Weg eingeschlagen (vgl. Hyöng/Schwerma 2002, 62).

Schon bald nach der Entwicklung des Gender Mainstreaming Ansatzes präzisierte die Europäische Kommission, dass mit der Einführung von Gender Mainstreaming nicht die Intention verbunden war, im Gegenzug Frauenförderpolitik abzubauen. Denn: „Both gender mainstreaming and gender equality policies are needed if gender equality and equity are to result“ (McGregor/Bazo 2001, 20). Anfangs fassten einige Akteure und Akteurinnen das Konzept in dem Sinne auf, dass man nun alle frauenfördernden oder frauenspezifischen Maßnahmen, Instrumente und Institutionen abschaffen könne. Die Kommission präzisierte daher, dass sie damit eine Doppelstrategie intendiert hat, denn angesichts der nach wie vor bestehenden Ungleichheiten wird man auch künftig nicht darauf verzichten können, spezifische Frauenfördermaßnahmen zusätzlich zu Gender Mainstreaming zu planen und durchzuführen (vgl. Maier 2002, 70). Nach Schweikert (2002, 93) besteht Einigkeit darüber, dass die Notwendigkeit gezielter Frauenförderung neben der Einführung von Gender Mainstreaming weiterhin besteht und ausdrücklich als Ergänzung zu verstehen und umzusetzen ist. Bei der Verfolgung des Gleichstellungszieles ist immer wieder zu entscheiden, ob spezifische Maßnahmen in der Frauenförderung oder Gender Mainstreaming Aktivitäten anzuwenden sind (vgl. Doblhofer/Küng 2008, 32). Für Welpe/Schmeck (2005, 88) stellt Gender Mainstreaming eine Erweiterung der traditionellen Frauenförderpolitik dar, ohne mit dieser zu konkurrenzieren. Nach Ansicht der Autorinnen (2005, 88) verfolgen beide Ansätze das gleiche Ziel mit unterschiedlichen und sich ergänzenden Strategien und können daher als Doppelstrategie zur Realisierung des Ziels Chancengleichheit von Frauen und Männern im privaten wie beruflichen Umfeld bezeichnet werden.

Es kommt vor, dass Gender Mainstreaming vorschnell als neuere, modernere Form der als veraltet angesehenen Frauenförderpolitik gelobt wird, um dann der bislang missachteten Strategie der Frauenförderung die Ressourcen und Machtmittel nehmen zu können. Nach Arioli (1991, 40) würde eine verwirklichte Chancengleichheit bedeuten, dass Frauen und Männer die Möglichkeiten vorfinden, sich frei nach ihren eigenen Zielvorstellungen und ohne geschlechterspezifische Hindernisse zu entfalten. Bezogen auf den Arbeitsmarkt würde das bedeuten, dass Frauen und Männer für gleiche Arbeit und für gleiche Tätigkeiten gleiche Entlohnung erhalten, ohne geschlechtsspezifische Einflussfaktoren. Ebenso könnten Frauen die gleichen Karrierepfade wie Männer einschlagen ohne darin behindert zu werden.

Hyöng/Schwerma (2002, 60) bezeichnen Gender Mainstreaming als Gleichstellungskonzept, das es ermöglicht, eben jene strukturellen Geschlechterdifferenzen und -ungleichbehandlungen auf allen Ebenen einer Organisation systematisch aufzuspüren. Anhand des Beispiels *Erhöhung des Frauenanteils in Führungspositionen* wird im Rahmen dieser Arbeit der Unterschied zwischen Frauenförderung und Gender Mainstreaming deutlich gemacht (vgl. Wrangell 2003, 54): zunächst ist das Ziel beider die Gleichstellung der Geschlechter, ebenso der Effekt, der daraus resultiert. Frauenförderung setzt dabei an einer bestimmten Problemlage an, agiert kurzfristig und handlungsorientiert. Über die Erstellung eines Frauenförderplanes, die Durchführung eines Auswahlverfahrens und unter Anwendung einer Quote zum Beispiel wird letztlich eine Frau für die Führungsposition eingestellt. Nach Gender Mainstreaming hingegen würden Personalverantwortliche unabhängig davon, ob gerade offene Führungsposition vorhanden sind oder nicht, geschlechtsspezifische Statistiken sowie Indikatoren erheben und bereits in der Planungsphase die Auswirkungen von Maßnahmen auf *beide* Geschlechter prüfen. Die folgende Darstellung macht den Unterschied zwischen den beiden Ansätzen – Frauenförderung und Gender Mainstreaming – nochmals deutlich:

Tabelle 2: Gegenüberstellung Frauenförderung und Gender Mainstreaming

Frauenförderung	**Gender Mainstreaming**
• Knüpft direkt an der Benachteiligung von Frauen an (Defizitansatz)	• Geht von der Analyse der Situation beider Geschlechter aus
• Zielt auf den Abbau von Diskriminierung	• Wirkt langfristig und weniger direkt als spezifische Gleichstellungspolitik
• Richtet sich an Frauen und fördert Frauen gezielt	• Richtet sich an beide Geschlechter und zielt auf Veränderung der Organisation ab
• Erarbeitet kurzfristig wirkende Maßnahmen	• Evaluation und Controlling sind Bestandteil
• Übt Widerspruchs- und Vetorecht aus	• Aufgabe aller in Verwaltung und Politik
• Entwickelt politische Strategien und wirkt initiativ	• Wirkt als Expertin und Consultant
• Überwiegend Regelungen zu frauenspezifischen Problemlagen	• Alle Politikfelder und -bereiche werden auf die Geschlechterfrage hin überprüft

Quelle: nach Wrangell (2003, 54) und nach Frauenberger (2002, 8), eigene Darstellung.

Nach Frauenberger (2002, 7) bleibt eine sinnvolle Zusammenführung beider Konzepte eine große Herausforderung, obwohl sich aus der Verknüpfung der Stärken beider Bereiche eine wirksame Strategie ableiten würde. Die Beurteilung der Wirksamkeit von Maßnahmen von Gender Mainstreaming auf dem Arbeitsmarkt kann nur in gemeinsamer Betrachtung mit der Frauengleichstellungspolitik erfolgen. Zusammenfassend lässt sich daher sagen, dass in der Literatur weitgehend Einigkeit darüber besteht, dass Gender Mainstreaming spezifische Gleichbehandlungspolitik nur ergänzen, aber nicht ersetzen kann. Dies bestätigt auch Schmidt (2003, 6), denn die traditionelle Gleichstellungspolitik hat ihrer Meinung nach bereits zu entscheidenden Entwicklungsschritten geführt und bildet letztlich die Grundlage für alle weiteren, durch Gender Mainstreaming zu definierenden Maßnahmen. Das bedeutet einerseits, die Förderung von Frauen als diskriminierte Gruppe weiterzuführen, andererseits die Schaffung von Rahmenbedingungen voranzutreiben, die Chancengleichheit ermöglichen (vgl. Schmidt 2003, 6).

Die Schlussfolgerung aus den bisherigen Ausführungen dieses Kapitels lautet, dass sich auch bei der Beantwortung der zugrunde liegenden Forschungsfrage die beiden Strategien – Gender Mainstreaming und Frauengleichstellungspolitik – nicht eindeutig voneinander trennen lassen. Verloo (2007, 16):

> „As a strategy, gender mainstreaming, while being analytically different from other gender equality strategies such as equal treatment, equality in legislation, positive action or targeted projects towards women, in practice is not always easily distinguished (nor presented) as different. As a result, policy plans as well as policy reviews generally mix gender mainstreaming and other strategies [...]".

An dieser Stelle sei jedoch nochmals eindeutig festgehalten, dass der Schwerpunkt der Evaluierung in dieser Dissertation auf Maßnahmen ausgehend von Gender Mainstreaming und nicht auf Maßnahmen aufgrund von Frauenförderung liegt. Die nachfolgenden Daten und Fakten im vierten Kapitel dieser Arbeit ergänzen die Ausführungen in Kapitel fünf über die theoretischen Erklärungsansätze, warum Frauen im Durchschnitt bei gleichen Tätigkeiten weniger verdienen als Männer und sich Frauen nach wie vor beim beruflichen Aufstieg schwerer tun als Männer. Gleichzeitig bilden die ausgewählten Daten und Fakten eine wichtige Grundlage für die empirische Untersuchung dieser Arbeit. Das daran anschließende fünfte Kapitel widmet sich den theoretischen Ansätzen, die eine Erklärung für den geschlechtsspezifisch geteilten Arbeitsmarkt und damit für das geschlechtsspezifische Gehaltsgefälle sowie die unterschiedlichen Aufstiegschancen liefern können.

4. Ausgewählte Daten und Fakten zu geschlechtsbezogenen Unterschieden am österreichischen Arbeitsmarkt

Nach der Erarbeitung der Grundlagen und der Beschreibung der Entwicklung von Gender Mainstreaming in Österreich mit besonderem Augenmerk auf die arbeitsmarktpolitische Umsetzung wird als Basis für die empirische Untersuchung die Situation zu den beiden gewählten Themenstellungen des Arbeitsmarktes anhand von ausgewählten Daten und Fakten dargestellt. Im Bericht der Europäischen Kommission (2008, 3) über die Gleichstellung von Frauen und Männern wird festgehalten, dass zwar Fortschritte in quantitativer Hinsicht, wie z.B. die Erhöhung der Erwerbsquote von Frauen, erreicht wurde, es jedoch noch weiterer Anstrengungen bedarf, was die qualitative Seite der Gleichstellung anbelangt. Im Wortlaut (Europäische Kommission 2008, 4):

> „Bei den Indikatoren für Entlohnung, Segregation des Arbeitsmarktes und Anzahl der Frauen in Entscheidungspositionen sind jedoch seit mehreren Jahren keine bedeutenden Fortschritte festzustellen. So liegt das Lohngefälle seit 2003 stabil bei 15 % uns ist seit 2000 nur um 1 % gesunken. Die geschlechtsspezifische sektorale und berufliche Segregation nimmt nicht ab, sondern steigt in manchen Ländern sogar noch an [...]. Die Anzahl von Frauen in Führungspositionen stagniert in Unternehmen bei 33 % und nimmt in der Politik nur sehr langsam zu – lediglich 23 % der nationalen und 33 % der europäischen Abgeordneten sind Frauen.“

Ausdrücklich wird zu Beginn dieses Kapitels darauf hingewiesen, dass es sich bei der Wiedergabe der Daten und Fakten ausschließlich darum handelt, einen repräsentativen Querschnitt bzw. Überblick über die derzeitige Situation betreffend Lohn- und Gehaltsgefälle zwischen den Geschlechtern und über Frauen in Führungspositionen im Inland, aber auch im internationalen Vergleich zu geben. Eine reine Abstrahierung auf Daten und Fakten des Arbeitsmarktes des Öffentlichen Dienstes und der politischen Parteien in Österreich war aufgrund der Tatsache, dass kaum Statistiken und Quellen existieren, die nur auf diese Bereiche Bezug nehmen, nicht möglich. Die Erweiterung auf Daten und Fakten außerhalb des österreichischen Arbeitsmarktes wird damit begründet, dass eine Überprüfung der Maßnahmen von Gender Mainstreaming nicht nur im nationalen Kontext einen Sinn ergibt, sondern auch im internationalen Vergleich. Denn Gender Mainstreaming ist, wie mehrfach erwähnt wurde, ein Konzept, das ausgehend von der Europäischen Union nicht nur in Österreich, sondern in allen Mitgliedsländern verpflichtend einzuführen ist. Im Sinne einer qualitativen Untersuchung, die dieser Arbeit zugrunde liegt, erfolgt eine Darstellung jener ausgewählten

Daten und Fakten, die für die Beantwortung der Forschungsfrage als besonders relevant erachtet werden.

4.1. Daten und Fakten zum Lohn- und Gehaltsgefälle

Die im Zusammenhang mit dem *Gender Wage Gap* bedeutendste Richtlinie der europäischen Union ist die Entgeltgleichheitsrichtlinie aus dem Jahre 1975, die inhaltlich den Mitgliedsländern die Bezahlung von gleichem Entgelt für gleichwertige Arbeit vorschreibt und vor allem deshalb zustande kam, weil die Mitgliedsstaaten bis zu diesem Zeitpunkt ihrer Verpflichtung nach Lohnangleichung gemäß Artikel 119 des EWG Vertrages nicht ausreichend nachgekommen waren (vgl. Schmidt 2003, 30).

Artikel1 der Lohngleichheitsrichtlinie besagt (Baur/Fleischer/Schober 2005, 61):

> Der in Artikel 119 des Vertrages genannte Grundsatz des gleichen Entgelts für Männer und Frauen, im folgenden als „Grundsatz des gleichen Entgelts" bezeichnet, bedeutet bei gleicher Arbeit oder einer Arbeit, die als gleichwertig anerkannt wird, die Beseitigung jeder Diskriminierung aufgrund des Geschlechts in Bezug auf sämtliche Entgeltbestandteile und -bedingungen. Insbesondere muss dann, wenn zur Festlegung des Entgelts ein System beruflicher Einstufung verwendet wird, dieses System auf für weibliche und männliche Arbeitnehmerinnen und Arbeitnehmer gemeinsamen Kriterien beruhen und so beschaffen sein, dass Diskriminierungen aufgrund des Geschlechts ausgeschlossen sind.

Durch das Gleichbehandlungsgesetz wurde diese Richtlinie in das österreichische Recht (vgl. Baur/Fleischer/Schober 2005, 61) umgesetzt. Doch trotz vielfacher Anstrengungen und Bemühungen konnte diese Vorgabe bis dato nicht erreicht werden. Belegt wird diese Aussage unter anderem in einer Mitteilung der EU Kommission (2007, 2) mit der Feststellung, dass es in vielen EU Ländern noch immer gravierende Einkommensunterschiede gibt, so auch in Österreich. Die EU Kommission (2007, 2) spezifiziert, dass das Lohn- und Gehaltsgefälle großteils nicht auf objektive Kriterien zurückzuführen ist, was als Zeichen für eine fortbestehende Ungleichbehandlung von Frauen auf dem Arbeitsmarkt interpretiert wird, denn durch objektive Unterschiede und offensichtlich diskriminierende Praktiken allein lässt sich die fortbestehende Einkommensschere zwischen Frauen und Männern alleine nicht erklären.

Zwei Faktoren, die massiven Einfluss auf die Chancen von Frauen für gleichwertige Entlohnung sowie Karriere haben, sind Teilzeitarbeit sowie Karenzurlaub. Teilzeitarbeitende haben weniger Zugang zu qualifizierten Positionen als Vollzeitarbeitende, da sie nicht rund um die Uhr verfügbar sind. Die Konsequenz daraus ist, dass Teilzeitarbeitende im Schnitt weniger verdienen als Vollzeitarbeitende. Die Anzahl der Teilzeit arbeitenden Frauen ist in den Jahren 1995 bis 2002 kontinuierlich um 144.000 gestiegen, während die Anzahl der Vollzeit arbeitenden Frauen um 7.000 gesunken ist; 31 % der Frauen arbeiten in Teilzeit und nur 3 % der Männer (Rosenbichler 2006, 114). Im Gleichstellungsbericht 2006 der EU werden 7 % der Männer als in Teilzeit beschäftigt ausgewiesen, die Anzahl der in Teilzeit arbeitenden Frauen wird mit 32,6 % angegeben (vgl. Kamleithner 2006, 128). Teilzeitarbeit und flexible Entlohnungsformen unter besonderer Berücksichtigung von niedrigen Einkommen werden in den Politiken der EU Länder diskutiert als ob es sich um genderneutrale Themen handle, mit Entwürfen, die eine Betonung auf Teilzeit und Beschäftigung von weniger gut ausgebildeten Menschen legt, während sämtliche Studien zu dieser Problemstellung die Konzentration von Frauen in Teilzeitbeschäftigung und schlecht bezahlten Jobs zeigen (vgl. Rubery/Smith/Fagan/ Grimshaw 1998, 192f). Welpe/ Schmeck (2005, 76) nennen das genannte Beispiel der Teilzeitarbeit als eines der Felder, bei denen Gender Mainstreaming eingreifen muss: wenn zum Beispiel die Erhöhung der Teilzeitbeschäftigung die Vereinbarkeit von Beruf und Familie fördern soll, Frauen jedoch weiterhin die alleinige Verantwortung für die private Familienarbeit zugeschrieben wird, dann sei das ein Punkt, an dem Gender Mainstreaming ansetzen müsse. Ausgangspunkt bildet dabei die vorhandene Chancenungleichheit, welche die Grundlagen für weitere negative Folgen von Teilzeitbeschäftigung darstellt, wie niedrigere Löhne und geringere Aufstiegschancen. Beim Vergleich der Löhne und Gehälter von Frauen und Männern werden deshalb zumeist Vollarbeitsplätze gegenübergestellt, um die Auswirkungen unterschiedlicher Teilzeitquoten von Frauen und Männern zu eliminieren.

Ebenso müssen Eltern in Karenz deutliche Einkommensverluste hinnehmen und zwar nicht nur während der Karenz, sondern nachhaltig auch in der Einkommensentwicklung, denn zumeist kann diese Benachteiligung im restlichen Karriereverlauf nicht mehr aufgeholt werden (vgl. Rosenbichler 2006, 114). Es liegt für Rosenbichler (2006, 115) auf der Hand, dass die Auswahl und Zusammenführung der ausgewählten Zahlenmaterialen, sowohl jene, die dem NAP, als auch jene, die den öffentlichen Statistiken entnommen wurden, eine entsprechende Interpretation zulassen. Nicht nur die einzelne Zahl und die Darstellungsform, sondern auch die Interpretationen und Begründungen sind von hoher Bedeutung und lassen Spielraum für die Interessen der Interpret/innen (vgl. Rosenbichler 2006, 114). Die Feststellung der Höhe der Einkommensdiskriminierung als auch die Entwicklung politischer Maßnahmen zum Abbau des Gender Wage Gap aufgrund des komplexen Zusammenspiels einer Reihe von Einflussfaktoren und der Problematik der Datengrundlage, die man jeweils dafür heranzieht, kein einfaches Vorhaben (vgl. Wroblewski/Leitner 2004, 14). Plantenga/Remery (2006, 5) beschreiben die Situation wie folgt:

„The Gender Pay Gap is determined by several factors. Traditionally, within the context of human capital theory, differences in pay are explained by differences in individual characteristics like age, education and experience. Evidence suggests, however, that these differences only play a minor role in the persistence of the gender pay gap. The improved educational situation and the increased female participation rate have diminished gender-specific differences in individual characteristics [...]. Instead, the gender pay gap seems more related to the level of occupational segregation and the wage structure. Women tend to work in different occupations and industries than men and are penalised because of that. [...] This implies that, in order to reduce the gender pay gap, not only differences in activity and employment rates need to be addressed, but also differences in the remuneration between men and women."

Der Begriff Lohndiskriminierung wird dann verwendet, wenn Personen unterschiedlichen Geschlechts unterschiedlich entlohnt werden, obwohl sie die gleiche Leistung, die gleiche Produktivität erbringen (vgl. Mühlberger 2004, 189). Dabei wird zwischen *erklärter Differenz* aufgrund unterschiedlicher Humankapitalausstattung und *unerklärter Differenz* aufgrund Geschlechterdiskriminierung unterschieden (vgl. Mühlberger 2004, 189). Wenn Frauen bei vergleichbarer oder gleicher Qualifikation bedeutend weniger verdienen als ihre männlichen Kollegen, dann lässt das den Schluss zu, dass die Entlohnung teilweise nicht auf Basis der Leistung, sondern der Geschlechtszugehörigkeit erfolgt (vgl. Welpe/Schmeck 2005, 131). Dazu folgt auf der nachfolgenden Seite ein kurzer Exkurs, der die methodischen Grundlagen zum Gender Wage Gap erklärt.

Bassanini/Saint-Martin (2008, 9) bestätigen, dass geschlechtsspezifische Unterschiede aufgrund individueller „characteristics", die üblicherweise nicht in den Standard-Daten vorhanden sind, für den hohen Grad des gender wage gaps verantwortlich sein können, die typischerweise in „regression-based decompositions" vorgefunden werden. Zunächst werden Ergebnisse aus Studien und Untersuchungen in Österreich dargestellt, um die Situation am nationalen Arbeitsmarkt zu beschreiben. Am Ende des Abschnitts werden aktuelle Daten aus unterschiedlichen Reports der europäischen Union gezeigt, um einen Vergleich und eine Einordnung Österreichs zu anderen Mitgliedsstaaten der Europäischen Union möglich zu machen. Zur Abrundung wird ein Vergleich der europäischen Daten mit Daten aus den USA gezogen.

4.1.1. Daten und Fakten zum Lohn- und Gehaltsgefälle in Österreich

Rosenbichler (2006, 113) stellt fest, dass eine Bestandsaufnahme in Österreich wenig Anlass zur Hoffnung gibt. Sie bezieht sich auf die Daten des Rechnungshofes sowie der Statistik Austria, wonach im Jahre 2001 das mittlere

Bruttojahreseinkommen aus unselbstständiger Beschäftigung bei Frauen jährlich knapp 15.300 Euro betrug, das bei Männern hingegen 25.600 Euro. „Frauen verdienen um 40 % weniger als ihre männlichen Kollegen, das heißt, Frauen müssten um zwei Drittel mehr verdienen, um das Durchschnittsgehalt von Männern zu erreichen" (Rosenbichler 2006, 114). Die aktuellen Zahlen der Statistik Austria (2010) bestätigen den Eindruck von Rosenbichler (2006), denn nach wie vor wird eine Einkommensschere zwischen Männern und Frauen ausgewiesen.

Die Hauptdatenquellen, aus denen sich Aussagen über Struktur und Entwicklung der Einkommen gewinnen lassen, sind laufende Verdiensterhebungen, Gehalts- und Lohnstrukturerhebungen, Einkommens- und Verbrauchsstichproben sowie die Beschäftigungsstatistiken des Bundesministeriums für Arbeit, Soziales und Konsumentenschutz und die Verdienststrukturerhebung der Statistik Austria. Dabei ist hinsichtlich der Datenbasis zwischen bereinigten und unbereinigten Löhnen und Gehältern zu unterscheiden. Die unbereinigte Lohnlücke stellt den prozentualen Unterschied zwischen dem durchschnittlichen Bruttostundenverdienst von allen sozialversicherungspflichtigen Arbeitnehmer/innen dar. Die bereinigte Lohnlücke ergibt sich, wenn die Einkommen von Frauen und Männern mit denselben, individuellen Merkmalen verglichen werden, also mit gleichem Bildungsniveau, gleichem Beruf und/oder gleicher Position. Ein weiterer wichtiger Faktor ist, ob die geleistete Arbeitszeit in die Berechnungen einfließt oder nicht. Verwendet man als Basis Jahreseinkommen, werden die geleisteten Arbeitsstunden ignoriert und die Einkommen von Teilzeitbeschäftigten jenen von Vollzeitbeschäftigten gleichgesetzt (vgl. Amt der Tiroler Landesregierung 2009, 13).

Nachfolgend werden einige Daten aus dem statistischen Jahrbuch 2010, Kapitel Einkommen und Verdienste, dargestellt. Dabei ist darauf hinzuweisen, dass die angeführten Bruttojahresverdienste gemäß den vorstehenden Ausführungen nicht hinsichtlich der täglichen und wöchentlichen Arbeitszeit bereinigt und daher als unbereinigte Brutto- bzw. Nettojahreseinkommen zu interpretieren sind.

Die folgenden Erläuterungen machen deutlich, wie schwierig sich die Messung der Einkommensunterschiede zwischen Frauen und Männern aufgrund der unterschiedlichen Parameter, die in die jeweiligen Erhebungen einfließen, gestaltet. Es geht hier nicht darum, die statistischen und mathematischen Grundlagen bis ins Detail durchzugehen, sondern die Problematik der Messung aufzuzeigen, die wiederum als Basis für Interpretationen dient.

Die einfachste Berechnung der Lohndifferenz zwischen Frauen und Männern ergibt sich aus folgender Formel (Hübler 2003, 544).

$$\Delta = \overline{\mathbf{Y}}_{\mathbf{M}} - \overline{\mathbf{Y}}_{\mathbf{F}}$$

Die Variable $\mathbf{Y}_{\mathbf{M}}$ beschreibt das durchschnittliche Einkommen der Männer, während die Variable $\mathbf{Y}_{\mathbf{F}}$ das entsprechende durchschnittliche Einkommen von Frauen darstellt. Die Einkommen werden auf Basis einer interessierenden Grundgesamtheit oder einer Stichprobe gewonnen, wobei es sich bei den Einkommen um durchschnittliche Jahres-, Monats-, Tages- oder Stundenlöhne handeln kann (vgl. Hübler 2003, 544).

Auf die Individualebene kehrt man zurück, wenn man zwischen Ausstattungs- und Entlohnungsunterschieden arbeitsmarktrelevanter Daten unterscheiden will. Auf Basis von Einkommensfunktionen, die entsprechende Merkmale plus einer *Dummy-Variablen*, die das Geschlecht darstellt, enthalten, können die Einflüsse der einzelnen Komponenten abgeleitet werden (vgl. Hübler 2003, 544):

$$G = \begin{cases} 1, \text{Mann} \\ 0, \text{Frau} \end{cases}$$

Der geschätzte Koeffizient α aus der Einkommensfunktion mit logarithmiertem Einkommen (ln Y) wird zumeist als Diskriminierungseffekt bezeichnet (vgl. Hübler 2003, 544):

$$\ln Y = \beta_0 + x'\beta + \alpha G + \upsilon$$

Der Koeffizient α stellt jene Verdienstunterschiede dar, die nicht durch den Parameter x erklärt werden können, während der Schätzwert β angibt, wie gut die tatsächlichen Löhne durch x erklärt werden können. In einem weiteren Schritt kann man die Einkommensfunktionen nach dem Geschlecht schätzen, um die geschlechtsspezifischen Unterschiede von der Lohndiskriminierung zu trennen. Dazu gibt es verschiedene Verfahren, wie zum Beispiel den Oaxaca-Blinder-Ansatz, mit dem die modifizierte Lohnlücke zwischen Frauen und Männern ermittelt werden kann (vgl. Hübler 2003, 544). „The Oaxaca-Blinder decomposition divides the gender pay gap into two components. One is due to differences in individual and job characteristics between women and men [...] and one is due to differences in the remuneration for these characteristics [...]. Usually men are taken as the reference group" (Holst 2006, 23). Ganz generell ist festzuhalten, dass alle mit Lohnfunktionen verbundenen ökonometrischen Probleme auch bei der Ermittlung der geschlechtsspezifischen Lohnunterschiede eine Rolle spielen.

Tabelle 3a: Brutto- und Nettojahreseinkommen der unselbständig Erwerbstätigen 1997 bis 2007

Geschlecht, Jahr	Bruttojahreseinkommen 1. Quartil	Bruttojahreseinkommen Median	Bruttojahreseinkommen 3. Quartil	Arithmet. Mittel	Nettojahreseinkommen 1. Quartil	Nettojahreseinkommen Median	Nettojahreseinkommen 3. Quartil	Arithmet. Mittel
	EUR							
	Unselbständige Erwerbstätige							
Männer								
1997	16.218	23.542	33.028	27.154	12.102	16.899	22.730	18.741
1998	16.279	24.006	33.839	27.907	12.088	17.139	23.133	19.171
1999	16.349	24.614	34.831	28.481	12.099	17.492	23.695	19.481
2000	16.618	25.094	35.595	29.305	12.510	18.067	24.502	20.281
2001	16.582	25.592	36.274	29.464	12.376	18.258	24.669	20.114
2002	16.322	26.055	37.058	29.850	12.171	18.497	25.048	20.292
2003	16.157	26.507	37.801	30.278	12.021	18.752	25.428	20.497
2004	16.203	26.895	38.452	30.713	12.193	19.068	25.811	20.773
2005	16.246	27.375	39.487	31.426	12.387	19.598	26.694	21.374
2006	16.734	28.102	40.816	32.479	12.695	20.006	27.412	21.974
2007	17.693	29.057	42.190	33.771	13.388	20.573	28.203	22.773
Veränderung 2006-2007, %	5,7	3,4	3,4	4,0	5,5	2,8	2,9	3,6
Frauen								
1997	6.844	14.522	22.389	16.284	5.562	11.281	16.274	11.916
1998	6.772	14.551	22.745	16.503	5.483	11.283	16.458	12.019
1999	6.814	14.773	23.356	16.888	5.508	11.417	16.817	12.250
2000	6.884	14.976	23.759	17.204	5.606	11.803	17.360	12.636
2001	7.082	15.304	24.321	17.538	5.753	11.964	17.605	12.756
2002	7.238	15.620	24.827	17.939	5.877	12.163	17.901	13.002
2003	7.122	15.792	25.342	18.247	5.788	12.273	18.210	13.181
2004	7.189	15.977	25.746	18.501	5.855	12.644	18.510	13.381
2005	7.326	16.296	26.407	19.005	5.989	13.073	19.147	13.839
2006	7.507	16.713	27.165	19.572	6.125	13.333	19.581	14.172
2007	7.804	17.217	27.977	20.218	6.352	13.651	20.035	14.563
Veränderung 2006-2007, %	4,0	3,0	3,0	3,3	3,7	2,4	2,3	2,8

Quelle: Statistik Austria (2010, 222), eigene Darstellung. http://www.statistik.at/web_de/services/stat_jahrbuch/index.html, Abfrage 08.01.2010; [14:49].

Bei Betrachtung des Medians ist rasch erkennbar, dass Männer ein durchschnittliches Bruttojahreseinkommen von 29.057 Euro aufweisen, während sich der durchschnittliche Bruttojahresverdienst von Frauen auf 17.217 Euro beläuft. Aber auch das arithmetische Mittel zeigt eine deutliche Diskrepanz zwischen Männer- und Fraueneinkommen (Männer 33.771 und Frauen 20.218 Euro). Die Veränderung des Median-Bruttojahreseinkommens von 2006 auf 2007 bei den unselbständig Erwerbstätigen beträgt bei Männern 4,8 % und bei Frauen 3,8 %, wobei die Veränderung bei den Angestellten die höchsten Werte aufweist, nämlich 3,7 % bei Männern und 2,7 % bei Frauen.

Auf Basis des Medians zeigt sich der geschlechtsspezifische Unterschied in Tabelle 3b besonders hoch bei den Angestellten (Männer 38.873 Euro und Frauen 19.193 Euro) und bei den Arbeiter/innen (Männer 23.201 Euro und Frauen 10.149 Euro), während der Unterschied bei den Beamt/innen deutlich geringer ausfällt (Männer 45.357 Euro und Frauen 41.396 Euro):

Tabelle 3b: Brutto- und Nettojahreseinkommen der unselbständig Erwerbstätigen 1997 bis 2007

Geschlecht, Jahr	Bruttojahreseinkommen				Nettojahreseinkommen			
	1. Quartil	Median	3. Quartil	Arithmet. Mittel	1. Quartil	Median	3. Quartil	Arithmet. Mittel
	EUR							
				Beamt/innen				
Männer								
1997	24224	30461	40038	34463	17689	21718	27012	23628
1998	25035	31573	41422	35734	18133	22287	27665	24289
1999	26155	33143	43292	37330	18792	23190	28600	25182
2000	26830	33875	44354	38295	19501	23990	29618	26095
2001	27418	34463	44994	38804	19626	24070	29490	26073
2002	29494	37867	48993	42085	21249	26163	31748	28111
2003	30809	39393	50840	43552	22062	27004	32794	29010
2004	32021	40411	51890	44961	22766	27533	33336	29778
2005	33251	41839	53598	46370	23761	28890	34754	30903
2006	34928	44167	56100	48487	24728	30079	36170	32092
2007	36069	45357	57584	49875	25374	30772	36935	32817
Veränderung 2006-2007, %	3,3	2,7	2,6	2,9	2,6	2,1	2,1	2,3
Frauen								
1997	21733	28852	36902	29790	16025	20353	24662	20564
1998	22434	29706	37829	30660	16386	20802	25061	21002
1999	23558	31037	39431	32006	17055	21580	25989	21784
2000	24225	31841	40639	32939	17857	22461	27066	22728
2001	24998	32628	41513	33642	18193	22675	27087	22884
2002	25801	33682	42507	34714	18688	23198	27597	23483
2003	26876	35153	44253	36180	19362	23989	28492	24313
2004	28880	36646	45600	38232	20605	24800	29194	25517
2005	29928	38111	47389	39622	21404	25961	30525	26605
2006	31298	39837	49390	41356	22230	26937	31551	27572
2007	32429	41396	51190	42880	22888	27748	32464	28388
Veränderung 2006-2007, %	3,6	3,9	3,6	3,7	3,0	3,0	2,9	3,0

Quelle: Statistik Austria (2010, 222f), eigene Darstellung. http://www.statistik.at/web_de/services/stat_jahrbuch/index.html; Abfrage 08.01.2010; [14:49]..

Eine wichtige wissenschaftliche Studie der Einkommensdifferenzen zwischen Frauen und Männern ist jene von Böhm, Hofer und Zulehner, die im April 2005 unter dem Titel *Wage Differences Between Men and Women in Austria: Evidence from 1983 and 1997* veröffentlicht wurde. Als Datenquelle wurde der Studie der Mikrozensus der Statistik Austria zugrunde gelegt, die die einzig umfassende und ausreichende Datenquelle für eine Untersuchung der Lohndifferentiale in Österreich ist (vgl. Böheim/Hofer/Zulehner 2005, 6). Der Beobachtungszeitraum erstreckte sich von 1983 bis 1997, wobei bereits in der Einleitung des Dokuments folgende Feststellung zu finden ist: „…we find however that the wage gap between men and women was almost as high in 1997 as it was in 1983" (Böheim/Hofer/Zulehner 2005, 2). Die deskriptive Statistik ergab eine Veränderung der Lohnschere zwischen Frauen und Männern in den Jahren 1983 und 1997, indem sich das Gehalt der Frauen im Vergleich zu den Prozentzahlen der Männer von 25,5 % in 1983 auf 23,3 % in 1997 verringerte (vgl. Böheim/Hofer/Zulehner 2005, 7f).

Tabelle 4: Einkommensunterschiede zwischen Frauen und Männern in Österreich: Nachweise von 1983 and 1997

Table 3: Blinder-Oacaxa Decomposition for 1983 and 1997.

Panel A: Decomposition based on wage regressions in Table 2.

			Male based		Female based	
		Mean wage gap	Discrimination	Characteristics	Discrimination	Characteristics
1983						
	Effect	0.255	0.182	0.072	0.172	0.082
			(22.21)	(11.33)	(13.84)	(7.27)
	Proportion	1.000	0.716	0.284	0.677	0.323
1997						
	Effect	0.233	0.155	0.078	0.193	0.040
			(11.418)	(8.037)	(9.244)	(2.141)
	Proportion	1.000	0.664	0.336	0.829	0.171

Panel B: As in Panel A, but with potential experience instead of actual experience.

		Male based		Female based	
	Wage difference	Discrimination	Characteristics	Discrimination	Characteristics
1983					
Effect	0.255	0.186	0.068	0.185	0.070
		(23.30)	(11.24)	(15.07)	(6.26)
Proportion	1.000	0.731	0.269	0.727	0.273
1997					
Effect	0.233	0.158	0.075	0.203	0.030
	0.000	(12.13)	(8.31)	(9.76)	(1.62)
Proportion	1.000	0.679	0.321	0.871	0.129

Quelle: Böheim/Hofer/Zulehner (2005, 19).

In der Tabelle 4 werden die Ergebnisse der Jahre 1983 und 1997 gezeigt, wobei jeweils die erste Zeile den Effekt in Zahlen ausdrückt und darunter die zugehörige Proportion dargestellt wird. Wie die obige Tabelle zeigt, ergab sich für das Jahr 1983 ein durchschnittlicher Lohnunterschied von 25,5 %, für das Jahr 1997 ein Lohnunterschied von 23,3 %. 7,2 % davon können bei gewichteten Männergehältern durch Charakteristika wie Qualifikation oder Bildung erklärt werden, der Rest von 18,2 % ist nicht erklärbar und fällt unter Diskriminierung. Prozentuell gesehen bedeutet das, dass nur 28 % des Lohnunterschiedes erklärt werden können, jedoch 72 % auf Diskriminierung zurückzuführen ist (vgl. Böheim/Hofer/Zulehner 2005, 11f). Zusammenfassend lässt sich aus dieser Studie feststellen, dass sich die Lohnunterschiede in Österreich binnen fünfzehn Jahren nur geringfügig um 2,5 Prozentpunkte verringert haben. Frauen verdienen um ein Viertel weniger als Männer, wobei dieser Verdienstunterschied nicht zur Gänze

Abbildung 3: Bruttostundenverdienste nach Berufsgruppen und Geschlecht, Österreich 2006

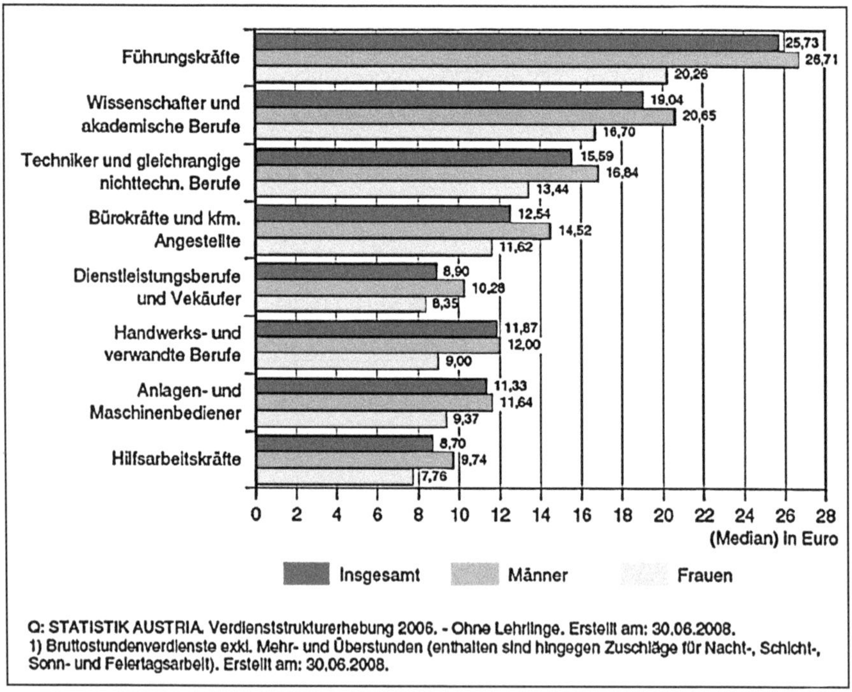

Quelle: Statistik Austria (2009). http://www.statistik.at/web_de/statistiken/soziales/personen-einkommen/verdienststruktur/031603.html; Abfrage 07.03.2009; [12:46].

durch Bildung, Qualifikation etc. (= Charakteristika) erklärt werden kann und somit als Lohndiskriminierung interpretiert werden muss (vgl. Böheim/Hofer/Zulehner 2005, 14).

In der letzten Statistik dieses Abschnitts werden die Bruttostundenverdienste nach Berufsgruppen und Geschlecht im Jahr 2006 angeführt, um die Unterschiede zwischen den Berufsgruppen aufzuzeigen. Dabei zeigen sich die größten Differenzen bei Führungskräften, Wissenschaftlern und akademischen Berufen, während die Differenzen bei Berufsgruppen im Dienstleistungssektor, im Verkauf sowie in Handwerksberufen geringer ausfallen:

Nach dieser Zusammenstellung ausgewählter Daten über die Situation in Österreich wird nun die Situation in den Mitgliedsländern der Europäischen Union dargestellt und anschließend daran die Situation in Österreich mit anderen EU Ländern und zuletzt im internationalen Kontext verglichen.

4.1.2. Daten und Fakten zum Lohn- und Gehaltsgefälle in Österreich im Vergleich zu anderen Mitgliedsländern der EU

Die Europäische Union veröffentlicht jährlich die aktuellen Zahlen, die die einzelnen Länder melden und von Eurostat gesammelt und bearbeitet werden. Im Bericht zur Gleichstellung von Frauen und Männern des Referats für Beschäftigung, soziale Angelegenheiten und Chancengleichheit der EU Kommission (2008) findet sich dabei für das Jahr 2005 sowohl im benachbarten Deutschland als auch in Österreich eine diskriminierende Gehaltsdifferenz zwischen Frauen und Männern. Die nachfolgenden Daten (vgl. Tabelle 5) wurden aufgrund gleichwertiger Tätigkeiten, welche gleiche Ausbildung und Berufserfahrung voraussetzen, miteinander verglichen und auf Basis Vollzeittätigkeit berechnet, sodass „die nicht anders als durch Geschlechtszugehörigkeit begründbare Differenz zum Ausdruck kommt“ (Doblhofer/Küng 2008, 5):

Tabelle 5: Gehaltsdifferenz zwischen Frauen und Männern, Deutschland und Österreich 2005

	Differenz zwischen dem Frauen- und Männerdurchschnittsbruttostundenlohn (in %)
Deutschland	22
Österreich	18

Quelle: Bericht zur Gleichstellung von Frauen und Männern 2007, EU Kommission; zitiert in: Doblhofer/Küng (2008, 5), eigene Darstellung.

Abbildung 4: Unbereinigte geschlechtsspezifische Lohndifferenz auf Stundenbasis in den Jahren 2001 bis 2005

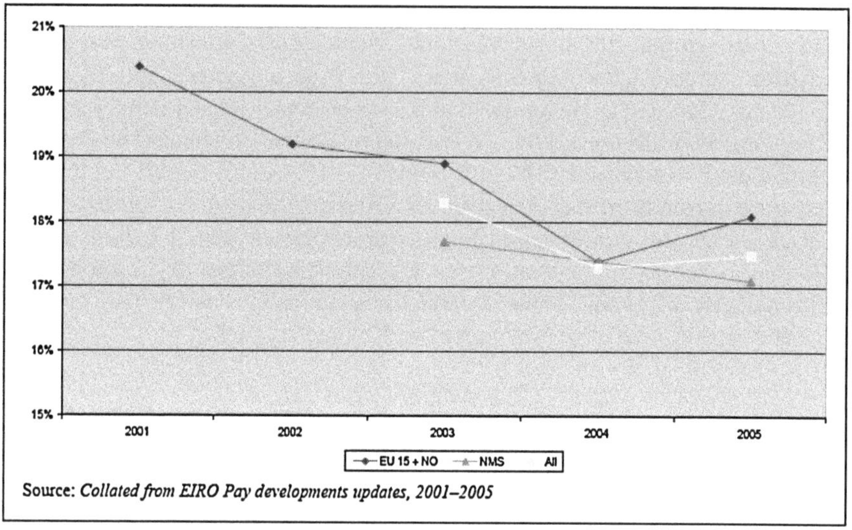

Quelle: European Foundation for the Improvement of Living and Working Conditions (2006, 2).

Die Statistiken aus dem Europäischen Statistikamt zeigen: Die *durchschnittliche* EU Frau verdient ein Viertel weniger als ein *durchschnittlicher* EU Mann. Auch bei Berücksichtigung struktureller Unterschiede sind es immer noch rund 15% (Eurostat news release No. 48/99, 08.06.1999). Zu diesem Ergebnis kommt auch Kamleithner (2006, 129), die auf das geschlechtsspezifische Lohngefälle in der EU 25 aus dem Jahre 2004 verweist, aus dem eine Lohndiskrepanz von 15% zwischen Frauen und Männern hervorgeht. Während das Lohngefälle in Portugal und Belgien etwa 5%, in Estland und der Slowakei dagegen etwa 25% betrug, lag Österreich mit 18% über dem EU Durchschnitt (vgl. Kamleithner 2006, 129). Im EU Benchmarking werden für die Bewertung der Lohndifferenzen zwischen Frauen und Männern eine Reihe von Indikatoren herangezogen, wie z.B. geschlechtsspezifisches Lohngefälle nach Altersgruppen, nach Bildungsabschluss sowie das geschlechtsspezifische Lohngefälle im privaten und öffentlichen Sektor. Der Indikator wird dabei definiert als Unterschied zwischen dem durchschnittlichen Bruttostundenverdienst der Männer und demjenigen der Frauen in Prozent zum durchschnittlichen Bruttostundenverdienst der Männer (vgl. Wroblewski/Leitner 2004, 48). Dabei werden nur Beschäftigte mit einer Mindestarbeitszeit von 15 Stunden pro Woche berücksichtigt. Europaweit gesehen existiert eine hohe, sich nur geringfügig schließende Lohndifferenz im Stundenlohn zwischen Männern und Frauen. Im Zeitraum 2001 bis 2005 hat sich die Lohnlücke in den EU 15 und Norwegen nur geringfügig reduziert, nämlich um 2,3 % von 20,4 % auf 18,1 %. In den neuen EU Mitgliedsstaaten war der Gender Pay Gap etwas geringer und bewegte sich im Zeitraum 2003 bis 2005 um rund 17 %. Anhand der folgenden Abbildung 4 lassen sich diese Aussagen nachzeichnen:

In dieser EU Studie werden die Auf- und Abwärtsbewegungen als ein besonderes Merkmal von Statistiken, die Lohndifferenzen darstellen, betrachtet; manche Abweichungen sind wohl am ehesten durch einen Wechsel der Quellen oder die Art der verwendeten Daten zu erklären. Angemerkt wird weiters, dass dort, wo individuelle Länderdaten über mehrere Jahre hinweg vorhanden sind, oft geringe Senkungen in der geschlechtsspezifischen Lohndifferenz ausgewiesen werden, wie zum Beispiel in Österreich, Dänemark, Frankreich, Irland und Großbritannien.

Die folgende Abbildung 5 führt die Darstellung weiter, indem sie nicht aggregiert auf der Ebene der EU15 und den neuen Mitgliedsstaaten, sondern auf Länderebene die Situation der einzelnen Länder im Jahr 2005 beleuchtet:

Abbildung 5: Unbereinigte geschlechtsspezifische Lohndifferenz auf Stundenbasis in ausgewählten europäischen Ländern, 2005

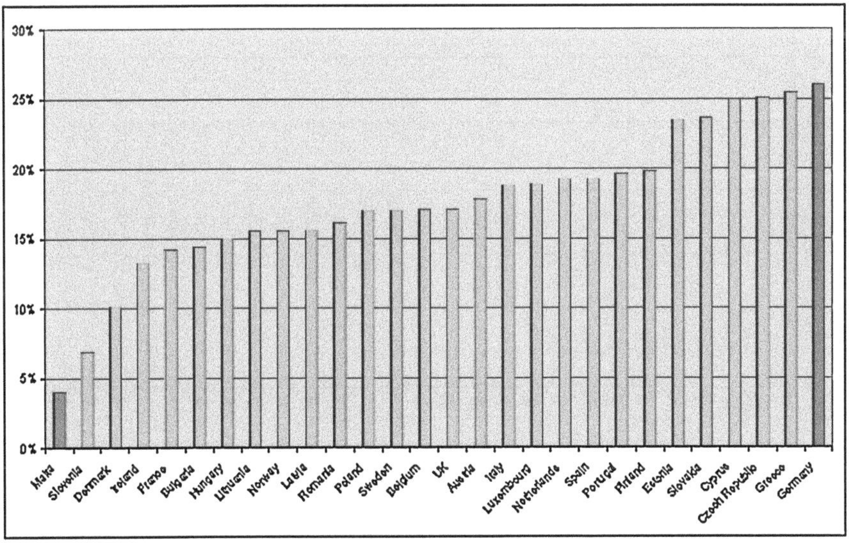

Quelle: European Foundation for the Improvement of Living and Working Conditions (2006, 3).

Die geringste Abweichung zeigt Malta mit nur 4 %, während Deutschland mit 26 % den höchsten Wert ausweist. Andere Länder berichten konstant relativ geringere Lohndifferenzen bei Stundenlöhnen wie Slowenien (6,9 %), Dänemark (10,1 %) oder Irland (13,3 %), während mit diesen verglichen Griechenland (25,2 %), Zypern (25 %) und Tschechien (25,1 %) einen relativ hohen Wert haben. Österreich liegt in dieser Darstellung zwar mit 18 % im Mittelfeld, jedoch weit entfernt von jenen Ländern, die die geringsten Werte aufweisen.

Gemäß dem Bericht der EU Kommission (2008, 3) zur Gleichstellung von Frauen und Männern an den EU Rat und das Europäische Parlament liegt die Hauptbotschaft dieses Berichts darin, dass zwar quantitativ gesehen Fortschritte erzielt werden konnten, es jedoch weiterer Anstrengungen bedarf, was die qualitative Seite der Gleichstellung betrifft. Es konnten unbestreitbar Fortschritte bei den Beschäftigungsquoten von Frauen erreicht werden, jedoch liegt das Lohngefälle seit 2003 stabil bei 15 % und ist seit dem Jahr 2000 um nur 1 % gesunken (vgl. EU Kommission 2008, 4).

Abbildung 6: Lohnunterschiede unbereinigt zwischen Frauen und Männern in den EU 27, 2006

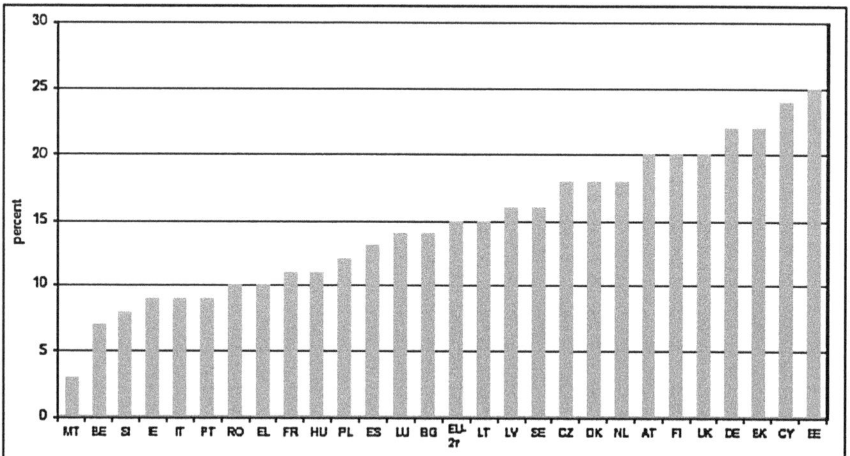

Quelle: EU Kommission (2008, 16).

Aus Abbildung 6 ist deutlich ersichtlich, dass Österreich den Gender Pay Gap betreffend auch im Jahr 2007 im EU Vergleich auf den hintersten Rängen rangiert und weit über dem Durchschnitt der EU-27 zu liegen kommt. Die jüngste Studie der EU Kommission (Berichte in Presse/ORF Online)[19] mit Zahlen aus dem Jahr 2006 zeichnen ein vernichtendes Bild: Österreich liegt auf dem zweitletzten Platz vor dem Schlusslicht Estland, hat sich damit nochmals um mehrere Plätze verschlechtert. Während der EU Schnitt in den 27 Mitgliedsländern bei 17,4 % liegt, verdienen in Österreich Frauen durchschnittlich um 25,5 % weniger als Männer.

Im Frauenbericht 2010 zeigt der internationale Vergleich, dass der Unterschied in den Stundenlöhnen von Männern und Frauen mit dem Anstieg der Erwerbsintegration von Frauen zunimmt (siehe Abbildung 7). Das bedeutet, dass in Ländern mit hoher Integration von Frauen am Arbeitsmarkt auch der Gender Pay Gap stark ausgeprägt ist. Dieser Unterschied zu den mediterranen Ländern ist darauf zurückzuführen, dass in diesen Ländern Frauen kaum in anderen Branchen tätig sind als Männer, denn sowohl Frauen als auch Männer arbeiten überwiegend als Selbstständige, im Fischereiwesen und im öffentlichen Sektor.

Im Gegensatz dazu weisen die nordischen Staaten, ebenso wie Deutschland und Österreich eine hohe geschlechtsspezifische Segregation auf. In Österreich ist demgemäß der durchschnittliche Stundenlohn der Frauen um 20 % geringer als jener von Männern:

Abbildung 7: Gender Pay Gap (Differenz des durchschnittlichen Stundenlohns nach Geschlecht in Prozent der Männerlöhne) und Frauenerwerbsquote 2006

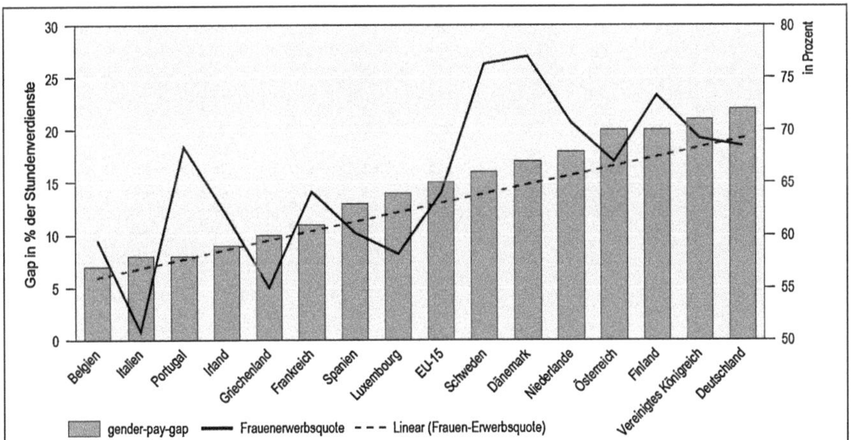

Quelle: Frauenbericht (2010, 474).

19 http://oesterreich.orf.at/stories/346135 Abfrage 07.03.2009;[09:41]; http://diepresse.com/home/politik/eu/457570/index.do?from=simarchiv ; Abfrage 07.03.2009;[09:46]

4.1.3. Daten und Fakten zum Lohn- und Gehaltsgefälle in Österreich und der EU im internationalen Vergleich

Nach der Darstellung der österreichischen Daten im EU Vergleich wird zuletzt zur Abrundung des Bildes ein internationaler Vergleich gezogen. Delado/Felgueroso/Jimeno (2002, 18) vergleichen die Entwicklung des Gender Pay Gaps in der EU (auf Basis des European Community Household Panels – ECHP) mit jener in den USA (auf Basis des Current Population Survey – CPS) und kommen zu dem Resultat, dass sich bei Arbeitnehmern mit Hochschulabschluss der Gender Wage Gap im Jahre 1998 sowohl in den EU Ländern als auch in den USA gegenüber 1996 verkleinert hat, jedoch sind die Lohnunterschiede in der EU wesentlich höher, ausgenommen für jüngere Arbeitnehmer im Alter zwischen 25 bis 34 Jahren (vgl. Tabelle 6a). Lohndifferenz über alle Altersgruppen und tendieren in der Altersgruppe 25 bis 34 dazu, in der EU niedriger als in den USA zu sein (vgl. Tabelle 6b).

Tabelle 6a: Gender Wage Gap nach Alterskohorten (Vollzeitbeschäftigte mit tertiärem Bildungsabschluss) 1996–1998

	25-34			35-44			45-54		
		Amount due to			*Amount due to*			*Amount due to*	
	Total	Characteristics	Coeffs.	Total	Characteristics	Coeffs.	Total	Characteristics	Coeffs.
US	16.0	0.1	15.9	19.2	5.6	13.5	23.4	7.1	16.3
EU	17.8	1.6	16.2	30.8	5.,7	25.1	32.5	11.5	21.0
Denmark	19.3	5.2	14.1	20.9	6.5	14.4	29.5	6.4	23.1
Finland	20.4	8.4	12.0	31.8	11.7	20.1	28.3	6.3	22.0
Sweden	12.2	-2.4	14.6	18.7	6.5	12.2	26.5	3.2	23.2
Austria	38.9	8.6	30.3	33.2	17.8	15.4	29.3	-3.8	33.1
Germany	29.3	3.5	25.9	38.2	7.4	30.7	34.1	11.1	23.0
Belgium	17.3	0.6	16.6	22.2	4.7	17.5	32.1	6.5	25.6
France	14.9	5.8	9.1	35.4	9.8	25.6	36.4	15.5	21.0
Netherlands	16.0	6.3	9.7	24.8	8.1	16.7	46.6	3.7	42.9
Greece	18.0	-1.6	19.6	17.7	2.1	15.5	34.9	8.2	26.7
Italy	10.6	-6.9	17.5	35.3	-0.7	36.0	28.6	9.9	18.7
Portugal	31.5	8.8	22.8	28.3	12.4	15.9	33.7	14.3	19.4
Spain	6.4	-5.6	12.1	16.7	0.3	16.4	31.9	12.0	19.9
UK	14.4	2.9	11.5	28.0	6.7	21.2	27.8	9.7	18.2

Sources: European Community Household Panel (1996) and Current Population Survey (February 1998, Job Tenure Supplement).

Quelle: Delado/Felgueroso/Jimeno (2002, 35).

Die gleichen Daten für Arbeitnehmer mit niedrigem Ausbildungsniveau zeigen hingegen eine zunehmende Betrachtet man die einzelnen EU Länder, dann kann man einen geringeren Gender Wage Gap bei den skandinavischen Ländern, Belgien und den Niederlanden beobachten, während sich der höchste Gender Pay Gap in Österreich findet.Delado/Felgueroso/Jimeno (2002, 19) weisen darauf hin, dass der *Total Gender Wage Gap* bei Arbeitnehmern mit geringem Bildungsniveau höher ist als bei jenen mit Hochschulabschluss.

Tabelle 6b: Gender Wage Gap nach Alterskohorten (Vollzeitbeschäftigte mit weniger als einem tertiärem Bildungsabschluss) 1996–1998

	25-34			35-44			45-54		
		Amount due to			*Amount due to*			*Amount due to*	
	Total	Characte-ristics	Coeffs	Total	Characte-ristics	Coeffs	Total	Characte-ristics	Coeffs
US	23.3	-0.8	24.1	29.1	4.7	24.4	29.1	2.9	26.2
EU	19.5	-1.6	21.1	30.7	2.2	28.5	33.8	5.2	28.3
Denmark	13.6	2.2	11.4	21.0	1.3	19.7	19.6	5.1	14.6
Finland	21.5	4.7	16.8	24.1	4.0	20.1	24.0	3.4	20.7
Sweden	14.2	-3.0	17.2	23.2	3.2	19.0	27.6	6.3	21.3
Austria	38.9	4.3	34.6	32.2	3.8	28.5	35.6	-0.8	36.4
Germany	20.8	-3.3	24.1	44.2	-3.5	47.7	46.1	4.8	41.3
Belgium	14.8	0.7	14.1	19.5	-2.3	21.8	24.4	-3.9	28.3
France	20.1	-1.9	22.0	26.4	1.9	24.5	23.6	1.2	22.3
Netherlands	16.4	0.1	16.3	26.2	1.4	24.9	28.6	0.7	27.8
Greece	17.1	-4.9	22.0	22.2	8.2	14.0	28.1	8.4	19.7
Italy	15.4	-2.0	17.4	17.7	-2.3	20.0	23.4	0.2	23.2
Portugal	19.0	-5.5	24.6	25.7	-4.3	30.1	14.2	-7.2	21.4
Spain	21.8	-2.1	23.9	21.7	-3.2	24.9	30.7	5.4	25.3
UK	19.6	1.5	18.1	27.6	4.8	22.8	31.1	9.7	21.4

Sources: European Community Household Panel (1996) and Current Population Survey (February 1998, Job Tenure Supplement).

Quelle: Delado/Felgueroso/Jimeno (2002, 36).

Zu einem ähnlichen Ergebnis kommen Olivetti/Petrongolo (2006, 9), die in den USA und einigen ausgewählten Ländern der EU sowohl Gender Wage Gaps als auch Employment Gaps im Durchschnitt der Jahre 1994 bis 2001 mit dem Ausbil-

Tabelle 7: Durchschnittliche Gender Wage und Employment Gaps, 1994–2001, Alter 25 bis 54

		Wage gaps				Employment gaps		
		by highest qualification				by highest qualification		
Country	Total	Low	Medium	High	Total	Low	Medium	High
US	31.7	30.9	30.6	35.9	13.4	27 31	14 22	10.16
UK	30.5	30.4	26.8	24.0	13.5	13.8	12.2	9 5
Finland	18.4	19.7	17.6	27.0	7.5	4.4	10.1	8.8
Denmark	11.2	12.1	9.6	15.6	7.1	17.4	6.6	2.9
Germany	24.0	28.3	20.3	23.9	18.5	25.1	17.7	9.4
Netherlands	23.9	24.0	22.6	27.0	24.5	24.6	28.1	13.8
Belgium	10.9	20.0	13.7	13.4	20.8	36.3	26.1	6.4
Austria	22.5	25.8	20.9	25.1	26 8	35.7	24.1	11.5
Ireland	17.9	35.2	19.5	5.1	28 9	32.9	31.2	13.2
France	14.2	19.1	15.7	16.9	22.6	29.9	21.7	11.3
Italy	5.7	16.5	5.0	7.1	37 9	51.1	26.4	13.9
Spain	11.6	23.1	21.1	12.4	37.9	46.9	32.5	17.3
Portugal	11.8	26.4	15.4	6.1	26.5	33.0	9.2	2.2
Greece	9.6	21.6	15.3	7.2	46.5	58.6	44.6	20.6

Niedrige Bildung: Grundschule / Mittlere Bildung: höhere Schulbildung / Hohe Bildung: Hochschulabschluss. Für diese Analyse wurden für die USA der PSID (Panel Study of Income Dynamics) und für die EU der ECHPS (European Community Household Panel Survey) herangezogen.
Quelle: Olivetti/Petrongolo (2006, 33).

dungsniveau in Beziehung gesetzt haben (vgl. Tabelle 7). Dabei zeigte sich, dass die Employment Gaps mit höherem Ausbildungsniveau abnehmen, in den südlichen EU Ländern ein wenig stärker als in den übrigen beobachteten Ländern. Andererseits variiert der Zusammenhang zwischen den Gender Pay Gaps und dem Ausbildungsniveau in den einzelnen Ländern, denn während in den meisten Ländern der Wage Gap mit einem höheren Ausbildungsabschluss ansteigt, fällt er stark mit dem Ausbildungsniveau in Irland und Südeuropa (Olivetti/Petrongolo 2006, 9). Insgesamt ist der durchschnittliche Gender Wage Gap in den südeuropäischen Ländern substantiell geringer durch den Umstand, dass die Gruppe mit dem geringsten Ausbildungsniveau den geringsten Beschäftigungsgrad aufweist:

Als letzte Quelle in Zusammenhang mit Daten und Fakten über das Lohn- und Gehaltsgefälle in Österreich im internationalen Vergleich wird der Global Gender Gap Report (2009) herangezogen. Im Global Gender Gap Report (2009) werden Indices erarbeitet, die einen Ländervergleich im internationalen Kontext zulassen. Einer der vier Indices stellt unter dem Titel „Economic Participation and Opportunity" unter anderem die Einkommensgleichheit für gleichwertige Arbeit in jedem einzelnen Berichtsland dar. Für Österreich wurden folgende Daten erhoben:

Auffällig dabei ist, dass nicht nur eine hohe Einkommensungleichheit zwischen Frauen und Männern besteht, sondern auch ein großer Unterschied bei der Beschäftigung von Frauen und Männern in der Gesetzgebung, in höheren Beamtenberufen und in Manager-Positionen. Aufgrund dieses Ergebnisses ist Öster-

Tabelle 8: Gender Gap Index 2009, Austria, Economic Participation and Opportunity

Gender Gap Subindexes	Rank	Score	Sample average	Female	Male	Female-to-male ratio
Economic Participation and Opportunity	**103**	**0.570**	**0.594**			
Labour force participation	49	0.84	0.69	67	80	0.84
Wage equality for similar work (survey)	122	0.48	0.66	—	—	0.48
Estimated earned income (PPP US$)	114	0.40	0.52	16,047	40,000	0.40
Legislators, senior officials, and managers	75	0.36	0.30	27	73	0.36
Professional and technical workers	73	0.92	0.84	48	52	0.92

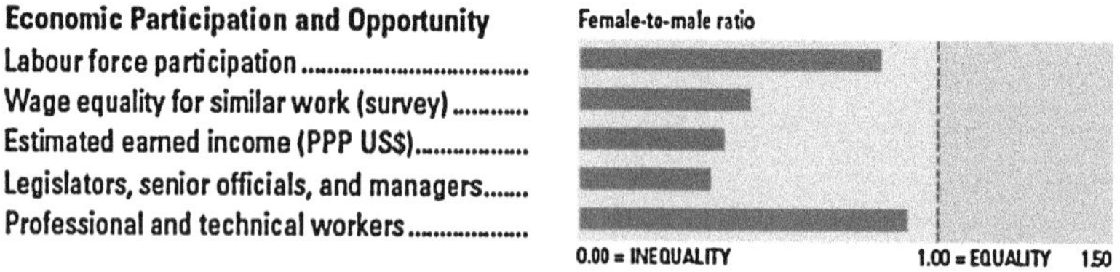

Quelle: Global Gender Gap Report, World Economic Forum (2009, 64)

reich in Hinblick auf den Index „Economic Participation and Opportunity" auf den schlechten 103. Platz unter 134 betrachteten Ländern abgerutscht. Nach der Darstellung dieser Daten und Fakten zum Lohn- und Gehaltsgefälle am Arbeitsmarkt werden im nächsten Kapitel zum zweiten Schwerpunkt dieser Arbeit, den geschlechterspezifischen Aufstiegschancen, ausgewählte Daten und Fakten zu Frauen in Führungspositionen zusammengestellt.

4.2. Daten und Fakten zu Frauen in Entscheidungs- und Führungspositionen

Nach wie vor ist Gegenstand der politischen Auseinandersetzungen, wie die im Grundgesetz verankerte Gleichstellung von Frauen erreicht werden kann. Nach Stiegler (1998, 14f) ist möglicherweise der kleinste gemeinsame Nenner einer Geschlechterpolitik die Anerkennung der Tatsache, dass Frauen in den politischen Entscheidungsgremien wie Parlamenten, Ober- und Unterhäusern etc. unterrepräsentiert sind. Studien und Erfahrungen aus den nordischen Ländern zeigen, dass eine Änderung dieser Situation erreicht werden kann, wenn das *Gesetz der kritischen Masse* in politischen Entscheidungsgremien überschritten wird: die Wahrscheinlichkeit, dass – männlich strukturierte – Umgangsformen und Regularien in Frage gestellt und verändert werden, steigt an, wenn in den Regierungsgremien und Parlamenten ein Frauenanteil von mindestens 30 % gegeben ist (vgl. Stiegler 1998, 18). Auch die Europäische Union setzt darauf, dass ein höherer Anteil von Frauen in politischen Organisationen eine höherer Gender-Sensibilität des Outputs bewirkt (vgl. Stiegler 1998, 18). Die quantitative Besetzung von Management Positionen scheint an dieser Stelle stark mit der Chance der Durchsetzung inhaltlicher Positionen verknüpft, denn gerade da, wo die Umstände voll und ganz auf die Lebenssituation von Männern eingestellt sind, werden Frauen gar nicht umhin können, neue – auf weibliche Bedürfnisse zugeschnittene – Bedingungen zu fordern, um mit den Männern mithalten zu können (vgl. Stiegler 1998, 19).

Wie der Bericht der EU Kommission zur Gleichstellung von Frauen und Männern (2008, 4) zeigt, ist bei der Anzahl der Frauen in Entscheidungspositionen seit mehreren Jahren kein spürbarer Fortschritt feststellbar. So stagniert zum Beispiel der Anteil der Frauen in Führungspositionen in großen europäischen Unternehmen bei 33 % und nimmt auch in der Politik nur sehr langsam zu, denn lediglich 23 % der nationalen und 33 % der europäischen Abgeordneten sind Frauen (vgl. EU Kommission 2008, 4). Die nachfolgenden Daten beruhen auf der Annahme, dass das Gleichstellungsziel für gleiche Aufstiegs- und Karrierechancen nur über eine erhöhte Repräsentanz von Frauen in politischen Entscheidungsgremien führen kann. Deshalb werden zunächst die geschlechtsspezifischen Verhältnisse in den politischen Entscheidungsgremien in Österreich im Vergleich zu anderen Ländern aufgezeigt. Zur Abrundung des Bildes erfolgt danach eine Darstellung des Frauenanteils in österreichischen Unternehmungen ganz generell sowie in den wichtigsten börsennotierten Unternehmen weltweit.

4.2.1. Daten und Fakten zu Frauen in Entscheidungs- und Führungspositionen im österreichischen Parlament

Der Anteil von weiblichen Parlamentsmitgliedern in Österreich ist zwar seit den 1990-er Jahren deutlich angestiegen, dennoch bleibt die ernüchternde Erkenntnis, dass Frauen im Vergleich zu ihrem Anteil an der Gesamtbevölkerung im Nationalrat weiterhin unterrepräsentiert sind, wie die nachfolgende Grafik zeigt:

Abbildung 8: Frauenanteil im österreichischen Nationalrat seit dem Jahr 1918

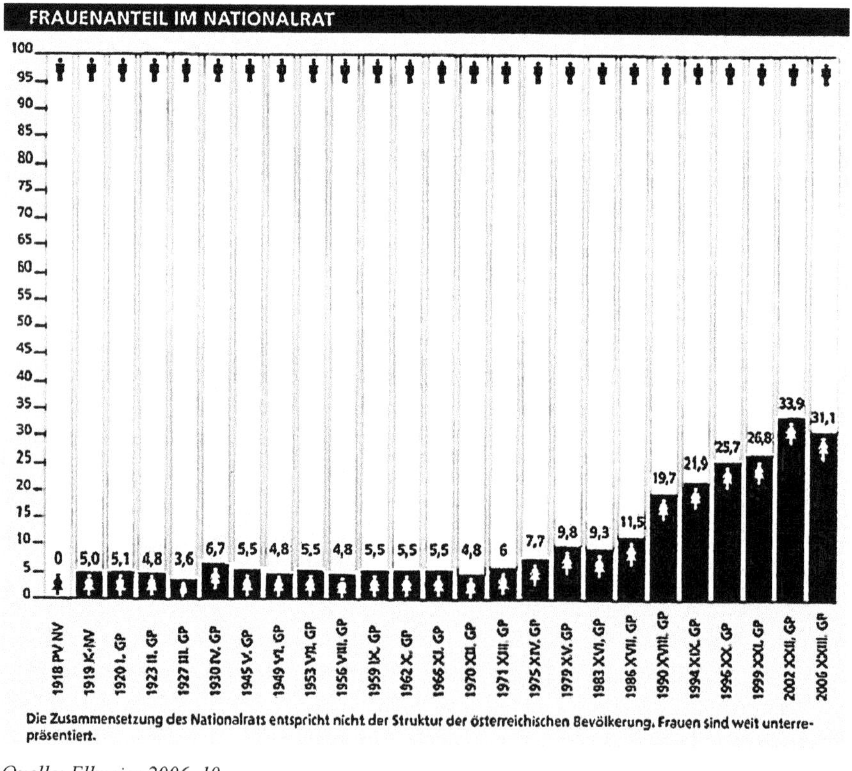

Quelle: Ellmeier 2006, 10.

Die Auswirkung dieser Unterrepräsentanz von Frauen in wichtigen Entscheidungsorganen zeigt sich vor allem auch darin, dass Frauen damit die Chance genommen wird, ihre politischen und sozialen Partizipationsrechte in der Gesellschaft wahrzunehmen. In der 50-jährigen Geschichte der europäischen Gemeinschaft kam es zwar zu leichten Verbesserungen in der Ausgewogenheit der Geschlechter in den EU Institutionen, ein angemessenes Verhältnis ist dennoch weiterhin nicht zu erkennen (vgl. Kamleithner 2006, 132f). Betrachtet man die Repräsentanz von Frauen in der derzeitigen 24. Gesetzgebungsperiode, so sind unter 183 Abgeordneten 51 Frauen vertreten, welcher einem Anteil von 27,87 % entspricht:

Tabelle 9: Frauenanteil im österreichischen Nationalrat, Stand Jänner 2010

Klub	Anzahl Mandate	davon Frauen	%
SPÖ	57	21	36,84
ÖVP	51	12	23,53
FPÖ	34	6	17,65
GRÜNE	20	10	50,00
BZÖ	17	2	11,76
Ohne Klub	4	0	00,00
Gesamt	183	51	27,87

Quelle: Republik Österreich, Parlament (2010), eigene Darstellung. http://www.parlament.gv.at/WW/NR/STAT/FRAU/frauenanteil.shtml; Abfrage 09.01.2010; [13:43].

Verfolgt man die Entwicklung insbesonders in den letzten zehn Gesetzgebungsperioden, dann wird deutlich, dass der Frauenanteil nicht nur stagniert, sondern eine rückläufige Tendenz aufweist und in der aktuellen Periode auf das Niveau von 1999 zurückfällt: 1999 waren 26,8 % Frauen im Parlament vertreten, seit 2008 sind es 27,3 %. In den dazwischen liegenden Gesetzgebungsperioden lag der Frauenanteil bereits bei einem Drittel der insgesamt 183 Abgeordneten (33,9 im Jahr 2002 und 31,1 im Jahr 2006).

Abbildung 9: Frauenanteil im österreichischen Nationalrat in den letzten zehn Gesetzgebungsperioden

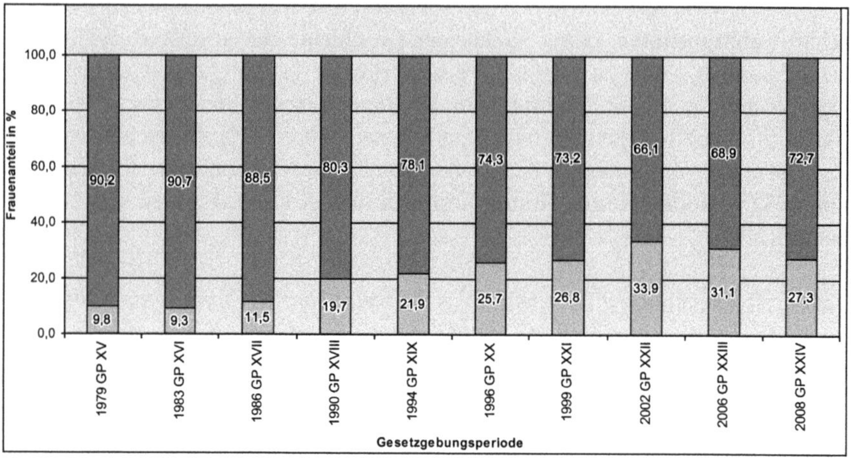

Quelle: Republik Österreich, Parlament (2010), eigene Darstellung. http://www.parlament.gv.at/WW/NR/STAT/FRAU/ENTW/entwfrauenanteil.shtml; Abfrage 09.01.2010; [13:52].

4.2.2. Daten und Fakten zu Frauen in Entscheidungs- und Führungspositionen im österreichischen Parlament im EU Vergleich

Vergleicht man die Situation in Österreich mit den EU-27 und weiteren, nicht der EU angehörenden europäischen Ländern, dann zeigt sich zwar, dass der Frauenanteil in den Entscheidungspositionen des Parlaments über dem europäischen Durchschnitt liegt; es ist aber auch deutlich erkennbar, dass im Jahr 2007 der Anteil mit etwas mehr als 30 % (und in der Zwischenzeit wieder unter 30 %) noch weit entfernt von einem ausgeglichenem Verhältnis zwischen Männern und Frauen ist:

Die skandinavischen Staaten Schweden und Finnland erreichen mit über 40 % den höchsten Frauenanteil in ihren Parlamenten, während die osteuropäischen Länder wie der Türkei, Rumänien und Ungarn die niedrigsten Werte mit rund 10 % aufweisen. In den meisten Ländern hat sich das Geschlechtergleichgewicht in den letzten zehn Jahren verbessert, wenngleich man von einer Parität der Geschlechter in den Parlamenten der hier dargestellten europäischen Länder noch weit entfernt ist. Die größte Veränderung fand in Belgien statt, wo der Frauenanteil von 1997 von 12 % auf knapp 35 % im Jahr 2007 angestiegen ist. Dies

Abbildung 10: Anteil von Frauen in nationalen Parlamenten 1997–2007

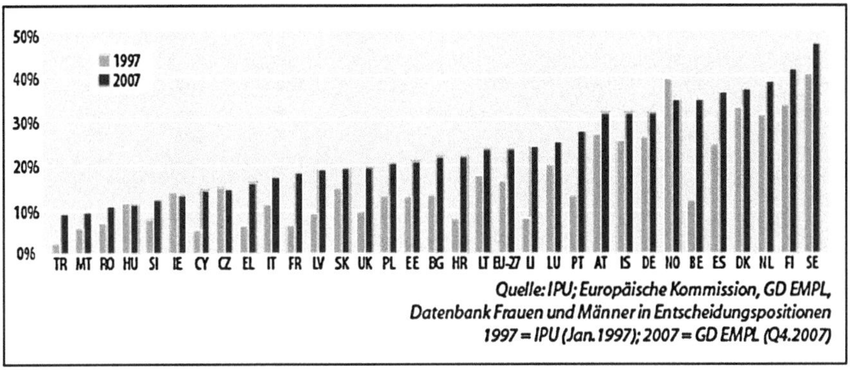

Quelle: Europäische Kommission (2008, 19).

ist auf eine positive Intervention der belgischen Regierung zurückzuführen, die 2002 ein Gesetz zur Förderung der Repräsentation von Frauen in Wahlen erlassen hat (vgl. Europäische Kommission 2008, 19).

Nimmt man die Repräsentanz von Frauen in Spitzenpositionen in den Gremien der europäischen Union unter die Lupe, so stellt man rasch fest, dass sich diese kaum von den Chefetagen der großen europäischen Konzerne unterscheidet. Da hilft es nach Kamleithner (2006, 131) auch nichts, wenn im Dritten Aktionsprogramm für die Chancengleichheit in der Kommission (1997–2000) selbstkritisch festgehalten wird, dass die bisherigen eingeleiteten Maßnahmen zur geschlechteregalitären Besetzung praktisch wirkungslos geblieben sind. Dies gilt auch – wie die folgende Tabelle 10 zeigt – für die geschlechtsspezifische Besetzung von Parlamentsmitgliedern im europäischen Parlament, die sich seit dem Jahr 1999 nur marginal verbessert und unverändert bei knapp einem Drittel aller Abgeordneten bewegt:

Tabelle 10: Der Frauenanteil im europäischen Parlament 1984–2008

	Frauen (in %)	Männer (in %)
1984	17,3	82,7
1999	29,6	70,4
2007	31,2	68,8
2008	31,2	68,8

Quelle: Europäische Kommission (2009, 23).

Tabelle 11: Anteil weiblicher Mitglieder des Europäischen Parlaments 1979–2008

	Juni 1979	Juni 1984	Juni 1989	Juni 1994	Mai 2000	Januar 2006	September 2008
BE	25,0	16,7	20,8	32,0	32,0	29,2	33,3
BG	–	–	–	–	–	–	44,4
CZ	–	–	–	–	–	20,8	20,8
DK	25,0	43,8	37,5	43,8	37,5	37,5	42,8
DE	14,8	19,8	33,3	35,3	28,4	32,3	32,3
EE	–	–	–	–	–	33,3	50,0
IE	6,7	6,7	6,7	26,7	33,3	38,5	38,5
EL	–	8,3	0,0	16,0	20,0	29,2	29,2
ES	–	10,0	15,0	8,0	32,8	33,3	25,9
FR	22,2	19,8	22,2	29,9	42,5	42,3	46,0
IT	12,3	9,9	13,6	12,6	11,5	17,9	19,2
CY	–	–	–	–	–	0,0	0,0
LV	–	–	–	–	–	22,2	22,2
LT	–	–	–	–	–	38,5	38,5
LU	33,3	33,3	50,0	33,3	33,3	50,0	50,0
HU	–	–	–	–	–	37,5	37,5
MT	–	–	–	–	–	0,0	0,0
NL	20,0	28,0	28,0	32,2	35,5	44,4	48,2
AT	–	–	–	33,3	38,1	33,3	27,8
PL	–	–	–	–	–	13,0	14,8
PT	–	8,3	16,7	8,0	20,0	25,0	25,0
RO	–	–	–	–	–	–	34,3
SI	–	–	–	–	–	42,9	42,9
SK	–	–	–	–	–	35,7	35,7
FI	–	–	–	62,5	43,8	35,7	42,8
SE	–	–	–	45,4	45,5	57,9	47,3
UK	13,6	14,8	14,8	18,4	24,1	25,6	25,6

Quelle: Europäische Kommission (2009, 62).

Eine detailliertere Betrachtung nach Mitgliedsländern zeigt, dass die Anzahl der aus Österreich kommenden weiblichen Vertreter im EU Parlament ausgehend vom Jahr 1994 von 33,3 % zunächst auf 38,1 % im Jahr 2000 angestiegen ist, während der Trend danach wieder abwärts verläuft, bis zu einem Anteil von 27,8 % im Jahr 2008.

Nach der Betrachtung der geschlechtsspezifischen Zusammensetzung in den europäischen Parlamenten wird nun ein Vergleich dieser Zusammensetzung zwischen der österreichischen Bundesregierung mit den Regierungen der anderen EU Länder gezogen. Aktuell (im Jänner 2010) gehören 14 Bundesminister/innen der österreichischen Bundesregierung an, davon fünf Ministerinnen, daher sind 35,7 % der Bundesregierung Frauen. Die folgende Abbildung 11 zeigt die Frauenanteile in den nationalen Regierungen der EU-27 sowie einiger ausgewählter, nicht der EU angehörenden, europäischen Länder:

Abbildung 11: Anteil männlicher und weiblicher Minister in nationalen Regierungen 2007

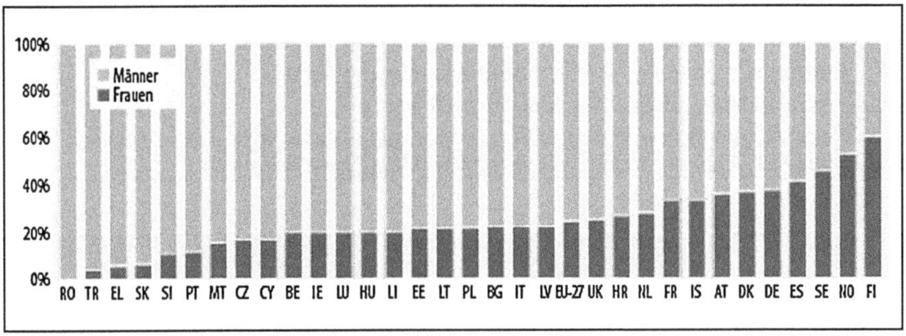

Quelle: Europäische Kommission (2008, 25).

Die Grafik zeigt ein gewohntes Bild: die Regierungen der skandinavischen Länder wie Finnland, Norwegen und Schweden haben dem Thema Gleichstellung von Frauen und Männern Vorrang eingeräumt, während die Slowakei, Griechenland und die Türkei besonders schlecht repräsentiert sind (vgl. EU Kommission 2008, 25f). Spanien hat im Jahr 2007 ein Gleichbehandlungsgesetz verabschiedet, welches Quoten für praktisch alle gewählten Positionen vorschreibt und darauf hinausläuft, dass es mindestens 60 % der Kandidat/innen jedes Geschlechts geben sollte und mit diesem Beispiel gezeigt, was getan werden kann, um das Profil von Frauen in der Politik zu verbessern (vgl. EU Kommission 2008, 26). Der krasseste Fall an Geschlechterungleichgewicht in der Regierung – Stand Oktober 2007 – findet sich in Rumänien, in dem alle Kabinettsmitglieder Männer sind. Österreich liegt in dieser Statistik an der erfreulichen siebent besten Stelle, allerdings gilt auch für Österreich wie für alle anderen dargestellten EU und Nicht-EU Länder, dass eindeutig Spielraum für die Sicherstellung eines angemessenen Geschlechtergleichgewichts besteht, da der EU-Durchschnitt mit 24 % Frauen und 76 % Männer eindeutig zeigt, dass diese Möglichkeit nur unzureichend genutzt wird (vgl. EU Kommission 2008, 25).

Am Ende dieses Abschnitts wird nun noch ein kurzer Blick auf die Aufgabenverteilung nach Geschäftsbereichen in den Regierungen der EU Mitgliedsländer geworfen. Dazu wird die Verteilung der Ministerinnen gemäß folgender BEIS Typologie untersucht, nach der Regierungsfunktionen in vier verschiedene Kategorien unterteilt werden:

Abbildung 12: Verteilung der Minister/innen nach BEIS-Kategorien 2007

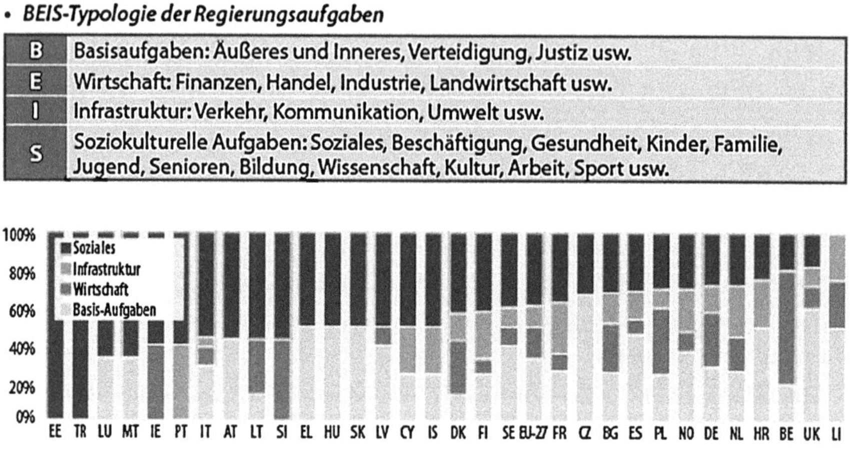

Quelle: Europäische Kommission (2008, 28).

Aus Abbildung 12 ist erkennbar, dass die Ministerinnen vorwiegend Ressorts führen, die den Basisaufgaben oder soziokulturellen Aufgaben angehören. Sechzehn der zweiunddreißig erfassten Länder hatten 2007 mindestens die Hälfte ihrer Ministerinnen mit Aufgaben im soziokulturellen Umfeld betraut, wobei es in Estland und in der Türkei keine einzige Ministerin mit einem anderen Portefeuille in anderen Bereichen gab (vgl. EU Kommission 2008, 27). In Österreich war im Jahr 2007 keine einzige Ministerin in den Bereichen Infrastruktur und Wirtschaft zuständig; die Ministerinnen standen dem allgemeinen Trend folgend Ressorts mit Basis- und soziokulturellen Aufgaben vor. In der Zwischenzeit hat sich dieses Bild allerdings geändert:

Tabelle 12: Verteilung der Minister/innen nach BEIS Aufgaben in Österreich, Stand Jänner 2010

	Gesamt	Männer	%	Frauen	%
B	4	2	50	2	50
E	2	1	50	1	50
I	1	0	0	1	100
S	6	4	67	2	33
	13	7		6	

Quelle: eigene Darstellung.

Ministerien mit Basisaufgaben werden zu 60% von Frauen geführt, während Ministerien im Handlungsfeld Wirtschaft zu gleichen Teilen von einer Frau und einem Mann geleitet werden. Entgegen dem bisherigen Trend in Österreich und den übrigen EU Ländern steht dem einzigen, sehr großen Infrastrukturministerium eine Ministerin vor und den insgesamt sechs Ministerien mit soziokulturellen Aufgaben vier Minister. Nach dieser Darstellung, wie Frauen in den politischen Gremien in Österreich und in der EU an führender oder einflussreicher Position vertreten sind, wird nun auch noch ein Blick auf die Situation von Frauen im Management von österreichischen und europäischen Unternehmungen ganz generell geworfen. Diese Erweiterung der Daten und Fakten zu Frauen in Führungspositionen außerhalb des Bereiches des Öffentlichen Dienstes und der politischen Parteien ist einerseits darin begründet, dass damit das Bild, wie Frauen in Entscheidungsgremien in Österreich und den Mitgliedsländern der EU vertreten sind und somit Einfluss auf Mitbestimmung haben, abrundet; andererseits wird sowohl in der einschlägigen Literatur zu Gender Mainstreaming als auch von den befragten Expert/inn/en häufig auf das Vorbild der skandinavischen Länder, allen voran, Norwegens referenziert und die nachstehenden Daten und Fakten zeigen deutlich, warum diese Länder gerne als positive Beispiele angeführt werden. Sie zeigen nämlich deutlich, welche massiven Fortschritte hinsichtlich der Anzahl von Frauen in Spitzenpositionen mit politischem Willen und geeigneten, wenngleich vielleicht auch unpopulären Maßnahmen, wie Quoten und Sanktionen erzielt werden können.

4.2.3. Daten und Fakten zu Frauen in Entscheidungs- und Führungspositionen in den Chefetagen von österreichischen und europäischen Unternehmen

An den Anfang dieses Kapitels wird der Bericht zur Gleichstellung von Frauen und Männern des Referats für Beschäftigung, soziale Angelegenheiten und Chancengleichheit (Doblhofer/Küng 2008) gestellt, wonach erkennbar ist, dass sowohl in Deutschland als auch in Österreich ein Rückgang (!) des Anteils von Frauen in Führungspositionen um respektive 0,8 und 3,3 Prozentpunkte in den Jahren 2000 bis 2005 festzustellen ist:

Tabelle 13: Frauen und Männer in Führungspositionen (%), Deutschland und Österreich, 2000 und 2005

	2000 Frauen	2005 Frauen	2000 Männer	2005 Männer
Deutschland	27,1	26,3	72,9	73,7
Österreich	30,3	27,0	69,7	73,0

Quelle: Doblhofer/Küng (2008, 6), eigene Darstellung.

Die nun folgenden Daten und Fakten sind einer Erhebung entnommen, die das Bundesministerium für Gesundheit und Frauen im Jahre 2006 veröffentlicht hat. Die Ergebnisse stammen von 535 Unternehmungen Österreichs aus unterschiedlichsten Branchen; der Großteil der befragten Unternehmungen fällt in die Kategorie Klein- und Mittelbetriebe (77 %), der Rest sind Großbetriebe mit mehr als 250 Beschäftigten (vgl. Fuchshuber 2006, 35ff). Die Erhebung kam zu dem Ergebnis, dass von insgesamt 11.783 Führungskräften rund ein Drittel, nämlich 3.405, das sind knapp 29 % der Führungspositionen in den untersuchten Betrieben von Frauen bekleidet werden. Bei einer Aufschlüsselung der Führungspositionen nach Geschlecht und Beschäftigungsform zeigt sich, dass 95 % (!) aller Führungspositionen als Vollzeitarbeitsverhältnis ausgestaltet sind. Frauen besetzen dabei nur 26 % der leitenden Vollzeitpositionen, hingegen 85 % der Führungsfunktionen auf Teilzeitbasis:

Tabelle 14: Führungskräfte differenziert nach Geschlecht sowie Vollzeit- und Teilzeitbeschäftigung, Österreich 2006

	Führungskräfte		
	weiblich	**männlich**	**insgesamt**
Vollzeit	2947	8296	11243
Teilzeit	458	82	540
Summen	3405	8378	11783
Vollzeit in %	87%	99%	95%
Teilzeit in %	13%	1%	5%
Summen in %	100,0%	100,0%	100,0%
N=521			

Quelle: nach Fuchshuber (2006, 35).

In der Teilgruppe „Frauen in Führungspositionen“ sind knapp neun von zehn Stellen als Vollzeitarbeitsverhältnis organisiert, d.h. jede zehnte Frau hält eine Führungsstelle auf teilzeitlicher Basis inne. In der Teilgruppe „Männer in Führungspositionen“ ist nur 1 % der Positionen auf Teilzeitbasis organisiert.

Tabelle 15: Führungskräfte nach Geschlecht in der höchsten Führungsebene, Österreich 2006

	weiblich	männlich	Frauenquote
Höchste Führungsebene	183	1432	11,30 %

Quelle: nach Fuchshuber (2006, 36), eigene Darstellung.

Fuchshuber (2006, 36) analysiert dazu folgendes: „In den rückgemeldeten Betrieben ist die Führungsebene je nach Rechtsform fest in Männerhand. Nur 10,9 % aller Aufsichtsräte/innen, 6,3 % aller Vorstände und 13,5 % aller Geschäftsführer/innen sind Frauen“. Das bestätigt die Annahme, dass die gläserne Decke für Frauen nach wie vor existiert. Denn während Frauen im unteren und mittleren Management immer mehr Fuß fassen, sind sie in den obersten Entscheidungsgremien nahezu ausgeschlossen. Das Bild ist getrennt nach

Abbildung 13: Frauenquoten nach Führungsebenen in den untersuchten Unternehmen, Österreich, 2006

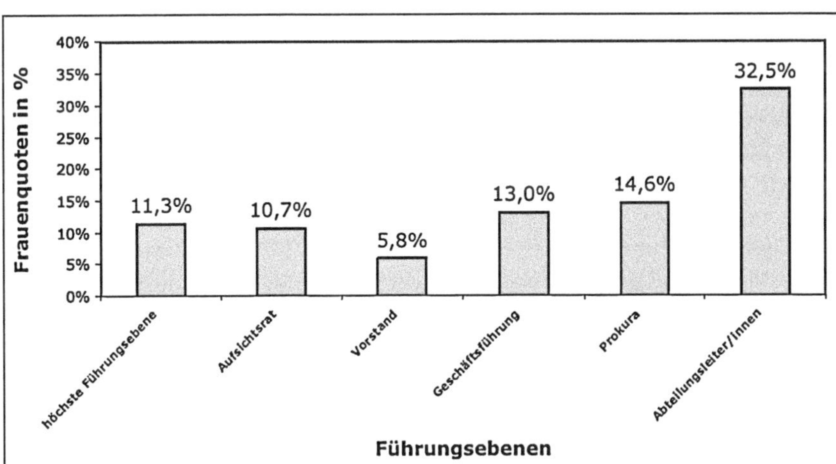

Quelle: nach Fuchshuber (2006, 38).

Abbildung 14: Geschlechterverteilung in der Geschäftsführung und in den Aufsichtsräten in den Top 200 Unternehmen Österreichs, 2008

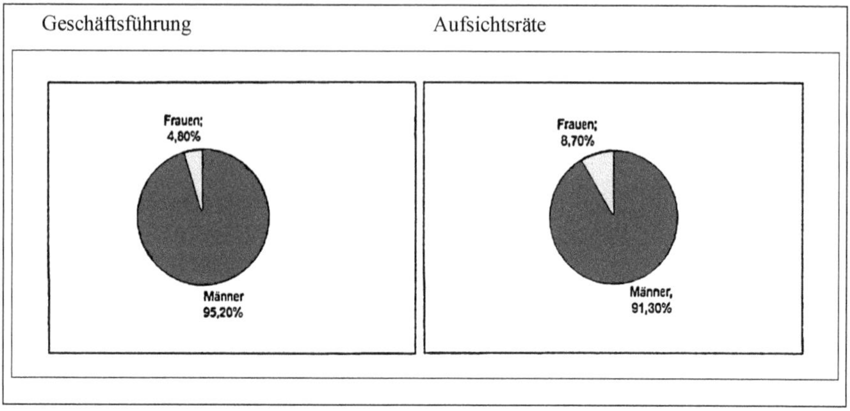

Quelle: Naderer/Sauer/Wieser (2009, 12f).

Sparten und Branchen unterschiedlich: im Tourismus (30 %) und im Gewerbe (20 %) sind Frauen am häufigsten im Top Management anzutreffen, während sie in den Bereichen Banken/Versicherungen (6 %), Information (7 %) und Industrie (8 %) seltener in der höchsten Führungsebene zu finden sind (Fuchshuber 2006, 41).

Naderer/Sauer/Wieser (2009) untersuchten im Auftrag der Arbeiterkammer Österreichs den Anteil von Frauen in den Geschäftsführungen und Aufsichtsräten der Top 200 Unternehmen Österreichs und kamen dabei zu dem Ergebnis, dass sowohl bei den Geschäftsführungen als auch den Aufsichtsräten keine Fortschritte erkennbar sind. Die Frauenanteile stagnieren auf einem Niveau von 4,8 % gegenüber 4,6 % bzw. 8,7 % gegenüber 9 % im Jahr 2008 (vgl. Naderer/Sauer/Wieser 2009, 5).

In mehr als der Hälfte der Unternehmen sind Frauen in Top-Management Funktionen nach wie vor völlig ausgeschlossen, das bedeutet, dass die Führungs- und Kontrollpositionen in 52 % der untersuchten TOP 200 Unternehmen in reiner Männerhand sind (vgl. Naderer/Sauer/Wieser 2009, 5). Eine differenzierte Betrachtung nach Sektoren ergibt, dass Frauenanteile in den „typisch männlichen“ Branchen wie die der Industrie wesentlich geringer sind als in den „typisch weiblichen“ Branchen Handel und Dienstleistung:

Es verwundert daher nicht, dass in der aktuellen Diskussion in Österreich die Forderung nach gesetzlich geregelten Frauenquoten wieder auflebt, nicht zuletzt durch das Bekenntnis der Frauenministerin zu diesem ihrer Ansicht nach besonders wirksamen Instrument: „Dass Frauen in Führungspositionen weniger

Tabelle 16: Anteil der Frauen in Führungs- und Kontrollpositionen der österreichischen TOP 200 Unternehmen nach Sektoren, 2008/09

	Frauen GF 08	Frauen GF 09	Frauen AR 08	Frauen AR 09
Handel	6,3%	7,8%	16,0%	14,1%
Dienstleistung	6,5%	7,1%	10,7%	11,2%
Banken & Versicherungen	5,1%	5,4%	10,4%	9,5%
Durchschnitt	4,6%	4,8%	9,0%	8,7%
Industrie	3,0%	2,3%	4,8%	5,5%

Quelle: Naderer/Sauer/Wieser (2009, 13).

werden, ist ein Rückschritt. Deshalb bin ich, wie in Norwegen, für die Quote“ (Naderer/Sauer/Wieser 2009, 6). Norwegen hat in den letzten Jahren auf der Grundlage einer gesetzlich geregelten 40%-igen Frauenquote für Verwaltungsräte als europäischer Spitzenreiter einen Frauenanteil von rund 44% erreicht (vgl. Naderer/Sauer/Wieser 2009, 19).

Am Ende dieses Kapitels zu den Daten und Fakten zu Frauen in Führungspositionen wird als letzte Übersicht zur Vervollständigung des Bildes noch der Anteil der weiblichen Mitglieder in den höchsten Entscheidungsorganen der größten Unternehmen in den EU Ländern inklusive einiger ausgewählter Nicht-EU Länder dargestellt. Dabei zeigt sich, dass die nordeuropäischen Länder, allen voran die skandinavischen Staaten wie Norwegen, Schweden und Finnland, aber auch die Slowakei und Rumänien die höchsten Anteile an Frauen in Spitzenpositionen aufweisen, während Portugal, Zypern und Luxemburg das Schlusslicht bilden. Aber auch Österreich rangiert auf dem sechstletzten Platz, weit hinter dem EU Durschnitt:

Obwohl Frauen jeden dritten Managementposten in der Wirtschaft besetzen, sind sie an der Spitze der Geschäftswelt kaum vertreten: die Vorstände der größten, an der Börse notierenden Unternehmen weisen im Durchschnitt lediglich ein weibliches für jeweils neun männliche Mitglieder auf, wobei der Anteil von Frauen von 2003 auf 2007 nur wenig gestiegen ist, und zwar von knapp 8% auf etwas mehr als 10% (vgl. EU Kommission 2008, 36). Selbst in Ländern, die am besten abschneiden, ist es äußerst selten, dass es eine Frau bis an die Spitze schafft, wie das Beispiel Schweden zeigt, in dem 2006 nur in fünf von knapp dreihundert an der Börse notierenden Unternehmen Frauen als Geschäftsführer beschäftigt waren (vgl. EU Kommission 2008, 36). Dass der

Abbildung 15: Anteil der weiblichen Mitglieder der höchsten Entscheidungsorgane der größten Unternehmen in jedem Land,

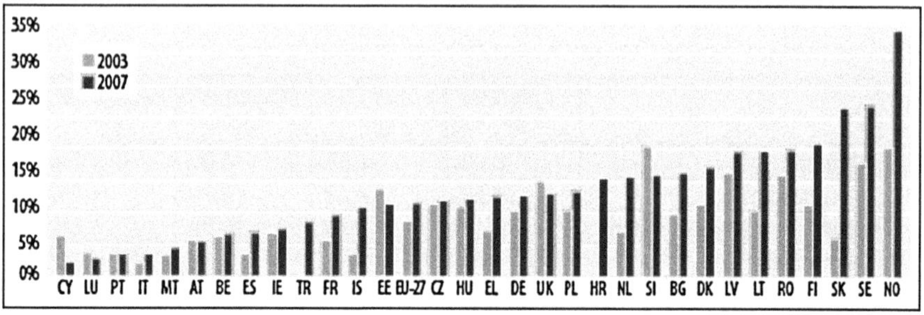

Quelle: EU Kommission (2008, 37).

Anteil der weiblichen Vorstandsmitglieder in Norwegen in den letzten Jahren rasant angestiegen ist, ist nicht zuletzt auf die positive Aktion der norwegischen Regierung zurückzuführen (vgl. EU Kommission 2008, 37). Im Jahr 2002 forderte die Regierung, dass staatliche Unternehmungen, aber auch Privatunternehmen, mindestens 40 % Vorstandsmitglieder haben müssten und führte ein Sanktionssystem einschließlich Schließung des Unternehmens ein. Obwohl die im September 2007 erhobenen Daten erkennen lassen, dass das Ziel noch nicht vollständig erreicht wurde, ist Norwegen allen anderen europäischen Ländern so weit voraus, dass es ein Beispiel dafür ist, was in relativ kurzer Zeit durch positive Aktionen auf nationaler Ebene erreicht werden kann (vgl. EU Kommission 2008, 37).

4.2.4. Daten und Fakten zu Frauen in Entscheidungs- und Führungspositionen in Österreich im internationalen Vergleich

An letzter Stelle dieses Abschnitts über Daten und Fakten zu Frauen in Führungs- und Entscheidungspositionen in Österreich wird nochmals auf den bereits erwähnten Global Gender Gap Report (2009) eingegangen. Im vorangegangen Kapitel zum Gender Pay Gap wurde bereits der Index „Economic Participation and Opportunity" gezeigt. Ein weiterer Index des Global Gender Gap Reports (2009) ist der Index „Political Empowerment", der für Österreich folgende Daten ausweist:

Tabelle 17: Gender Gap Index 2009, Austria, Political Empowerment

Gender Gap Subindexes	Rank	Score	Sample average	Female	Male	Female-to-male ratio
Political Empowerment	**23**	**0.274**	**0.169**			
Women in parliament	26	0.39	0.22	28	72	0.39
Women in ministerial positions	10	0.63	0.17	38	62	0.63
Years with female head of state (last 50)	41	0.00	0.14	0	50	0.00

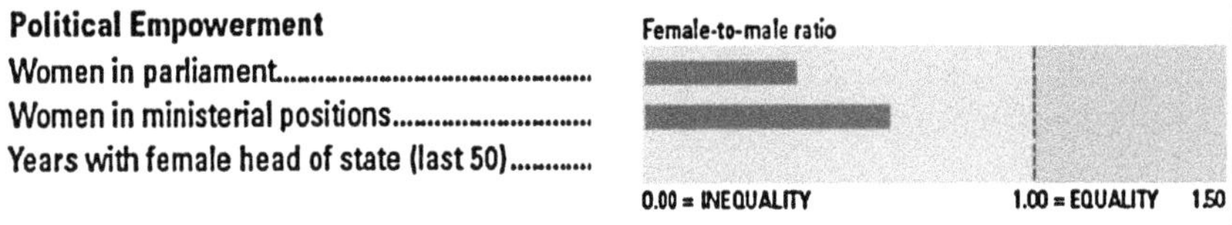

Quelle: Global Gender Gap Report, World Economic Forum (2009, 64).

Als Fazit kann man zusammenfassen, dass Bemühungen, die Ungleichheiten in der Entlohnung und bei den Aufstiegschancen zwischen den Geschlechtern zu beseitigen, nur dann Erfolg haben können, wenn sich die Einstellung in der Gesellschaft insgesamt ändert: nur, wenn es zum Beispiel gelingt, sogenannte „weiblich“ konnotierte Fähigkeiten und Fertigkeiten in den Köpfen der politischen und unternehmerischen Entscheidungsträger den männlich konnotierten gleichzustellen bzw. die Konnotierung per se zu hinterfragen, wird es auch strukturelle Änderungen auf dem geschlechtsspezifisch segregierten Arbeitsmarkt geben. Wie in den beiden Kapiteln, Ursachen für den Gender Wage Gap und für die weibliche Benachteiligung bei den Aufstiegschancen, herausgearbeitet wird, liegen die Gründe für die Benachteiligungen in diesen beiden Themenstellungen des Arbeitsmarktes in allererster Linie in der Diskriminierung aufgrund der gesellschaftlich verankerten Stereotypen und deren Folgen, die sich in einer horizontalen wie vertikalen Segmentierung des Arbeitsmarktes zeigen (EU Kommission 2008, 9):

> Stereotype behindern selbständige Entscheidungen von Männern und Frauen. Sie tragen zum Fortbestehen von Ungleichheiten bei, indem sie die Wahl von Bildungs-, Ausbildungs- und Berufswegen, die Aufgabenverteilung im Haushalt und in der Familie und die Besetzung von Führungspositionen beeinflussen. [...] Die Beseitigung der Stereotype gehört zu den Prioritäten des Fahrplans und des Handlungsrahmens der europäischen Sozialpartner im Bereich Gleichstellung.“

Nach diesen Ausführungen zur bestehenden Situation von Frauen auf dem österreichischen Arbeitsmarkt hinsichtlich Gehaltsgefälle und Karrieremöglichkeiten werden nun im nächsten Kapitel die theoretischen Erklärungsansätze für die nach wie vor herrschende Ungleichheit erörtert. Diese Erklärungsansätze bilden die Grundlagen für Maßnahmen, die arbeitsmarktpolitisch aufgrund von Gender Mainstreaming abzuleiten sind, um eine Gleichstellung von Frauen und Männern hinsichtlich Entlohnung und Aufstiegschancen zu erreichen.

5. Theoretische Erklärungsansätze zur geschlechtsspezifischen Teilung des Arbeitsmarktes

Für die Beantwortung der Forschungsfrage, inwiefern die bisher aufgrund von Gender Mainstreaming eingeleiteten Maßnahmen eine Gleichstellung in Bezug auf den Zugang zu Führungspositionen und die Entlohnung herbeiführen, ist es essentiell, zunächst die dahinter liegenden Mechanismen der Ungleichbehandlung und deren Auswirkungen zu kennen. Nur wenn diese Mechanismen der Ungleichbehandlung aufgebrochen werden, kann Gender Mainstreaming letztlich Wirkung zeigen. Deshalb werden im folgenden Abschnitt die Ursachen für die genderspezifischen Ungleichheiten auf dem österreichischen Arbeitsmarkt dargestellt.

Kamleithner (2006, 128) beurteilt die Situation so: „Die wirtschaftliche Ungleichheit von Frauen und Männern ist immer noch immens, ob beim Einkommen, beim Zugang zum Arbeitsmarkt oder bei den Karrierechancen". Nimmt man den Gender-Blickwinkel ein, dann kann man davon ausgehen, dass die Lebensverhältnisse, auf die politische Entscheidungen bezogen werden, in Zusammenhang mit den Geschlechterverhältnissen stehen. Analysen der Frauen- und Geschlechterforschung belegen, dass die Geschlechterverhältnisse ganz grundlegend die gesellschaftlichen Verhältnisse bestimmen. Geschlechterhierarchisierungen stehen nach Krell/Mückenberger/Tondorf (2008, 98) für die ungleiche Verteilung von Tätigkeiten, Positionen und Ressourcen. „Sie entscheiden über die Verteilung von Arbeit, Geld und Macht" (Stiegler 2002b, 25). Erstens werden die den Frauen zugewiesenen Positionen und Merkmale als weniger wert erachtet und mit weniger Chancen verbunden als die den Männern zugewiesenen. Zweitens ist das, was Frauen in der Gesellschaft tun und wozu sie beitragen, generell zweitrangig, erlangt weniger Aufmerksamkeit und spielt ohnedies keine große Rolle in der Öffentlichkeit (vgl. Stiegler 2002b, 25). Die OECD konstatierte (1998, zitiert in Holst 2006, 24):

> „Occupational Segregation excludes women from occupations which are associated with the greatest prestige, power and highest incomes. These occupations are generally ‚reserved' for men".

Im folgenden Kapitel werden die Ursachen der geschlechtsspezifischen Teilung, basierend auf einer vertikalen und horizontalen Segregation, aufgrund von Doing Gender auf dem österreichischen Arbeitsmarkt mit besonderem Augenmerk auf das Lohn- und Gehaltsgefälle sowie den Aufstiegschancen von Frauen dargestellt.

5.1. Ursachen der geschlechtsspezifischen Teilung des österreichischenArbeitsmarktes aufgrund von Doing Gender

Die geschlechtsspezifische Teilung des Arbeitsmarktes beruht auf einem Prozess des Hervorbringens von (sozialem) Geschlecht, welcher in der einschlägigen Literatur (vgl. West/Zimmermann 2002, 4ff, Klaus 2002b, 73) häufig als „Gendering“ oder auch „Doing Gender“ bezeichnet wird. Nimmt man die Entstehung von Geschlechterdifferenzen genauer unter die Lupe, wird man früher oder später zwangsläufig mit dem Begriff Doing Gender konfrontiert, welcher abgeleitet aus den Erkenntnissen der verschiedenen Ansätze zur Geschlechter*kon*struktion und Geschlechter*dekon*struktion aufgeworfen wurde. Dabei handelt es sich um keinen neuen oder eigenen Ansatz des Gender Diskurses, sondern lediglich um die Erkenntnis, dass sich Geschlecht aus dem Doing, aus dem täglichen Handeln ergibt. West/Zimmermann (2003, 68) formulieren es so:

> „Doing Gender means creating differences between girls and boys and women and men, differences that are not natural, essential, or biological. Once the differences have been constructed, they are used to reinforce the „essentialness“ of Gender“.

Doing Gender wird immer wieder durch das Verhalten der einzelnen Beteiligten neu geformt und beeinflusst und erlangt dadurch in der Alltagswelt eine gewisse natürliche Selbstverständlichkeit (West/Zimmermann 2002, 4):

> „Doing gender involves a complex of socially guided perceptual, interactional, and micropolitical activities that cast particular pursuits as expressions of masculine and feminine ‚natures‘“.

In der Theorie von West/Zimmermann (1991, in: Gildemeister/Wetterer 1992, 212) existieren drei voneinander abhängige, aber unterschiedliche Faktoren, die für die soziale Konstruktion des Geschlechts von Bedeutung sind. Der erste Faktor ist das körperliche Geschlecht (birth classification), das bei der Geburt klassifiziert wird. Der zweite Faktor ist die soziale Zuordnung (social membership) und der dritte Faktor schließlich ist das in den Interaktionsprozessen intersubjektiv bestätigte und validierte Geschlecht (processual validation of membership). Die Beziehung zwischen diesen Faktoren ist ein reflexiver Prozess, durch den situationsabhängig im jeweiligen sozialen Kontext die Konstituierung einer geschlechtlich bestimmten Person erfolgt (vgl. West/Zimmermann 1991, in: Gildemeister/Wetterer 1992, 212).

Das Konzept des Doing Gender beruht auf einem interaktiven Herstellungsprozess der Geschlechterverhältnisse und deren Reproduktion in Kommunikation, Interaktion und Institutionen. Es sind zwar gewissermaßen die Individuen, die das Geschlecht hervorbringen, aber es ist ein Tun, das in der jeweiligen Situation verhaftet ist und in der virtuellen oder realen Welt bzw. Gegenwart anderer vollzogen wird. Von diesen wiederum nehmen wir an, dass sie sich daran orientieren. Geschlecht wird demnach nicht als Eigenschaft von Einzelpersonen, sondern als Element, das in sozialen Situationen entsteht, gesehen (vgl. West/Zimmermann in: Gildemeister/Wetterer 1992, 237). Die Dualität Sex/Gender wird also im täglichen Doing sozial konstruiert: Menschen greifen in all ihren Lebenslagen auf die Genderkategorie zurück, sie produzieren und reproduzieren sie, ebenso wie auch gesellschaftliche Institutionen auf diesen als selbstverständlich und normal angenommenen Dualismus zurückgreifen (vgl. Klaus 2002b, 73). Nach Welpe/Schmeck (2005, 25) handelt jede Person männlichen oder weiblichen Geschlechts weitgehend unbewusst gemäß ihrer vorgegebenen Geschlechterrolle und bekräftigt damit bei jedem zwischenmenschlichen Kontakt durch geschlechterspezifische Interaktion die vorgegebenen Geschlechterrollen.

Niemand kann sich diesem Doing Gender entziehen, das haben die Probleme der Gleichheits- und Differenzforschung (vgl. Hofmann 2004, 167, Knapp 2008, 166) eindrucksvoll gezeigt. Auch die dekonstruktivistische Sichtweise (Anmerkung der Autorin: der Dekonstruktivismus wird im Kapitel 6 ausführlicher erklärt) entkommt diesem andauernden Gendering nicht, aber sie ist dazu imstande, diesen Prozess selbstkritisch zu reflektieren (vgl. Klaus 2002b, 73). West/Zimmermann (1998, 177) werfen die Frage auf, ob dieses Doing Gender jemals vermieden werden kann und kommen zu folgendem Schluss: „Insofar as a society is partitioned by ‚essential' differences between women and men and placement in a sex category is both relevant and enforced, doing gender is unavoidable". Die Zuschreibung und Verteilung von Kompetenz, Macht und Ressourcen betreffend, konstruieren Geschlechtsinszenierungen die jeweiligen Differenzen, die sich in symbolischen und materiellen Konsequenzen zeigen (vgl. Gerhard 1995, 182). Die Geschlechterdifferenz wird in jeder Situation, jeder Institution und in jedem Interaktionskontext von den Beteiligten interaktiv hergestellt und damit ist Gender eine soziale und symbolische Konstruktion (vgl. Gerhard 1995, 182). Vor diesem Hintergrund lassen sich die mehrfach genannten Schwierigkeiten, die selbst hoch qualifizierte Frauen bei der Erlangung von Macht- und Einflusspositionen und dem Erklimmen der Karriereleiter haben, relativ einfach erklären: jede Leistung, jede Tätigkeit wird je nach Geschlecht – sozusagen mit einer unterschiedlich gefärbten Brille – wahrgenommen (vgl. Gerhard 1995,

182). Die häufig in der Wissenschaft zugrunde gelegte Unterscheidung von Institutionen und Interaktionen kann damit nicht weiter aufrechterhalten werden: Bemühungen zur Veränderung müssen immer auf beiden Ebenen ansetzen.

Ausgehend vom Doing Gender ist als ein wesentlicher Faktor bei der Analyse des geschlechtsspezifisch geteilten Arbeitsmarktes die Spaltung der gesellschaftlich notwendigen Arbeit in öffentliche und private sowie unbezahlte und bezahlte Arbeit und die daraus resultierende geschlechtsspezifische Zuordnung der Arbeitsformen anzusehen. Denn das sind jene Mechanismen, die die bestehenden Geschlechterverhältnisse gestalten (vgl. Stiegler 2002b, 25). Vor allem auch im beruflichen Kontext erhalten Frauen und Männer dann besondere Akzeptanz, wenn sie den geschlechtsstereotypen Erwartungen entsprechen. Wilson (2002, 17) beschreibt die Situation so:

> „If a job is held predominantly by women, it is a feminine job, needs feminine characteristics and and will be of less value. If it is a job predominantly held by men, we see it as masculine, emphasize masculine characteristics and value it more highly. [...] Jobs create gender schemas via the sexual division of labour."

Bendl/Leitner/Rosenbichler/Walenta (2007, 52f) wenden das Konzept des Doing Gender auf Frauen in Führungspositionen an und thematisieren das eingelernte geschlechtsspezifische Handeln und die Zuschreibung von Geschlechterstereotypen, die in den täglichen Interaktionen verfestigt werden, als unbewusste Barriere für Frauen. Die Autorinnen (2007, 53) bezeichnen Doing Gender-Prozesse, die Frauen von Führungspositionen ausschließen als „inkorporierten" Teil von Organisationen, welche ihren Ausdruck in Arrangements von Arbeit, Regeln für Verhalten am Arbeitsplatz oder in der Beziehung zwischen Berufs- und Privatsphäre ihren Ausdruck finden. Die Realisierung echter Chancengleichheit ist nach Welpe/Schmeck (2005, 76) nur nach Auflösung der geschlechtsspezifischen Rollenzuweisungen möglich und die Benachteiligung von Frauen auf dem Arbeitsmarkt, bedingt durch ihre vorrangig familiären Verpflichtungen, muss reduziert werden.

Im folgenden Abschnitt wird darauf eingegangen, wie sich Diskriminierung aufgrund des Geschlechts unter Anwendung des Segregationsansatzes auf dem Arbeitsmarkt darstellt. Danach werden die wichtigsten Mechanismen dieser Arbeitsmarktdiskriminierung beleuchtet, welche letztlich zu einer Benachteiligung von Frauen beim Einkommen und bei den Aufstiegschancen im beruflichen Kontext führen.

5.2. Arbeitsmarktdiskriminierung und Segregationsansatz

Nach Definition von Blau/Ferber/Winkler (2006, 203) besteht Arbeitsmarktdiskriminierung dann, wenn zwei gleich qualifizierte Individuen rein auf Basis ihres Geschlechts unterschiedlich behandelt werden. Nach Meinung der Autorinnen haben viele empirische Studien (vgl. Stanley&Stephen B. Jarrell 1998, 947–973 zitiert in Blau/Ferber/Winkler 2006, 204) nach Beweisen gesucht, um die unterschiedliche Entlohnung zwischen Frauen und Männern zu erklären, wobei produktivitätsbezogene Faktoren bislang nicht in der Lage waren, das geschlechterspezifische Gehaltsgefälle ausreichend zu erklären. Selbst wenn Geschlechtsunterschiede in Bezug auf Ausbildung, Berufserfahrung, Branchen und Berufe berücksichtigt werden, verbleibt ein Prozentsatz von Lohnunterschieden, welcher nicht durch produktivitätsbezogene Faktoren erklärt werden kann und daher die Vermutung von Arbeitsmarktdiskriminierung nahe legt (vgl. Blau/Ferber/Winkler 2006, 203f sowie oben, Kapitel 4). Diese, als neoklassisch bezeichnete Betrachtungsweise spricht erst dann von geschlechtsspezifischer Diskriminierung, wenn die Lohnunterschiede auf dem Arbeitsmarkt nicht durch Produktivitätsunterschiede der Personen begründbar sind (vgl. Arrow 1973, 3f). Dazu Arrow (1973, 3):

> „In standard economic theory, we think first of differences in productivity. The notion of discrminiation involves the additional concept that personal characteristics of the worker unrelated to productivity are also valued on the market".

5.2.1. „Taste for Discrimination"-Ansatz

Arrow (1973, 5) nimmt in seinen Ausführungen Bezug auf Becker (1971), der in seinem Grundwerk zur ökonomischen Theorie der Diskriminierung erstmals die neoklassische Theorie zur Formulierung von Erklärungsansätzen der Marktdiskriminierung heranzieht. Becker (1971, 14) drückt es so aus: „If an individual has a ‚taste for discrimination', he must act as if he were willing to pay something, either directly or in the form of reduced income, to be associated with some persons instead of others". Nach Walch (1980, 51) bedeutet das, wenn jemand eine Abneigung gegen Frauen empfindet, so muss er/sie als Arbeitgeber/in entweder für seine Präferenz etwas bezahlen oder auf Einkommen verzichten. Das Verhalten dieses Arbeitgebers/dieser Arbeitgeberin ist nicht diskriminierend, weil er/sie Vorurteile gegen farbige Menschen hat, sondern weil er/sie ihre wahre Effizienz ignoriert. Bei dieser Art der Arbeitgeber/innen-Diskriminierung lassen Präferenzen der Arbeitgeber/innen in Verbindung mit den Marktkräften

Diskriminierung auf dem Arbeitsmarkt entstehen (vgl. Walch 1980, 53). Unterstellt wird dabei, dass Frauen und Männer in der Produktion vollständig substituiert werden können und auf den Märkten vollkommene Konkurrenz besteht (vgl. Walch 1980, 53). Ein Ansteigen dieser Art von Diskriminierung führt nach Becker (1971, 22) zwangsläufig dazu, dass die Handelsbeziehungen zwischen verschiedenen Gesellschaften reduziert werden und zu einer vollständigen ökonomischen Segregation führen können. Stiglitz (1973, 287) weist darauf hin, dass Einkommensdiskriminierung nicht gleichbedeutend ist mit Segregation und viele konventionelle Theorien zur Arbeitsmarktdiskriminierung zwar Segregation erklären, aber nicht Einkommensbenachteiligung.

Stiglitz (1973, 288) bezeichnet das von Becker (1971) und später von Arrow (1973) weiterentwickelte Modell als „Discrimination-Preference-Trade-Model", welches seiner Ansicht nach die vorhandene Einkommensdiskriminierung nicht vollständig erklären kann. Denn nach diesem Modell würde man auf dem Arbeitsmarkt nur Unternehmen mit vollständig segregierter Work Force finden, aber es würde keine Einkommensdiskriminierung stattfinden: „Wage discrimination requires ‚interfactor' prejudices [...], not intrafactor prejudices. The latter can only be segregation" (Stiglitz 1973, 289). Die Kritik am neoklassischen Präferenzmodell richtet sich vor allem gegen die implizite vorhergesagte langfristige Annahme der Lohndiskriminierung (vgl. Walch 1980, 108). Das Präferenzmodell kann nach Walch (1980, 108) keinen Anspruch auf Realitätsnähe erheben, zumal die neoklassischen Ansätze von angebotsbedingten Lohnunterschieden abstrahieren und nur auf nachfragebedingte Einflüsse abstellen.

5.2.2. Statistische Diskriminierung

Als weiteres Beispiel nennt Becker (1971, 16) eine/n Arbeitgeber/in, der farbige Arbeitnehmer/innen nur deswegen nicht beschäftigt, weil er/sie deren ökonomische Effizienz unterschätzt. In diesem Fall spricht man von statistischer Diskriminierung. Nach Borjas (2009, 379) entsteht statistische Diskriminierung dann, wenn aufgrund der gesammelten Informationen aus Lebenslauf und Interviews die Produktivität des/der Bewerbers/in nicht eindeutig vorhergesagt werden kann und deshalb statistische Daten jener Gruppe, der/die Bewerber/in zugehörig ist, als Grundlage für die Entscheidung herangezogen wird. Die zugrunde liegende Unsicherheit wird den/die Arbeitgeber/in also dazu bewegen, statistische Daten über die Performance (daher der Name statistische Diskriminierung) zu sammeln, um die Produktivität des/der Bewerber/in besser vorhersagen zu können (vgl. Borjas 2009, 379f). Nach Borjas (2009, 380) wird also aus den statistischen Daten einer bestimmten Gruppe auf Einzelpersonen geschlossen, da für die Einzelperson nicht genügend valide Informationen vorhanden sind. Als Resultat profitieren Bewerber/innen aus Gruppen mit statistisch hoher Produktivität von der Zugehörigkeit zu solchen Gruppen, während Bewerber/innen aus Gruppen mit statistisch niedriger Produktivität nicht davon profitieren (vgl. Borjas 2009, 380).

5.2.3. Horizontale und vertikale Segregation

Offene Entgeltdiskriminierung, auch *unmittelbare* Diskriminierung genannt, wird durch einschlägige Gesetze verhindert. Schwieriger ist die *mittelbare* Diskriminierung, weil sie schwerer erkennbar ist: die Differenzierung in typische Männer- oder Frauenarbeitsplätze ist stark mit der Arbeitsplatzbewertung verbunden (vgl. Schmidt 2003, 133). Gender Mainstreaming soll nach Rubery/Grimshaw/Figueiredo (2002, 80) den Fokus darauf legen, wie geschlechtsspezifische Ungleichheit in Systemen und Strukturen eingebettet ist, wobei sie als eines der wichtigsten Beispiele für Systeme und Strukturen, in denen Gleichstellung der Geschlechter untermauert wird, die Gehaltsstruktur bezeichnen. Eine höhere weibliche Beschäftigungsrate korreliert nach Barth/Roed/Torp (2002, 16) oft mit einer hohen Teilzeitbeschäftigungsrate von Frauen und einer starken geschlechtsspezifischen Segregation am Arbeitsmarkt. In diesem Fall wird der gender pay gap durch eine höhere weibliche Beschäftigungsrate in niedrig bezahlten Berufen erhöht (vgl. Barth/Roed/Torp 2002, 16). Gegenüber der horizontalen Segregation, die als Aufteilung der Erwerbsarbeit nach Branchen bezeichnet wird, bezieht sich die vertikale Segregation auf die Hierarchien in den einzelnen Berufen und Branchen (Baur/Fleischer/Schober 2005, 82). Diese Hierarchie zwischen Männer- und Frauenarbeit setzt sich auf allen Ebenen der Berufsstruktur, weitgehend unabhängig von den Inhalten der jeweiligen Berufe, Positionen und/oder Arbeitsplätzen durch (vgl. Baur/Fleischer/Schober 2005, 82). Wie von Baur/Fleischer/Schober (2005, 79) ausgeführt, lassen sich Unterschiede zwischen den Geschlechtern in den beiden zentralen Themenstellungen dieser Arbeit, das Lohn- und Gehaltsgefälle sowie die Aufstiegschancen auf dem österreichischen Arbeitsmarkt auf den geschlechtsspezifisch geteilten Arbeitsmarkt zurückführen:

„Der Arbeitsmarkt ist in doppelter Weise geschlechtsspezifisch geteilt (segmentiert):

- Einerseits durch die Aufteilung in besser bezahlte und abgesicherte „Männerberufe“ und meist schlechter bezahlte „Frauenberufe“ (horizontale Segregation)
- Andererseits durch die hierarchische Struktur der Berufe selber, die Frauen am unteren Ende der Verantwortungs- und Einkommenspyramide anordnet und Männer am oberen (vertikale Segregation).“

Mit Bezug auf die Thematik der vorliegenden Arbeit zugespitzt formuliert ist horizontale Segregation gleichbedeutend mit Benachteiligung in der Entlohnung und vertikale Segregation gleichbedeutend mit Benachteiligung bei den Aufstiegschancen. Auch Pastner (1999a, 27) führt Einkommensunterschiede zwischen Frauen und Männern unter anderem auf die geschlechtsspezifische Segregation am Arbeitsmarkt zurück: „Among others it is the gender specific segregation of the labour market that leads to the existing high gender pay gap". Nach Bluth (2004, 22) spricht man in diesem Zusammenhang von horizontaler Segregation, wenn es um die Trennung nach Branchen und Berufen geht, und von vertikaler Segregation, wenn es sich um innerbetriebliche und innerberufliche Hierarchien handelt. Anders formuliert: Horizontale Segregation zeigt sich darin, dass bestimmte Berufsbilder entweder (fast) ausschließlich den Frauen oder den Männern vorbehalten sind, während vertikale Segregation bedeutet, dass die Geschlechter auf die hierarchischen Positionen unterschiedlich verteilt sind. Frauen sind vor allem in den Bereichen Büro und Verwaltung, Gesundheit, Handel und Erziehung tätig, während Männer die technischen und handwerklichen Berufe dominieren. Selbst in dieser horizontalen Segregation ist ein hierarchischer Effekt verborgen, denn die den Frauen zugewiesenen Tätigkeiten werden in der Gesellschaft eher unterbewertet und daher geringer bezahlt (Pastner 1999b, 54). Jarosch (2001, 128) fasst die die Einkommensungleichheit von Frauen gegenüber den Männern auf einige wenige Punkte zusammen:

- Frauen beginnen ihre Berufslaufbahn zumeist mit einer deutlich niedrigeren Einstiegsentlohnung, fangen daher mit einer unvorteilhaften Startposition an;
- Karenzzeiten und die daraus resultierenden Unterbrechungen werfen die Frauen gerade in jenen Jahren zurück, in denen männliche Erwerbstätige die höchsten Einkommenszuwächse erzielen;
- Durch das höhere Engagement der Frauen in ihren persönlichen Betreuungspflichten nach einer Karenzzeit sehen sich Frauen bei einem Wiedereinstieg in die berufliche Laufbahn mit beschränktem Zugang zu betrieblichen Qualifikations- und Aufstiegsmöglichkeiten konfrontiert.

Segregation am Arbeitsmarkt, eine Aufteilung und Separierung in „Frauenbereiche" und „Männerbereiche" ist nicht an sich ein Problem, sondern wie die jeweiligen Bereiche in der Gesellschaft gesehen und bewertet werden. Acker (2003, 62) stellt fest: „Wages are structured within gender and race differences and serve to reproduce and reinforce those differences". Becker (1971, 57f) ist der Überzeugung, dass zu wenig berücksichtigt wird, dass Marktsegregation und Marktdiskriminierung, unter anderem auf dem Arbeitsmarkt, zwei unterschiedliche Konzepte mit getrennten Phänomenen sind. Arbeitsmarktdiskriminierung bezieht sich auf Einkommen, die verschiedene Gruppen erhalten und ignoriert die aktuelle Beschäftigungsverteilung, während sich Arbeitsmarktsegregation auf die Beschäftigungsverteilung bezieht und dabei die unterschiedlichen Einkommen ignoriert. Nach der Betrachtung der geschlechtsspezifischen beruflichen Segregation als Erklärungsansatz für Arbeitsmarktdiskriminierung werden nun die dahinter liegenden Mechanismen beschrieben.

5.3. Mechanismen der Arbeitsmarktdiskriminierung

Die Mechanismen, die hinter der Arbeitsmarktdiskriminierung stecken und eine Benachteiligung von Frauen beim Einkommen und bei den Aufstiegschancen herbeiführen, sind vielfältig und könnten nicht erschöpfend beschrieben werden. Daher werden im folgenden Abschnitt die in Zusammenhang mit dem Gender Pay Gap und den Karrierebarrieren am häufigsten genannten Mechanismen der Arbeitsmarktdiskriminierung beschrieben.

5.3.1. Geschlechterstereotype und Vorurteile

Ein kurzer Blick in die Geschichte belegt, dass die Einkommensunterschiede von Frauen und Männern eine lange historische Tradition haben. Ausgehend von der Bürokratisierung der Verwaltungen im 19. Jahrhundert wurde nicht mehr – wie im militärischen Bereich üblich – einer bestimmten Person bestimmte Aufgaben zugewiesen, sondern eine bestimmte Aufgabe jedem zugewiesen, der die nötigen Voraussetzungen dafür erfüllte. Das Gehalt richtete sich dabei nicht nach der Person und ihrer persönlichen Leistung, sondern nach der jeweiligen Position und Aufgabe (vgl. Puchert/Hyöng 2000, 120). Frauen waren in der bürokratischen Verwaltung zunächst nicht einmal zugelassen. Ab etwa 1900 etwa begann jedoch der Staat einen Bereich als seine Aufgabe zu betrachten, in dem bisher vorwiegend Frauen tätig waren: die soziale und medizinische Fürsorge. Dies war der erste Schritt zum Einsatz von Frauen in der Verwaltung in der untersten Hierarchieebene. Allerdings erhielten sie für ihre Arbeit vierzig Prozent weniger Gehalt als Männer und zumeist endete ihre Beschäftigung mit der Verehelichung, denn dann war ihre Versorgung gesichert (vgl. Puchert/Hyöng 2000, 120). Kehrt man in die Gegenwart zurück, so stellt man fest, dass sich die Einkommensunterschiede bis heute hartnäckig gehalten haben.

Die Lohndiskriminierung beruht nach Koall (1999, 2) in erster Linie auf der unterschiedlichen Bewertung und Verwertung von Frauenarbeit, denn die in den Betrieben und Organisationen entwickelten Frauenförderpläne dienen häufig nur der Aufrechterhaltung der geschlechtsspezifischen Arbeitsteilung, indem nur jene Elemente integriert und umgesetzt werden, die eine Ausnutzung der

Lohndifferenz zwischen Frauen und Männern weiterhin ermöglicht. Aus Fallstudien in diversen Organisationen wurde Diskriminierungspotenzial in folgenden Bereichen identifiziert (vgl. Schmidt 2003, 133):

- Geschlechtsstereotype beeinflussen die Leistungsbeurteilung von Führungskräften;
- Ein höheres leistungsabhängiges Entgelt erhalten vor allem jene, die sich durch eine langjährige und ununterbrochene Firmenzugehörigkeit auszeichnen;
- Bei der Verteilung von leistungsabhängigen Entgeltbestandteilen schneiden männlich dominierte Tätigkeitsbereiche besonders gut ab.

Studien belegen, dass sich Frauen in der Arbeitswelt häufig einer „Gläsernen Decke“ gegenüber sehen (vgl. Brettschneider 2008,1, Struthmann 2008, 5f), da die im vorangegangenen Teilkapitel besprochene Lohndiskriminierung oftmals nicht *per se*, sondern über verminderte Aufstiegschancen und die Wahl der Berufsgruppen erfolgt (vgl. Böheim/Hofer/Zulehner 2005, 10f). Das als Gläserne Decke (glass ceiling phenomen) beschriebene Phänomen verhindert sehr effektiv den Aufstieg von Frauen durch traditionelle Rollenzuschreibungen und geschlechtstypische Diskriminierung, die sich häufig in Vorurteilen gegenüber der weiblichen Leistungsfähigkeit äußert. Der Begriff des „glass ceiling“ wurde in den 70-er Jahren in den USA geprägt und beschreibt jene unsichtbaren Hürden, die aus gesellschaftlichen Vorurteilen resultieren (vgl. Eltaewa/Lambertz/Müller/Müller/Ohlsen/ Samadi 2002, 22).

Vielfach sind es Einstellungen und Stereotype, die eine Verbesserung der Situation verhindern, denn aus Vorurteilen und Erwartungshaltungen entsteht ein Kreislauf, der nur schwer zu durchbrechen zu sein scheint. Selbst innerhalb des gleichen Berufes und bei gleicher Ausbildung bekommen Frauen und Männer – auf mehr oder weniger subtile Art und Weise – unterschiedliche Tätigkeitsfelder zugewiesen (vgl. Gerhard 1995, 7). Nach Osterloh/Littmann-Wernli (2002, 262) unterstützen die stereotypen Verhaltenserwartungen die statistische Diskriminierung, da den Frauen in Unternehmen aufgrund der mangelnden Trennung von Berufs- und Geschlechterrolle eine geringere Produktivität unterstellt wird. Dies zeigt sich, indem bevorzugt Männer eingestellt werden, Frauen hingegeben weniger attraktive Arbeitsplätze zugewiesen werden und weniger in ihre Ausbildung investiert wird (vgl. Osterloh/Littmann-Wernli 2002, 2629. Frauen auf höheren Hierarchieebenen sind eher am Rande der betrieblichen Kernaktivitäten zu finden, vorwiegend in sozialen oder neuen Aufgabenbereichen, d.h. in Funktionen, die als unproduktiv oder eher unterstützende Stabsfunktionen mit geringeren Karrierechancen bewertet werden. Die Linienfunktionen rund um die Kernaktivitäten einer Organisation dagegen sind nach wie vor männerdominiert (vgl. Gerhard 1995, 7).

Die Eignung für bestimmte Berufe ist stark vom Geschlecht determiniert und zwar nach einem dualen und zugleich polaren Geschlechtermodell: während Männern eher die Eignung für Technik zugeschrieben wird, ist die Eignung für Soziales weiblich konnotiert (vgl. Stiegler 2004, 21). Es wird angenommen, dass aufgrund des Geschlechts eine bestimmte Eignung vorhanden ist, die jeweils dem anderen Geschlecht fehlt. Damit wird Eignung dual (technisch oder sozial) sowie polar (die jeweilige Eignung schließt die andere aus) sozial konstruiert. Daraus leitet sich eine gewisse *Vergeschlechtlichung* der Berufsfelder ab, denn es wird angenommen, dass in Frauenberufen keine Anforderungen vorausgesetzt werden, die männlich konnotiert sind und umgekehrt in Männerberufen keine weiblich konnotierten Anforderungen existieren (vgl. Stiegler 2004, 21). Nach Struthmann (2008, 21) rückt die Ressource Mensch unter ökonomischen Gesichtspunkten als zentraler Wettbewerbsfaktor immer mehr in den Vordergrund. Verschärfter globaler Wettbewerb, rückläufige Beschäftigungslagen und ein verändertes Bewusstsein der ArbeitnehmerInnen gegenüber individuellen Lebensplanungen zwingen Organisationen und Unternehmen dazu, Gleichstellungspolitik nicht mehr länger als ein lästiges Übel, sondern als Chance zur optimalen Nutzung der Humanressourcen zu betrachten. Dabei erfordern die aus Wertewandel und neuen Technologien abgeleiteten neuen Anforderungen an die Arbeits- und Berufswelt vermehrt *weiblich konnotierte* Führungseigenschaften wie Sozialkompetenz, Kommunikationsfähigkeit, Intuition, Kreativität und Teamfähigkeit, um den langfristigen wirtschaftlichen Erfolg einer Organisation zu garantieren (vgl. Struthmann 2008, 21f). Es ist daher nicht verwunderlich, dass eine stärkere Beteiligung von Frauen an Führungsaufgaben propagiert wird, da die oben erwähnten Kompetenzen den traditionellen Rollenstereotypen von Frauen entsprechen. Dennoch ist der Frauenanteil in den Entscheidungsprozessen und Führungsetagen von Wirtschaft und Politik erschreckend klein (vgl. Struthmann 2008, 22).

Nach Beatty (2007, 34) werden Frauen häufig mit Eigenschaften wie „emotional, nurturing and communal" beschrieben, also mit Zuschreibungen, die nicht besonders relevant sind in einer auf Performance und Zielerreichung ausgelegten Arbeitsumgebung, Männer hingegen werden mehr als „assertive, independent, competitive and analytical" gesehen. Diese Stereotypen führen dazu, dass die Menschen Männer als besser geeignet für Aufgaben ansehen, die logisches Denken und Problemlösungskompetenz erfordern, welches wiederum die Kernprozesse von Management darstellen (vgl. Beatty 2007, 34). Eltaewa/Lambertz/Müller/Müller/Ohlsen/Samadi (2002, 23f) haben untersucht, welche persönlichen Eigenschaften in der Literatur mit dem Begriff Manager gleichgesetzt werden und kommen zu dem Schluss, dass vor allem persönliche Merkmale wie Selbstvertrauen, Initiative, Durchsetzungskraft, Belastbarkeit und Entscheidungsfähigkeit mit den Begriffen Manager und Führungskraft verbunden werden. Diese Eigenschaften werden im Allgemeinen eher Männern als Frauen zugeschrieben. In den letzten Jahren verstärkt sich allerdings die Tendenz, die Anforderungsprofile von Führungskräften um typisch weiblich konnotierte Eigenschaften zu erweitern, wie zum Beispiel Kommunikationsfähigkeit und soziale Kompetenz (vgl. Eltaewa/Lambertz/Müller/ Müller/Ohlsen/Samadi 2002, 24). Die folgende Tabelle 18 zeigt, dass die Vorstellungen über erfolgreiche Führungskräfte eher den Stereotypen der Männer entsprechen:

Tabelle 18: Gegenüberstellung der typischen Eigenschaften von Männern und Frauen mit dem Idealbild eines Managers

Idealer Manager	**„Typischer Mann“**	**„Typische Frau“**
führungswillig	dominant	unterordnend
autonom	autonom	abhängig
beherrscht	unemotional	emotional
selbstsicher	selbstsicher	empfindlich
dynamisch	aktiv	passiv
rational	rational	intuitiv
entscheidungsfreudig	tatkräftig	fürsorglich
konfliktbereit		
konkurrenzorientiert	leistungsorientiert	beziehungsorientiert
rücksichtsvoll		einfühlsam
kommunikativ		kooperativ

Quelle: nach Eltaewa/Lambertz/Müller/Müller/Ohlsen/Samadi (2002, 77), eigene Darstellung.

Die pauschalierenden Sichtweisen von Frauen und Männern führen nach wie vor dazu, dass für die Erreichung von gehobenen Positionen Eigenschaften wie Härte, Durchsetzungsvermögen und Entscheidungskompetenz verlangt und diese Eigenschaften eher Männern zugeschrieben werden, während Frauen sich durch Emotionalität oder Abhängigkeit auszuzeichnen scheinen (vgl. Schmidt 2003, 60). Insgesamt werden die dabei die sogenannten *männlichen Eigenschaften* höher bewertet als die *weiblichen.* Weibliche Führungskräfte müssen nach Schmidt (2003, 60) zur Anerkennung ihrer Leistung öfter Beweise ihrer fachlichen Kompetenz erbringen als ihre männlichen Kollegen. Sie finden sehr viel schwerer Zugang zu den informellen Strukturen im Unternehmen, die jedoch für den Zugang zu Informationen und die Pflege innerbetrieblicher Beziehungen wesentliche sind (vgl. Schmidt 2003, 60). Es liegt auf der Hand, dass Studien zum Thema *Frauen führen besser* methodisch mangelhaft sind, aber nach Krell (2008, 324) würden auch mehr und bessere Studien zu Führungsverhalten, -eigenschaften und -erfolg keine gesicherten Erkenntnisse bringen, denn beide Komponenten des Untersuchungsgegenstandes, nämlich Führungsverhalten als auch Geschlecht, sind Konstrukte, die in hohem Ausmaß mit interessensgeleiteten Wahrnehmungen, Zuschreibungen und Bewertungen verbunden sind.

5.3.2. Arbeits- und Organisationskulturen

In vielen Führungsetagen existiert eine Arbeits- und Organisationskultur, die vor allem die vielfältigen Bedürfnisse der – männlichen – Führungskräfte befriedigen kann. Frauen hingegen passen nicht in diese homogenen Führungskreise, Mütter zum Beispiel können sich nicht beliebig verfügbar halten. Das vorherrschende Bild einer Führungskraft ist in vielen Unternehmen verbunden mit kontinuierlicher Vollzeit-Berufstätigkeit, ständiger Verfügbarkeit sowie der Bereitschaft zu nahezu unbegrenzter zeitlicher Flexibilität und Einsatzbereitschaft (vgl. Schmidt 2003, 61). Dazu Wilson (2002, 17): „The professions and management appear to accept the long hours culture as the norm, coupled with the common practice of taking work home". Im beruflichen Alltag werden von Haushalts- und Betreuungspflichten unbelastete Personen – zumeist Männer – als die Norm angesehen, während die damit belasteten Personen – zumeist Frauen – als Problemgruppe angesehen werden (vgl. Fritz 2006, 145). Besonders wenn es um beruflichen Aufstieg geht, werden uneingeschränkt zur Verfügung stehende und zeitmäßig belastbare Arbeitskräfte, die bereit für Konkurrenz und Wettbewerb sind, erwartet (vgl. Fritz 2006, 45). Die geringeren Chancen von Frauen am Arbeitsmarkt entstehen unter anderem dadurch, dass Frauen einerseits die Ausübung von Tätigkeiten, die gemeinhin als „männlich" gelten, erschwert oder sogar verunmöglicht wird und andererseits die den Frauen überlassenen Tätigkeiten und Kompetenzen in der Gesellschaft geringeres soziales Ansehen genießen und mit Nachteilen verbunden sind (vgl. Jarosch 2001, 103). Bereits bei der Berufswahl und Studienfachentscheidungen spiegeln sich diese traditionellen gesellschaftlichen Zuständigkeiten wieder: Frauen sind für Reproduktionsaufgaben und Männer für Produktionsaufgaben zuständig (vgl. Gerhard 1995, 6). Heute sind die Übergänge zwischen diesen beiden Polen zwar fließender, realisiert werden sie aber in erster Linie von Frauen, für die ein Doppelengagement in Beruf und Familie mittlerweile oft als selbstverständlich gilt, während sich Männer nach wie vor nicht für Haushalts- und Familienaufgaben zuständig fühlen. Entsprechend unterschiedlich verlaufen die Lebensläufe und Erwerbsbiografien, wobei jene von Frauen häufiger von Unterbrechungen und Diskontinuitäten gekennzeichnet sind als jene von Männern (vgl. Gerhard 1995, 6).

In der immer wichtiger werdenden Arena des internationalen Geschäfts behindert zudem eine Vielzahl von Vorurteilen, die die Arbeitskultur betreffen, den Zugang von Frauen zu diesen Jobs und schränkt damit zwangsläufig ihre Karrierechancen ein. Zu diesen Vorurteilen gehören: Frauen sind geografisch weniger mobil als Männer, internationale Kunden wollen eher mit Männern als mit Frauen Geschäfte machen und Frauen finden es schwieriger, ihre familiären Verpflichtungen mit den job-bedingten internationalen Reisen zu vereinbaren (vgl. Blau/Ferber/Winkler 2006, 215). Die Auswirkungen zeigen sich unter anderem in der Tatsache, dass in Deutschland 1998 76% der weiblichen Führungskräfte keine Kinder hatten, während 45% der männlichen Kollegen kinderlos waren (vgl. Schmidt 2003, 61).

5.3.3. Kulturelle Aspekte und das Dual-Earner/Dual-Carer Modell

Kulturelle Aspekte einer Gesellschaft haben einen nicht zu unterschätzenden Einfluss auf die geschlechtsspezifische Verteilung von Erwerbs- und Hausarbeit (vgl. Aboim 2010, 190f). Diese vom Geschlecht abhängige Verteilung der Erwerbs- und Hausarbeit untersuchte Aboim (2010, 190) in fünfzehn europäischen Ländern. Dabei identifizierte Aboim (2010, 190) drei unterschiedliche Hauptmodelle: das *unequal sharing* Modell, das *familistic unequal* Modell und das *dual earner/dual carer* Modell. Im unequal sharing Modell ist traditionell der Mann für die Erwerbsarbeit und die Frau für die Hausarbeit zuständig, im familistic unequal Modell wird ebenfalls die traditionelle Verteilung der Erwerbs- und Hausarbeit befürwortet, jedoch verbunden mit dem Wunsch, dass Männer mehr zur Familien- und Hausarbeit beitragen. Im Gegensatz dazu bezeichnet das dual earner/dual carer Modell eine Verteilungsform, in der Männer und Frauen zu gleichen Teilen an der Erwerbsarbeit als auch Hausarbeit beteiligt sind. Die Untersuchung von Aboim (2010, 190) ergab, dass in den skandinavischen Staaten ein abgeschwächtes unequal sharing Modell überwiegt, unterstützt durch extensive öffentliche Kinder-betreuungseinrichtungen sowie umfassende Transferleistungen für Familien. In manchen post-sozialistischen Ländern, die erst vor drei Dekaden die Transformation von einer ländlichen Bevölkerung mit einem rechtsgerichteten Regime zu einer demokratischen Gesellschaft durchgemacht haben, ist heute ein hoher Anteil von Frauen in Vollzeitarbeit zu verzeichnen (vgl. Aboim 2010, 191). Dennoch hat nach Aboim (2010, 191) die hohe Aufmerksamkeit, die in jüngster Vergangenheit auf Geschlechtergerechtigkeit in der Privatsphäre gelegt wurde, in diesen Ländern zu keiner Änderung in Richtung des dual earner/dual carer Modells und damit zwangsläufig zu einer Überlastung der Frauen geführt.

In Ländern wie Deutschland, Schweiz und Großbritannien, denen auch Österreich zuzurechnen ist, die in der Transformation zwischen dem traditionellen unequal sharing Modell und einem halben earner Modell stehen, ist die Popularität des dual earner/dual carer Modells moderat, wenngleich auch substanziell höher als in den post-sozialistischen Ländern (vgl. Aboim 2010, 191). In der empirischen Studie von Daly/Lewis (1998, 2) über die geschlechtsspezifische Verteilung der familiären Versorgungsarbeit in neun europäischen Ländern liegt der Fokus nicht nur wie sonst häufig auf der Kindererziehung, sondern ganz besonders auch auf der Versorgung von Älteren und Pflegebedürftigen. Daly/Lewis (1998, 2) stellen fest, dass die Arbeitskraft der bezahlten und unbezahlten Betreuer disproportional weiblich ist und die Beziehung von Frauen zum modernen Wohlfahrtsstaat komplizierter ist als die von Männern. Die innere Einstellung der Individuen, die Männer traditionell für die Erwerbsarbeit zuständig und Frauenerwerbsarbeit für die Kindererziehung nachteilig ansehen, verhindern oftmals nach Aboim (2010, 192) eine Veränderung der geschlechtsspezifischen Rollenaufteilung im Sinne des dual earner/dual carer Modells. Dabei würde gerade das dual earner/dual carer Modell nach Pascall/Lewis (2004, 378) Gleichstellung der Geschlechter in der Erwerbsarbeit nach sich ziehen, indem es den gleichen qualitativen und quantitativen Zugang von Frauen und Männern zu den Jobs unterstreicht. Darüber hinaus würde dieses Modell mehr Männer zur Hausarbeit verpflichten und dadurch den Stellenwert der Hausarbeit in der Betrachtungsweise der Gesellschaft erhöhen (vgl. Pascall/Lewis 2004, 378).

5.3.4. Einstellung der Männer zu Gleichstellung und die Kultur der Männerbünde

Die gläserne Decke ist keine offensichtliche Barriere, sondern ist in einer Vielzahl von Faktoren begründet, die die Situation der Frauen im Erwerbsleben erschweren. Formale Qualifikation und persönliches Engagement genügen meist nicht; nur durch Kontakte und die Unterstützung von anderen Personen im Unternehmen gelingt es, die gläserne Decke zu durchbrechen (vgl. Eltaewa/Lambertz/Müller/Müller/Ohlsen/Samadi 2002, 22). Denn gehen – männliche – Personalverantwortliche davon aus, dass Frauen eine höhere Fluktuation und ein stärkeres Familienmanagement an den Tag legen und weisen sie ihnen deshalb Jobs mit niedrigerer Bezahlung und schlechteren Aufstiegsmöglichkeiten zu, dann rauben sie tatsächlich vielen Frauen die berufliche Motivation. Dabei sind Frauen qualifizierter und motivierter als je zuvor; sie sind mehr denn je bereit, Verantwortung in wichtigen Positionen zu übernehmen und sind doch in den Führungspositionen der Wirtschaft nach wie vor unterrepräsentiert (vgl. Peters 2002, 25). Unternehmen setzen sich zwar häufiger als früher mit dem Einsatz weiblicher Führungskräfte auseinander, teils wird auch eine aktive Frauenförderpolitik betrieben, wenngleich Frauen in Führungspositionen ob ihrer Unterrepräsentanz noch immer als etwas Besonderes gelten. Für Welpe/Schmeck (2005, 125) resultiert das Phänomen der gläsernen Decke aus einem unausgewogenen Verteilungsverhältnis von Frauen und Männern in verschiedenen Hierarchiestufen und Berufsfeldern. Während in frauentypischen Berufsfeldern, welche zumeist mit niedrigeren Aufstiegschancen verbunden sind, genügend Erfahrungen mit der Produktivität von Frauen bestehen, müssten erst viele Frauen in Männerdomänen vordringen, damit ihre Produktivität anhand eines „weiblichen Prototyps" (Welpe/Schmeck 2005, 125) besser eingeschätzt und in der Folge die gläserne Decke für Frauen besser abgebaut werden kann. Bei der differenzierten Betrachtung des Problems der Unterrepräsentanz von Frauen im Management fällt auf, dass Frauen vor allem im unteren Management, sozusagen an „der Nahtstelle zwischen Managementpositionen und den ausführenden MitarbeiterInnen" (Schmidt 2004, 145) zu finden sind. Dort, wo die politischen und strategischen Entscheidungen gefällt werden, nämlich im Topmanagement, sind nach wie vor Männer unter sich (vgl. Schmidt 2004, 145). Aufgrund von stereotyp bedingten Vorbehalten werden Frauen, die die Fähigkeit hätten, Führungspositionen im Management zu übernehmen, nicht ins Top-Management befördert (vgl. Schubert/Littmann-Wernli 2001, 41f). Weiblichen Arbeitsgruppen wird nach Puchert/Hyöng (2000, 142) häufig ein schlechtes Arbeitsklima mit deutlicher Hackordnung unterstellt.

Doch die männlichen Arbeitsgruppen sind in diesem Fall nicht besser, der ständige Kampf um Posten und Positionen ruft nichts anderes als eine Hackordnung hervor; nur weil sie in diesem Fall die Spielregeln kennen, wirkt es auf die Männer harmloser (vgl. Puchert/Hyöng 2000, 142). Frauen, die bereits Senior Management Positionen erreicht haben, wird nach Gatrell/Cooper (2007, 66) häufig vorgeworfen, dass sie wie „Bienenköniginnen" ihre eigene Position festigen, indem sie anderen Frauen, die ebenfalls eine Karriere anstreben, Unterstützung und Support verweigern. Goos/Hansen (2000, 102) haben hingegen herausgefunden, dass weibliche Entscheidungsverantwortliche dem eigenen Geschlecht größere Rekrutierungschancen einräumen. Damit bringen diese Entscheidungsträgerinnen einerseits zum Ausdruck, dass sie Frauen ein hohes Maß an Kompetenzen einräumen und widerlegen gleichzeitig die Ansicht, Führungsfrauen würden aufgrund des „Bienenkönigin-Syndroms" eine schlechtere Arbeitsatmosphäre für weibliche Nachwuchsführungskräfte herstellen (vgl. Goos/Hansen 2000, 102f). Männer wissen und sehen, dass Frauen benachteiligt werden, was sie aber nicht sehen, ist die Tatsache, dass sie mit ihren männlich strukturierten Auswahlkriterien Frauen benachteiligen und das vor allem in den männerdominierten Arbeitsbereichen (vgl. Puchert/Hyöng 2000, 141f). Dazu meint Stechert (1988, 148):

> „In Gruppierungen im Berufsleben, beispielsweise bei Besprechungen, beschäftigen sich Männer mehr mit dem Verhalten anderer Männer und nicht so sehr mit dem Verhalten anderer Frauen. Sie beachten andere Männer mehr, fallen Frauen ins Wort, bestätigen andere Männer und nehmen deren Vorschläge in einer Weise auf, wie sie es bei Frauen nicht tun. Durch die verbale und nonverbale Kommunikation wird ein immer engerer Kreis um die Männer gezogen, zu dem Frauen nicht gehören".

Ein weiterer Grund, warum sich Frauen mit Aufstieg und Karriere so schwer tun, ist, dass Männer durch ihr geschlossenes Auftreten in Unternehmen und die dahinter liegenden informellen Mechanismen so etwas wie organisationsübergreifende bzw. innerorganisatorische Männerbünde verkörpern. Organisationen werden dann zu Männerbünden, wenn sie durch ihre spezifischen männlichen Entwicklungsdynamiken und Interessen geprägt werden (Lehner 2002, 29). Die Kultur dieser männerbündischen Gruppen verhindert ganz bewusst Gleichstellung, weil ja die Teilhabe an solchen Gruppen ganz entscheidend für das Weiterkommen in der Organisation ist. Damit werden auch weiterhin in Führungskreisen gesellschaftlich wichtige Entscheidungen von Personen getroffen, die mit dem Alltag der meisten Menschen (Familie, Kinder etc.) nicht das Geringste anfangen können (vgl. Hyöng 2002, 204f). Informelle Beziehungen können sich zu Strukturen verfestigen und zu sogenannten Seilschaften und Männerbünden werden. Die Tatsache, dass die Führungsebenen der meisten Unternehmen in Industrienationen fast ausschließlich männlich besetzt sind und Frauen der Zugang oft erschwert bzw. unmöglich gemacht wird, wirft die Frage auf, ob diese männliche Verhaltensweise nicht als *Männerbündelei* bezeichnet werden kann (Sabine Helmers zitiert in: Puchert/Hyöng 2000, 129f). Deutlicher beschreibt es Puchert (2003, 90) wie folgt: „Die hegemoniale, männerbündische Arbeits- und Organisationskultur der Führungsetagen ist deutlich an klassischen Männerbünden orientiert und sie erscheint nicht im Aussterben begriffen zu sein". Die Zerschlagung solcher informeller Gruppierungen wie Männerbünde gestaltet sich äußerst schwierig, denn zu vielfältig und nützlich sind sie für jene Bedürfnisse, die damit befriedigt werden (vgl. Puchert 2003, 90).

Das unterstreicht auch Rösgen (2006, 186), die in der informellen männerbündischen Organisationskultur ein wesentliches Hemmnis für die Umsetzung von Gender Mainstreaming ortet. Andererseits könnten aber ihrer Meinung nach (2006, 186) gerade darin die Anknüpfungspunkte für gemeinsame Strategien von Frauen und – nicht konformen – Männern liegen, wenn man sich zu Alternativen zu den vorherrschenden Männlichkeitsmodellen, d.h. zu anderen Arbeitsmodellen und Lebensentwürfen, bekennen könnte. Männer werden nur mittelbar bei der Förderung der Gleichstellung einbezogen, da es in erster Linie darum geht, Frauen verstärkt den Zugang zu höherwertigen Positionen zu verschaffen, indem sie von Erziehungs- und Hausarbeit entlastet werden. Diese Forderungen gehen aber nicht mit den eigenen Interessen der Männer einher und damit weite Teile der bisherigen Gleichstellungspolitik an den Problemlagen und Interessen der Männer vorbei (vgl. Rösgen 2006, 187). In den Untersuchungen von Hyöng/Puchert (1998, 64ff) zeigen sich die unterschiedlichen Interessenslagen erst in der konkreten Umsetzung von Gleichstellungsmaßnahmen. Während die einen sich in ihrem Selbstbild bedroht fühlen und daher keine Maßnahmen akzeptieren wollen, unterstützen andere die Maßnahmen großzügig, da sie in ihrem individuellen Weiterkommen ohnehin nicht gefährdet werden. Deshalb wird es wichtig sein, immer wieder bestimmte Gruppen von Männern für die Idee des Gender Mainstreaming zu gewinnen, um so die informellen, aber sehr wirksamen Widerstände vieler Männer und männlicher Strukturen zu minimieren (vgl. Hyöng/Lange 2004, 114).

5.3.5. Handlungen von Frauen

Blau/Ferber/Winkler (2006, 215) sehen als weitere subtile Barriere, die Frauen in ihren Aufstiegschancen behindern, in dem Vorurteil „that men make better bosses“ oder wie Kanter (1998, 269) es nennt: „that men make better leaders“, wobei diese Sichtweise nicht nur männlichen Kollegen vorbehalten ist. Nach Kanter (1998, 269) wollen weder Männer noch Frauen für eine weibliche Führungskraft arbeiten. Männer, aber auch Frauen, haben vor allem dann Schwierigkeiten, von Frauen gemanagt zu werden, solange sie noch nicht Erfahrungen mit einer weiblichen Vorgesetzten gemacht haben. Männer und Frauen, die bereits eine weibliche Chefin hatten, haben erheblich weniger Vorurteile gegen eine Frau als Vorgesetzte (vgl. Blau/Ferber/Winkler 2006, 216). Holst (2006, 1) bezeichnet Frauen in Management Positionen als ‚role models‘ für andere Frauen, die zeigen, was Frauen erreichen können, indem sie ihrer selbstgewählten Karriere folgen. Das ist nach Holst (2006, 1) ein wichtiger Punkt, denn

> „...most women in managerial positions are working in traditionally male spheres with male-oriented norms that define what constitutes ‚leadership qualities‘. Because they do not necessarily conform to this norm and may possess different leadership skills, women are often confronted with prejudices and are expected to conform to stereotypes. Such attitudes have the potential to seriously limit women's chances to lead.“

Nach Krell (2008, 326) wird die Forderung nach mehr Frauen in Führungspositionen häufig mit dem Argument, dass Frauen bessere Führungskräfte als Männer seien, begründet. Frauen antizipieren nach Jarosch (2001, 104f) die Mechanismen dieser Benachteiligung, richten die Wahl ihres Berufes und ihr berufliches Engagement danach aus und erfüllen damit die Erwartungen der Arbeitgeber. Diese, auch als strukturell zu bezeichnende Diskriminierung begründet sich unter anderem darauf, dass Frauen, die einer Männerwelt gleichberechtigt leben wollen, in dieser Welt sozialisiert werden, was so viel bedeutet, dass Umwelt, Gesellschaft und nicht zuletzt Arbeitsplatz nach männlichen Normen und Werten strukturiert ist (vgl. Jarosch 2001, 104). Dementsprechend gestalten sich die Erwartungen an Frauen, die eine Führungsposition anstreben bzw. bereits eine solche innehaben, entsprechend hoch. Damit wird jedoch den weiblichen Führungskräften eine Zusatzanforderung aufgebunden, die kaum erfüllbar ist und Enttäuschungen vorprogrammiert (vgl. Krell 2008, 327). Kram/Mc Collom Hampton (2003, 211ff) bezeichnen diesen Vorgang als *Visibility-Vulnerability Spiral*. Der Minderheiten-Status von Frauen in Organisationen, speziell in Führungspositionen, stellt den ersten Schritt in der *Visibility-Vulnerability Spiral* dar, indem Frauen bei der Übernahme einer Position im Management sichtbarer werden als ihre männlichen Kollegen und in dieser Rolle stärker beobachtet werden (vgl. Kram/Mc Collom Hampton 2003, 213). Daraus resultiert für die Frauen eine höhere Belastung, die gestellten Anforderungen zu erfüllen und macht sie im zweiten Schritt verwundbarer als die männlichen Konkurrenten (vgl. Kram/Mc Collom Hampton 2003, 214).

Clegg/Kornberger/Pitsis (2008, 112) bestätigen, dass in der Gesellschaft Berufsbilder traditionell als eher weiblich oder männlich charakterisiert werden und basierend darauf vorausgesetzt wird, dass Frauen und Männer zu spezifischen Jobs tendieren. Nach Meinung der Autor/innen sind solche *gender roles* sozial konstruiert, um in die streng patriarchalen und männlich dominierten Institutionen zu passen. Clegg/Kornberger/Pitsis (2008, 112) zeichnen für die Zukunft ein positives Bild, indem sie argumentieren, dass Frauen nach und nach besser ausgebildet sind und vermehrt in berufliche Männerbastionen eindringen, während auch Männer weiblich dominierte Karrierepfade einschlagen:

> „As this becomes increasingly popular, perhaps one day there will be not be the taken-for-granted assumption that certain jobs are for women and certain jobs are for man".

Nach Ansicht von Eltaewa/Lambertz/Müller/Müller/Ohlsen/Samadi (2002, 78) können auch geistige Blockaden dazu führen, dass „Frauen sich selbst der ärgste Feind sind". Als die drei wesentlichsten Blockaden nennen die Autorinnen die Angst vor Macht, die Angst vor Erfolg und die Angst vor Unabhängigkeit. Während für Männer Macht und Status reizvolle Werte zu sein scheinen, verstehen

Frauen Macht eher als Verantwortung und als Möglichkeit der Einflussnahme mit einem negativen Beigeschmack. Auch wenn Frauen sich darüber bewusst sind, dass Macht nützlich sein kann, scheuen sie sich, diese zu gebrauchen (vgl. Eltaewa/Lambertz/Müller/Müller/Ohlsen/Samadi (2002, 78f). Die Angst vor Erfolg ist darin begründet, dass das offene Zeigen von Lust am Erfolg als unweiblich gilt und in der Gesellschaft negativ bewertet wird. Hat eine Führungskraft Kinder, dann werden diese bedauert, weil sie keine richtige Mutter haben, während man im Falle der Kinderlosigkeit die Frau bedauert, da ihr nichts anderes übrig blieb als Karriere zu machen. Nach Sturmfels (2002, 83) verlangt das biologische Geschlecht an einem bestimmten Punkt der weiblichen Entwicklung nach Übernahme der Frauen- und Mutterrolle und die damit verbundene räumliche und zeitliche Verfügbarkeit der Betreuungsperson ist mit der Ausübung einer Führungsrolle nicht vereinbar. Damit ist ein Rückzug aus dem beruflichen Umfeld vorprogrammiert, da die Beobachtung zeigt, dass Mütter viel häufiger bereit sind, diesen Verzicht zu leisten, als ihre Väter (vgl. Sturmfels 2002, 83).

Für die Forschungsfrage dieser Arbeit, inwiefern die bisher aufgrund Gender Mainstreaming eingeleiteten Maßnahmen bereits Wirkung in Richtung einer Gleichstellung von Frauen hinsichtlich Entlohnung und Aufstiegschancen auf dem Arbeitsmarkt zeigen, sind die vorangegangenen Ausführungen insofern von Bedeutung, als sie die Gründe und Mechanismen für bestehende Hindernisse auf dem Weg zu gerechtem Lohn und Karrieremöglichkeiten, denen sich Frauen im Erwerbsleben tagtäglich gegenübersehen, konkret beschreiben. Wenn Gender Mainstreaming über die Arbeitsmarktpolitik Wirkung zeigen soll, dann müssen durch aus Gender Mainstreaming abgeleitete Maßnahmen Voraussetzungen geschaffen werden, die imstande sind, diese Hindernisse aus dem Weg zu räumen. Ob dies gelingen kann, hängt einerseits von den hinter den Diskriminierungen liegenden Mechanismen und andererseits von der generellen Änderungsfähigkeit von Organisationen ab. Daher bilden Gender Theorien einerseits und Organisationstheorien andererseits den theoretisch-konzeptionellen Bezugsrahmen für die Forschungsfrage in der vorliegenden Arbeit. Im nächsten Kapitel, das den Titel „Theoretisch-konzeptioneller Bezugsrahmen“ trägt, wird der Einfluss von Gender Theorien und Organisationstheorien auf das Gelingen von Gender Mainstreaming und damit auf deren Stellenwert hinsichtlich der Beantwortung der Forschungsfrage eingegangen.

6. Theoretisch-konzeptioneller Bezugsrahmen

In den vorangegangenen Kapiteln wurden die Grundlagen zu Gender Mainstreaming, das Konzept Gender Mainstreaming sowie die wichtigsten Hindernisse auf dem Weg zur Implementierung von Gender Mainstreaming vorgestellt. Ferner wurde die Herangehensweise und der derzeitige Stand der Umsetzung von Gender Mainstreaming in Österreich sowie die Situation der Frauen am Arbeitsmarkt (mit Blick auf Entlohnung und Karrierechancen) beschrieben. In diesem Kapitel wird der theoretisch-konzeptionelle Bezugsrahmen der eigenen empirischen Untersuchung dargestellt. Dieser Bezugsrahmen wird einerseits durch die Gender Theorien und andererseits den Organisationstheorien gebildet, auf die im Folgenden näher eingegangen wird.

Im ersten Teil wird eine Verbindung zwischen dem aktuellen Gender Diskurs und Gender Mainstreaming hergestellt. Im Gender Diskurs existieren derzeit in der Literatur mehrere Ansätze, die sich zum Teil miteinander verbinden und integrieren lassen, zum Teil aber auch inkommensurabel sind. Ebenso wird die Frage, ob und wie sich Gender Mainstreaming in diese unterschiedlichen Theorieansätze einordnen lässt, in einem breiten Spektrum diskutiert. In dieser Arbeit wurde explizit zugrunde gelegt, dass die herrschenden Machtverhältnisse sozial konstruiert sind und Einfluss auf die ungleichen Chancen, die Frauen am Arbeitsmarkt vorfinden, nehmen. Dabei spielt die Frage, ob es über das Aufbrechen der sozialen Rollenkonstrukte gelingt, Gleichstellung zu erreichen, eine wesentliche Rolle. Das wiederum setzt voraus, dass man Gender Mainstreaming im aktuellen Gender Diskurs einordnet und diese Einordnung bildet den zweiten Teil dieses Kapitels.

In einem weiteren Abschnitt dieses Kapitels wird begründet, weshalb für die vorliegende Arbeit neben den Gender-Theorien die konstruktivistischen Organisationstheorien als theoretisch-konzeptionellen Bezugsrahmen gewählt werden. Gender Mainstreaming soll vorwiegend eine Veränderung in den Organisationen des Öffentlichen Dienstes und den politischen Parteien erreichen. Daher ist es notwendig, sich mit dem Begriff der Organisation, ausgewählten Organisationstheorien und den damit verbundenen Methoden in der Organisationsforschung auseinanderzusetzen. Zunächst wird auf die Bedeutung von Organisationen als soziale Konstruktionen für Gender Mainstreaming eingegangen, danach erfolgt ein Überblick über die wichtigsten Ansätze in den Organisationstheorien und die Erläuterung, welcher Theorieansatz dieser Arbeit zugrunde gelegt wird und die

Auswahl begründet. Zuletzt rundet die Beschreibung, warum organisatorischer Wandel und Change Management die Grundlage für eine erfolgreiche Umsetzung von Gender Mainstreaming bilden, den vorliegenden Abschnitt des theoretisch-konzeptionellen Bezugsrahmens ab.

6.1. Gender Mainstreaming und seine Verbindungen zum Gender Diskurs

In diesem Kapitel wird aufgezeigt, welche Verbindungen bzw. Anknüpfungspunkte es zwischen dem Gender Mainstreaming Konzept und den verschiedenen Strömungen des Gender Diskurses gibt. Nach Wöhl (2007, 161) ist es notwendig, die feministische Debatte um Gleichheit, Differenz und Dekonstruktion aufzugreifen, um nachvollziehen zu können, welches Geschlechtsverständnis Gender Mainstreaming zugrunde liegt und wie die sozial konstruierten Differenzen im Geschlechterverhältnis politisch Berücksichtigung finden sollen. In dieser Debatte wurde die Kategorie Geschlecht thematisiert und heftig diskutiert, ob die auf sozialer Ungleichheit beruhenden Differenzen gesellschaftlich aufgelöst oder existierende Differenzen zwischen Frauen und Männern politisch und gesellschaftlich anerkannt werden sollten (vgl. Wöhl 2007, 161f). An dieser Stelle wird ausdrücklich darauf hingewiesen, dass der Gender Diskurs von vielfältigsten, teilweise sich überschneidenden Denkrichtungen und deren Theorien geprägt ist, auf die im Rahmen dieser Dissertation im Einzelnen nicht eingegangen werden kann, jedoch werden die wichtigsten Gender Theorien im Hinblick auf Gender Mainstreaming und deren Relevanz für die Beantwortung der Forschungsfrage in der Folge thematisiert.

Nach Bendl/Leitner/Rosenbichler/Walenta (2007, 54) haben die Gleichheits-, Differenz- und Dekonstruktionsperspektive Auswirkungen auf die Gleichstellungszielsetzungen und damit auch auf den Inhalt von Gender Mainstreaming Prozessen. Damit sind bereits die drei in der Literatur am häufigsten benannten, wesentlichen Ansätze der Geschlechterforschung vorgestellt: der Gleichheitsansatz, der Differenzansatz und der Poststrukturalismus (häufig auch als „Dekonstruktivismus" bezeichnet, da dem Poststrukturalismus die Methode des Dekonstruktivismus zugrunde liegt, wie später noch eingehender ausgeführt wird). Ein umfassender Überblick über diese drei wesentlichen Ansätze der Geschlechterforschung findet sich bei Klaus (2002b, 76), wonach sich der Gender Diskurs wie folgt strukturiert:

Tabelle 19: Ansätze der Geschlechterforschung im Vergleich

Forschungsansatz Charakteristika	Gleichheitsansatz	Differenzansatz	Poststrukturalismus
Fokus	Diskriminierung von Frauen und geschlechtsspezifische Sozialisation	Differente Lebenswelten von Frauen und Männern	Symbolische Konstruktion der Zweigeschlechtlichkeit
Einordnung von sex und gender	Das biologische Geschlecht (sex) muss vom sozialen (gender) unterschieden werden	1. Sex verursacht Gender 2. Gender als Individual- und Strukturkategorie	Sex ist bereits eine kulturelle Konstruktion (Sex und Gender sind nicht zu trennen)

Quelle: nach Klaus (2002b, 76), eigene Darstellung.

Fraser (1997, 175) unterscheidet in der Debatte um Gleichheit, Differenz und Dekonstruktivismus drei Phasen der Auseinandersetzung: in der ersten Phase entbrannte die Diskussion zwischen Vertreter/innen des Gleichheits- und Differenzansatzes. Gleichheitsfeministinnen hatten die Gleichbehandlung der Geschlechter im Fokus, während Differenzfeministinnen diese Position kritisierten, weil es dabei lediglich um die Angleichung der weiblichen an die männlichen Werte ginge. Differenzfeministinnen betonten die Unterschiedlichkeit der Frauen unter dem Aspekt, dass diese gleichwertige, jedoch andere Eigenschaften als Männer aufwiesen. Gleichheitsfeministinnen wiederum warfen den Differenzfeministinnen nach Fraser (1997, 176f) vor, dass sie eine stereotype Positivierung der weiblichen Eigenschaften verfolgten, welche die Geschlechtshierarchien nicht auflöse, sondern durch die Betonung der Differenz diese Weiblichkeitskonstruktion noch verfestige. Die zweite Phase brachte eine Verschiebung der Diskussion von Gleichheit zu Differenz hin zu Differenz unter Frauen, indem neben der Kategorie Geschlecht auch Kategorien wie Rasse, Sexualität oder Klasse als Strukturkategorien betrachtet wurden (vgl. Fraser 1997, 178f). In der dritten Phase schließlich waren nach Fraser (1997, 180) breite Bündnisse verschiedener sozialer Bewegungen möglich, die aber vorrangig kulturpolitische Ziele verfolgten und Fragen der politischen Ökonomie ausklammerten. Fraser (1997, 182) hält dies für problematisch, weil ihrer Ansicht nach kulturelle Differenzen nur auf Basis sozialer Gleichheit demokratisch erörtert und verhandelt werden könnten und fordert deshalb einen substanziellen Gleichheitsbegriff, welcher den Aspekt der sozialen Ungleichheit und die Anerkennung von ethnischen und sexuellen Differenzen fokussiert.

Es folgt nun eine kurze Beschreibung der drei genannten, theoretischen Ansätze und danach werden mögliche Verbindungen zu Gender Mainstreaming aufgezeigt bzw. diskutiert, in welcher Form der besprochene Theorieansatz einen Einfluss auf Gender Mainstreaming haben könnte. Die einzelnen Paradigmen werden in der in obiger Tabelle 19 beschriebenen Reihenfolge vorgestellt: Gleichheitsansatz, Differenzansatz und Poststrukturalismus.

6.1.1. Gleichheitsansatz (Liberale Feminismen)

In dieser frühen feministischen Forschungsphase wurden die Belange der Frauen zumeist in Relation zu jenen der Männer untersucht und dies führte dazu, dass das Männerbild mit der Norm gleichgesetzt wurde. Das Weibliche stellt damit zwangsläufig die Abweichung von der Norm dar. Die einfache Schlussfolgerung daraus lautete, dass dieses Defizit durch Frauenförderung aufgeholt werden müsse (vgl. Nickel 2006, 131). Im Gleichheitsansatz ging und geht es also darum, aufzuzeigen, durch welche gesellschaftlichen und individuellen Mechanismen und Sozialisationsvorgänge Frauen in der umfassenden Entwicklung ihrer Fähigkeiten behindert werden. Frauen werden als unterdrückte Genusgruppe des patriarchalischen Systems betrachtet (vgl. Nickel 2006, 131).

Eine wesentliche Strömung des Gleichheitsansatzes ist der liberale Feminismus, auf den daher im Folgenden näher eingehen wird. Ausgehend von den USA entwickelte sich dieser Ansatz Ende der sechziger, Anfang der siebziger Jahre und konstituierte eine neue Frauenbewegung. Ausgangspunkt des liberalen Feminismus waren die ungleichen Lebens- und Erwerbschancen von Frauen und Männern, das weitestgehende Fehlen von Frauen in politischen Ämtern und in wichtigen Positionen der Wirtschaft sowie die ungleiche Arbeitsverteilung in der Familie (vgl. Klaus 2002b, 68). In dieser Phase der Frauenforschung ging es vor allem um einen Beitrag zur Gleichberechtigung von Frauen und Männern, weshalb man heute in diesem Zusammenhang vom Gleichheitsansatz spricht.

Frey (2003, 33) unterscheidet bei den liberalfeministischen Ansätzen zwischen dem historischen Feminismus eines John Stuart Mill sowie einer Harriet Taylor und dem modernen Feminismus einer Betty Friedan, aber auch einer Simone de Beauvoir. „Der liberale Feminismus beruht mit seiner Forderung nach gleichen Rechten für Männer und Frauen auf klassischer liberaler Vertragstheorie“ (Frey 2003, 33). Nach Hanappi-Egger (2004, 29) werden in diesem Ansatz gleiche Rechte und Möglichkeiten des Zugangs zu allen Bereichen des gesellschaftlichen Lebens mit besonderer Bedeutung des beruflichen Lebens für Frauen gefordert, denn im Zuge der Industrialisierung wurde der Arbeitsmarkt zur zentralen Instanz, die über die Lebenschancen entscheidet. Erwerbspositionen definieren den materiellen Status und das gesellschaftliche Prestige; wer außerhalb des Erwerbssystems steht oder an dessen Rand gedrängt ist, hat auch weniger soziale Rechte (vgl. Nickel 2006, 131).

Auch Simone de Beauvoir folgt der Zielvorstellung einer menschlichen Gesellschaft, an der Männer und Frauen gleichermaßen teilhaben. „Eine angenommene Differenz zwischen Männern und Frauen wird hier insofern als (weibliches) Defizit betrachtet, das Rezept gegen Unterdrückung wäre infolgedessen eine Anpassung an männliche Werte und Normen“ (Frey 2003, 33). Schon der Titel des klassischen Werkes von Simone de Beauvoir „Das andere Geschlecht. Sitte und Sexus der Frau“ zeigt die grundlegende Asymmetrie auf, die ihrem Verständnis nach das Verhältnis der Geschlechter zueinander charakterisiert: „Er ist das Subjekt, er ist das Absolute: sie ist das Andere“ (de Beauvoir 1987, 11). De Beauvoir verlangt, dass auch die Frau *Subjekt* wird und begründet die Möglichkeit dazu, indem sie das „‚Sein‘ der Geschlechter nur [als] ‚geworden sein‘“ (Breger 2005, 50) bezeichnet und zwar in den Worten, die sie berühmt gemacht haben: „Man kommt nicht als Frau zur Welt, man wird es“ (de Beauvoir 1987, 265). Dieser Ausspruch folgt der Denkart des Konstruktivismus und legte damit den Grundstein für die Unterscheidung von Sex und Gender (vgl. Frey 2003, 34). Damit weist Simone de Beauvoir sehr früh auf die soziale Konstruktion des Geschlechts hin, wobei sich Frauen an männliche Werte anpassen müssen, um Gleichberechtigung zu erreichen (vgl. Hofmann 2004, 167).

Die Definition von Frauen als Opfer einer patriarchalischen Gesellschaft wurde zunehmend als zu eindimensional angesehen, um das Geschlechterverhältnis zu verstehen oder gar zu verändern. Löw (2005, 148f) bezieht sich auf Haug (1988), die es wie folgt ausdrückt: „Als zentrale These behaupte ich: sich opfern ist eine Tat und kein Schicksal“. Damit macht sie Frauen von Opfern zu Tätern, die mit ihrer Opferrolle genau jene Gesellschaft stützen, die sie behindert und unterdrückt. Zusammenfassend lässt sich festhalten, dass in den liberalfeministischen Ansätzen das Verhältnis von Sex und Gender wenig thematisiert wurde. Es wird unterstellt, dass es nur eine menschliche Natur gibt und die sei geschlechtslos. Baur/Fleischer/Schober (2005, 16) bezeichnet den Gleichheitsfeminismus als Utopie einer Gesellschaft, in der es keine natürlichen Ungleichheiten gibt und in der gesellschaftlicher Status keine Rolle spielt. Die Forderung, gleichen Zugang zu allen gesellschaftlichen Machtpositionen zu haben, bedeutet allerdings in der Praxis, dass zwar zum Beispiel Frauen der Aufstieg in die Chefetagen ermöglicht werden soll, jedoch zu Arbeitsbedingungen (60 Stunden Woche, keine familiären Sorgeverpflichtungen), die dort vorzufinden sind (vgl. Baur/Fleischer/Schober 2005, 16). Nach Knapp (2008, 166) lehnt eine am Gleichheitsgrundsatz ausgerichtete Frauenförderpolitik jeden Bezug auf natürliche oder kulturelle Differenz zu ihrer eigenen Begründung ab. Im Zentrum solcher Ansätze stehen ungleich verteilte Zugänge auf soziale Partizipation und Geltung. Gleichstellung bedeutet in diesem Sinn die Eliminierung jeglicher Diskriminierung in allen Bereichen, gleiche Verteilung der Familienarbeit und Quotenregelung für politische und berufliche Positionen (vgl. Knapp 2008, 166).

Die Kritik am Gleichheitsansatz basiert einerseits auf der Bildung einer „Identitätsgruppe Frau“, in deren Weltbild die „Identitätsgruppe Mann“ weitestgehend nicht existiert und andererseits auf der Vernachlässigung der ethnischen und kulturellen Unterschiede innerhalb der Gruppe der Frauen (vgl. Calas/Smircich 1996, 222f). In dieser frühen Phase der Frauenforschung wurde in den Groß-Kategorien „Frau“ und „Mann“ gedacht. Es stellte sich aber bald heraus, dass sich aufgrund der Ergebnisse der Forschungen diese Zweier-Kategorie nicht halten ließ, sondern dass die Kategorien Mann/Frau in eine Vielfalt und Differenz übergeleitet werden müssen, da Gender immer auch mit sozialer und ethnischer Zugehörigkeit, mit Familienstand, Alter, Religion etc. verknüpft ist (vgl. Bauer 2002, 44). Mit der Begründung, alle Menschen seien gleich und auch Frauen seien Menschen, kann nach Doblhofer/Küng (2008, 39) die Tatsache, dass mit der formalen Regelung, Diskriminierung sei aufgrund des Geschlechts verboten, die tatsächlichen Verhältnisse noch nicht aufgebrochen sind, mit der Gleichheitstheorie nicht aufgelöst werden.

6.1.2. Differenzansatz

Am Beginn des Wandels vom Gleichheits- zum Differenzansatz stand die These, dass Geschlecht nicht nur auf Rollenvorgaben zu reduzieren ist, sondern auch ein wichtiges Strukturierungselement moderner Gesellschaften ist. In diesem Sinne vollzog der Differenzansatz einen Perspektivenwechsel, indem nun davon ausgegangen wurde, dass sich die Lebensbedingungen von Frauen und Männern unterscheiden, und zwar dadurch, dass sie historisch und aktuell in unterschiedlichen Alltags- und Erfahrungswelten leben. Das wichtigste Paradigma des Gleichheitsgrundsatzes, nämlich Frauen durch das Heranführen an eine Männerwelt gleichzustellen, wird nun sozusagen über Bord geworfen. Was bisher als Nachholbedarf der Frauen begriffen wurde, wird nun bewusst als Differenz zwischen den Geschlechtern herausgearbeitet. Anders ausgedrückt, versucht das Differenzparadigma, die Differenz zwischen den Geschlechtern – also zwischen Frauen und Männern – hervorzuheben, wobei Frauen dabei nicht als dem Mann unterlegen, sondern als gleichwertig oder sogar überlegen eingestuft werden (vgl. Frey/Dingler 2001, 8). Die Orientierung an männlichen Werten wird bei differenzfeministischen Ansätzen häufig als hierarchisch, gewaltförmig und zerstörerisch aufgefasst. Hingegen sei jenseits dieser Normen, so die Vision dieses Paradigmas, eine bessere weibliche Welt herzustellen, da das Weibliche als bewahrend, moralischer und sozial verantwortungsbewusster angesehen wird (vgl. Frey/Dingler 2001, 12).

Für die Begründung eines „weiblich Besseren“ gibt es innerhalb des Differenzansatzes zwei Herangehensweisen: der überwiegende Teil sieht die positiven weiblichen Eigenschaften durch Sozialisation bedingt, die Differenz als konstruiert an, während der andere Teil die Geschlechterdifferenz als naturgegeben ansehen. Letztere lehnen die Unterscheidung in Sex und Gender weitgehend ab, da sie davon ausgehen, dass die biologischen Unterschiede das soziale Verhalten bestimmen (vgl. Frey/Dingler 2001, 12). Das Problem dabei ist aber nicht, dass es diese genetischen Unterschiede gibt, sondern dass diese „genetische Codierung“ unterschiedlich bewertet wird. So wird die „männliche Codierung“ tendenziell in der Gesellschaft höherwertig eingestuft als die „weibliche Codierung“. Damit entstehen Hierarchien, die weibliche Verhaltensweisen den männlichen Verhaltensweisen unterordnen. Damit scheitert aber auch der Versuch, die Differenz von Frauen und Männern positiv zu begründen und führt in das gleiche Schema einer patriarchalischen Gesellschaft zurück, welches wiederum Legitimation für eine Diskriminierung der Frauen liefert. Vor allem wird damit die Möglichkeit verspielt, Kritik an den biologisch determinierten Rollenzuweisungen zu üben, welche gerade die Einführung von Gender dem Feminismus eröffnete (vgl. Frey/Dingler 2001, 13). Becker-Schmidt und Knapp (1987, 165) setzten sich mit diesem Versuch, Weiblichkeit neu und positiv zu denken, kritisch auseinander: „Innerhalb der patriarchalen Werte-Ordnung muss eine Politik des Weiblichen fragwürdig werden; außerhalb dieser Ordnung und ihrer Definitionen können wir Weiblichkeit (noch) gar nicht denken. Es gibt sie nur im Verhältnis zum Männlichen und als Mütterlichkeit im Verhältnis zum Kind.“ Überlegungen zur Differenz von Frauen und Männern führen demnach immer auf Biologie, Sexualität oder Mutterschaft zurück, um die positive Andersartigkeit der Frau zu begründen.

Stärker als beim Gleichheitsansatz wurde beim Differenzansatz auf Unterschiede innerhalb der Genusgruppe der Frauen eingegangen. Erstmals wurde Rassen-, Klassen- und Bildungsunterschieden zwischen Frauen, die aus unterschiedlichen Kulturkreisen stammen, größere Aufmerksamkeit geschenkt. Gleichberechtigung im Sinne des Rechts auf gleiche Entwicklungsmöglichkeiten setzt Differenzierung voraus. Die Diskussion, in welcher Situation welche Faktoren schwächer oder stärker wirken, wird zwar noch andauern; sicher ist jedoch, dass Geschlecht innerhalb einer benachteiligten Gruppe die Benachteiligung noch weiter verschärft (vgl. Baur/Fleischer/Schober 2005, 18). Am oberen Ende der Skala steht vielleicht ein reicher, weißer Mann, am unteren Ende eine arme, farbige Frau (vgl. Klinger 2003, 34). Im Gegensatz zum Gleichheitsansatz, bei dem sich Frauen an den männlichen Werten orientieren, eröffnet erst das Durchsetzen von alternativen Vorstellungen von Frauen über das menschliche Zusammenleben die exemplarisch gelebte Differenz zu den durch Männer geprägten Normen und Werten (vgl. Klaus 2002a, 25f).

Ansätze der Frauenförderung auf der Grundlage der Differenztheorie tendieren nach Knapp (2008, 165) zu einer Betonung der Geschlechtsunterschiede, indem die Besonderheiten von Frauen, deren Erfahrungen und Fähigkeiten hervorgehoben werden. Dabei sollen als weiblich gewertete Erfahrungen, Qualifikationen und Interessen in berufliche Bewertungskriterien einbezogen, Familienarbeit aufgewertet und der Anteil von Frauen in Führungspositionen erhöht werden. Die Einwände gegen diese differenztheoretische Position richten sich in der Regel an zwei Punkte (vgl. Knapp 2008, 165): die familiäre Arbeitsteilung und geschlechtsstereotype Kompetenzverteilung würde dadurch nicht aufgelöst, sondern einzementiert werden; zum anderen läuft die Betonung der weiblich-mütterlichen Eigenschaften Gefahr, diese zu „ikonisieren". Durch die ständige Dramatisierung der Geschlechterdifferenz wird nach Knapp (2008, 166) „das bipolare Koordinatensystem" des Männlichen und Weiblichen fortgeschrieben, anstatt es außer Kraft zu setzen oder zu „dekonstruieren".

6.1.3 Postmoderne/Post-Strukturalismus

Im Gegensatz zum überwiegenden Teil der Theoretiker/innen (siehe vorangegangenes Kapitel), die Gender Mainstreaming im Differenzansatz (vgl. Schmitt 2005, 75) verortet sehen, gibt es eine Reihe von Wissenschaftler/innen (vgl. Meyer 2001, Doblhofer/Küng 2008, Stiegler 2002a), die Gender Mainstreaming dem Post-Strukturalismus zuordnen, daher wird in diesem Kapitel auch auf den dekonstruktivistischen Denkansatz eingegangen. Der Dekonstruktivismus entstand aus dem Post-Strukturalismus, welcher seine Wurzeln in Frankreich hat und vor allem die intellektuelle Bedeutungs- und Sprachebene betrachtet. Als wichtigste Vertreterinnen werden Luce Irigaray, Helene Cixous und Julia Kristeva genannt (vgl. Gürtler/Hausbacher/Schmid-Bortenschlager 2002, 86). Sie betonen die Wichtigkeit der Sprache im politischen Prozess. Sprache beschreibt nicht nur den Zustand einer Gesellschaft, sondern prägt auch die Mitglieder einer Sprachgemeinschaft. Davon ausgehend üben sie Kritik an der männlichen (Wissenschafts-) Sprache als einer Sprache, die alles auf die Entscheidung zwischen „wahr" und „nicht wahr" und damit auf binäre Oppositionen reduziert. Diese Oppositionen seien aber keine neutralen Strukturbeschreibungen, sondern beinhalten immer auch eine Wertung, wie beispielsweise weiß ist besser als schwarz oder männlich besser als weiblich (vgl. Gürtler/Hausbacher/ Schmid-Bortenschlager 2002, 86). Durch die Auseinandersetzung des Poststrukturalismus mit der Psychoanalyse entwickelten sich schließlich dekonstruktivistische Ansätze, die durch das Infragestellen der bis dahin geltenden Subjektkonzeptionen die festen Vorstellungen von Weiblichkeit und Männlichkeit unterlaufen. Die Methode der Dekonstruktion befasst sich mit dem Aufdecken der Mechanismen, die hinter den über die Sprache konstruierten und reproduzierten Geschlechterunterschieden stehen und geht vermehrt auf die sprachliche Ebene des sozial konstruierten Geschlechtes ein.

Eine der wichtigsten Vertreterinnen des Post-Strukturalismus ist Judith Butler. In ihrem bedeutendsten Werk „Gender Trouble“ (1990) streicht sie heraus, dass die gesellschaftliche Bedeutung der Geschlechter in erster Linie über die Sprache konstruiert und reproduziert wird und sie folgert daraus, dass nicht nur Gender, sondern auch Sex sozial konstruiert ist (vgl. Hofmann 2004, 171). Sie fragt weiters danach, wie einander „überlagernde Differenzkategorien (neben gender z.B. race und class) soziale Prozesse des Ausschlusses, der Diskriminierung und Hierarchisierung organisieren“ (Breger 2005, 56). Im Unterschied zum Gleichheits- und Differenzansatz wird beim Post-Strukturalismus auch auf die Unterschiede innerhalb der „Kategorie Frau“ eingegangen, wie z.B. aufgrund Herkunft, Klasse, oder sexueller Orientierung (vgl. Hofmann 2004, 172f).

Mit nachhaltigerem Erfolg als manche ihrer Vorgängerinnen gelingt es Butler (1990), die Kategorie der Frauen, die lange Zeit als Voraussetzung für feministische Theorien galt, auf Entstehung und Funktionsweise zu hinterfragen. Butler (1990) löst die Identität des Geschlechts mit einer doppelten Argumentation auf: erstens hebt sie die bisherige Vorgabe, dass aus sex sofort gender folgen muss und aus diesen beiden notwendigerweise das Verlangen nach einem Objekt entgegen gesetzten Geschlechts auf indem sie die metaphysische Dreieinigkeit des Geschlechts auflöst. Zweitens wirft sie die Frage auf, ob nicht sex genauso kulturell produziert zu sehen ist wie gender und lässt damit die Unterscheidung zwischen sex und gender potentiell kollabieren (vgl. Breger 2005, 57). Klaus (2002b, 73) beschreibt das so:

> „Judith Butler (1991) zufolge ist bereits die Festlegung, Beobachtung und Benennung eines biologischen Unterschiedes zur Kategorisierung der Menschheit in Männer und Frauen eine bedeutungsvolle, kulturelle Handlung und die Trennung von sex und gender aus diesem Grunde hinfällig. Dass wir überhaupt in den Kategorien von Mann und Frau denken, uns selbst und andere so wahrnehmen, die Vielfalt der Körper also auf zwei reduzieren – das ist durch und durch eine folgenreiche kulturelle Konstruktion“.

Damit wird auch die Rede vom biologischen Geschlecht zur diskursiven Konstruktion, Sex wird zur „gendered category“ (Frey 2003, 65). Der Körper ist also nach Butler ein diskursiv produzierter Gegenstand. Gürtler/Hausbacher/Schmid-Bortenschlager (2002, 89) analysieren, dass Butler (1990) damit in Form eines provokanten Rundumschlages die gesamte bisherige Theoriebildung des Feminismus mit dem Argument verwirft, dass diese an einer vordiskursiven Zweigeschlechtlichkeit des Körpers festhalte. Der Körper fungiert nicht mehr als Subjektersatz, sondern auch Körper und Körpererfahrungen werden als soziokulturelle Konstrukte verstanden. Kulturelle Zuschreibungen werden bewusst am eigenen Körper wiederholt, „damit das Einschreiben von kultureller Erfahrungen von Geschlecht, der Konstruktionsprozess von gender am eigenen Leib sinnfällig werde“ (Gürtler/Hausbacher/ Schmid-Bortenschlager 2002, 89).

Butlers Werk „Gender Trouble“ (1990) wurde in den neunziger Jahren heftig diskutiert, da ihr Ansatz, Gender als Kategorie zu kritisieren, manchen Autorinnen zu weit gegangen ist. Die Auflösung dieser Identität wurde als Bedrohung feministischer und anderer fortschrittlicher Politik wahrgenommen. Butler (1993, 52) tritt dem entgegen, indem sie argumentiert, dass die Kategorie der Frauen durch die Dekonstruktion nicht unbrauchbar gemacht wird, sie aber zu einer Kategorie wird, die Aussicht darauf hat, offener zu werden und auf eine Weise bedeutungsgebend zu werden, die niemand voraussagen kann. Durch den Post-Strukturalismus wurden der weibliche und männliche Körper als Bestandteil konstruierter Subjektivität erkennbar und kann in seiner Funktion als Grundlage für eine dichotome Schematisierung von Lebensentwürfen kritisiert werden. „Dass er mit der Dekonstruktion den Status einer natürlich gegebenen Basis von Zweigeschlechtlichkeit, der ihm auch im feministischen sex/gender-Modell zukam, verloren hat, bedingt seine Relevanz als Gegenstand feministischer Gesellschaftskritik“ (Gürtler/ Hausbacher/Schmid-Bortenschlager 2002, 90). Nach Breger (2005, 58) akzeptiert Butler (1990) diesen Zusammenhang nicht: eine Dekonstruktion der Identität bedingt ihr zufolge nicht die Dekonstruktion der Politik, sondern muss als Voraussetzung für neue Politikformen gesehen werden. Anders ausgedrückt: sie führt in diesem Sinne ihre philosophischen Erkenntnisse zum *Anderen* mit politischen Ansprüchen zusammen, indem sich das *Eigene* nicht durch den Ausschluss des *Anderen* definiert, sondern anerkennt, dass das *Eigene* nur im Austausch mit dem *Anderen* Raum gewinnt (vgl. Butler 2004, 231).

6.1.4. Die Einordnung von Gender Mainstreaming im Gender Diskurs

Die in den vorangegangenen Kapiteln beschriebene Aufzählung der unterschiedlichen Gender Theorien und Ansätze ist keineswegs erschöpfend. Überdies bauen die Ansätze nicht aufeinander auf, sondern stehen vielfach nebeneinander und lassen sich nur teilweise ineinander integrieren. Frey (2003, 59) orientiert sich an Brooks (1997), die eine Verbindung aus Postmoderne und Feminismus als

Postfeminismus bezeichnet und dies als „einen nützlichen konzeptuellen Bezugsrahmen, der den Schnittpunkt zwischen Feminismus und einer Reihe anderer anti-fundamentalistischer Bewegungen einschließlich Postmodernismus, Poststrukturalismus und Postkolonialismus ausmacht". Frey (2003, 59) bezieht sich weiters auf Klinger (1995), die den postkolonialen Ansätzen dekonstruktivistische Ansätze gegenüber stellt und ihre unterschiedliche Methodologie betont, obwohl sich beide Theorieansätze auf die Thematisierung der Differenzen zwischen den Frauen beziehen.

Beginnt man mit dem Gleichheitsansatz, so fällt rasch eine fehlende Übereinstimmung mit dem Konzept des Gender Mainstreamings in folgenden zwei Punkten auf: im Gleichheitsansatz fehlt einerseits die Einbeziehung der Identitätsgruppe Mann und andererseits die Betrachtung der unterschiedlichen Situationen innerhalb der Identitätsgruppe Frau. Gemäß der Definition von Gender Mainstreaming sollen auch Männer in das Programm einbezogen werden und auch die Unterschiede in den Bedürfnissen und Möglichkeiten der Frauen berücksichtigt werden. Nicht das Heranführen der Frauen an die männlichen Werte und Normen, sondern das Herbeiführen einer Gleichstellung von sogenannten männlichen *und* weiblichen Werten und Normen setzt sich Gender Mainstreaming zum Ziel. Die Gender Perspektive und auch Gender Mainstreaming gehen davon aus, dass Frauen und Männer unterschiedliche Lebensbedingungen und Chancen in der Gesellschaft vorfinden und dass sie aufgrund geschlechtsspezifischer Sozialisation unterschiedliche Bedürfnisse und Interessen entwickeln. Die Geschlechterunterschiede werden sozial konstruiert und durch fortwährende Reproduktion institutionalisiert. Der Grundgedanke von Gender Mainstreaming ist es, diese institutionalisierten Unterschiede aufzubrechen und die damit verbundenen – wertenden – Codierungen zwischen weiblich und männlich aufzuzeigen. Denn die Unterschiede werden erst dann zum Problem, wenn die Codierungen unterschiedlich bewertet werden: wenn nämlich in der Gesellschaft weibliche Attribute und Verhaltensweisen als geringwertiger angesehen werden als männliche Attribute und Verhaltensweisen (vgl. Hanappi-Egger 2004, 24f).

Am Beispiel „Gleichheitsperspektive und Karriereentwicklung" zeigen Bendl/Leitner/Rosen-bichler/Walenta (2007, 51) auf, dass die Gleichheitsperspektive voraussetzt, dass Frauen und Männer gleichermaßen befähigt sind, Führungspositionen in Organisationen einzunehmen. Aus der Verpflichtung der Organisationen, die Ungleichheit in der Präsenz von Frauen in Führungspositionen zu beseitigen, leiten sich die entsprechenden Maßnahmen ab, um das Ziel der Angleichung der Anzahl von Frauen an die Anzahl von Männern in solchen Funktionen zu erreichen: Quoten, weiters Beseitigung der Diskriminierung im Sinne von Schaffung von Möglichkeiten für Frauen, sich in den männlich dominierten Sphären zu behaupten und die Aufhebung von Zugangsbeschränkungen (vgl. Bendl/Leitner/Rosenbichler/Walenta 2007, 51).

Wird an die nicht nur behauptete, sondern nachgewiesene Unterschiedlichkeit der Geschlechter im Sinne der Differenztheorie angeknüpft, ist nach Doblhofer/Küng (2008, 41) die Diskussion vorprogrammiert, ob die Unterschiedlichkeit zwischen Frauen und Männern nicht von Natur aus gegeben sei und daraus würde folgen, dass das Gleichstellungsziel aufgegeben werden müsse. Die Alternative des Ziels Gleichwertigkeit sehen die Autorinnen (2008, 41) angesichts der realen Machtverhältnisse als keine erfolgreiche Variante an, denn die Referenz auf die Unterschiede birgt die Gefahr der Zementierung derselben. Gender Mainstreaming lässt zwar Differenzierung zu, will aber erreichen, dass die Subjektpositionen Mann / Frau als gleichwertig angesehen werden und nicht ein „weibliches Besseres" generiert wird, so wie es von manchen Anhängerinnen des Differenzansatzes gefordert wird. Mittels Gender Mainstreaming soll Gender in den Mainstream einfließen – weniger auf der Ebene des biologischen Geschlechts *Sex*, sondern vermehrt auf der Ebene des sozialen Geschlechts Gender (vgl. Bendl 2004, 56). Für Bendl (2004, 56) bedeutet das, dass damit aus dem feministischen Blickwinkel im Konzept des Gender Mainstreaming eine differenztheoretische Position aufrechterhalten wird. Knapp (2008, 166) bringt es auf den Punkt: „Das Gleichheits-Dilemma besteht darin, dass die Ungleichbehandlung von Gleichem Ungleichheit fortschreibt: Gleichheit vor dem Gesetz garantiert nicht Gleichheit nach dem Gesetz. Und umgekehrt gilt für Differenzpositionen: Wenn Politik ausschließlich über Aspekte der Differenz begründet wird, so mündet dies in Fortschreibung und Verstärkung des Stigmas der Abweichung." Gender Mainstreaming verwendet nach Hofmann/Körner/Fär-ber/Geppert/Rösgen/Wanzek (2003, 12) den dualen Geschlechterbegriff unter anderem dadurch, dass das Konzept

> „gesellschaftlich bestimmte Rollen, Rechte und Pflichten von Frauen und Männern bezeichnet. Soziale Unterschiede zwischen Frauen und Männern werden erlernt, können sich im Laufe der Zeit verändern und sowohl innerhalb als auch zwischen den Kulturen sehr unterschiedlich sein. Das soziale Geschlecht ist also nicht ein für alle Mal festgelegt, sondern veränderbar und entwicklungsfähig".

Damit wird unterstellt, dass mittels Gender Mainstreaming Gender auf der sozialen, weniger auf der biologischen Ebene, verändert werden kann und daraus folgt wiederum, dass Gender Mainstreaming eine differenztheoretische Perspektive einnimmt. Derzeit nimmt die Gesellschaft, speziell auch auf dem Arbeitsmarkt, eine blinde Haltung und keine neutrale Haltung in Bezug auf Geschlechtersensibilität ein und folgt damit der dichotomen Konstruktion und Reproduktion von Sex und Gender (vgl. Bendl 2004, 56). In Hinkunft soll diese blinde Haltung auf eine bewusste Haltung geändert werden, indem die Gender

Perspektive in den politischen Mainstream aufgenommen wird. So sollen in künftigen Projekten, Aufträgen etc. die geschlechterspezifischen Problemlagen, die damit einhergehen, von Anbeginn an mitgedacht und das Geschlechterverhältnis auf allen Ebenen des Handelns mitberücksichtigt werden (vgl. Holzleithner 2002, 21). Michalitsch (2006, 19) bezieht sich auf eine Aussage des Europarates (1998), bei der Gleichheit das Vorhandensein von Differenzen mit einschließt: „Gender equality includes the right to be different. [...] The quintessence is to assure that the social construction of gender leaves room for difference and does not contain a notion of hierarchy placing men higher than women". Daraus folgert Michalitsch (2006, 20), dass Gender Mainstreaming nicht Differenzen auflösen soll, sondern die daraus resultierenden Hierarchien. Im Rahmen von Gender Mainstreaming bedeutet Gleichheit nicht Identität innerhalb einer Genusgruppe, sondern Gleichheit in Differenz. Die darin innewohnende Gefahr zeigt sich darin, dass als Bezugspunkt von Gender Mainstreaming in diesem Fall immer Männer und Frauen als „natürliche Kategorien" dienen, ohne auf eine nähere Differenzierung auf Frauen und Männer als gesellschaftliche Gruppen näher einzugehen: es wird die Anerkennung *ungerechter* sozialer Geschlechterdifferenz vorausgesetzt, die es durch ausgleichende politische Intervention auszugleichen gilt (vgl. Michalitsch 2006, 20).

Wendet man die Differenzperspektive auf das von Bendl/Leitner/Rosenbichler/Walenta (2007, 51) gebrachte Beispiel Karriereentwicklung und Führung in Organisationen an, dann bedeutet das zunächst eine Aufwertung weiblicher Werte und des weiblichen Führungsstils, weil die Einbringung von typisch weiblichen vermuteten Potenzialen und Fähigkeiten in den Management Etagen eine willkommene Erweiterung darstellt. Diese Aufwertung von Weiblichkeit erweist sich jedoch als Bumerang, wenn damit die Erwartung an weibliche Führungskräfte herangetragen wird, dass sie neben den typisch männlichen Eigenschaften wie analytisches und strukturiertes Vorgehen auch noch die weiblichen Eigenschaften wie soziale Beziehungsfähigkeit in sich vereinen sollen. Nach Bendl/ Leitner/ Rosenbichler/Walenta (2007, 52) ist die Politik daher gefordert, Konzepte zu entwerfen, die die Veränderung von Unternehmensstruktur und -kultur bewirken. So müssen zum Beispiel Maßnahmen gesetzt werden, die es Frauen und Männern gleichermaßen erlauben, berufliche und private Verpflichtungen vereinbaren zu können.

Vor der Überleitung zum Dekonstruktivismus muss man sich über die nicht unbedeutende Rolle des Verhältnisses der Kategorien von Sex und Gender zueinander im Klaren sein, die sich wie ein roter Faden durch die unterschiedlichen Theorien zieht. Stellte anfänglich die klare Abgrenzung von Sex eine wesentliche Voraussetzung für die Begriffsbildung von Gender dar, wurde diese Unterscheidung in den feministischen Ansätzen aus unterschiedlichsten Interessen heraus immer wieder verwischt. Differenztheoretisch fundierte Feministinnen durchbrechen die Grenze von Sex und Gender, indem sie Gender als von Sex determiniert begreifen, während sozialkonstruktivistische Autorinnen diese Sichtweise heftig bestreiten und auf der Trennung zwischen Sex und Gender bestehen (vgl. Frey 2003, 69). Durch die Infragestellung der Kategorie Sex, der ebenfalls in den Raum der Konstruktionen geholt wird, erfährt das Begriffspaar Sex-Gender eine neue Dimension, indem Sex zur „gendered category" gemacht wird (vgl. Frey 2003, 70). Damit ist die Überleitung zum Dekonstruktivismus hergestellt. Versucht man nun Gender Mainstreaming mit dem Dekonstruktivismus in Verbindung zu bringen, so stellt Wetterer (2003, 146) von Anfang an klar: „Wenn Gender Mainstreaming eines mit Sicherheit *nicht* ist, dann dekonstruktivistisch". Dazu muss man sich darüber bewusst sein, was das Konzept tatsächlich leisten will und zu leisten beansprucht: bei Gender Mainstreaming handelt es sich nicht um den Versuch, dem Patriarchat abzuverlangen, sich selbst abzuschaffen (vgl. Weg 2003a, 45), sondern es fordert die Einbeziehung und Betrachtung der Gender-Perspektive in allen politischen Entscheidungsprozessen. Weg (2003a, 45f) zieht daraus den Schluss, das impliziere ein Festhalten an der Trennung von Sex und Gender und schließt aus diesem Grunde die dekonstruktivistische Methode einer Judit Butler (1990) aus.

Gänzlich anders wird dies von Meyer (2001, 28) gesehen, die zunächst heftige Kritik am Differenzansatz übt: „Auf der politischen Ebene zog der Differenzansatz eine Strategie nach sich, die sich relativ unproblematisch aus der Wahrnehmung und der Analyse des gesellschaftlichen Problems ‚Frauen und Mädchen werden grundsätzlich aus vielerlei Gründen durch ihre Geschlechtszugehörigkeit diskriminiert' ableiten ließ". Sie beruft sich weiters auf die Methode des Dekonstruktivismus als Grundlage für Gender Mainstreaming, indem sie feststellt, dass die dargestellten Prämissen der dekonstruktivistischen Ansätze der Strategie Gender Mainstreaming nicht nur rein äußerlicher Natur sind (vgl. Meyer 2001, 28f). Meyer sieht den direkten Bezug zwischen Gender Mainstreaming und der Methode des Dekonstruktivismus in der Tatsache, dass sich Gender Mainstreaming nicht über fixe Identitätskategorien herstellen lässt, sondern die Zielsetzung den Blickpunkt der Implementierung von Chancengleichheit auf die strukturelle Ebene verschiebt. Sie interpretiert Gender Mainstreaming als neues politisches Konzept, das die Auflösung der Zweigeschlechtlichkeit in der Gesellschaft zur Folge haben muss (vgl. Meyer 2001, 36).

Doblhofer/Küng (2008, 38ff) ordnen die Gender Mainstreaming Strategie der Dekonstruktionstheorie zu und begründen es mit der Tatsache, dass das von der Gleichheits- und Differenztheorie gleichermaßen geforderte eine und einzige Gleichstellungsziel aufgrund der unterschiedlichen Interessen und Bedürfnisse der Frauen in Frage gestellt wird. Vielmehr stünden die Freiheit jeder Person, auch in der Wahl, Gestaltung und Veränderung ihrer Geschlechterrolle im Fokus (vgl. Doblhofer/Küng 2008, 41). Die Erkenntnis, dass Geschlecht sozial konstruiert ist, weise darauf hin, dass Bestehendes dekonstruiert und Neues daraus entstehen kann (vgl. Doblhofer/Küng 2008, 41). Auch Stiegler (2002a, 18) verortet Gender Mainstreaming eher im Post-Strukturalismus, indem sie argumentiert, dass die Gesellschaft dafür verantwortlich sei, dass man entweder ein Mann oder eine Frau zu sein hat. Stiegler (2002a, 21f) greift in ihrer Argumentation auf Judit Butler zurück, die die Vernachlässigung der bestehenden Unterschiede innerhalb der durch sex kategorisierten Genusgruppe herausstreicht. Die Brücke zu Gender Mainstreaming baut sie mit der Betonung darauf, dass das Konzept Gender Mainstreaming eine Gender-Analyse vorsieht und die Klärung des Genderbegriffs eine notwendige Voraussetzung dafür ist:

> „Wer also Geschlecht nicht als eindimensionales Konzept versteht und die Brüche von ‚sex, gender und sexuality' wahrnimmt, wer nicht von der gesellschaftlichen Passung biologischer Unterschiede zwischen einzelnen Personen ausgeht, sondern die gesellschaftliche Konstruktion von Geschlecht verstehen will, und wer Hierarchisierungen kritisch gegenübersteht, für den werden geschlechtsspezifische Differenzen zum politischen Problem" (Stiegler 2002a, 24).

Wetterer (1995, 223ff) vertritt in einem Artikel über Dekonstruktion und Alltagshandeln die Meinung, dass die Ausführungen jener Autor/innen (vgl. Meyer 2001, Stiegler 2002a), die den Gender Mainstreaming Ansatz der Methode des Dekonstruktivismus zuordnen, auf einem Fehlschluss basieren. Nach Wetterer (1995, 225) müssten die Diskurstheorie als auch die Ethnomethodologie als jene beiden Ansätze, die den Entstehungsmodus der Geschlechterdifferenz bzw. des sozialen Systems der dualen Geschlechtlichkeit rekonstruieren, indem sie nachzeichnen, dass die Geschlechterdifferenz sozial und nicht von Natur aus hergestellt wird, weniger irreführend als re-konstruktiv denn als dekonstruktivistisch bezeichnet werden. Bei der Anwendung des Beispiels Karriereentwicklung auf den postmodernen Ansatz tritt das Thema Führung in Unternehmen als ein Subjekt widerstreitender Diskurse in der Gesellschaft zu Tage (vgl. Bendl/Leitner/Rosenbichler/Walenta 2007, 52). Die konkrete politische Aufgabe besteht hier in der Betrachtung des organisationalen Diskurses und der Dekonstruktion von Begriffen wie „Karrierefrauen" oder „Teilzeitführungskräfte" und dem Hinterfragen, welche Annahmen hinter diesen Begriffen in den Organisationen stecken (vgl. Bendl/Leitner/Rosenbichler/Walenta 2007, 52). Die Frage, welche Begriffe den Diskurs dominieren und die eingehende Reflexion dieser Diskurse im Hinblick auf Reproduktion und Verfestigung einerseits und Veränderung der Geschlechterverhältnisse andererseits bilden die Basis für Maßnahmen aus der postmodernen Sichtweise (vgl. Bendl/Leitner/Rosenbichler/Walenta 2007, 52).

Nach der Deskription der verschiedenen Ansätze im aktuellen Gender-Diskurs und der Einordnung von Gender Mainstreaming in diesen Diskurs anhand des Beispiels Karriereentwicklung und Führung in Organisationen setzt sich das folgende Kapitel mit der Frage auseinander, ob und wenn ja, inwiefern Gender Mainstreaming als Instrument die soziale Konstruktion von Geschlecht beeinflussen kann. Denn diese grundlegende Voraussetzung ist der Hebel dafür, ob Gender Mainstreaming die herrschenden Rollenkonstrukte aufheben und damit mehr Gerechtigkeit bei der Entlohnung und bei den Aufstiegschancen von Frauen herbeiführen kann.

6.1.5. Der Einfluss von Gender Mainstreaming auf die soziale Konstruktion von Geschlecht

Gender Mainstreaming stellt den Anspruch, dass bei jeder Problematik die Gender Perspektive eingenommen und mitgedacht wird, selbst dann bzw. gerade auch dann, wenn es im ersten Moment so aussieht, als hätte die betrachtete Problematik nichts mit den Geschlechterverhältnissen zu tun. Es handelt sich dabei aber nicht um eine reine Addition der Geschlechterperspektive zu einer Problemstellung, sondern die Problemstellung an sich verändert sich in dem Moment, wo die Kategorie Geschlecht in die Überlegungen einfließt. Erst durch diese Vorgangsweise kann die dichotome Konstruktion und Reproduktion von Geschlecht sinnvoll aufgebrochen werden, denn damit lässt sich herausarbeiten, dass viele Dinge, die als „normal" empfunden werden, oftmals schon geschlechtsspezifische Merkmale und Festlegungen in sich tragen (vgl. Holzleithner 2002, 22). Gender Mainstreaming setzt direkt am Doing Gender von politischen Institutionen an, indem die laufende Fortsetzung der Geschlechterhierarchien dadurch verhindert werden soll, dass etwaige vorhandene Benachteiligungen eines Geschlechts per System überwacht und bestenfalls bereits während des Prozesses des Entstehens vermieden werden. Welpe/Schmeck (2005, 76) nennen als Ziel von Gender Mainstreaming die Veränderung der traditionellen Geschlechterverhältnisse sowie die Veränderung der diskriminierenden Strukturen, die in einer andauern den Reproduktion der Ungleichbehandlung von Frauen und Männern führen. Der Europarat hat im Zusammenhang mit Gender Mainstreaming explizit auf die im Alltag oft unhinterfragten Annahmen über das Geschlecht hingewiesen (Europarat 1998):

> „Die Konstruktion und Reproduktion von Gender geschieht sowohl auf der individuellen als auch auf der gesellschaftlichen Ebene. Beide sind gleichermaßen wichtig. Jeder einzelne trägt durch das, was er tut, zur Ausformung der Geschlechterrollen und Normen bei und reproduziert sie, indem er sich diesen Erwartungen gemäß verhält. Das Bewusstsein dafür nimmt zu, dass das soziale Geschlecht auch auf politischer und institutioneller Ebene berücksichtigt werden muss".

Nach Ansicht von Leitner (2005, 14) wird auf diese Erkenntnis viel zu wenig Rücksicht genommen und Gender Mainstreaming bleibt ihrer Ansicht nach viel zu stark den traditionellen und am natürlichen Geschlecht orientierten Rollenbildern verhaftet. Sie argumentiert, dass dies häufig auf den fehlenden Bezug zur feministischen Theorie zurückgeführt wird, denn es werden im Gender Mainstreaming Ansatz zwar Begriffe wie Gleichheit, Differenz oder Gender verwendet, doch die Repräsentant/innen der jeweiligen Strömungen bleiben im Hintergrund (vgl. Leitner 2005, 14). Selbst der Europarat hat aus der Vielfalt von Gender-Definitionen jene ausgewählt, die keinen Bezug zur Theoriegeschichte des Begriffs bzw. deren wichtigste Theoretiker/innen nimmt (vgl. Leitner 2005, 14f).

Aus differenztheoretischer Perspektive läuft nach Michalitsch (2006, 21) Gender Mainstreaming Gefahr, die männliche symbolische Ordnung zu festigen anstatt zu transformieren. Die selbstbestimmte Weiblichkeit und die damit einhergehende Neubewertung von Geschlecht, wie sie Differenztheoretikerinnen fordern, scheint kaum möglich, da dem Konzept Gender Mainstreaming die Anbindung an Frauenbewegungen gänzlich fehlt (vgl. Michalitsch 2006, 21). Ohne diese Neubewertung von Geschlecht besteht jedoch die Gefahr, dass die von Gender Mainstreaming angestrebte Anerkennung von Differenzen nur die patriarchalischen Zuschreibungen bekräftigt (vgl. Michalitsch 2006, 21). Die soziale Konstruktion von Geschlecht, die die Zweigeschlechtlichkeit hinterfragt, hat keine Bedeutung, im Gegenteil, die Ungleichheiten werden noch stärker betont und die vorhandenen Differenzen innerhalb der Kategorie der Frauen bzw. innerhalb der Männer bleiben im Hintergrund (vgl. Leitner 2005, 15). Damit kommt es nach Wetterer (2003, 138) eher zu einer (Re)Aktivierung der traditionellen, bipolaren Denk- und Deutungsmuster als zu deren Verabschiedung oder Unterminierung.

Die Problematik, die Leitner (2005, 15) sieht, ist die, dass bei der Umsetzung von Gender Mainstreaming in der Praxis auf die soziale Konstruktion von Geschlecht, die die Zweigeschlechtlichkeit in Frage stellt, nicht weiter eingegangen wird. Aus dieser Reaktivierung tradierter, zweigeschlechtlich strukturierter Denk- und Deutungsebenen schließt sie (2005, 15), dass bei der Festlegung von Gesetzen und Maßnahmen zwar Personen mit Gender-Kompetenz eingebunden werden können, die mit den strukturellen und ideologischen Barrieren vertraut sind, andererseits aber für politische Institutionen, die durch individuelle Akteur/inn/en wirken, problematisch ist. Das Ziel der Gleichstellung der Geschlechter kann auf drei verschiedene Arten konzipiert und erreicht werden (vgl. Rubery 2002, 114f):

- durch Verfolgen des Gleichstellungszieles basierend auf einer unverändert männlichen Norm;
- durch Verfolgen des Gleichstellungszieles basierend auf einer neuen Norm, die gleichermaßen für Männer und Frauen gültig ist;
- durch Wertschätzung der Unterschiede in einer geteilten Gesellschaft, die sowohl eine männliche als auch eine weibliche Norm besitzt.

Die erste Option orientiert sich am Gleichheitsansatz, dessen Nachteile in dieser Arbeit bereits aufgearbeitet wurden. Der dritte Ansatz birgt das Risiko, dass Frauen in einer minderwertigen sozialen Position verbleiben, wenn es nicht gelingt, Prozesse für eine gerechte Verteilung von Macht und Ressourcen zwischen den Geschlechtern zu generieren (vgl. Rubery 2002, 115). Unterscheidet man zwischen einer kurzfristigen und einer langfristigen Perspektive der Chancengleichheit, dann bietet sich als kurzfristige Strategie das Anstreben von Gleichbehandlung und Gleichheit innerhalb einer männlichen Norm an. Für eine langfristige Strategie wie Gender Mainstreaming ist jedoch nach Rubery (2002, 115f) die zweite Option – Entwicklung einer neuen, gemeinsamen weiblichen und männlichen Norm – anzustreben. Abschließend sei noch der Befund von Michalitsch (2006, 21) erwähnt, demnach Gender Mainstreaming aus konstruktivistischer Sicht vorgeworfen werden muss, dass Sex nicht überwunden sowie Zwangsheterosexualität nicht aufgehoben und damit die binäre Geschlechter-Matrix aufrechterhalten wird. Gender Mainstreaming strebt langfristig gesehen an, politische und gesellschaftliche Strukturen zu verändern. Aus differenztheoretischer Sicht ist es jedoch fragwürdig, ob die vorherrschende hegemoniale Männlichkeit in Staat und Gesellschaft durch Gender Mainstreaming jemals überwunden werden kann (vgl. Michalitsch 2006, 22).

Nach diesen Ausführungen, die sich auf den Zusammenhang der Gender Theorien und Gender Mainstreaming bezogen, wird nun im nächsten Abschnitt auf den Zusammenhang von Gender Mainstreaming und die soziale Konstruktion von Organisationen eingegangen.

6.2. Der Zusammenhang von Gender Mainstreaming und die soziale Konstruktion von Organisationen

Die zugrunde liegende Idee bei Gender Mainstreaming lautet unter anderem, dass dann eine Gleichstellung von Frauen hinsichtlich des Gender Pay Gaps und den Karrierechancen auf dem Arbeitsmarkt herbeiführen werden kann, wenn die bestehenden Strukturen und Prozesse in Organisationen verändert werden. Ein zentrales Anliegen der Organisationsforschung ist der Zusammenhang von Organisation und Geschlecht und die Klärung der Frage, ob und wie gesellschaftliche Probleme der sozialen Ungleichheit zwischen Frauen und Männern, wie zum Beispiel ungleicher Lohn, ungleiche Chancen, Macht und Einfluss beobachtet werden kann und wie es in und durch die Organisationen reproduziert wird (vgl. Wilz 2008, 506). Erst seit den 1980er Jahren wendete sich die Frauenforschung den inneren Prozessen von Organisationen zu, davor wurden Organisationen wie Verwaltung oder Unternehmen in erster Linie als Reproduzenten gesellschaftlicher Diskriminierung angesehen und nicht als mögliche Gestalter bei der Herstellung bzw. Auflösung von geschlechtsspezifischen Ungleichheiten (vgl. Lehner 2002, 19f). Moderne Organisationstheorien verstehen nach Bendl (2005, 65) Organisationen als gender-neutrale Strukturen und betrachten sie durch eine gender-neutrale Brille. Im Gegensatz zur Frage, was „gendered Organizations" sind, verlagert eine postmoderne, gender-orientierte Prozessperspektive die Diskussion über Organisationen hin zur Perspektive „how do organizations become gendered" (Bendl 2005, 65). Ähnlich sehen es Aaltio/Mills (2002, 5):

> „Sadly, despite the development of extensive scholarship on gender and organizations, the mainstream accounts, including the organizational culture debate, continue to ignore the relationship between organizational arrangements and gender".

Acker (1998, 300) nennt drei wichtige Gründe, warum eine systematische Theorie von Geschlecht und Organisation notwendig ist: erstens wegen der geschlechtsspezifischen Segregation am Arbeitsmarkt, zweitens wegen der Ungleichheiten bei Status und Einkommen zwischen Frauen und Männern, die in organisationalen Prozessen hervorgebracht werden (erst das Verständnis über die Prozesse bringt das Verständnis über Ungleichbehandlung) und drittens bilden Organisationen eine Arena, in dem kulturelles Gender Image hervorgebracht und reproduziert wird.

Die Arbeitsmarktpolitik bildet den Rahmen, die Maßnahmen, die von Gender Mainstreaming ausgehen, müssen jedoch eine Veränderung in den Organisationen bewirken (siehe auch grafische Darstellung der Forschungsfrage am Beginn dieser Arbeit). Wie diese Veränderung in Organisationen vor sich gehen kann, ist Erkenntnisgegenstand der unterschiedlichen Organisationstheorien. Deshalb wendet sich das folgende Kapitel nach der Klärung des Begriffs Organisation zunächst den unterschiedlichen Ansätzen von Organisationstheorien, vor allem der Unterscheidung zwischen Mikro- und Makrotheoretischen Ansätzen sowie objektivistischen versus konstruktivistischen Organisationstheorien zu. Danach folgt eine Begründung, weshalb für die vorliegende Arbeit der konstruktivistische Ansatz gewählt wurde und warum organisationaler Wandel auf den Erfolg des Gender Mainstreaming Konzeptes maßgeblichen Einfluss haben kann.

6.2.1. Der Begriff der Organisation

Betrachtet man zunächst den Begriff Organisation, dann gibt es dafür keine einheitliche Definition. Wilz (2008, 505) schlägt als kleinsten gemeinsamen Nenner folgende Definition vor: „Organisationen sind von ihrer Umwelt abgrenzbare soziale Gebilde, die über eine angebbare Anzahl an Mitgliedern verfügen und deren Interaktionen und Beziehungen arbeitsteilig auf die Erreichung eines definierten Ziels hin ausgerichtet sind". Sanders/Kianty (2006, 15) beschreiben Organisationen als soziale Gebilde, die eine formale Struktur aufweisen, mit deren Hilfe die Aktivitäten der Mitglieder auf ein gemeinsames Ziel hin ausgerichtet werden sollen. Bei Bea/Göbel (2002, 2) finden sich folgende drei Kategorien des Begriffes Organisation:

- Tätigkeitsorientierter Organisationsbegriff
- Instrumenteller Organisationsbegriff
- Institutioneller Organisationsbegriff.

Die Beschreibung des tätigkeitsorientierten Organisationsbegriffes lautet: „Organisation ist eine Tätigkeit bzw. ein Prozess, durch welche(n) Ordnung entsteht" (Bea/Göbel 2002, 3). Diese Formulierung bezieht sich auf den prozessualen Charakter des Organisierens, der sich auch in der Definition von Gender Mainstreaming wiederfindet. Organisation wird in diesem Sinne ganz allgemein als „Prozess der Entstehung von Ordnung" (Bea/Göbel 2002, 3) verstanden. Die Ordnung entsteht einerseits aus zentralen – beispielsweise vom Management ausgehenden – Vorgaben, sie entsteht aber auch aus Regeln, die die Organisationsmitglieder autonom, nach ihren eigenen Vorstellungen, gestalten. Schon bald haben sich frühere Prämissen, die eine Organisation als eine einseitig vorgegebene Ordnung gesehen haben, als unhaltbar erwiesen, denn Organisationsmitglieder haben die Tendenz, die vorgegebenen Regeln zu unterlaufen und sie durch eigene zu ersetzen oder zu ergänzen. Damit also die Anordnungen des Managements tatsächlich umgesetzt werden, müssen die Organisationsmitglieder diese nicht nur kennen, sondern auch dazu motiviert werden, diese Aufgaben zu leisten (vgl. Argyris/Schön, 2002, 31). Ein solches Organisationsverständnis orientiert sich daran, dass sich Organisationen deshalb einem Wandel unterwerfen, weil eine fundamentale Reorganisation für notwendig erachtet wird. Dies gilt auch für Gender Mainstreaming, das in seiner Definition den Begriff Reorganisation sogar ausdrücklich festhält.

Der instrumentelle Organisationsbegriff hingegen lautet: „Organisation ist das dauerhafte Regelsystem, das ein Unternehmen hat und welches zielorientiert als Führungsinstrument eingesetzt wird" (Bea/Göbel 2002, 4). Nach Bea/Göbel (2002, 3) legt ein Unternehmen in diesem Sinne die Aufgabenteilung, die

Übertragung von Entscheidungsbefugnissen als auch die Hierarchien verbindlich fest. Es wird unterstellt, dass die Organisationsmitglieder die Ziele, die das Management verfolgt, kennen und diese zu ihren eigenen machen (vgl. Argyris/ Schön 2002, 31f). Das einzig Gemeinsame mit Gender Mainstreaming scheint hier der *Top-Down* Ansatz zu sein, also die Vorgabe des obersten Managements, dass gewisse Ziele und Strategien zu verfolgen sind. Allerdings kann man bei Gender Mainstreaming nicht davon ausgehen, dass alle Organisationsmitglieder die von den politischen Entscheidungsträger/innen formulierten Ziele sofort zu ihren eigenen machen und widerspruchslos in die Umsetzung bringen (vgl. Cordes 2008, 921).

Der dritte, institutionelle Organisationsbegriff sieht Organisation als eine bestimmte Art von Institution, welche Ordnung in die alltägliche Tätigkeit bringt (vgl. Bea/Göbel 2002, 4). Damit beschreibt man ein Regelsystem, das sozial anerkannt ist und eine gewisse Stabilität aufweist. Folgende Merkmale machen eine Organisation zu einer Institution (vgl. Bea/Göbel 2002, 5):

- Beteiligte Personen und Spielregeln (*Spielregeln*);
- Grenzen, die eine Unterscheidung zwischen Mitgliedern und Nicht-Mitgliedern möglich machen (*Mitgliedschaften*);
- Ein gemeinsamer Zweck (*Zweck*);
- Eine Ordnung, die die Teile in eine Beziehung zueinander bringt (*Hierarchien*).

Organisationen in modernen Gesellschaften sind durch drei wesentliche Merkmale gekennzeichnet: durch Zwecke, durch Hierarchien und durch Mitgliedschaften. Das wichtige Kriterium der Mitgliedschaft findet sich z.B. bei Aderhold (2003, 161): „Eine wichtige Entscheidung in der Organisation ist folglich die Festlegung, wer als Mitglied und wer als Nichtmitglied anzusehen ist. [...]. Die Mitglieder wissen zudem, welche Regeln (Erwartungen) im Sinne einer ‚Pauschalunterwerfung' zu erfüllen sind". Diese Struktur formaler Verhaltenserwartungen zieht auch die Grenze zur Umwelt (vgl. Aderhold 2003, 161). Gender Mainstreaming ist ein Konzept, das sich vor allem im politischen Umfeld – etwa in politischen Parteien und in Ministerien – aber auch im Bereich der Universitäten bewegt. Bei diesem Umfeld handelt es sich eindeutig um Organisationen, da sie sich leicht durch die drei vorgenannten Merkmale Zwecke, Hierarchien und Mitgliedschaften identifizieren lassen.

Eine eindeutige Zuordnung von Gender Mainstreaming zum tätigkeitsorientierten, instrumentellen oder institutionellen Organisationsbegriff scheint aus der vorangegangenen Analyse daher nicht möglich. Dennoch wird für die weiteren Ausführungen in dieser Arbeit der tätigkeitsorientierte Organisationsbegriff unterstellt, da dieser am stärksten das Element der Veränderung und des organisationalen Wandels zur Änderung von bestehenden Strukturen hervorhebt. Wie in einem weiteren Kapitel dieser Arbeit noch ausführlicher beschrieben wird, ist für die Wirksamkeit von Gender Mainstreaming eben dieser organisationale Wandel und Change Management von zentraler Bedeutung. Damit jedoch der Einfluss von Gender Mainstreaming auf diese Organisationen überprüft werden kann, muss man wissen, wie Organisationen „funktionieren". Organisationstheorien beschäftigen sich mit diesem „Funktionieren" von Organisationen und deshalb folgt nun ein kurzer Überblick über existierende Organisationstheorien, um danach herausarbeiten zu können, auf welchen organisationstheoretischen Ansatz im Hinblick auf die Beantwortung der Forschungsfrage in dieser Arbeit zurückgegriffen wird.

6.2.2. Ansätze in den Organisationstheorien

In den Organisationstheorien gibt es eine Fülle von Ansätzen (vgl. Kieser 2002, VII; Bea/Göbel 2002, 40; Sanders/Kianty 2006, 15; Hanappi-Egger 2004, 23), die sich im Wesentlichen aus den unterschiedlichen Herangehensweisen zum Erkenntnisgegenstand und den anzuwendenden Methoden unterscheiden. Statt einer einzigen Theorie gibt es viele unterschiedliche theoretische Ansätze. Die Fülle dieser Ansätze repräsentiert die Reichhaltigkeit des Erkenntnisgegenstandes „Organisation". Es ist daher nicht verwunderlich, dass in einschlägigen Lehrbüchern die Aufzählung bzw. die Beschreibung der Ansätze nicht deckungsgleich ist, sondern sich eben danach richtet, welche Kriterien man zugrunde legt. Die in der Literatur am häufigsten genannten Organisationstheorien sind folgende (vgl. Kieser 2002, VII; Bea/Göbel 2002, 40; Sanders/Kianty 2006, 15; Hanappi-Egger 2004, 23):

Max Webers Analyse der Bürokratie
Management und Taylorismus
Human Relations-Bewegung und Organisatonspsychologie
Die Verhaltenswissenschaftliche Entscheidungstheorie
Der Situative Ansatz
Institutionenökonomische Theorien der Organisation
Evolutionstheoretische Ansätze
Konstruktivistische Ansätze
Instiutionalistische Ansätze in der Organisationstheorie
Giddens' Theorie der Strukturierung.

Kieser (2002, 2) stellt in diesem Zusammenhang die Frage, warum es so viele verschiedene Organisationstheorien gibt und warum sich die Wissenschaft und ihre Wissenschaftler nicht auf eine einzige, konsistente Theorie einigen können.

Seine Begründung liegt erstens in der bereits erwähnten Tatsache, dass Organisationen hochkomplexe soziale Gebilde sind, sodass immer nur bestimmte Teilaspekte betrachtet werden können, wie z.B. die Beziehung zwischen einem Individuum bzw. einer Gruppe und Organisation, ferner das Entstehen von Organisationsstrukturen und -prozessen, das Verhältnis zur Umwelt oder auch der Wandel von Organisationen. Zweitens kann jeder dieser Teilaspekte unter verschiedenen theoretischen Perspektiven beleuchtet werden (vgl. Kieser 2002, 2f). Hanappi-Egger (2004, 22) unterstreicht die Annahme, dass die Unterscheidung zwischen den Organisationstheorien durch die verschiedenen Foki bedingt ist, die jeweils auf die Betrachtung bzw. Untersuchung der Organisation gelegt wird.

Dennoch gibt es in der Wissenschaft immer wieder Bestrebungen, diese höchst unterschiedlichen Ansätze in Kategorien zusammenzufassen. Zwei Kategorisierungen von Organisationstheorien werden nun in den folgenden Abschnitten dargestellt, da sie für den theoretischen Aufbau und die Beantwortung der Forschungsfrage den höchsten Stellenwert haben: die Unterscheidung in makro- und mikrotheoretische Ansätze einerseits und die Unterscheidung in objektivistische und konstruktivistische Absätze andererseits.

6.2.3. Makro- und Mikrotheoretische Ansätze

Eine Möglichkeit der Unterscheidung liegt darin, ob man sich einem Untersuchungsgegenstand auf mikro- oder makrotheoretischer Ebene nähert. Organisationen sind hochkomplexe soziale Gebilde und daher ist es unmöglich, *alle* Eigenschaften und *alle* Beziehungen in eine einzige Theorie zu fassen. Daraus ergibt sich der Zwang, sich auf bestimmte Aspekte zu konzentrieren und andere Eigenschaften und Zusammenhänge zu vernachlässigen. Die Folge dieser Konzentration auf unterschiedliche Aspekte führte in der Wissenschaft unter anderem zur Unterscheidung von Makro- und Mikrotheorien in Organisationen:

Tabelle 20: Makro- und Mikrotheorien von Organisationen

Makro-Theorien	Erkenntnisgegenstand: Beziehung zwischen Organisationen
Mikro-Theorien	Erkenntnisgegenstand: Verhalten, Handeln und Beziehungen der Organisationsmitglieder

Quelle: eigene Darstellung.

Will man Gender Mainstreaming hinsichtlich seine Beziehung zu makro- und mikrotheoretischen Ansätzen hin überprüfen, so erscheint Gender Mainstreaming auf den ersten Blick vor allem den makrotheoretischen Ansätzen zuordenbar zu sein, denn dieses gesamtpolitische Konzept soll nicht in einzelnen Organisationen, sondern in möglichst vielen Organisationen und das nicht nur auf nationalstaatlicher Ebene, sondern in allen Ländern der Europäischen Union wirksam werden. Es handelt sich demnach, so müsste man schließen, um eine rein makrotheoretische Sichtweise, die Gender Mainstreaming einnimmt. Auch die beiden Teilaspekte, die in dieser Arbeit als Schwerpunkte definiert wurden, nämlich die geschlechtsspezifischen Einkommensunterschiede sowie Karriereverläufe, deuten zunächst auf einen makrotheoretischen Blickwinkel hin. Maßnahmen, die auf eine Veränderung der beiden vorgenannten Situationen abzielen, sind zuallererst als makropolitische Maßnahmen zu bezeichnen. Im Folgenden wird jedoch erklärt, warum erst eine Verbindung von Makro- und Mikrotheorie das richtige Verständnis und die richtige Grundlage für Gender Mainstreaming schaffen kann. Gender Mainstreaming ist kein Instrument, das sich allein auf eine makrotheoretische Organisationstheorie reduzieren lässt, vielmehr ist die mikrotheoretische Sichtweise ebenso wichtig für die Umsetzung wie die makrotheoretische Sichtweise. Zur Untermauerung dieser Aussage wird das Mikro-Makro-Modell von Coleman herangezogen (vgl. Lüdemann 1998, 158):

Abbildung 16: Das Mikro-Makro-Modell von Coleman

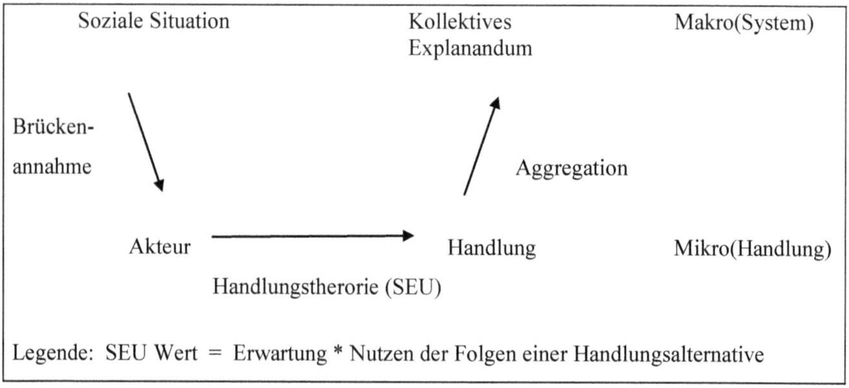

Quelle: nach Lüdemann (1998, 158).

Coleman unterscheidet in seinem Modell zwei verschiedene Ebenen, nämlich eine Makro-Ebene und eine Mikro-Ebene. Die Makro-Ebene bezieht sich auf Merkmale einer sozialen Situation oder eines sozialen Systems, während sich die Mikro-Ebene auf die kognitiven Merkmale und Handlungen individueller Akteur/inn/en bezieht. Das dreigeteilte Paradigma, mit dem Phänomene der Makroebene in der Sozialtheorie erklärt werden können, besteht aus der Beziehung dreier Typen: dem Übergang von der Makro- zur Mikroebene mittels Brückenannahme, zielorientiertes Handeln von Individuen auf der Mikroebene und wieder der Übergang mittels Aggregation von der Mikro- zur Makroebene (vgl. Coleman 1991, 24f). Das Mikro-Makro-Modell folgt drei Logiken (vgl. Esser 1993, 120ff):

- der Logik der Situation,
- der Logik der Selektion und
- der Logik der Aggregation.

Im ersten Schritt geht es zunächst um die zutreffende Rekonstruktion der sozialen Situation des Akteurs/der Akteurin (= Logik der Situation). Es geht weiters darum, in diesem ersten Schritt eine Verknüpfung der Makro-Ebene der sozialen Situation mit der Mikro-Ebene des Akteurs/der Akteurin mittels Brückenannahme herzustellen. Es wird herausgearbeitet, welche Bedingungen und Handlungsrestriktionen in der Situation vorliegen und welche Erwartungen von Handlungsfolgen (SEU Wert) die Akteur/inn/en den Handlungsalternativen unterstellen. Ziel dieser Rekonstruktion ist es also, zutreffende Brückenannahmen (BR) über die Wirkung der Variablen der Makro-Ebene auf die Prädikatoren (SEU Werte) der einzelnen Handlungstheorien zu formulieren (vgl. Lüdemann 1998, 158). Der zweite Schritt erklärt individuelle Handlungen aufgrund der SEU Theorie (= Logik der Selektion), indem unterstellt wird, dass spezifische Handlungsalternativen aufgrund subjektiver Erwartungen und Bewertungen von Handlungsfolgen von den Akteur/inn/en ausgewählt werden. Im dritten und letzten Schritt wird von der Mikro-Ebene individueller Handlungen zur Makro-Ebene kollektiver Folgen aggregiert (= Logik der Aggregation). Dabei kann die Aggregation aus unterschiedlichen Transformationsregeln, wie etwa die bloße Addition von Einzelhandlungen bis hin zur Verwendung institutioneller Aggregationsregeln, bestehen (vgl. Lüdemann 1998, 158f).

Das Mikro-Makro-Modell lässt sich sowohl horizontal als auch vertikal erweitern (vgl. Esser 1993, 102), wobei eine horizontale Erweiterung vorliegt, wenn man durch das Hintereinanderschalten von mehreren Mikro-Makro-Modellen einen sozialen Prozess über einen längeren Zeitraum hinweg beobachtet. Eine vertikale Erweiterung würde dann vorliegen, wenn man das Mikro-Makro-Modell durch die Einführung einer Meso-Ebene, die zwischen Mikro- und

Makro-Ebene liegen würde, zu einem Mehr-Ebenen-Modell macht (vgl. Esser 1993, 102). Vereinfacht gesagt, erklärt das Mikro-Makro Modell von Coleman, warum bestimmte, angestrebte Wirkungen auf makrotheoretischer Ebene nur durch den „Umweg" auf der mikrotheoretischen Ebene erzielt werden können. Die beabsichtigten Wirkungen auf der Makro-Ebene stellen sich deshalb ein, weil sich Akteur/inn/en auf der Mikro-Ebene einen bestimmten Nutzen davon versprechen. Erst die zusammengefassten Handlungen vieler Akteur/inn/en auf der Mikro-Ebene führen dazu, dass die erwünschten Wirkungen im Makrosystem auftreten.

Wendet man dieses Modell auf Gender Mainstreaming an, so liegt es nahe, zu vermuten, dass die Wirkungen, die mit Gender Mainstreaming beabsichtigt werden, ebenso den Umweg über die Mikro-Ebene nehmen müssen, um die gewünschten Anpassungen auf der Makro-Ebene zu erzielen. Die staatlichen Institutionen, die aufgefordert sind, Maßnahmen von Gender Mainstreaming in der Arbeitsmarktpolitik auf nationalstaatlicher Ebene in die Umsetzung zu bringen, müssen in einem ersten Schritt die soziale Situation der Akteur/inn/en rekonstruieren. Es muss weiters herausgearbeitet werden, welche Erwartungen von Handlungsfolgen die Akteur/inn/en den Handlungsalternativen, die durch die Maßnahmen in der Arbeitsmarktpolitik von Gender Mainstreaming zur Verfügung stehen, zugrunde legen. Da die Handlungen der Akteur/inn/en im zweiten Schritt des Mikro-Makro Modells abhängig sind vom SEU-Wert (= Erwartung*Nutzen der Folgen einer Handlungsalternative), hat es hohe Bedeutung, wie erfolgversprechend die Maßnahmen von Gender Mainstreaming in der Arbeitsmarktpolitik wirken. Je erfolgversprechender, desto mehr kann man davon ausgehen, dass sich viele Akteur/inn/en für Handlungen entscheiden, die – in einer aggregierten Form – im dritten Schritt des Coleman-Modells die gewünschten Wirkungen der Maßnahmen von Gender Mainstreaming in der Arbeitsmarktpolitik auf der Makro-Ebene herstellen und damit eine Änderung im Gesamtsystem herbeiführen, sei es über die bloße Addition von Einzelhandlungen oder über institutionell vorgegebene Aggregationsregeln (vgl. Lüdemann 1998, 159).

Bei Gender Mainstreaming muss davon ausgegangen werden, dass es auf dem Arbeitsmarkt erst über einen längeren Zeitraum hinweg Wirkung zeigt, mit anderen Worten, es handelt sich um einen längerfristigen Prozess, bis eine Veränderung im Lohn- und Gehaltsgefälle und bei den Aufstiegschancen sichtbar wird. Im Gegensatz zu einem kurzfristigen Prozess, in dem das Mikro-Makro Modell nur einmal Anwendung findet, wird Gender Mainstreaming als sozialer Prozess erst durch das Hintereinanderschalten mehrerer Mikro-Makro Modelle wirksam. Der Wechsel zwischen Mikro- und Makro-Ebene findet demnach mehrmals hintereinander statt, bis die gesetzten Maßnahmen in der Arbeitsmarktpolitik auf der makrotheoretischen Systemebene Wirkung zeigen. In diesem Fall spricht man, wie oben erwähnt, von einer horizontalen Erweiterung des Modells von Coleman (vgl. Esser 1993, 102).

6.2.4. Objektivistische versus konstruktivistische Ansätze

Dieses Teilkapitel widmet sich zunächst der Beschreibung der durch die Wissenschaft getroffenen Unterscheidung von Organisationstheorien in objektivistische und konstruktivistische Perspektiven, um danach die Relevanz für Gender Mainstreaming und die Beantwortung der Forschungsfrage zu begründen. Objektivistische Organisationstheorien sehen die Wirklichkeit als objektiv – mit einer unveränderlichen Struktur – gegeben an. Ein wichtiges, aus dem Positivismus stammendes Merkmal ist die Annahme, dass objektive Erkenntnis durch systematische Beobachtung erlangt werden kann und empirisch nachweisbar ist (vgl. Schülein/Reitze 2002, 102f). Dabei wird der Forscher als erkennendes Subjekt und der Gegenstand seiner Forschung als Erkenntnisobjekt definiert. In den Naturwissenschaften ist dieses „Subjekt-Objekt-Modell" auf große Akzeptanz gestoßen, während es in den Sozialwissenschaften schon seit geraumer Zeit einige Vorbehalte dagegen gibt (vgl. Kieser, 2002, 11). Solche, auch als Kontingenzansätze bezeichneten Ansätze, suchen nach objektiven Gesetzmäßigkeiten, die das Verhalten der Akteur/inn/en quasi von außen bestimmen. Neuere Ansätze machen aber deutlich, dass Organisationen nach Regeln ablaufen, die die Akteur/inn/en selbst bestimmen und verändern. „Die organisationale Wirklichkeit ist aus dieser Perspektive nicht objektiv vorgegeben, sondern ist Ergebnis einer sozialen Konstruktion" (Kieser 2002, 12). Das Forschungsinteresse der Kontingenztheoretiker ist darauf ausgerichtet, zu erklären, wie das Überleben von Organisationen in einer „feindlichen Umwelt" (Kieser 2002, 13) überhaupt möglich ist, stellt also auf eine funktionale Erklärung ab.

Dagegen beruht das interpretative Paradigma auf der Annahme, dass soziale Realitäten nicht aufgrund harter Tatsachen oder Fakten erforscht werden können, sondern von den Mitgliedern einer sozialen Gesellschaft konstruiert und unterschiedlich interpretiert werden (vgl. Kieser 2002, 16). Deshalb muss der/die Forscher/in in diesem Fall vom/von objektiven Betrachter/in zum/zur Teilnehmer/in werden, der das subjektive Verhalten der Mitglieder erforscht. Während die Kontingenzansätze also von der Annahme ausgehen, dass sich die Organisationsstruktur oder bestimmte Merkmale der Organisation in einer objektiven Weise erfassen lassen, findet Organisation demgegenüber für Vertreter/innen konstruktivistischer Ansätze vor allem in den Köpfen der Organisationsmitglieder statt (vgl. Kieser 2002, 287).

Konstruktivistische Organisationstheorien besagen, dass die Wirklichkeit durch Kommunikation und die Verwendung meist sprachlicher Symbole sozial konstruiert ist. Durch Interpretation und Interaktion wird die Organisationswirklichkeit fortlaufend von den Organisationsmitgliedern konstituiert und damit konstruiert (vgl. Bea/Göbel 2002, 163).

> „Organisationen konstituieren sich durch Kommunikation und Handeln (Interaktionen). Sie werden ständig durch Kommunikation intersubjektiv interpretiert, auch neu interpretiert, und damit stabilisiert bzw. verändert. Insofern sind *Organisationsstrukturen sozial und nicht technisch konstruiert.*" (Kieser 2002, 305).

Im Konstruktivismus bzw. interpretativen Ansatz wird die Organisation als Institution untersucht, wobei Organisation als Synonym für „Unternehmung" verstanden werden kann. Die Aufgabe eines Organisationsprozesses ist es, eine gemeinsame Sichtweise der Wirklichkeit unter den Organisationsmitgliedern herzustellen, damit die einzelnen Verhaltensweisen aufeinander abgestimmt werden können. „Organisieren heißt, fortlaufende unabhängige Handlungen zu vernünftigen Folgen zusammenzufügen, so dass vernünftige Ergebnisse erzielt werden" (Weick 1995, 11). Organisieren bedeutet weiters eine systematische Zusammenstellung von Regeln und Konventionen im Sinne einer Grammatik, sodass sich soziale Prozesse herausbilden, die für die Organisationsmitglieder verständlich sind (vgl. Weick 1995, 12). Organisieren bedeutet in diesem Zusammenhang, die Fülle der Handlungsmöglichkeiten in einer bestimmten Situation einzugrenzen (vgl. Chia 1996, 155). Betrachtet man konstruktivistische Ansätze in den Organisationstheorien, so kommt man rasch zu der Erkenntnis, dass nicht nur eine große Vielfalt von Organisationstheorien an sich existiert, sondern diese Vielfalt auch innerhalb des Konstruktivismus zu finden ist. Konstruktivistische Organisationstheorien sind nicht vergleichbar bzw. ineinander übersetzbar, daher als inkommensurabel zu bezeichnen. Daraus entsteht ein Theorienpluralismus, in dem Theorien nebeneinanderstehen, ohne auf ein gemeinsames Paradigma zurückgreifen zu können (vgl. Weik 2003, 113) und wiederum daraus ist in der Wissenschaft eine Inkommensurabilitätsdebatte entbrannt, die sowohl Vor- als auch Nachteile nennt. Die Grundannahme aller interpretativen Ansätze lautet aber, dass es keine objektive Wirklichkeit gibt, sondern dass die Wirklichkeit sozial konstruiert ist.

Nach Hanappi-Egger (2004, 26) ergeben sich im Sinne von sozialen Konstruktionen von Organisationen organisationskulturelle Perspektiven vor allem aus der Abhängigkeit zwischen sozialem Umfeld und Verhalten in der Organisation. Machtvolle Akteure (meist männlichen Geschlechts) entwickeln Werte in Organisationen und legen in den sozialen Prozessen Gender-Aspekte zugrunde, die vor allem zum Ziel haben, die Geschlechterasymmetrien aufrechtzuerhalten bzw.

über Verhaltensregeln zu reproduzieren. Aus dieser Erkenntnis wurden neue Wege in den Organisationstheorien eingeschlagen, die Geschlecht als zusätzliche Variable in den analytischen Arbeiten berücksichtigen. Beispielsweise signalisiert ein hoher Frauenanteil in den unteren Hierarchieebenen gemeinsam mit einem Frauenmangel im Management eine geringe Wertschätzung von Frauen in einer Organisation (vgl. Hanappi-Egger 2004, 26). Die Bedeutung von Gender in Organisationen lässt sich nach Hanappi-Egger (2004, 56) in folgende drei Aspekte zusammenfassen:

- Männlich codierte Wertvorstellungen dominieren oder werden zumindest bevorzugt
- Spezielle Organisationen (z.B. Schulen) sind Vorreiter geschlechtsstereotyper Sozialisation
- Organisationsprozesse basieren auf geschlechtsbezogenen Wertesystemen.

Nach dieser kurzen Gegenüberstellung von objektivistischen und konstruktivistischen Organisationstheorien wird im nächsten Kapitel begründet, warum für die vorliegende Arbeit und die Beantwortung der Forschungsfrage der sozial-konstruktivistische Ansatz zugrunde gelegt wurde.

6.2.5. Begründung für die Auswahl des konstruktivistischen Ansatzes

Das Einbeziehen von Gender in Organisationstheorien ist eine wichtige Voraussetzung für eine Untersuchung, inwieweit Gender Mainstreaming überhaupt Einfluss auf Organisationen nehmen kann. Bezogen auf Regelungen und Maßnahmen, die von Gender Mainstreaming zur Erreichung von Gleichstellung auf dem Arbeitsmarkt vorgegeben werden, kann davon ausgegangen werden, dass diese Interpretationen sehr unterschiedlich ausfallen werden. Ein wesentlicher Faktor ist, die Mechanismen, mit denen Geschlecht in den Organisationen konstruiert wird, zu analysieren und damit sichtbar zu machen. Vor allem sozial-konstruktivistische Ansätze sehen ihre Aufgabe darin, die Relativität und die Bedingtheit von Organisationsstrukturen sichtbar zu machen, sie zu „dekonstruieren“ (vgl. Kieser 2002, 297). Dabei ist zu beachten, dass solche Analysen von stereotypen Differenzierungen von Frauen und Männern diese wiederum festschreiben können (vgl. Hanappi-Egger 2004, 33). „Daher ist es in der Organisationsforschung wichtig, sich diese analytische, deskriptive Ebene bewusst zu machen, um in einem weiteren Schritt Handlungsanleitungen formulieren zu können, die diese Dichotomisierung aufbrechen“ (Hanappi-Egger 2004, 33). Für eine erfolgreiche Umsetzung von Gender Mainstreaming Maßnahmen ist das Wissen um diese sozial konstruierten Geschlechterdifferenzen in Organisationen essentiell, deshalb werden die entsprechenden Grundlagen an dieser Stelle ausgeführt.

In Anlehnung an das konstruktivistische Verständnis von Organisationstheorien könnte man nun formulieren, dass auch Gender Mainstreaming eine Art von *Reorganisation* ist, d.h. dass die eingeleiteten Maßnahmen eine Änderung in den Denk- und Handlungsmustern der Mitglieder herbeiführen sollen. In gewisser Weise findet man diesen Ansatz sogar in der allgemein gültigen und anerkannten Definition des Europarates (1998) zu Gender Mainstreaming wieder: „Gender Mainstreaming besteht in der *(Re-)Organisation*, Verbesserung, Entwicklung und Evaluierung politischer Prozesse mit dem Ziel, eine geschlechterbezogene Sichtweise in allen politischen Konzepten auf allen Ebenen und in allen Phasen durch alle an politischen Entscheidungen beteiligten Akteure und Akteurinnen einzubeziehen."

Für das vorliegende Forschungsvorhaben wird der sozial-konstruktivistische Ansatz mit seinem Einfluss auf Organisationen zugrunde gelegt, weil damit einerseits die soziale Konstruiertheit von Gender hervorgehoben wird und weil andererseits der soziale Konstruktivismus als diejenige konstruktivistische Richtung bezeichnet werden kann, die sich am stärksten mit der Bedeutung der Sprache im Prozess der Wirklichkeitskonstruktion beschäftigt (vgl. Rüegg-Stürm 2001, 45). Durch einen aktiven Sprachgebrauch ist sichergestellt, dass sich Individuen neues Wissen aneignen; dieses Faktum kann und muss sich Gender Mainstreaming zu eigen machen, um sich in den Köpfen der politischen Akteur/inn/en zu etablieren. Durch die Sprache wird zwischen Bewusstsein und Kommunikation gewechselt, durch die Sprache entsteht Bewusstsein über Gender Mainstreaming zunächst auf der kognitiven Ebene der Adressat/innen, danach in den Organisationen und letzten Endes in der Gesellschaft.

Im Gegensatz zum objektivistischen Ansatz geht die konstruktivistisch inspirierte Genderforschung davon aus, dass Geschlecht nichts ist, was man hat, sondern durch Handlung und Kommunikation konstruiert wird. Die Prozesse der Vergeschlechtlichung von Arbeit sind integraler Bestandteil der sozialen Konstruktion von Geschlecht, und zwar nicht nur auf personeller sondern auch auf institutioneller, also organisatorischer Ebene (vgl. Hackl 2006, 12). Wie bereits in den vergangenen Kapiteln aufgezeigt wurde, wird jeder Arbeit ein bestimmtes Geschlecht zugewiesen, indem der Arbeitsmarkt in Frauen- und Männerarbeit, Frauen- und Männerberufe und geschlechtsspezifische Branchen und Arbeitsplätze aufgeteilt wird. Die andauernde soziale Konstruktion der Wechselwirkung zwischen den Arbeitsplätzen und den Arbeitenden bestätigt nach Wetterer (2001, 208) die Analogien zwischen dem Geschlecht der Arbeit und dem Geschlecht der Arbeitenden. Unterzieht man jedoch die Plausibilität dieser Vergeschlechtlichung und die Stimmigkeit der Analogien einer genaueren Betrachtung, werden diese als ein reines Konstrukt entlarvt, welche aus diesem Grund aber auch neu gestaltet werden kann (vgl. Wetterer 2001, 218f).

Ein weiterer wichtiger Aspekt ist die Tatsache, dass moderne Gesellschaften in gewisser Weise auf Organisationen angewiesen sind, denn Organisationen treffen Entscheidungen, die auch für jene Gültigkeit haben, die im Moment der Entscheidung gerade abwesend sind (vgl. Aderhold 2003, 173). Mit spezifischer Kommunikation kann man erreichen, dass das Verhalten vieler Akteur/inn/en einer Organisation synchronisiert wird (vgl. Aderhold 2003, 173). Gender Mainstreaming als ein Instrument, das auf gesellschaftliche Verhältnisse Einfluss nehmen soll, kann die Chance nutzen, dass fast nur Organisationen als jene Orte, an denen Entscheidungen platziert und umgesetzt werden können, Eingriffsmöglichkeiten in die Gesellschaft bieten (vgl. Aderhold 2003, 173). Das kann so weit gehen, dass sich dadurch auch andere Organisationen genötigt fühlen, sich anzupassen. Gerade dieses Phänomen eröffnet für Gender Mainstreaming die Möglichkeit, auf die gesellschaftliche Realität Einfluss zu nehmen und letzten Endes das angestrebte Ziel, eine Gleichstellung von Frauen und Männern auf dem Arbeitsmarkt zu bewirken, auch zu erreichen.

Eine konstruktivistische Sozialtheorie versucht ihren Gegenstandsbereich (=Erkenntnisbereich) als einen Prozess zu denken, in dem Individuen ihrerseits ihre Realitäten konstruieren und sich damit Möglichkeiten erfolgreichen Kommunizierens und Handelns verschaffen (vgl. Hejl 2003, 110). Nach Weik (2003, 112) gibt es keine „Wahrheit durch Methode“, denn jede Methode ist letztendlich auch ein sprachliches Konstrukt, genauso, wie es „keine wertneutrale, rein beschreibende Sprache“ (Weik 2003, 112) gibt. Jedes Wort wird sorgfältig gemäß seinem Bedeutungsinhalt gewählt und ist niemals nur zufällig. Sozial-konstruktivistische Ansätze sehen ihre Aufgabe also darin, die Relativität und die Bedingtheit von Organisationsstrukturen sichtbar zu machen, sie zu *dekonstruieren*, wobei nach Kieser die radikalste Form dieses Dekonstruktivismus in den postmodernen Organisationstheorien, vor allem bei Derrida, zu finden ist (vgl. Weik 2003, 113; Kieser 2002, 297).

Wissenschaft hängt, wie bereits mehrfach gesagt, von der Sprache ab und Sprache ist immer mehrdeutig – das ist die Basis für die Schlussfolgerung postmoderner Autoren, dass der Prozess des Interpretierens eine größere Bedeutung hat als die der vollendeten Interpretation; Denkstrukturen müssen offen gelegt werden, damit sie mit anderen konfrontiert werden können (vgl. Kieser 2002, 298). Die größte wissenschaftliche Leistung dabei ist, dass es nicht um das Beantworten von Fragen, sondern um das Infragestellen von Antworten geht (Weik 2003, 94). Feministische organisationswissenschaftliche Kritik findet in postmodernen Organisationstheorien Ansatzpunkte in dreierlei Hinsicht (Weik 2003, 114): erstens wird kritisiert, dass moderne Organisationstheorien zu „malestream“ in ihren Grundaussagen und Praktiken seien, denn Sprache ist niemals geschlechtsneutral und durch die Tatsache, dass das Gestalten von Organisationen und das Schreiben darüber fast ausschließlich Männern vorbehalten war, waren weibliche Sichtweisen zum Schweigen verurteilt; die zweite Kritik betrifft den Umstand, dass innerhalb der Genusgruppe der Frauen bestimmte Untergruppierungen bevorzugt (westliche, gebildete Frauen) andere Untergruppierungen unterdrücken und die dritte Kritik richtet sich insofern gegen die postmodernen Theorien selbst, als sie teilweise die Betrachtung von *gender* nicht in ihre Analysen miteinbeziehen.

Eben dieses Einbeziehen von Gender in die Organisationstheorien ist, wie bereits eingangs in diesem Kapitel gesagt, eine wichtige Voraussetzung für eine Untersuchung, inwieweit Gender Mainstreaming überhaupt Einfluss auf Organisationen nehmen kann. Mehr noch, mit dem Blick auf Prozesse des Gendering auf verschiedenen Ebenen von Organisationen, der Ebene von Strukturen und Interaktionen, verschiebt sich nach Wilz (2008, 510) der theoretische Fokus von der Analyse von Organisation und Geschlecht als Strukturzusammenhang hin zur Analyse der Prozesse der sozialen Konstruiertheit von Geschlecht in Organisationen. An letztgenanntem müsste Gender Mainstreaming ansetzen: an der Betrachtung der Prozesse der Geschlechterkonstruktion und wie diese verändert werden müssen, um das Ziel der Gleichstellung von Frauen und Männern auf dem Arbeitsmarkt in der Zukunft erreichen zu können. Organisationen sind nach Wilz (2008, 508) vergeschlechtlicht, weil die unterschiedliche Verteilung von Einkommen, Aufgaben und Positionen zwischen Frauen und Männern nicht zufällig, sondern auf systematische Art und Weise erfolgt. Diese Segregation wird durch die gesellschaftliche Trennung von Produktions- und Reproduktionsarbeit (Frauen leisten Familienarbeit, Männer Erwerbsarbeit mit allen daran geknüpften Konnotationen) in den Strukturen von Organisationen übernommen und verankert (vgl. Wilz 2008, 508). Wie diese Vergeschlechtlichung über den Weg des organisatorischen Wandels überwunden werden kann, wird im nächsten und letzten Abschnitt dieses Kapitels erörtert.

6.2.6. Organisationaler Wandel und Gender Mainstreaming

Will Gender Mainstreaming im Hinblick auf das Lohn- und Gehaltsgefälle und den Aufstiegschancen in Organisationen eine Veränderung bewirken, so stellt sich die Frage, wie diese Änderung, dieser Wandel, in der Organisation initiiert werden kann. „Wenn die bestehende Organisationsstruktur durch Kommunikation und Interaktion sozial konstruiert wurde und aufrechterhalten wird, so müssen Versuche zur Änderung der Aktivitäten der Mitglieder vor allem darauf abstellen, Kognitionen der Organisationsmitglieder zu verändern. [......] Zunächst bedarf es besonderer Anstrengungen zur Initiierung der Reorganisation. Diese müssen vor allem zum Ziel haben, die Organisationsmitglieder dazu zu bewegen, sich von Elementen ihrer subjektiven Theorien über die Organisation zu trennen und neue zu integrieren." (Kieser 2002, 306f). Auch hier verwendet Kieser den Begriff der „Reorganisation", der sich in der Definition von Gender Mainstreaming wieder findet.

Anders ausgedrückt: bei einem solchen „Wandelprozess" müssen also irritierende Störungen oder Widersprüche in einem Kommunikationsprozess zu einer Initiative geformt werden, welche vergleichbar ist mit der Erfindung einer neuen Wirklichkeitsordnung, die wiederum als Grundlage für den erstrebenswerten Wandelprozess dient (vgl. Rüegg-Stüm 2001, 274). Bezeichnet man Gender Mainstreaming als Wandelinitiative, um unter anderem Änderungen auf dem Arbeitsmarkt herbeizuführen, dann kann man davon ausgehen, dass die Störungen und Widersprüche, die von diesem Konzept ausgehen, nicht von allen Akteuren und Akteurinnen gleichermaßen ernst genommen werden. Organisatorische Änderungen, die eben beispielsweise Chancengleichheit von Frauen und Männern bei Einkommen und Karriere herbeiführen sollen, beruhen also auf dem Herstellen von Kommunikationsstrukturen, die die Entwicklung neuer Interpretationsschemata und neuer Handlungen für die Mitglieder der Organisation unausweichlich machen (vgl. Kieser 2002, 307). Es genügt demnach nicht, Regeln zu erlassen, sondern diese Regeln müssen verdeutlicht und intersubjektiv verankert werden, um sicherzustellen, dass sie von den handelnden Personen richtig verstanden und auch gelebt werden (vgl. Bea/Göbel 2002, 166).

Rosenbichler/Schörghuber (2007, 21f) arbeiten in ihrem integrativen Konzept Gender Mainstreaming heraus, dass Gleichstellungsorientierung und Geschlechtergerechtigkeit auf einen Wechsel der Interpretationsschemata in Organisationen abzielt. Sie verwenden als Hintergrundtheorien für das Konzept Gender Mainstreaming als Systementwicklung konstruktivistische Zugänge für die Wahrnehmung und Beschreibung von Organisationen und Systemen. Daraus resultiert für den/die Autor/in, dass für ein Gender Mainstreaming Projekt nicht nur Gleichstellungsziele entwickelt werden müssen, sondern auch alle Prozesse und Strukturen auf deren Wirkung auf Geschlecht, Geschlechterkonstruktionen und Konstruktion von Geschlechterverhältnissen zu reflektieren sind. Diese Zusammenhänge werden in der folgenden 17 verdeutlicht:

Abbildung 17 Gender Mainstreaming in Organisationen und Projekten

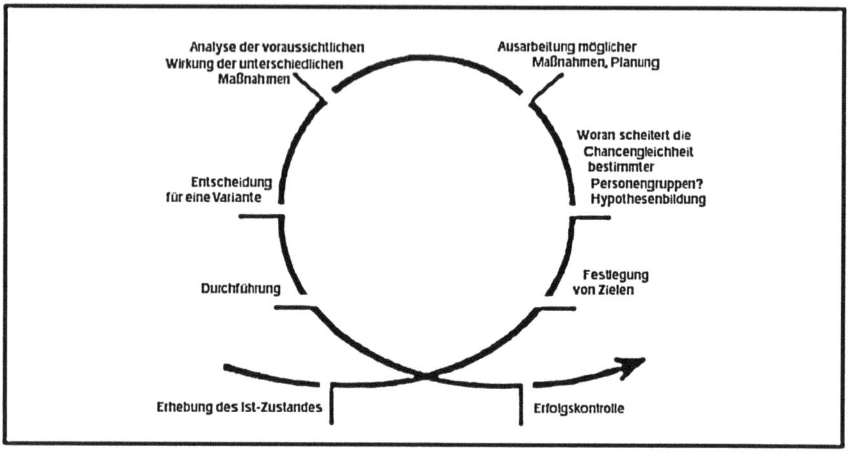

Quelle: Rosenbichler/Schörghuber (2007, 22).

Nach Schörghuber (2007, 18) ist grundlegender Wandel auf den Tiefenstrukturen einer Organisation zu verankern, denn die Erhöhung von Gleichstellung und Geschlechtergerechtigkeit in Systemen und Organisationen bedeutet einen grundlegenden Wandel. In einer optimalen Art und Weise wird nach Schörghuber (2007, 22) Gerechtigkeit und Gleichstellung, unter anderem hinsichtlich Einkommen und Aufstiegschancen nicht unabhängig von anderen organisationalen Strukturen, Prozessen und Regelsystemen diskutiert, sondern sind als Querschnitte in umfassendere Veränderungsprozesse in Organisationen eingelassen. Gleichstellung und Gerechtigkeit betreffend Gehaltsgefüge und Karrieremöglichkeiten in Organisationen ist immer an Inhalten festzumachen und gleichzeitig werden Regeln erzeugt, deren Verwendung Gleichstellung oder Benachteiligung, Gerechtigkeit oder Ungerechtigkeit in Organisationen nach sich zieht. Erst mit der Reflexion dieser Regeln und dem Prozess der Erzeugung und Verwendung dieser Regeln wird eine Organisation zur lernenden Organisation (vgl. Schörghuber 2007, 23), das heißt anders ausgedrückt: erst die Reflexion des Prozesses der Erzeugung und Verwendung von Regeln, die Benachteiligung von Frauen bei der Entlohnung und bei den Aufstiegschancen in Organisationen hervorrufen, kann eine Veränderung bewirken. Die folgende Abbildung 18 verdeutlicht nochmals, wie die Implementierung von Gender Mainstreaming als Querschnitts-materie zu einer Querschnittsmaterie gemacht wird:

Abbildung 18: Zur Implementierung von Gender Mainstreaming als Querschnittsmaterie zu einer Querschnittsmaterie.

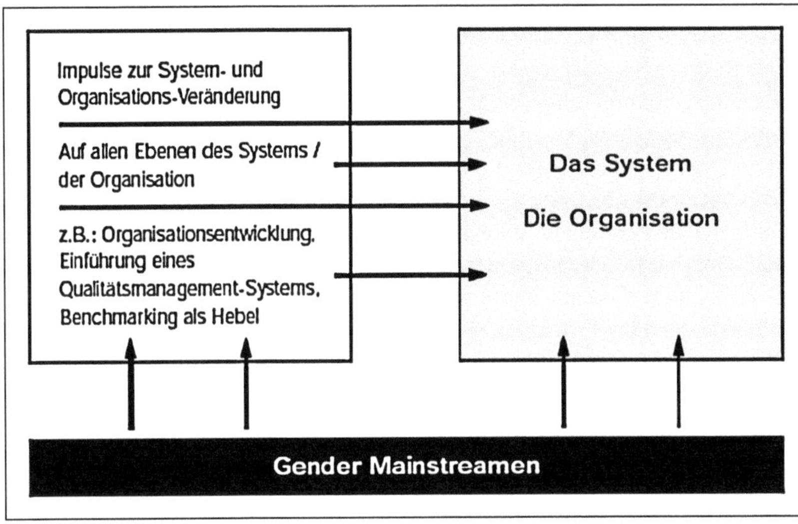

Quelle: Schörghuber (2007, 18)

Wenn man Change Management Prozesse in Unternehmen betrachtet, so kann man beobachten, dass sich Veränderungen dann am besten umsetzen lassen, wenn sich zuallererst die Kognitionen des Top Managements geändert haben. Umfassende Reorganisationen in Unternehmen beispielsweise haben im Sinne eines tätigkeitsorientierten Organisationsbegriffs als Auslöser vielfach keine bestimmten organisatorischen Probleme, sondern werden in Angriff genommen, weil zentrale Akteure und Akteurinnen überzeugt sind, dass eine grundlegend neue Strukturierung erforderlich ist, um die Wettbewerbsfähigkeit des Unternehmens aufrechtzuerhalten. Immer wieder wird betont, dass Gender Mainstreaming ein *Top-Down* Ansatz ist. Das bedeutet, dass vor allem dass das Management / die Führungskräfte einer Organisation das Konzept vollinhaltlich und proaktiv unterstützen müssen und das bedeutet – hier vor allem im Lichte eines instrumentellen Organisationsbegriffs – dass Gender Mainstreaming darauf angewiesen ist, dass die Führungskräfte in der Organisation es als *ihre* Querschnittsaufgabe sehen, das Konzept zu implementieren. Ob es sich nun um staatliche Verwaltungen handelt, deren Arbeit auf Regierungsbeschlüssen basiert oder um private Organisationen, in denen Gremien, Aufsichtsräte oder Kuratorien Vorgaben machen – es sind immer die Führungskräfte der Organisation, die gefragt sind (vgl. Baer 2002b, 21f). Dabei wird nicht nur das Ziel verfolgt, einen Lerneffekt bei den Mitgliedern der Organisation herbeizuführen, sondern auch einen Wandel in der Struktur der Organisation selbst zu erreichen, indem die Geschlechterperspektive in die Arbeits- und Personalentwicklungsprozesse integriert wird (vgl. Burbach/Döge 2006, 185).

Viele Reorganisationsprojekte erreichen ihr Ziel nicht oder stellen sich zumindest als langsamer und schwieriger heraus als anfangs geplant. Oftmals werden in diesem Zusammenhang Gründe dafür gesucht, die dann darin münden, dass die jeweilige Organisation als träge oder verkrustet bezeichnet wird, oder aber auch die Organisationsmitglieder als unflexibel und unwillig abgestempelt werden. Tatsächlich aber steht einem geplanten Wandel häufig das Bedürfnis nach Stabilität und Kontinuität im Wege, deren Ursachen vielfältig sein können (vgl. Bea/Göbel 2002, 443). Die am häufigsten auftretenden Wandlungshindernisse sind Verhaltenswiderstände, denn jede Reorganisation löst bei Betroffenen Ängste aus. Routinen und Gewohnheiten sollen abgelegt werden, im schlimmsten Fall ist der Status bedroht. Diese Angst vor Veränderung, gepaart mit einer gewissen Trägheit vieler Menschen, erzeugt Widerstand. Neben diesen eher als intern zu bezeichnenden Widerstände gibt es auch unternehmensexterne Widerstände. Dazu zählen besonders auch gesellschaftliche Normen, Einstellungen und Werte, die eine Änderung verzögern können (vgl. Bea/Göbel 2002, 445). Die kulturell stark verfestigte Rollenverteilung zwischen Mann und Frau kann besonders im Hinblick auf die berufliche Situation zum Hindernis werden. Denn nach wie vor ist das Karriereverständnis die Norm, d.h. Karriere bedeutet immer einen *Aufstieg nach oben* und äußert sich in Titeln und Statussymbolen (vgl. Bea/Göbel 2002, 445). Gerade, was Gender Mainstreaming betrifft, ist dieses Wandlungshindernis nicht zu unterschätzen. Die traditionellen Rollenstereotypen im beruflichen Alltag von Frauen und Männern werden nicht leicht aufzubrechen sein.

Schunter-Kleemann (2006, 55) stellt die Frage, ob die Vorstände und Führungsetagen der Organisationen, die im Gender Mainstreaming Konzept damit beauftragt sind, eine geschlechtssensible Gleichstellungspolitik Top Down umzusetzen, tatsächlich umsetzen werden. Die Gefahr besteht ihrer Meinung nach (2006, 55) darin, dass sich die Verantwortlichen mit eher bescheidenen Reorganisationsansätzen zufrieden geben, wie beispielsweise die Erhöhung der Frauenrepräsentanz in den mittleren Führungsetagen, während die wirklichen Diskriminierungsmuster in den unteren Hierarchieebenen, aber auch bei der Besetzung von Spitzenpositionen als nicht veränderbar angesehen werden. Besonders wichtig ist es, Bewusstsein darüber zu haben, dass eine Organisation immer einen Herrschaftsverband darstellt, in dem es um Machtausübung und Machterhalt geht (vgl. Schunter-Kleemann 2006, 56). Davon ausgehend, dass Gleichstellungsprogramme unter männlichen Bedingungen umgesetzt werden müssen, ist mit erheblichen Widerstandsstrategien von männlicher Seite, mitunter sogar offenen

Blockaden, und weniger mit breiter männlicher Unterstützung zu rechnen. Für Gender Mainstreaming bedeutet das, dass das Konzept imstande sein muss, die Mitglieder einer Organisation dazu zu bewegen, ihre bestehenden gesellschaftlichen Rollenstereotype zum Arbeitsmarkt abzulegen und dafür neue zu integrieren, welches letzten Endes zur Chancengleichheit zwischen den Geschlechtern hinsichtlich Entlohnung und Aufstiegschancen führt.

Nach der Betrachtung des theoretisch-konzeptionellen Bezugsrahmens wird nun im letzten Kapitel des theoretischen Teils erarbeitet, welche zentralen Thesen sich aus den Ausführungen im theoretischen Teil ergeben. Die bisherige theoretische Aufarbeitung der Forschungsfrage dieser Arbeit ist in diesem Sinne Voraussetzung für den empirischen Teil dieser Arbeit. Dabei stellt die Bildung der zentralen Thesen eine Ableitung und somit Grundlage für die empirische Untersuchung dar. Aus den zentralen Thesen werden jene Fragestellungen formuliert, die den Rahmen für das qualitative Expert/inn/en-Interview bilden, um im Anschluss daran eine Beantwortung der Forschungsfrage über eine qualitative Inhaltsanalyse der Interviews möglich zu machen.

7. Bildung von fünf zentralen Thesen unter Berücksichtigung des bisherigen theoretischen Aufbaus

In diesem Kapitel werden zunächst die wichtigsten Erkenntnisse aus den bisherigen theoretischen Ausführungen zusammengefasst und gleichzeitig auf Basis dessen zentrale Thesen als Grundlage für die empirische Untersuchung dieser Arbeit formuliert. Richtig verstanden und angewendet kann Gender Mainstreaming durch geeignete Maßnahmen eine Verbesserung der geschlechterspezifischen Lage am Arbeitsmarkt herbeiführen oder es kann, wenn das Konzept nicht richtig verstanden und angewendet wird, entweder die bestehende Situation manifestieren oder sogar noch verschlechtern. Wie bereits in den vorangegangenen Kapiteln ausführlich erarbeitet wurde, stecken in Gender Mainstreaming einerseits zweifellos Vorteile und Chancen, andererseits aber auch eine ganze Menge an Gefahren und Risiken, die bei der Umsetzung in arbeitsmarktpolitischer Hinsicht zu beachten sind. Während manche Expert/inn/en Gender Mainstreaming als die Strategie zur Gleichstellung von Frauen und Männern in allen Bereichen, vorrangig auch am Arbeitsmarkt, sehen, sind andere Expert/inn/en davon überzeugt, dass Gender Mainstreaming aufgrund der unklaren Ausgestaltung auf nationalstaatlicher Ebene zum Scheitern verurteilt ist. Es liegt daher nahe, für die Beantwortung der Forschungsfrage die Methode des qualitativen Expert/inn/en-Interviews auszuwählen; auf die Begründung für die Auswahl dieser Methode wird in einem späteren Kapitel noch näher eingegangen. Die Grundlage für die Expert/inn/en-Interviews bilden dabei jene zentralen Thesen, die im folgenden Abschnitt aus der Zusammenfassung der bisherigen theoretischen Ausführungen abgeleitet werden.

7.1. These 1: Die soziale Geschlechterkonstruktion wirkt sich auf die Umsetzung von Gender Mainstreaming Maßnahmen in der Arbeitsmarktpolitik aus

Gender Mainstreaming wurde ins Leben gerufen, um sicherzustellen, dass unter anderem bei jeder Thematik die Gender Perspektive eingenommen und mitgedacht wird, selbst dann bzw. gerade auch dann, wenn es anfangs so aussieht, als hätte die betrachtete Thematik nichts mit den Geschlechterverhältnissen zu tun, wie zum Beispiel in der Arbeitsmarktpolitik. Erst durch diese Vorgangsweise wird das Aufbrechen der dichotomen Konstruktion und Reproduktion von Geschlecht möglich, denn damit lässt sich herausarbeiten, dass viele Dinge, die in der Gesellschaft und Wirtschaft als „normal" empfunden werden, oftmals schon geschlechtsspezifische Merkmale und Festlegungen in sich tragen (vgl. Holzleithner 2002, 22). Für Welpe/Schmeck (2005, 76) liegt das Ziel von Gender Mainstreaming in der beständigen Veränderung der traditionellen Geschlechterverhältnisse, sowie in der Veränderung jener diskriminierenden Strukturen auf dem Arbeitsmarkt, die durch andauernde Reproduktion zu einer Ungleichbehandlung von Frauen und Männern betreffend Entlohnung und Aufstiegschancen führen.

Nach Bendl (2004, 56) soll mittels Gender Mainstreaming Gender in den Mainstream einfließen, und zwar weniger auf der Ebene des biologischen Geschlechts Sex, sondern vielmehr auf der Ebene des sozialen Geschlechts Gender. Michalitsch (2006, 21) weist aus differenztheoretischer Perspektive auf die Gefahr für Gender Mainstreaming hin, die männlichen Ordnungs-symbole eher zu bestätigen anstatt zu verändern. Ohne diese Neubewertung von Geschlecht besteht jedoch die Gefahr, dass die von Gender Mainstreaming angestrebte Anerkennung von Differenzen nur die patriarchalischen Zuschreibungen bekräftigt (vgl. Michalitsch 2006, 21). In der Praxis zeigt sich, dass bei der Implementierung von Gender Mainstreaming die Bedeutungsreflexion von Gender häufig darauf konzentriert wird, dass die Betrachtungsebene die Geschlechterverhältnisse im Sinne von Frauen *und* Männern sind (vgl. Leitner 2005, 15). Die soziale Konstruktion von Geschlecht, die diese Zweigeschlechtlichkeit hinterfragt, hat keine Bedeutung, im Gegenteil, die Ungleichheiten werden noch stärker betont und die vorhandenen Differenzen innerhalb der Kategorie der Frauen bzw. innerhalb der Männer bleibt im Hintergrund (vgl. Leitner 2005, 15). Nach Wetterer (2003, 138) führt das eher zu einer Fortführung der überlieferten, zweigeschlechtlichen Denk- und Deutungsschematas als zu deren Eliminierung.

Die Prozesse der horizontalen und vertikalen Segregation werden nicht vom Arbeitsmarkt schlechthin vorgenommen, sondern von Unternehmen und Organisationen, in denen Personalentscheidungen getroffen und Beförderungskriterien festgelegt werden (vgl. Peters 2003, 146). In diesem Sinne richtet sich Gender Mainstreaming jedoch nicht nur oder zuallererst an Frauen, sondern in erster Linie an viele Männer, denen erst klar gemacht werden muss, dass ihre als *Normalsicht* empfundene Perspektive in Wahrheit eine geschlechtsspezifische Perspektive ist. Die Erfassung und Bekämpfung von subtilen Formen der Diskriminierung aufgrund des Geschlechts sind nach Auer/Welte (2009, 194) wenig im Bewusstsein der relevanten Akteur/inn/en verankert. Umso wichtiger ist es, Entscheidungsträger/innen dafür zu gewinnen, Gender Mainstreaming und dessen Umsetzung als eine Gestaltungschance aufzufassen, von der alle profitieren können. Es liegt auf der Hand, dass mit erheblichem Widerstand jener zu rechnen ist, denen die bislang festgefahrenen Strukturen der Ungleichheit zu Vorteilen verhalfen, da es sich um eine Strategie handelt, die auf eine Veränderung der Strukturen abzielt. Nicht alle Welt – und am wenigsten die Männerwelt – hat nach Kuppe/Körner (2002, 202) auf Gender Mainstreaming gewartet und stürzt sich voller Optimismus in die Umsetzung. Es herrscht allgemein Skepsis darüber, ob der ‚Malestream' jemals von innen heraus verändert werden kann; Weinbach (2001, 11) zum Beispiel ist der Auffassung, dass man hier den Bock zum Gärtner gemacht hat, also den Patriarchen zum Akteur seiner eigenen Abschaffung. Dabei handelt es sich um die gleichen Widerstände, die auch schon der Frauenförderpolitik entgegengebracht wurden, denn Gender Mainstreaming erschüttert die über zwei Jahrtausende gewachsenen Grundfesten der Machtzuteilung, die verkürzt gesagt folgendes bedeuten: die produktive außerhäusliche Erwerbsarbeit gilt als Männerdomäne, die reproduktive Hausarbeit in der Familie als Frauendomäne (vgl. Preglau 2009, 115f). Die Verantwortung für die Umsetzung und den Erfolg von Gender Mainstreaming wird damit ausgerechnet jenen in die Hände gelegt, die bisher eine blockierende und uninteressierte Haltung gegenüber Gleichstellungspolitik eingenommen haben (vgl. Metz-Göckel 2002, 16). Damit stellt sich Gender Mainstreaming insgesamt als ein Konzept dar, welches die herrschenden Rollenaufteilungen – Stereotype – eher untermauert als aufbricht. Daraus leitet sich eine erste These ab:

> These 1: Maßnahmen aufgrund von Gender Mainstreaming in der Arbeitsmarktpolitik sind nur dann wirksam, wenn sie die Mechanismen der sozialen Geschlechterkonstruktion aufbrechen und damit Gleichstellung hinsichtlich Karrierechancen und Einkommen herstellen.

7.2. These 2: Die Wirksamkeit von Gender Mainstreaming Maßnahmen in der Arbeitsmarktpolitik hängt eng von der Gestaltung der Nachhaltigkeit in der Umsetzung ab

In der zweiten These wird auf den besonderen Stellenwert, den die Nachhaltigkeit der Umsetzung bei der Implementierung von Gender Mainstreaming Maßnahmen einnimmt, eingegangen. Gender Mainstreaming birgt die politische Idee und gleichzeitig Strategie, die unterschiedlichen Auswirkungen von politischem Handeln in Organisationen auf Frauen und Männer auf einer breiten gesellschaftlichen Ebene sichtbar zu machen (vgl. Schacherl 2003, 21f). Politische und unternehmerische Entscheidungsträger/innen sollen die Verantwortung übertragen bekommen, für mehr Gerechtigkeit, unter anderem auf dem Arbeitsmarkt, zwischen Männern und Frauen Sorge zu tragen (vgl. Schacherl 2003, 21f). Doch in der Praxis zeigen sich bei der Umsetzung des Konzepts weitreichende Problemstellungen, die sich auf verschiedene Ebenen beziehen. Es beginnt mit der Tatsache, dass es außer einer auf EU Ebene festgelegten einheitlichen Definition keine klare Aussage darüber gibt, was Gender Mainstreaming eigentlich ist (vgl. auch die Ausführungen in Kapitel 2.2.). Durch das fehlende Verständnis, was Gender Mainstreaming in der Praxis eigentlich bedeutet, stößt die Umsetzung des von Gender Mainstreaming implizit geforderten Gleichstellungszieles auf konzeptuelle und praktische Grenzen (vgl. Rubery 2002, 113). Dass ein fehlendes gemeinsames Verständnis für die Definition von Zielen und darauf aufbauend Gender Mainstreaming Maßnahmen nicht wirklich hilfreich ist, liegt auf der Hand. Das Konzept des Gender Mainstreaming sollte in der Realität zu einem Abbau der meist Männern zugestandenen Privilegien führen und damit eine gerechtere Aufteilung von Ressourcen – ob kultureller, materieller oder symbolischer Art – schaffen (vgl. Schacherl 2003, 23). Maßnahmen zur Umsetzung müssten einerseits von innen heraus durch Organisations-, Prozess- und Verfahrenswissen, andererseits von außen durch theoretisches Wissen über Frauenbenachteiligung und Geschlechterverhältnisse definiert und miteinander verbunden werden (vgl. Schunter-Kleemann 2006, 52). Dabei bleiben häufig die in jeder Organisation und Verwaltung herrschenden Machtstrukturen, die sowohl die Beurteilung der Ausgangslage als auch der erzielten Ergebnisse äußerst strittig machen, unberücksichtigt.

Auf EU Länderebene ist es vielfach den nationalen Gestalter/innen überlassen, Gender Mainstreaming auf die Verhältnisse im eigenen Land umzulegen und daraus konkrete Ziele und Maßnahmen zur Gleichstellung von Frauen und Männern auf dem Arbeitsmarkt abzuleiten. Abhängig von der politischen Einstellung der jeweiligen Regierung zu geschlechterspezifischen Fragestellungen fallen die Ziele und Maßnahmen naturgemäß sehr unterschiedlich aus. Dies ist weniger aus definitorischen oder semantischen Gründen so, sondern deshalb, weil offen ist, wie die neue Strategie von Gender Mainstreaming in der Realität aussehen und welche Wirkung es zeigen soll (vgl. Weg 2003a, 32). Gender Mainstreaming ersetzt nicht den notwendigen politischen Diskurs, wie die Geschlechterverhältnisse politisch zu gestalten sind, sondern soll formulierten Zielsetzungen über gezielte Maßnahmen zur besseren Umsetzung verhelfen (vgl. Stiegler 2002b, 22). Aus den bereits sehr subjektiven nationalen Zielsetzungen werden dann Maßnahmenpläne für die Umsetzung von Gender Mainstreaming erstellt, die ebenfalls nicht frei vom Zusammenspiel der politischen Kräfte des jeweiligen Landes sein dürften. Abgesehen von der Frage der Zielsetzungen muss aber als eine der wichtigsten Voraussetzungen für eine erfolgreiche Umsetzung von Gender Mainstreaming der unbedingte politische Wille angeführt werden, über die Implementierung von Gender Mainstreaming zu einer Gleichstellung von Frauen und Männern hinsichtlich Einkommen und Führungspositionen zu kommen.

Gerade dieser politische Wille ist oftmals nicht eindeutig erkennbar. Wesentlich für Gender Mainstreaming ist nach Weg (2003b, 177), dass die Verantwortlichen an der Spitze einer Regierung den politischen Willen zur Beachtung der Geschlechterperspektive und zur Realisierung des Chancengleichheitsziels zum Ausdruck bringen; der/die Arbeitsminister/in und nicht der/die Frauenminister/in muss als Leitbild vorgeben, dass Gender Mainstreaming Fachaufgabe, Querschnitts- und Gemeinschaftsaufgabe ist.

Verloo (2001, 13) vermutet, dass die Gender Problematik in der Politik als ein einfaches Problem angesehen wird und angenommen wird, dass einfache Gender Studien ausreichen, um das Problem zu lösen. Gender Studien an sich können aber das Problem in Wahrheit nicht lösen, wenn sie nicht mit einem laufenden Monitoring bzw. Evaluierung der vereinbarten Maßnahmen verbunden sind. Gerade das Monitoring und die Evaluierung der Wirksamkeit der eingeleiteten Maßnahmen ist ein wesentlicher Faktor für das Gelingen eines derartigen Konzeptes wie Gender Mainstreaming. Unmittelbar daran schließt die Frage nach der Durchsetzbarkeit von Gender Mainstreaming mit geeigneten Rechtsmitteln an. Denn wenn die Überprüfung der Maßnahmen Jahr für Jahr zeigt, dass sich an der Situation auf dem Arbeitsmarkt nichts geändert hat und Frauen nach wie vor benachteiligt werden, ist zu überlegen, wie die von der EU vorgegebene, zwingende Umsetzung von Gender Mainstreaming rechtlich eingefordert werden kann. Bislang liegen keine politisch autorisierten bzw. rechtlich verbindlichen Definitionen von Gender Mainstreaming vor (vgl. Krell/Mückenberger/Tondorf 2008, 100). Weder von der EU noch auf nationaler, also österreichischer Ebene, wurden Sanktionen definiert, die bei Nichteinführung bzw. Nichteinhaltung von Gender Mainstreaming zum Tragen kommen. Eine rechtliche Verbindlichkeit, eine Klagebefugnis und Sanktionen bei Nichteinhaltung von Gender Mainstreaming wären einerseits sehr hilfreich und würden ein wichtiges Signal setzen, dass es wirklich ernst gemeint ist. Andererseits muss man sich bewusst sein, dass Gesetze und die Möglichkeit zur Klage die Situation nicht von einem Tag auf den anderen ändern. Aber es ist ein Aspekt, den man keinesfalls vergessen darf und Weg (2003a, 41) bezeichnet es als wichtige Debatte, die fehlende rechtliche Durchsetzbarkeit von Gender Mainstreaming zu kritisieren und zu überlegen, wie das Instrument durch Verrechtlichung gestärkt werden kann.

Bluth (2004, 64) anerkennt in diesem Zusammenhang zwar die formalen Voraussetzungen für das Recht auf Arbeit und gleiche Arbeitsbedingungen, stellt aber fest, dass die derzeitige Konstruktion des Arbeitsmarktes strukturell auf den männlichen Lebenszyklus ausgerichtet ist, was Frauen von vornherein auf dem konkurrierenden Markt von schlechteren Bedingungen ausgehen lässt. Bluth (2004, 64f) kritisiert, dass die derzeitige Rechtslage nicht berücksichtigt, dass die Wahrnehmung der Rechte stark abhängig von Gesellschaftsschicht und Bildung und demnach manchen Frauen leichter zugänglich sind als anderen (vgl. Bluth 2004, 64f). Damit sind zusammengefasst folgende Faktoren für die Gestaltung der Umsetzung von Gender Mainstreaming in der Arbeitsmarktpolitik maßgeblich:

- der unbedingte politische Wille
- die exakte Definition von Zielvereinbarungen und daraus abgeleitete Maßnahmen
- das laufende Monitoring und die Evaluierung
- die rechtliche Durchsetzbarkeit bei Nichterfüllung.

Aus den Ausführungen dieses Kapitels ergibt sich folgende zweite These:

> These 2: Die Bewertung, ob Gender Mainstreaming Maßnahmen in der Arbeitsmarktpolitik die beabsichtigte Wirkung erreichen, nämlich gleiches Entgelt für gleiche Arbeit und gleiche Aufstiegschancen für Frauen und Männer, steht in engem Zusammenhang mit der Nachhaltigkeit in der Umsetzung.

7.3. These 3: Die geschlechtsblinde Haltung von Organisationen verhindert eine Auseinandersetzung mit dem Thema Gleichstellung und die Nutzung eines ökonomischen Vorteils

Die dritte These thematisiert die geschlechtsblinde Haltung von Organisationen und deren Auswirkung auf das Gleichstellungsziel. Organisationsforschung beschäftigt sich unter anderem mit dem Zusammenhang von Organisation und Geschlecht und der damit einhergehenden Klärung der Frage, ob und wie gesellschaftliche Probleme der sozialen Ungleichheit zwischen Frauen und Männern beobachtet werden können und wie sie in und durch die Organisationen reproduziert werden (vgl. Wilz 2008, 506). Dazu gehören die ungleiche Entlohnung ebenso wie die ungleichen Chancen bei Karriere und Aufstieg von Frauen und Männern in Unternehmen und Organisationen. Wie Lehner (2002, 19f) herausarbeitet, wendet sich die Frauenforschung erst seit den 80er Jahren den inneren Prozessen von Organisationen zu, davor wurden Organisationen wie Verwaltung oder Unternehmen in erster Linie als Reproduzenten gesellschaftlicher Diskriminierung angesehen und nicht als mögliche Gestalter bei der Herstellung bzw. Auflösung von geschlechtsspezifischen Ungleichheiten. Moderne Organisationstheorien sehen nach Bendl (2005, 65) Organisationen als gender-neutrale Strukturen an und betrachten sie demgemäß durch eine gender-neutrale Brille. Bendl (2005, 65) sieht daher eine Verlagerung der Diskussion über Geschlecht in Organisationen weg von der bisherigen Frage, was „geschlechtliche Organisationen“ sind, hin zu einer postmodernen, gender-orientierten Prozessperspektive, die eher danach fragt, wie Organisationen „geschlechtlich“ werden. Ähnlich argumentieren Aaltio/Mills (2002, 5), die feststellen, dass unabhängig von einer extensiven Weiterentwicklung der Wissenschaft über Gender und Organisationen inklusive der Debatte über Organisationskulturen die Beziehung zwischen organisationalem Handeln und Gender weiterhin ignoriert wird. Zwei wichtige Gründe, die Acker (1998, 300) nennt, warum eine systematische Theorie von Geschlecht und Organisation notwendig ist, sind aus seiner Sicht erstens die geschlechtsspezifische Segregation am Arbeitsmarkt und zweitens die bestehende Ungleichheit bei Status und Einkommen zwischen Frauen und Männern, die in organisationalen Prozessen hervorgebracht werden. Erst das Verständnis über die Prozesse bringt in diesem Zusammenhang das richtige Verständnis über Ungleichbehandlung in Organisationen.

Ein weiterer Aspekt ist, dass durch die geschlechtsneutrale Haltung von Organisationen nicht nur die Möglichkeit verloren geht, über organisationale Prozesse eine Veränderung bei Entlohnung und Karrierechancen herbeiführen zu können, sondern auch der große Vorteil für Unternehmen, über diese Veränderung ökonomische Vorteile generieren zu können. Einige Wissenschaftler/innen sehen gerade auch vor allem den ökonomischen Aspekt des Gender Mainstreamings als einen der zentralen Punkte des Konzeptes als Chance an. So argumentiert zum Beispiel Bendl (2006, 71), dass sich die Europäische Union im Vertrag von Lissabon zum Ziel gesetzt hat, einer der führenden Wirtschaftsräume im internationalen Wettbewerb der Globalisierung zu werden und dies könne nur durch die bestmögliche Nutzung aller Humanressourcen passieren und daher auch jener, die bislang aufgrund von Geschlechterdiskriminierung unberücksichtigt blieben. Rosenbichler (2006, 122) unterstreicht in diesem Zusammenhang die Balance zwischen dem wirtschafts- und gesellschaftspolitischen Nutzen, der durch den Einsatz von Gender Mainstreaming erreicht werden kann. Sie ortet Hoffnung in der Dynamisierung der Gesellschaft, und zwar in einer erhöhten Dynamik in der Wirtschaft und am Arbeitsmarkt, weist jedoch darauf hin, dass die Implementierung von Gender Mainstreaming dem Erreichen von Gleichstellungszielen dienen kann, diese aber nicht garantiert (vgl. Rosenbichler 2006, 122). Für Schmidt (2001, 45ff) sind es weniger die Argumente der Frauenbewegung als vielmehr die Überlegungen zur ökonomischen Effizienz, die den Motivationshintergrund für die Umsetzung von Gender Mainstreaming als Strategie zur Durchsetzung der Geschlechtergerechtigkeit bilden. Schmidt (2001, 45ff) argumentiert, dass es sich die Europäische Union schlicht und einfach nicht leisten könne, Qualifikationspotenziale von Frauen durch Diskriminierung brach liegen zu lassen. Ähnlich sehen es Welpe/Schmeck (2005, 79), für die die Umsetzung des

Gender Mainstreaming Prinzips in wirtschaftlichen Unternehmen zu einer größeren Attraktivität der Organisation für die besten Human Ressourcen auf dem Arbeitsmarkt führen kann, damit in weiterer Folge zu einem wertmaximierenden Einsatz weiblichen und männlichen Humankapitals in Organisationen beitragen und die Produktivität durch erhöhte Leistungsbereitschaft der Mitarbeiter/innen in Unternehmen steigern.

> These 3: Durch die geschlechtsblinde Haltung von Organisationen wird eine intensive Auseinandersetzung mit dem Thema Chancengleichheit bei Entlohnung und Karriere verhindert und daraus resultierend der ökonomische Vorteil von Gender Mainstreaming Maßnahmen nicht genutzt.

7.4. These 4: Das Gleichstellungsziel bei Entlohnung und Aufstiegschancen setzt aufgrund der sozialen Konstruktion von Organisationen eine Änderung der herrschenden Rollenbilder voraus

Die vierte These beschäftigt sich mit der sozialen Konstruktion von Organisationen und setzt eine Änderung der geschlechtsspezifischen Rollenbilder voraus, um Gleichstellung bei Einkommen und Führungspositionen zu erzielen. An dieser Stelle sei nochmals an vorangegangene Ausführungen erinnert, wonach konstruktivistisch inspirierte Genderforschung davon ausgeht, dass Geschlecht nichts ist, was unveränderlich vorgegeben ist, sondern durch Handlung und Kommunikation beeinflusst, das heißt konstruiert wird. Nach Hackl (2006, 12) sind Prozesse der Vergeschlechtlichung von Arbeit integraler Bestandteil der sozialen Konstruktion von Geschlecht auf organisatorischer Ebene. Jeder Arbeit wird ein bestimmtes Geschlecht zugewiesen, indem der Arbeitsmarkt in Frauen- und Männerarbeit, Frauen- und Männerberufe und geschlechtsspezifische Branchen und Arbeitsplätze aufgeteilt wird. Durch die andauernde soziale Konstruktion der Wechselwirkung zwischen den Arbeitsplätzen und den Arbeitenden wird die Analogie zwischen dem Geschlecht der Arbeit und dem Geschlecht der Arbeitenden in Organisationen fortwährend bestätigt. Nach Wetterer (2001, 199f) bringt jedoch eine Plausibilitätsprüfung dieser Vergeschlechtlichung und der Stimmigkeit der Analogien die Erkenntnis mit sich, dass es sich dabei um reine Konstrukte handelt, die aus diesem Grund aber auch neu gestaltet werden können. Dieses Phänomen eröffnet für Gender Mainstreaming die Möglichkeit, auf die gesellschaftliche Realität Einfluss zu nehmen und letzten Endes das angestrebte Ziel, eine Gleichstellung von Frauen und Männern auf dem Arbeitsmarkt zu bewirken, auch zu erreichen.

Nach Ansicht von Leitner (2005, 14) wird jedoch auf diese Erkenntnis viel zu wenig Rücksicht genommen und Gender Mainstreaming bleibt ihrer Ansicht nach viel zu stark den traditionellen und am natürlichen Geschlecht orientierten Rollenbildern verhaftet. Sie argumentiert, dass dies häufig auf den fehlenden Bezug zur feministischen Theorie zurückgeführt wird, denn es werden im Gender Mainstreaming Ansatz zwar Begriffe wie Gleichheit, Differenz oder Gender verwendet, doch die Repräsentant/innen der jeweiligen Strömungen bleiben im Hintergrund (vgl. Leitner 2005, 14). Nach Wilz (2008, 510) ist mit Arbeits- und Organisationsprozessen immer auch die Darstellung und Zuschreibung von adäquater Geschlechtlichkeit verknüpft. Die Ungleichbehandlung von Männern und Frauen auf dem Arbeitsmarkt hat nach Ansicht von Biffl (2009, 149) ihre Wurzeln in den unterschiedlichen Rollen, die Männer und Frauen in der Organisation der Erwerbsarbeit und der Familienarbeit von der Gesellschaft zugewiesen bekommen. In Organisationen erfolgt die unterschiedliche Verteilung von Einkommen, Aufgaben und Positionen zwischen Frauen und Männern nicht zufällig, sondern auf systematische Art und Weise (vgl. Wilz 2008, 508). Diese Segregation wird durch die gesellschaftliche Trennung von Produktions- und Reproduktionsarbeit (Frauen leisten Familienarbeit, Männer Erwerbsarbeit mit allen daran geknüpften Konnotationen) in den Strukturen von Organisationen übernommen und verankert (vgl. Wilz 2008, 508).

Gender Mainstreaming muss, will es eine Veränderung auf dem Arbeitsmarkt bewirken, daran ansetzen: an der Betrachtung der Prozesse der Geschlechterkonstruktion und wie diese verändert werden müssen, um das Ziel der Gleichstellung von Frauen und Männern auf dem Arbeitsmarkt in der Zukunft erreichen zu können. Es ist nach Weg (2003b, 186) in diesem Zusammenhang besonders wichtig, dass Gender Mainstreaming zu einer neuen Sichtweise auf die Strukturen des Beschäftigungssystems führt. Weg (2003b, 186) fordert deshalb, dass sich die vor allem männlichen Entscheidungsträger in Politik und Wirtschaft endlich damit auseinander setzen müssen, dass die männlich gestaltete Arbeitswelt nicht nur Frauen diskriminiert, sondern auch für Männer nicht zukunftsfähig ist. Daraus ergibt sich folgende vierte These:

These 4: In der Arbeitsmarktpolitik werden Maßnahmen zur Gleichstellung von Frauen und Männern hinsichtlich des Einkommens und des Zugangs zu Führungspositionen definiert, in der Praxis können diese Maßnahmen aber nur dann volle Wirkung zeigen, wenn die Mitglieder von Organisationen die herrschenden Rollenbilder ablegen und neue integrieren.

7.5. These 5: Die Anwendung von Gender Mainstreaming kann über das Prinzip Reorganisation und Change Management Chancengleichheit in Organisationen herbeiführen

In der fünften und letzten These wird Reorganisation und Change Management als ein wesentlicher Bestandteil für das Erreichen des Gleichstellungsziels beschrieben. Gender Mainstreaming gibt, wenn es als Change Management angesehen wird, die Möglichkeit, den bisherigen Zustand der politischen Blindheit in Bezug auf Geschlechterdifferenzierungen in der Praxis zu ändern, indem Gender Mainstreaming den Übergang von diesem Zustand zur Erkenntnis bewirkt, dass Differenzierungen innerhalb der Geschlechtergruppen notwendig sind. Das Change Management bildet dabei die Basis für die Umsetzung des Gender Mainstreaming Konzeptes in Politik und Verwaltung. Gerade deshalb, weil Veränderungen von Arbeitsstrukturen und Arbeitsgewohnheiten sich oftmals so schwierig und langwierig gestalten, kann Gender Mainstreaming nur auf den Strukturen und dem Engagement bisheriger Frauen- und Gleichstellungspolitik aufsetzen: dabei steht nicht der Ersatz des einen Konzeptes durch das andere im Vordergrund, sondern eine wirkungsvolle Verzahnung der beiden Strategien. Während Förderprogramme über spezifische Maßnahmen Benachteiligungen und Ungleichgewichte – eher kurz- und mittelfristiger Natur – kompensieren sollen, muss Gender Mainstreaming durch konzeptionelle und strukturelle Interventionen – eben durch Change Management – für langfristige Veränderungen Sorge tragen (vgl. Kuppe/Körner 2002, 205).

Will Gender Mainstreaming im Hinblick auf das Lohn- und Gehaltsgefälle zwischen den Geschlechtern und den Aufstiegschancen von Frauen in Organisationen eine Veränderung bewirken, so bedarf es besonderer Anstrengungen, um eine Reorganisation zu initiieren. Diese Anstrengungen müssen das Ziel haben, die Organisationsmitglieder dazu zu bewegen, die bislang gültigen subjektiven Theorien über Bord zu werfen und neue Theorien anzunehmen (vgl. Kieser 2002, 306f). Organisatorische Änderungen beruhen also auf dem Herstellen von Kommunikationsstrukturen, die die Entwicklung neuer Interpretationsschemata und neuer Handlungen für die Mitglieder der Organisation unausweichlich machen (vgl. Kieser 2002, 307). Nach Bea/Göbel (2002, 166) ist es demnach nicht ausreichend, Regeln auszugeben, sondern diese müssen auch klar verstanden und von jedem einzelnen Organisationsmitglied verinnerlicht werden, damit sie von den Organisationsmitgliedern richtig gelebt werden. Rosenbichler/Schörghuber (2007, 21) arbeiten in ihrem integrativen Konzept Gender Mainstreaming heraus, dass Gleichstellungsorientierung und Geschlechtergerechtigkeit auf einen Wechsel der Interpretationsschemata in Organisationen abzielt. Sie verwenden als Hintergrundtheorien für das Konzept Gender Mainstreaming als Systementwicklung konstruktivistische Zugänge für die Wahrnehmung und Beschreibung von Organisationen und Systemen. Daraus resultiert für die Autor/innen (2007, 22), dass für ein Gender Mainstreaming Projekt nicht nur Gleichstellungsziele entwickelt werden müssen, sondern auch alle Prozesse und Strukturen auf deren Wirkung auf Geschlecht, Geschlechterkonstruktionen und Konstruktion von Geschlechterverhältnissen zu reflektieren sind.

Im Grundgedanken geht Gender Mainstreaming davon aus, dass in den nationalen Verfassungen die Gleichstellung von Frauen und Männern zwar per Gesetz vollzogen ist, jedoch Geschlechterhierarchie und -stereotype sich in den sozialen Systemen und Organisationen gehalten haben (vgl. Peters 2003, 153). Der Fokus des Ansatzes konzentriert sich darauf, mittels nationaler Regelungen die Lebensbedingungen der Menschen zu unterstützen und neue Beschäftigungsverhältnisse und neue Ordnungen für das Arbeits- und Familienleben zu etablieren. Diese neuen Ordnungen des Arbeits- und Familienlebens sollen nach Peters (2003, 154) im Interesse von Geschlechtergerechtigkeit Frauen als gleichberechtigte Akteurinnen anerkennen und den Zugang zu Spitzenpositionen sowie Einkommensgerechtigkeit ermöglichen. Voraussetzung dafür ist, dass die bisherigen Ordnungen der Arbeits- und Familienverhältnisse über hange Management aufgehoben werden und Arbeit und Leben für beide Geschlechter in neuen Ordnungen in einer neuen Perspektivenvielfalt zugelassen wird (vgl. Peters 2003, 154).

An dieser Stelle wird nochmals ausdrücklich an die Ausführungen in Kapitel sechs erinnert, nach denen man in Anlehnung an die herrschenden konstruktivistischen Organisationstheorien formulieren kann, dass auch Gender Mainstreaming eine Art von Reorganisation ist, d.h. dass die eingeleiteten Maßnahmen eine Änderung in den Denk- und Handlungsmustern der Mitglieder herbeiführen sollen. Der Begriff Reorganisation wird in der allgemein gültigen und anerkannten Definition des Europarates (1998) zu Gender Mainstreaming explizit angeführt: „Gender Mainstreaming besteht in der (Re-)Organisation, Verbesserung, Entwicklung und Evaluierung politischer Prozesse mit dem Ziel, eine geschlechterbezogene Sichtweise in allen politischen Konzepten auf allen Ebenen und in allen Phasen durch alle an politischen Entscheidungen beteiligten Akteure und Akteurinnen einzubeziehen." Die fünfte und letzte These lautet daher:

> These 5: Nur durch eine konsequente Anwendung von Gender Mainstreaming Maßnahmen in Organisationen kann über das Prinzip Reorganisation und Change Management Chancengleichheit von Frauen und Männern bei der Entlohnung und bei den Aufstiegschancen herbeigeführt werden.

Nachstehend werden die fünf zentralen Thesen nochmals übersichtlich zusammengefasst:

These 1: Maßnahmen aufgrund von Gender Mainstreaming in der Arbeitsmarktpolitik sind nur dann wirksam, wenn sie die Mechanismen der sozialen Geschlechterkonstruktion aufbrechen und damit Gleichstellung hinsichtlich Karrierechancen und Einkommen herstellen.

These 2: Ob Gender Mainstreaming Maßnahmen in der Arbeitsmarktpolitik die beabsichtigte Wirkung erreichen, nämlich gleiches Entgelt für gleiche Arbeit und gleiche Aufstiegschancen für Frauen und Männer, steht in engem Zusammenhang mit der Nachhaltigkeit in der Umsetzung.

These 3: Durch die geschlechtsblinde Haltung von Organisationen wird eine intensive Auseinandersetzung mit dem Thema Chancengleichheit bei Entlohnung und Karriere verhindert und daraus resultierend der ökonomische Vorteil von Gender Mainstreaming Maßnahmen nicht genutzt.

These 4: In der Arbeitsmarktpolitik werden zwar Maßnahmen zur Gleichstellung von Frauen und Männern hinsichtlich des Einkommens und des Zugangs zu Führungspositionen definiert, in der Praxis können diese Maßnahmen aber nur dann volle Wirkung zeigen, wenn die Mitglieder von Organisationen die herrschenden Rollenbilder ablegen und neue integrieren.

These 5: Nur durch eine konsequente Anwendung von Gender Mainstreaming Maßnahmen in Organisationen kann über das Prinzip Reorganisation und Change Management Chancengleichheit von Frauen und Männern bei der Entlohnung und bei den Aufstiegschancen herbeigeführt werden.

Mit dieser Übersicht über die fünf zentralen Thesen schließt der erste Teil der vorliegenden Arbeit ab. Im zweiten Teil der Dissertation erfolgen nun die Darstellung des methodische Rahmens, die Beschreibung, Analyse und Zusammenfassung der Ergebnisse aus den Interviews sowie die Interpretation der Ergebnisse entlang den fünf zentralen Thesen. Das letzte Kapitel im empririschen Teil bilden die Empfehlungen für die weitere Umsetzung.

B. Teil 2:

Gleichstellung durch Gender Mainstreaming

8. Methodischer Rahmen

Die vorliegende Arbeit ist im Rahmen der qualitativen Sozialforschung angelegt. Im Folgenden wird zunächst kurz auf qualitative Sozialforschung im Allgemeinen eingegangen und daran anschließend die Auswahl der eigenen Forschungsmethode und das Vorgehen in der empirischen Arbeit dargestellt. Wie in Kapitel sechs ausführlich beschrieben, wird der theoretisch-konzeptionelle Bezugsrahmen dieser Arbeit einerseits durch Gendertheorien und andererseits durch Organisationstheorien gebildet. In soziologischen Studien und in der Genderforschung hat die qualitative Forschung in den letzten Jahren zwar an Bedeutung gewonnen, auf die Betriebswirtschaftslehre hatte sie aber bislang keinen großen Einfluss (vgl. Brettschneider 2008, 93). Denn qualitatives Denken wurde in den meisten Disziplinen lange Zeit als nicht aussagekräftig eingestuft, jedoch ist in den letzten Jahrzehnten eine Trendwende zu erkennen (vgl. Brettschneider 2008, 94). Im Rahmen von Organisationskulturforschung wird nach Brettschneider (2008, 93) meist von einer Kombination von qualitativen und quantitativen Methoden gesprochen.

8.1. Qualitative Sozialforschung

Qualitative Sozialforschung versteht sich als Methode, die qualitative Daten erhebt und auswertet, wobei diese Daten im Gegensatz zur quantitativen Sozialforschung nicht mit Häufigkeiten, Mengenangaben und Zahlenreihen operiert (vgl. Brettschneider 2008, 93). Während in der quantitativen Sozialforschung die maximal mögliche Standardisierung von Fragebögen, Interviewverhalten und Interviewsituation das Maß aller Dinge ist, begegnet man dieser Forschungsstrategie in der qualitativen Sozialforschung mit erheblichem Misstrauen (vgl. Diekmann 2003, 443). Nach Diekmann (2003, 445) arbeitet die qualitative Sozialforschung mit Stichproben von wesentlich kleinerem Umfang als in der quantitativen Sozialforschung, dafür versucht man aber, verstärkt in die Tiefe zu gehen, indem das gewonnene Material intensiver ausgewertet wird, anstelle nur auf statistische Kennwerte zu verdichten. Qualitative Sozialforschung orientiert sich an der Vorstellung, dass Handlungen, die von Menschen ausgeführt werden, über Subjektbezogenheit analysiert und interpretiert werden müssen. Dieses sogenannte „interpretative Paradigma“ geht davon aus, dass Handlungen grundsätzlich durch Interpretationen konstruiert sind und somit auch Forschung als interpretativer Prozess angelegt sein muss (vgl. Kieser 2002,15f). Qualitative Forschung ist dabei nach Diekmann (2033, 444) an der Subjektperspektive, also an den „Sinndeutungen" der Interviewpartner/innen interessiert.

8.1.1. Auswahl der Untersuchungsmethode

Die Begründung, warum für die Beantwortung der Forschungsfrage der konstruktivistische Ansatz und damit in weiterer Folge die qualitative Untersuchungsmethode gewählt wurde, ist bereits in Kapitel sechs ausführlich behandelt worden. Deshalb erfolgt an dieser Stelle nur noch eine kurze Zusammenfassung für diese Begründung: das Einbeziehen von Gender in Organisationstheorien ist eine wichtige Voraussetzung für eine Untersuchung, inwieweit Gender Mainstreaming überhaupt Einfluss auf Organisationen nehmen kann. Bezogen auf Maßnahmen, die die Arbeitsmarktpolitik im Rahmen von Gender Mainstreaming zur Erreichung von Gleichstellung auf dem Arbeitsmarkt vorgibt, kann davon ausgegangen werden, dass diese Interpretationen sehr unterschiedlich ausfallen werden. Einen wesentlichen Faktor stellen die Mechanismen dar, mit denen Geschlecht in den Organisationen konstruiert wird, wobei vor allem sozial-konstruktivistische Ansätze ihre Aufgabe darin sehen, die Relativität und Bedingtheit von Organisationsstrukturen und -kulturen sichtbar zu machen (vgl. Kieser 2002, 297). Für eine erfolgreiche Umsetzung von Gender Mainstreaming Maßnahmen ist das Wissen um diese sozial konstruierten Geschlechterdifferenzen in Organisationen essentiell, denn in Anlehnung an die herrschenden konstruktivistischen Organisationstheorien kann man formulieren, dass Gender Mainstreaming eine Art von „Reorganisation" ist, d.h. dass die eingeleiteten Maßnahmen eine Änderung in den Denk- und Handlungsmustern der Mitglieder herbeiführen sollen.

Im Gegensatz zum objektivistischen Ansatz geht die konstruktivistisch inspirierte Genderforschung davon aus, dass Geschlecht nichts ist, was man hat, sondern durch Handlung und Kommunikation konstruiert wird. Die Prozesse der Vergeschlechtlichung von Arbeit sind integraler Bestandteil der sozialen Konstruktion von Geschlecht, und zwar nicht nur auf personeller sondern auch auf institutioneller, also organisatorischer Ebene (vgl. Hackl 2006, 12). Wie bereits in den vergangenen Kapiteln aufgezeigt wurde, wird jeder Arbeit ein bestimmtes Geschlecht zugewiesen, indem der Arbeitsmarkt in Frauen- und Männerarbeit, Frauen- und Männerberufe und geschlechtsspezifische Branchen und Arbeitsplätze aufgeteilt wird. Die andauernde soziale Konstruktion der Wechselwirkung zwischen den Arbeitsplätzen und den Arbeitenden bestätigt die Analogien zwischen dem Geschlecht der Arbeit und dem Geschlecht der Arbeitenden. Unterzieht man jedoch die Plausibilität dieser Vergeschlechtlichung und die Stimmigkeit der Analogien einer genaueren Betrachtung, werden diese als ein reines Konstrukt entlarvt, welches aus diesem Grund aber auch neu gestaltet werden kann (vgl. Wetterer 2001, 199f). Daran muss Gender Mainstreaming ansetzen: an der Betrachtung der Prozesse der Geschlechterkonstruktion und wie diese verändert werden müssen, um das Ziel der Gleichstellung von Frauen und Männern auf dem Arbeitsmarkt in der Zukunft erreichen zu können. Neuere Ansätze in der Organisationsforschung machen deutlich, dass Organisationen nach Regeln ablaufen, die die Akteur/inn/en selbst bestimmen und verändern, denn die organisationale Wirklichkeit ist aus dieser Perspektive nicht objektiv vorgegeben, sondern das Ergebnis einer sozialen Konstruktion (vgl. Kieser 2002, 12). Das interpretative Paradigma beruht dabei auf der Annahme, dass soziale Realitäten nicht aufgrund harter Tatsachen oder Fakten erforscht werden können, sondern von den Mitgliedern einer sozialen Gesellschaft konstruiert und unterschiedlich interpretiert werden (vgl. Kieser 2002, 16). Deshalb muss der/die Forscher/in in diesem Fall vom/von der objektiven Betrachter/in zum/zur Teilnehmer/in werden, der das subjektive Verhalten der Mitglieder erforscht. Die qualitative Forschung bezieht nach Brettschneider (2008, 95) die forschende Person mit ein, indem diese den kompletten Forschungsprozess bestimmt und dieser Umstand findet in der Dokumentation und Auswertung dieser Arbeit seinen Niederschlag.

8.1.2. Die Problematik der qualitativen Methoden

Während in der quantitativen Sozialforschung eine Objektivität durch vorgegebene, standardisierte Berechnungen ermöglicht wird, ist es nach Brettschneider (2008, 120) für qualitative Forschung ebenso wichtig, Qualitätskriterien zu entwickeln, die dieser Forschungsmethode gerecht werden. In den letzten Jahren ist eine bis heute andauernde Diskussion entbrannt, was genau Qualität in der qualitativen Forschung ist und wie diese bewiesen werden kann (vgl. Mayring 2002, Lamnek 2005). Es gibt zwar verschiedene Auffassungen, aber ein klarer, pragmatischer Leitfaden für die Herangehensweise hat sich noch nicht herausgebildet. Nach Flick (2007a, 189ff) sind beim gegenwärtigen Stand der Diskussion konkret-pragmatische Antworten auf die Frage, wie die Qualität einer qualitativen Studie abgesichert werden kann, eher als schwierig zu bezeichnen, mehr noch, es steht in Zweifel, ob es überhaupt jemals möglich sein wird, diese Frage allgemeingültig zu beantworten. Diekmann (2003, 451) benennt drei Problemzonen bei der Anwendung qualitativer Methoden: die Auswahl der Stichprobe, die Reliabilität und Validität der gewonnenen Daten und die Datenauswertung.

In diesem Zusammenhang stellt sich immer wieder die Frage, ob die Gütekriterien der quantitativen Forschung auch auf die qualitative Forschung umgesetzt werden können oder ob die qualitative Forschung ganz andere, eigene Kriterien benötigt. Nach Steinke (2000, 319ff) lassen sich drei Grundpositionen in der Diskussion über Qualitätskriterien qualitativer Forschung ausmachen: die erste Grundposition vertritt die Meinung, quantitative Kriterien seien auf qualitative Forschung übertragbar, die zweite Grundposition lehnt die Definition von Kriterien für die qualitative Forschung generell ab, während die dritte Grundposition für die Formulierung von eigenen, geeigneteren Kriterien eintritt. Mayring (2002, 141ff) bezeichnet insbesonders die in der quantitativen Sozialforschung vorherrschenden Gütekriterien Validität und Reliabilität als „wenig tragfähig" und empfiehlt folgende sechs alternative Gütekriterien für die qualitative Sozialforschung:

- Verfahrensdokumentation,
- Argumentative Interpretationsabsicherung,
- Regelgeleitetheit,
- Nähe zum Gegenstand,
- Kommunikative Validierung,
- Triangulation.

Für Lamnek (1993, 157) bleibt dabei allerdings die Frage offen, ob es sich bei diesen von Mayring vorgeschlagenen Gütekriterien um Zielvorgaben und Prüfsteine für die qualitative Sozialforschung handelt, oder ob damit einfach grundlegende Ausgangspositionen für jeden qualitativen Forschungsprozess beschrieben werden und die Anwendung dieser Gütekriterien nur in den sich gegenüberstehenden Paradigmen in differenzierender Weise erfolgt. Für Brettschneider (2008, 121) bleiben die wichtigsten Qualitätsmerkmale der qualitativen Forschung weiterhin die Nachvollziehbarkeit und die Dokumentation des Forschungsprozesses. Nach Steinke (2000, 324) ist eine „intersubjektive Nachvollziehbarkeit" herzustellen, die hauptsächlich über die Dokumentation des Forschungsprozesses erfolgen kann. Damit sind Beschreibung, Dokumentation über Erhebungsmethoden, Transkriptionsregeln, Daten, Auswertungsmethoden und Informationsquellen gemeint. In dieser Arbeit wurde daher im folgenden besonderer Wert auf die konkrete Darstellung des Forschungsprozesses gelegt.

8.1.3. Qualitative Evaluationsforschung

Evaluationsforschung beinhaltet nach Bortz/Döring (2006, 96) „die systematische Anwendung empirischer Forschungsmethoden zur *Bewertung* des

Konzeptes, des Untersuchungsplanes, der Implementierung und der Wirksamkeit sozialer Interventionsprogramme". Verkürzt ausgedrückt befasst sich Evaluationsforschung mit der Überprüfung der Wirkungen und/oder Folgen einer Maßnahme oder Intervention (vgl. Bortz/Döring 2006,102). Nach Flick (2006a, 19) wird qualitative Evaluationsforschung dabei vor allem dann aufschlussreich sein, wenn es ihr gelingt, die unterschiedlichen – subjektiven – Beurteilungen verschiedener Beteiligter zu erfassen und über deren Vergleich zu einer *Bewertung* zu gelangen. Als geeignete Zugänge in diesem Zusammenhang nennt Flick (2006a, 19) Interviews oder Gruppendiskussionen. Weiters ist für Flick (2006a, 20) qualitative Evaluationsforschung dann aufschlussreich, wenn sie berücksichtigt, dass ein methodisches Spektrum notwendig ist und verfügbar sein sollte, mehr als die strikte Bindung an eine spezielle Methode oder an einen methodischen Ansatz. Stockmann (2006, 23) verweist in diesem Zusammenhang darauf, dass der methodische Rigorismus in den letzten Jahrzehnten durch das konstruktivistische Paradigma stark in Frage gestellt wurde. Das Vorhandensein einer einzigen, wahren Realität wird nach Stockmann (2006, 23) von den Anhängern dieses Ansatzes bestritten und stattdessen angenommen, dass Realität aus verschiedenen Perspektiven sozial konstruiert wird. Diese Auffassung erfordert deshalb auch bei Evaluationen eine andere wissenschaftliche Herangehensweise als ein analytisch-nomologisches Evaluationskonzept (vgl. Stockmann 2006, 23).

Für Kromrey (2001, 106) ist Evaluation „zielorientiertes Informationsmanagement" und im allgemeinsten Sinne „jede methodisch kontrollierte, verwertungs- und bewertungsorientierte Form des Sammelns, Auswertens und Verwertens von Informationen". Die Besonderheit der Evaluierung im Rahmen der Sozialforschung liegt für Kromrey (2001, 112) nicht in der Methodik der Datengewinnung oder in der Begründung und Absicherung von Aussagen, sondern vielmehr in der gewählten Perspektive, die der/die empirisch-wissenschaftliche Evaluator/in einzunehmen hat: „Erfüllt der zu evaluierende Gegenstand den ihm zugeschriebenen Zweck? Wie muss bzw. wie kann er gegebenenfalls verändert werden, damit er den vorgesehenen Zweck besser erfüllt?" Angewandt auf die vorliegenden Arbeit bedeutet das die Überprüfung, ob Gender Mainstreaming den zugeschriebenen Zweck (in diesem Fall Gleichstellung von Frauen und Männern bei Einkommen und Führungspositionen) erfüllt und was gegebenenfalls verändert werden muss, damit der vorgesehene Zweck besser erfüllt wird.

8.2. Daten

Im folgenden Abschnitt wird beschrieben, wie bei der Auswahl der Interviewpartner/innen vorgegangen wurde. Darauf aufbauend hat sich das Sample für die gewählte Untersuchungsmethode ergeben, welches ebenfalls in diesem Abschnitt dargestellt wird.

8.2.1. Auswahl der Interviewpartner/innen

Die Auswahl der Personen, die in der Forschungspraxis als Expert/inn/en interviewt werden, unterliegt oft keinen klaren und definierten Kriterien, da der Begriff des/der Experten/ Expertin bislang wenig systematisch diskutiert wurde (vgl. Meuser/Nagel 2003, 57). Nach Meuser/Nagel (2003, 57) wird ein/e Experte/in dann interviewt, wenn er/sie sich durch eine „institutionalisierte Kompetenz zur Konstruktion von Wirklichkeit auszeichnet". Anders ausgedrückt: bei der Beantwortung der Frage, wer die Teilnehmer/innen der Befragung sein sollen, muss man sich im Klaren darüber sein, wer über das Wissen über die angestrebte Rekonstruktion der sozialen Prozesse und dahinter stehenden Mechanismen verfügt (vgl. Gläser/Laudel 2004, 113). Nach Liebold/Trinczek (2002, 37f) sind demnach innerhalb eines organisatorischen und institutionellen Kontexts Adressat/inn/en von Expert/inn/en-Interviews sogenannte „Funktionseliten", die sich dadurch auszeichnen, dass sie über einen privilegierten Zugang zu Informationen hinsichtlich Entscheidungsprozessen verfügen und für den Entwurf, die Implementierung oder auch die Kontrolle einer Problemlösung verantwortlich sind. Im gegenständlichen Fall der vorliegenden Arbeit handelt es sich konkret um Expert/inn/en, die mit der Umsetzung und Kontrolle von Gender Mainstreaming hinsichtlich der beiden Problemstellungen, Lohn- und Gehaltsgefälle sowie Aufstiegschancen für Frauen, betraut sind und in Bezug auf diese Themenstellungen Zugang zu relevanten Informationen besitzen. Die Expert/inn/en sind dabei nicht als Personen per se für die Forschung interessant, sondern als Träger von Wissen und Strukturzusammenhängen, an denen der/die Sozialforscher/in interessiert ist (vgl. Liebold/Trinczek 2002, 41). Expert/inn/en verkörpern so gesehen organisationale und institutionelle Entscheidungsstrukturen und Problemlösungen sowie Erfahrungsregeln, die das Funktionieren von sozialen Systemen bestimmen (vgl. Liebold/Trinczek 2002, 41).

Flick (2006b, 218) bezeichnet Expert/inn/en-Wissen in vielen Bereichen als vielversprechenden Ansatz im Rahmen von Evaluationen und begründet dies unter anderem mit dem hohen Maß an Pragmatik in der Interviewführung, die aus der Tatsache resultiert, dass Expert/inn/en in der Regel wenig Zeit haben, sich für ein Interview zur Verfügung zu stellen. Als Zielgruppe von Expert/inn/en-Interviews im Rahmen von Evaluationen sieht Flick (2006b, 218) in der Regel Mitarbeiter/innen einer Organisation in einer spezifischen Funktion und mit einem bestimmten professionellen Erfahrungswissen an. Dabei werden nicht die Einstellungen und Meinungen der Expert/inn/en abgefragt, sondern deren individuelles Fach- und Erfahrungswissen über den zu evaluierenden Gegenstand.

8.2.2. Das Sample

Unter den vorgenannten Aspekten wurde im ersten Schritt die Auswahl der Interviewpartner/innen auf Österreich eingegrenzt, da es sich um eine Studie zur Umsetzung von Gender Mainstreaming mit besonderem Fokus auf Österreich handelt. Im zweiten Schritt erfolgte eine Analyse der Institutionen und Organisationen, die mit der Umsetzung von Gender Mainstreaming, mit besonderem Schwerpunkt auf die beiden Themenstellungen Gender Pay Gap und Aufstiegschancen, betraut sind. Da sich Gender Mainstreaming vorrangig im politisch-öffentlichen Umfeld abspielt, wurden zunächst Gender Mainstreaming Beauftragte in jenen Institutionen befragt, die in Kapitel drei der vorliegenden Arbeit hinsichtlich Maßnahmen auf dem österreichischen Arbeitsmarkt und der Verbesserung der Einkommensschere und der Karrierechancen für Frauen evaluiert wurden. Dazu zählen das Bundesministerium für Frauen und Öffentlichen Dienst sowie das Bundesministerium für Arbeit, Soziales und Konsumentenschutz, die Bundesregierung, die interministerielle Arbeitsgruppe Gender Mainstreaming (IMAG GM), das Arbeitsmarktservice und das Institut L&R Sozialforschung. Ebenso wurden Gender Beauftragte aller im österreichischen Nationalrat vertretenen Parteien (mit Ausnahme des BZÖ, welches ein Interview verweigerte) in das Sample einbezogen. Insgesamt wurden 13 Interviews mit weiblichen Expertinnen und ein Interview mit einem männlichen Experten, in Summe also 14 Interviews durchgeführt.

8.3. Erhebung

Im folgenden Kapitel wird zunächst die Methode des leitfadengestützten Expert/inn/en-Interviews dargestellt, welches als Verfahren für die vorliegende Arbeit eingesetzt wurde. Danach wird beschrieben, wie bei der Konstruktion des Leitfadens vorgegangen wurde, bevor im letzten Abschnitt dieses Kapitels auf die Durchführung der Interviews eingegangen wird.

8.3.1. Leifadengestütztes Expert/inn/en-Interview

Obwohl der Begriff „Expert/inn/en-Interview“ nach Liebold/Trinczek (2002, 33) als außerordentlich unpräzise bezeichnet werden muss, gilt es in der qualitativen Sozialforschung als eine eingeführte Methode. Das am häufigsten angewandte Verfahren stellt das leitfadengestützte Expert/inn/en-Interview dar (vgl. Liebold/Trinczek 2002, 34), welches für die vorliegende Arbeit als Untersuchungsmethode festgelegt wurde. Der Einsatz von Expert/inn/en-Interviews ist dann sinnvoll, wenn es sich um Untersuchungen handelt, „in denen soziale Situationen oder Prozesse rekonstruiert werden sollen, um eine sozialwissenschaftliche Erklärung zu finden“ (Gläser/Laudel 2004, 11). Wie bereits mehrfach ausgeführt, handelt es sich bei Gender Mainstreaming vor allem um diese sozialen Situationen und Prozesse, die einer näheren Untersuchung unterzogen werden sollen. Solche Untersuchungen nennt man auch „rekonstruierende Untersuchungen oder rekonstruktive Sozialforschung“. Die Rekonstruktion sozialer Sachverhalte erfolgt über eine Befragung von Personen, die aufgrund ihrer Beteiligung Expert/inn/en-Wissen über diese Sachverhalte aufgebaut haben. Die Expert/inn/en sind sich der Relevanz ihres Handelns keinesfalls durchgehend bewusst, deshalb kann auch ihr Wissen nicht einfach abgefragt werden, sondern muss aus den Äußerungen der Expert/inn/en rekonstruiert werden (Meuser/Nagel 2003, 58).

Flick (2006b, 215) nennt drei wesentliche Gründe für den bevorzugten Einsatz von Expert/inn/en-Interviews im Rahmen der Evaluation von Arbeitsmarktpolitik: erstens ist die Beantwortung bestimmter Fragestellungen in Ermangelung anderer Datenquellen oder aus Effizienzgründen nur durch die Einbeziehung von Expert/inn/en möglich; zweitens werden durch Interviews mit unterschiedlichen Akteur/inn/en differenzierende Standpunkte und Perspektiven aufgedeckt; drittens wird der Zugang zu Informationen während des Evaluationsprozesses erleichtert und die Akzeptanz der Ergebnisse erhöht. Ein wichtiges Element des leitfadengestützten Expert/inn/en-Interviews ist die Vorgabe, dass das Interview einer realen, alltäglichen Gesprächssituation möglichst nahe kommen soll. Dabei muss aber darauf geachtet werden, dass zum einen die Festlegung, wer Interviewer/in ist und wer Interviewter, nicht aufgehoben wird und zum anderen die spontane Operationalisierung nicht verloren geht. Darunter versteht man einen Kommunikationsprozess, bei dem allgemeine Forschungsfragen in konkrete Interviewfragen umgesetzt und die vom/von der Interviewten eingebrachten Informationen laufend eingebunden werden müssen. Der/die Interviewer/in muss also spontan entscheiden, welche Fragen er als nächstes stellt, um an die für die Überprüfung der Forschungsfrage wichtigen und relevanten Informationen möglichst gut heranzukommen (vgl. Diekmann 2003, 451, Gläser/Laudel 2004, 108). Der Leitfaden muss also flexibel und nicht durch ein standardisiertes Ablaufschema gestaltet sein, sodass unerwartete Themendimensionierungen durch den/die Expert/in nicht unterbunden werden (Meuser/Nagel 2003, 58).

Aufgrund dieses eben dargestellten Rahmens, in dem qualitative Interviews geführt werden, gestaltet sich deren Aufzeichnung schwieriger als in quantitativen bzw. standardisierten Verfahren (vgl. Ebster/Stalzer 2002, 220). Daher empfehlen Ebster/Stalzer (2002, 220), bei dieser Methode nicht nur auf ein mitgeschriebenes Protokoll, sondern auch auf Tonbandaufnahmen, eventuell sogar Videoaufzeichnungen, zurückzugreifen. Gläser/Laudel (2004, 153f) stellen die Vor- und Nachteile von Tonbandaufnahmen jenen von Gedächtnisprotokollen gegenüber: handschriftliche Protokolle sind mit hohen Verlusten und Veränderungen der gewonnenen Informationen verbunden, während Tonbandaufzeichnungen den Nachteil haben können, dass die Interviewten angesichts des Tonbands Informationen zurückhalten oder dazu tendieren, sozial erwünschte Antworten zu geben. Die Anfertigung eines Gedächtnisprotokolls auf Basis von handschriftlichen Notizen ist nach Gläser/Laudel (2004, 152) eine Rekonstruktion des Interviewers, die durch Umdeutungen und Interpretationen belastet ist. Dahingegen haben Erfahrungen mit Tonbandaufzeichnungen gezeigt, dass die Tatsache des Mitschneidens im Laufe des Interviews meist in Vergessenheit gerät. Deshalb raten auch Gläser/Laudel (2004, 153) zur Anwendung von Tonbandaufnahmen bei leitfadengestützten Expert/inn/en-Interviews. In der vorliegenden Arbeit wurde deshalb mit Tonbandaufnahmen gearbeitet.

8.3.2. Konstruktion des Interviewleitfadens

Gläser/Laudel (2004, 138) bezeichnen den Interviewleitfaden als „Erhebungsinstrument“, welcher im Gegensatz zum standardisierten Fragebogen lediglich eine Art Gerüst bildet und dem/der Interviewer/in weitgehende Entscheidungsfreiheit darüber belässt, welche Frage wann und in welcher Form gestellt wird. Wichtig ist dennoch die klare Strukturiertheit des Leitfadens, die für den/die Interviewte/n eine nachvollziehbare Ordnung erkennen lässt. Weiters sollten die Fragen kurz und verständlich formuliert sein und vorwiegend Einschätzungsfragen gestellt werden, die Auskunft über Erfahrungshintergründe und Beurteilungsmuster des/der Experten/ Expertin geben. Nach Lamnek (2005, 334) kann eine wissenschaftliche Befragung durchaus in Form eines Alltagsgesprächs durchgeführt werden, wobei der/die zu befragende Gesprächspartner/in eher die Rolle des/der Antwortenden und der/die Interviewer/in die Rolle des/der Fragenden übernehmen wird. Beim qualitativen Interview geht der/die Interviewer/in auf das Gesagte des/der Interviewten ein und entwickelt danach seine Fragen (vgl. Lamnek 2005, 335). Das Interview lässt nach Mayring (2002, 67) den/die Befragten möglichst frei zu Wort kommen, um eine möglichst offene Gesprächssituation zu erzeugen. Gläser/Laudel (2004, 127) bezeichnen gerade diese geforderte Offenheit des Fragens als eine der größten Herausforderungen bei nichtstandardisierten Interviews. Offenheit bedeutet in diesem Sinne, dass die Frage so wenig Einfluss wie möglich auf den Inhalt der Antwort ausübt und dem/der Gesprächspartner/in die Entscheidung über den Inhalt der Antwort überlassen wird (vgl. Gläser/Laudel 2004, 127). Die Problemstellung wird bereits vorher vom Interviewer analysiert und bestimmte Aspekte aufgearbeitet, welche anschließend in einem Interviewleitfaden zusammengestellt und im Laufe des Gesprächs angesprochen werden (vgl. Mayring 2002, 67). Die Entwicklung eines Leitfadens setzt demnach nach Marotzki (2003, 114) voraus, dass der Interviewer gute Kenntnisse des Objektbereichs besitzt, denn die Leitfragen beziehen sich zumeist auf vorher als relevant ermittelte Themenkomplexe. Nach Mayring (2002, 69f) bestehen die Interviews im Wesentlichen aus drei Arten von Fragen:

1) Sondierungsfragen: ganz allgemein gehaltene Einstiegsfragen in eine Thematik
2) Leitfadenfragen: diejenigen Themenaspekte, die als wesentlichste Fragestellungen im Interviewleitfaden festgehalten sind
3) Ad-Hoc-Fragen: Fragen, die im Leitfaden nicht verzeichnet sind, sich aber aus dem Gesprächsverlauf für die Themenstellung als bedeutsam herausstellen.

Auf Basis der zentralen Fragestellungen und Hypothesen, die sich aus dem theoretischen Teil ergaben, wurde der Interviewleitfaden in der vorliegenden Arbeit konstruiert. Dabei standen die Aspekte der Geschlechterkonstruktion in Organisationen und Maßnahmen aufgrund von Gender Mainstreaming in der Arbeitsmarktpolitik im Vordergrund. Das Expert/inn/en-Interview gliedert sich in drei Phasen:

1) Eröffnung des Gesprächs mit Begrüßung und sowie einer inhaltlichen Einstiegsfrage
2) Der Hauptteil des Interviews mit Fragen zu Thema und Hypothesen
3) Nachfragephase und Abschluss des Gesprächs.

Zur Konstruktion des Leitfadens für die Interviews wurde ausgehend von den fünf Thesen, die in Kapitel sieben zusammengefasst dargestellt sind, an die Fragenerstellung herangegangen. Es ergaben sich insgesamt dreizehn Fragen, die zur Beantwortung dieser Thesen dienen sollten. Dabei standen die beiden gewählten Themenfelder des Arbeitsmarktes, das Lohn- und Gehaltsgefälle sowie die Aufstiegschancen von Frauen, immer im Vordergrund.

8.3.3. Durchführung der Interviews

Die Interviews wurden im Zeitraum Oktober bis Dezember 2009 durchgeführt. Alle Interviews wurden in den entsprechenden Organisationen, in denen die Expert/inn/en tätig sind, geführt und mit einem Tonbandgerät aufgezeichnet. Nach Gläser/Laudel (2004, 188) gibt es zwar bislang keine allgemein akzeptierten Regeln für die Transkription von Interviewprotokollen; in der vorliegenden Forschungsarbeit wurde eine Transkription der Interviews nach den Transkriptionsregeln von Kuckartz/Dresing/Rädiker/Stefer (2008, 27ff) vorgenommen.

8.4. Auswertung

Die Interviews in der vorliegenden Arbeit wurden anhand der qualitativen Inhaltsanalyse ausgewertet. Deshalb wird im Folgenden zunächst eine kurze Einführung über das Wesen der qualitativen Inhaltsanalyse gegeben, bevor die Anwendung dieser in den qualitativen Sozialwissenschaften häufig verwendeten Auswertungsmethode auf das gewählte Forschungsvorhaben beschrieben wird.

8.4.1. Die qualitative Inhaltsanalyse

Die qualitative Inhaltsanalyse entstand aus dem Wunsch, ein systematisches, methodisch kontrolliertes Vorgehen zur Analyse von Texten zu entwerfen. Diese Methode wurde im deutschsprachigen Raum besonders von Mayring geprägt, denn die quantitative Inhaltsanalyse berücksichtigt nach Mayring (2002, 114) folgende vier Aspekte zu wenig:

- „Den *Kontext* von Textbestandteilen,
- *latente* Sinnstrukturen,
- markante *Einzelfälle,*
- das, was im Text *nicht* vorkommt“.

Die Stärke der qualitativen Inhaltsanalyse ist nach Mayring (2002, 114), dass sie streng methodisch kontrolliert das Material schrittweise analysiert und das Material in Einheiten, die nacheinander bearbeitet werden, zerlegt. Im Mittelpunkt steht dabei ein theoriegeleitet am Material entwickeltes Kategoriensystem, welches diejenigen Aspekte festlegt, die aus dem Material herausgefiltert werden sollen (vgl. Mayring 2002, 114). Die Kategorien repräsentieren nach Früh (2007, 156) in Bezug auf die Forschungsfrage ein theoretisches Gliederungsprinzip und in Bezug auf das untersuchte Textmaterial eine Identifizierungs- und Klassifizierungsstrategie. Es werden drei Grundformen qualitativer Inhaltsanalyse vorgeschlagen: Zusammenfassung, Explikation und Strukturierung (vgl. Mayring 2008, 59ff, Flick 2007b, 414f). Das Ziel der Zusammenfassung ist es, das Material so zu reduzieren, dass die wesentlichen Inhalte erhalten bleiben, aber ein Abstraktionsniveau zu schaffen, das immer noch die wesentlichen Teile des Grundmaterials beinhaltet. Das Ziel der Explikation hingegen ist es, an das vorhandene Textmaterial zusätzliches Material heranzutragen, das das Verständnis erweitert, die Textstelle erläutert, erklärt oder ausdeutet (vgl. Mayring 2002, 115). Nach Flick (2007b, 414) klärt die explizierende Inhaltsanalyse diffuse, mehrdeutige oder widersprüchliche Textstellen durch die Einbeziehung von Kontextmaterial auf. Die strukturierende Inhaltsanalyse wird von Mayring (2002, 118f) als die zentrale Technik angesehen, deren Ziel es ist, bestimmte Aspekte aus dem Material herauszufiltern und die Textstellen aufgrund bestimmter Kriterien einzuschätzen. Die strukturierende Inhaltsanalyse sucht Typen oder formale Strukturen im Textmaterial, um formale, inhaltliche, typisierende oder skalierende Strukturierungen vornehmen zu können (vgl. Flick 2007b, 415). Das „Herzstück" (Mayring 2002, 118) dieser Methode ist es, das aus den Strukturierungsdimensionen zusammengestellte Kategoriensystem so genau zu definieren, dass eine eindeutige Zuordnung von Textmaterial zu den Kategorien möglich ist. Dieses Verfahren gliedert sich in drei Schritte (vgl. Mayring 2002, 118f):

1) Definition der Kategorien: definiert, welche Textbestandteile unter eine Kategorie fallen
2) Ankerbeispiele: führen konkrete Textstellen an, die unter eine Kategorie fallen und im Sinne einer prototypischen Funktion als Beispiel für diese Kategorie dienen sollen
3) Kodierregeln: formuliert Regeln, um dort, wo es Abgrenzungsprobleme zwischen Kategorien gibt, eine eindeutige Zuordnung zu ermöglichen.

Die vorgenannten Bestimmungen werden in einem Kodierleitfaden gesammelt. In einem ersten Materialdurchgang werden dann die Kategorien und der Kodierleitfaden erprobt und gegebenenfalls überarbeitet, in einem zweiten Schritt wird das das gekennzeichnete Material anschließend herausgefiltert, aufgearbeitet und zusammengefasst (vgl. Mayring 2002, 120). Die beschriebene Vorgangsweise entspricht folgendem Ablaufmodell:

Abbildung 19: Ablaufmodell strukturierender qualitativer Inhaltsanalyse

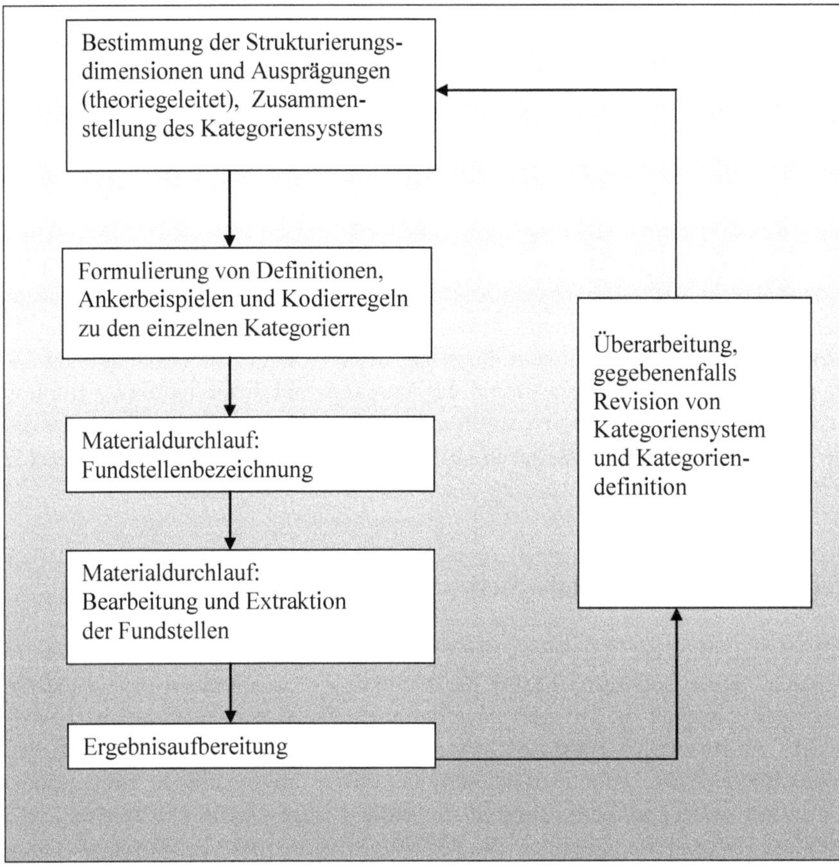

Quelle: Mayring (2002, 120), eigene Darstellung.

Nach dieser allgemeinen Beschreibung der Methodik der qualitativen Inhaltsanalyse werden nun die Entwicklung des Kategoriensystems sowie der Einsatz einer Auswertungssoftware im eigenen Forschungsprozess dargestellt.

8.4.2. Entwicklung des Kategoriensystems und des Kodierleitfadens

Für das vorliegende Forschungsvorhaben wurden Kategorien aus den verschiedenen Fragestellungen, den in Kapitel sieben beschriebenen Thesen und den im

Leitfaden festgehaltenen Fragen abgeleitet. Die Kategorien ergaben sich konkret aus den Fragen drei bis dreizehn des Interviewleitfadens. Das daraus entstandene Kategoriensystem wurde an einem ausschnittsweisen Materialdurchgang erprobt (vgl. Mayring 2008, 54). Dieses Vorgehen soll sicherstellen, dass die Kategorien dem Textmaterial entsprechen und ob die Kodierregeln richtig formuliert wurden. Danach erst erfolgte die Kodierung des kompletten Textmaterials. Es ist nicht unbedingt üblich, In der qualitativen Sozialforschung Hypothesen im Vorhinein zu entwickeln, um diese hinterher zu bestätigen oder zu verwerfen (vgl. Brettschneider 2008, 116); vielmehr ist die Offenheit und Flexibilität im Forschungsprozess von hoher Bedeutung. Für die vorliegende Arbeit wurden jedoch einige Annahmen in Form von Thesen getroffen, die einen Einfluss auf die Struktur der Arbeit und des Forschungsprozesses haben. Die qualitative Inhaltsanalyse bietet diese Möglichkeit, indem durch deduktive Kategorienbildung Vorannahmen gemacht werden, die während des Vorgangs durch die induktive Bildung von neuen Kategorien ergänzt werden. Im gesamten Forschungsprozess ist der Computer zu einem unerlässlichen Hilfsmittel geworden, welcher viele einzelne Arbeitsschritte in der Auswertung des Textmaterials unterstützt.

8.4.3. Computergestützte Auswertung

Die Auswertung der Interviews erfolgte computergestützt mit dem Programm „atlas.ti", einer Software, die für die Methode der qualitativen Inhaltsanalyse besonders geeignet ist. Mit atlas.ti werden textuelle Audiodateien qualitativ analysiert, interpretiert, sortiert und verwaltet (vgl. Schütte 2007, 58). Dabei werden typischerweise die Datentexte gelesen, analytisch interessante Textstellen markiert bzw. zitiert und diesen sogenannte „Kodes" zugewiesen (vgl. Schütte 2007, 60). Der Vorgang des Zitierens, also der Identifikation und Markierung von analytisch relevanten Textpassagen, findet üblicherweise in direktem Zusammenhang mit dem Kodieren der Passagen statt (vgl. Schütte 2007, 60). Die mit solchen Kodes verknüpften Textstellen können später in Suchabfragen wieder aufgefunden werden, um miteinander verglichen und analysiert werden zu können. Des weiteren verfügt atlas.ti über Möglichkeiten, Querverweise zwischen Datensegmenten bzw. Kodes zu erstellen. Damit können Datenstellen, die als zusammengehörig zu bezeichnen sind, miteinander verlinkt werden.

Auf diese Weise wird das Datenmaterial nicht nur geordnet, sondern wird auch einfacher zugänglich, indem zwischen den Textstellen gesprungen werden kann. In den meisten Projekten, wie auch in der vorliegenden Arbeit, ist das gestaffelte Kodieren vom zeitlichen Aufwand her die Hauptaufgabe: nach dem Etablieren von Kodes können diese umbenannt, kommentiert sowie für weitere

Kodierungen benutzt, mit anderen Objekten verbunden oder mit anderen Kodes verschmolzen werden. Nach der erfolgreichen Auswertung aller Textstellen, in diesem Fall Interviews, mittels des Kodierleitfadens und der Software atlas.ti werden die daraus gewonnen Ergebnisse und Erkenntnisse im nächsten Kapitel beschrieben.

9. Darstellung der Ergebnisse

Im Folgenden werden die Ergebnisse aus der Auswertung der Interviews dargestellt. Dabei werden zunächst die Antworten, die die Interviewten auf die Fragen des Interviewleitfadens gegeben haben, beschrieben. Am Ende jeden Kapitels werden im Sinne der qualitativen Inhaltsanalyse die wesentlichen Inhalte zusammengefasst, übersichtlich dargestellt und ein Fazit daraus gezogen. [20]

9.1. Gleichstellung bei Entlohnung und Führungspositionen

Die befragten Expert/inn/en haben die Frage, ob Gleichstellung von Frauen und Männern hinsichtlich Einkommen und Führungspositionen bereits erreicht sei, mit überwiegender Mehrheit mit „nein" beantwortet. Dieser Befund wird von diesen Interviewpartner/innen am häufigsten durch den Verweis auf Studien und Statistiken untermauert, aus denen sowohl ein bestehender Gender Pay Gap als auch ein Nachholbedarf von Frauen bei Führungspositionen hervorgeht. Im Gegensatz dazu waren einige wenige Expert/inn/en davon überzeugt, dass Gleichstellung auf dem Arbeitsmarkt des Öffentlichen Dienstes bereits erreicht sei.

9.1.1. Gleichstellung bereits erreicht

Jene Expert/inn/en, die die Gleichstellung von Frauen und Männern bereits als vollzogen bezeichneten, haben im wesentlichen folgende Gründe dafür genannt:

- Transparente Einstufungsschemata im Öffentlichen Dienst
- Frauenquote von 40 % bei Führungspositionen nahezu erreicht.

Transparente Einstufungsschematas im Öffentlichen Dienst

Im Öffentlichen Dienst existieren transparente Einstufungsschemata, die in Jahrbüchern offengelegt sind und diese lassen, anders als in der Privatwirtschaft,

20 Zur Erklärung der Abkürzungen: die Buchstaben A bis N stehen für die Interviewten.

Ungleichbehandlung von vornherein gar nicht zu. Beamte und Beamtinnen sowie Vertragsbedienstete, die neu in das Berufsleben einsteigen, erhalten aufgrund der gesetzlichen Grundlagen das gleiche Einstiegsgehalt, welches man überall nachlesen kann und an das man sich halten muss.

Frauenquote von 40 % bei Führungspositionen nahezu erreicht

Betreffend die Führungspositionen wurde das Beispiel der Stadt Wien erwähnt mit dem Argument, dass es hier bereits sehr viele Frauen in Führungspositionen gebe, wie zum Beispiel Stadträtinnen und Abteilungsleiterinnen. Im Öffentlichen Dienst sei die vorgeschriebene Frauenquote mit 40 % bei Führungspositionen beinahe erreicht, in Teilbereichen mancher Ministerien sogar überschritten. Interviewpartner/in K berichtet, dass im eigenen Ministerium insgesamt mehr Frauen als Männer beschäftigt sind und das auf den unterschiedlichsten Ebenen, also auch bei den Spitzenfunktionen, denn es gebe Sektionsleiterinnen und deren Stellvertreterinnen, Abteilungs- und Referatsleiterinnen.

9.1.2. Gleichstellung noch nicht erreicht

Die übrigen Interviewpartner/innen sind hingegen der festen Überzeugung, dass hinsichtlich des Zugangs zu Führungspositionen und der Entlohnung im Öffentlichen Dienst noch keine Gleichstellung erreicht ist, im Gegenteil, die Tendenz sei eher eine langsame. Die Begründungen, die von diese Expert/inn/en genannt wurden, werden im Folgenden beschrieben:

- Einstufungsschemata geben Spielraum für Ungleichbehandlung,
- Studien auf Basis des Vergleichs von Stundenlöhnen bestätigen Ungleichbehandlung,
- Geringe Anzahl von Frauen in Spitzenpositionen,
- Gleichbehandlung ist kein echtes Anliegen, sondern ein Nebenschauplatz,
- Ausschlußmechanismen werden subtil verändert und damit perpetuiert.

Einstufungsschemata geben Spielraum für Ungleichbehandlung

Die Einkommenstransparenz im Öffentlichen Dienst ist zwar größer als in anderen Organisationen, insbesonders der Privatwirtschaft, jedoch ließe auch dieses einheitliche Entlohnungssystem Spielraum für Ungleichbehandlung offen, wie das Beispiel der Entlohnung von Sektionschefs zeige. Vier von sieben Sektionschefs, so berichtet Interviewpartner/in C, sind Männer und diese haben größeren

Einfluss auf die Organisation, sind viel besser eingestuft und haben ein wesentlich höheres Einkommen als die Sektionschefinnen.

Studien auf Basis des Vergleichs von Stundenlöhnen bestätigen Ungleichbehandlung

Die Expert/inn/en bringen zum Ausdruck, dass Studien zum Thema Einkommensunterschiede zwischen Frauen und Männern eindrucksvoll belegen, dass bei einem Vergleich der Stundenlöhne der Unterschied immer noch sehr hoch ist und von Gleichstellung bei weitem noch nicht gesprochen werden kann. Wenngleich der Unterschied im Öffentlichen Dienst geringer ausfällt als in der Privatwirtschaft, so bleibt er dennoch weiterhin bestehen. D berichtet in diesem Zusammenhang über eine Untersuchung des Finanzministeriums, die ergeben habe, dass Frauen generell um 1 % mehr Lohnsteuer zahlen als Männer. Das sei dadurch erklärbar, dass Frauen Absetzbeträge viel weniger geltend machen, weil diese Absetzbeträge in den Partnerschaften, in denen Männer das höhere Einkommen haben, eben von den Männern in Anspruch genommen werden. Obwohl nach Ansicht der Interviewpartner/innen der Trend zur weiblichen Besetzung von Führungspositionen insgesamt gesehen rückläufig ist, werden aber andererseits Fortschritte wahrgenommen, in dem es bestimmte Berufsbereiche oder Unternehmen am Arbeitsmarkt gäbe, in denen Frauen durchaus Chancen hätten, gute Einkommen zu erzielen. Die frustrierende Feststellung dabei sei, dass allerdings auch dort, wo Frauen gute Einkommen erzielen, der Gap zu den Männern immer vorhanden ist. Dieser Gap existiere weiter, obwohl Frauen derzeit höhere Einkommenszuwächse zu verzeichnen hätten als Männer.

Geringe Anzahl von Frauen in Spitzenpositionen

Die Anzahl von Frauen, die in echten Toppositionen zu finden sind, wie zum Beispiel in Aufsichtsratsfunktionen, ist mit einem Prozentsatz von unter 10 % aufgrund der ungleichen Rahmenbedingungen, die Frauen gegenüber Männern vorfinden, viel zu gering. Die Schwierigkeiten ergeben sich daraus, dass in den vorhandenen hierarchischen Strukturen die gläserne Decke für Frauen kaum zu durchbrechen ist, denn da spielten das Parteibuch und Seilschaften eine große Rolle, ebenso wie die Verfügbarkeit, denn wer am Abend in der Freizeit noch zu Events oder einfach nur auf einen „after work drink" mitgeht, habe es wesentlich leichter und das sind in erster Linie die Männer. Andererseits wird berichtet, dass in manchen Ministerien bereits knapp 40 % Frauen den Sprung in Führungspositionen geschafft haben und daher das Ziel von 40 % Frauenquote fast erreicht sei. Die Begründung dafür liege darin, dass viele der Funktionen alle sechs Jahre neu bestellt werden und sich die diesbezügliche Zusammenarbeit mit den Sozialpartnern, die ebenfalls großes Interesse daran gehabt hätten, Führungspositionen mit Frauen zu besetzen, sehr positiv verlaufen sei.

Gemessen am gesamten Frauenanteil von 60 % im Öffentlichen Dienst sei aber das auch noch zu wenig und vor allem wären in den absoluten Spitzenpositionen, also dort, wo man am meisten verdient, Frauen stark unterrepräsentiert. Experte/Expertin H ortet die größte Gefahr für die Gleichberechtigung in dem Mythos, es gäbe die Gleichstellung schon; dass es nur 5 % Frauen in Führungspositionen und 9 % in Aufsichtsräten gibt, spräche als Beweis dafür, dass dem nicht so ist, für sich. Die Tendenz sei ganz klar ablesbar, dass es in Österreich mit der Geschlechtergerechtigkeit nicht nach vorne gehe, sondern nach hinten, das könne man daraus ableiten, dass sich die Einkommensschere vergrößert und auch die Teilhabe an Führungspositionen in die gegenteilige Richtung geht. Die größten Erfolge bei der Besetzung von Führungspositionen mit Frauen werden im mittleren Management erzielt, also bei den Abteilungsleiterinnen in den Regional-, Bundes- und Landesgeschäftsstellen. Andererseits zeige sich im Topmanagement das Bild, dass der Vorstand lediglich aus Männern besteht und in den Bundesländern nur zwei Landesgeschäftsführungspositionen von insgesamt neun von Frauen besetzt sind.

Gleichbehandlung ist kein echtes Anliegen, sondern ein Nebenschauplatz

Gleichbewertung der Geschlechter, so argumentieren die Befragten, ist für Politik und Gesellschaft immer noch ein Nebenschauplatz und kein gesellschaftliches Anliegen. Ein ganz konkreter Grund, warum sich Frauen mit dem Aufstieg so schwer tun, wird von Interviewpartner/in D genannt: nämlich in den Punktesystemen, die in den unterschiedlichen österreichischen Bundesländern die Grundlage für die Besetzung von Führungspositionen in den der Politik nahe stehenden Institutionen bilden. Da werden Punkte für Tätigkeiten (z.B. Obmann/Obfrau oder Schriftführer/in in einem Verein) vergeben, die Frauen viel schwerer erfüllen können als Männer, da sie in dieser Zeit die Kinder oder pflegebedürftige Angehörige versorgen müssen. Obwohl die Gleichbehandlungskommission dieses Punktesystem permanent beanstande, wird es nicht verändert.

Ausschlußmechanismen werden subtil verändert und damit perpetuiert

Manche Expert/inn/en nehmen eine Veränderung in den Mechanismen, die den Ausschluss von Frauen perpetuieren, in den letzten fünf bis zehn Jahren wahr. Es handle sich dabei um sehr subtile Mechanismen, die zum Teil auch in den Köpfen, in den Handlungsweisen der Frauen verankert seien und an denen nicht nur „die bösen Männer“ (Interviewpartner/in A) schuld wären. Einen wesentlichen Grund für die weiterhin bestehende Benachteiligung von Frauen bei Einkommen und Aufstiegschancen sehen die Befragten also darin, dass Ausschlußmechanismen laufend so verändert werden, dass Ungleichbehandlung weiterhin bestehen bleibt. Bei konsequenter Anwendung von Gender Mainstreaming hätte jedoch genau dies nicht geschehen dürfen, denn wenn bei jedem politischen Prozess geschlechterspezifische Themen mitgedacht werden müssen, hätte es zu keiner Veränderung der Ausschlußmechanismen kommen dürfen, sondern diese müssten am Ende des Prozesses beseitigt sein. Gender Mainstreaming bedeutet für die Interviewpartner/innen die Möglichkeit, stärker darauf hinzuweisen, dass die Frau nicht nur in der pflegenden und dienenden Rolle gesehen wird, sondern als berufstätige Frau mit Bedürfnissen, auch als Führungskraft und damit letztlich das Bewusstsein zu schaffen, dass das Berufsleben für eine Frau ebenso integraler Bestandteil des Lebens ist wie für einen Mann.

9.1.3. Zusammenfassung und Fazit

Für die Interviewpartner/innen ist die Einführung und verpflichtende Anwendung von Gender Mainstreaming noch keine Garantie dafür, dass dieses Instrument gesellschaftlich akzeptiert ist und vollinhaltlich umgesetzt wird. Eine Änderung der bestehenden Situation, in der Frauen am Arbeitsmarkt nach wie vor nicht gleichgestellt sind, könne nur dann herbeigeführt werden, wenn auch die Männer zur Umsetzung von Gender Mainstreaming entsprechend verpflichtet werden. Die Begründung mancher Expert/inn/en, dass transparente Einstufungsschemata bei den Einkommen im Öffentlichen Dienst Ungleichbehandlung verhindere, wird von anderen Expert/inn/en insoferne entkräftet, als selbst diese Einstufungsschemata Spielraum für Ungleichbehandlung offen lassen. Auch dem Argument, dass in Teilbereichen des Öffentlichen Dienstes die vorgeschriebene Frauenquote von 40% nahezu erreicht sei, wird dadurch konterkariert, dass die Anzahl von Frauen in echten Spitzenpositionen sowohl im Öffentlichen Dienst als auch in der Privatwirtschaft, wie zum Beispiel in Geschäftsführungen und Aufsichtsräten, seit Jahren auf niedrigstem Niveau stagniert, wenn nicht sogar rückläufig ist. Die Befragten sehen die Gründe für diese Stagnation unter anderem darin, dass die Ausschlussmechanismen, die es Frauen verunmöglicht, bis an die Spitze von Institutionen im Öffentlichen Dienst oder privatwirtschaftlichen Unternehmungen zu kommen, von der Gesellschaft andauernd subtil verändert und damit perpetuiert werden.

Eine weitere Begründung wird in der hartnäckigen Weigerung von Politik und Gesellschaft gesehen, Gleichstellung von Frauen und Männern als gesellschaftliches Anliegen zu akzeptieren und aus dem Nebenstrom auf den Hauptstrom (Mainstream) zu bringen. Solange Gleichbehandlung kein echtes Anliegen ist, sondern ein Nebenschauplatz auf der politischen Bühne, gibt es nach Ansicht der Expert/inn/en wenig Anlass zur Hoffnung, dass Gender Mainstreaming dem Anspruch, Gleichstellung – unter anderem – bei Einkommen und Führungspositionen herbeiführen zu wollen, gerecht werden kann. Somit muss gemäß den Interviews das eindeutige Fazit gezogen werden, dass es zehn Jahre nach der verpflichtenden Einführung von Gender Mainstreaming in öffentlichen Institutionen und Organisationen nicht gelungen ist, die Ungleichbehandlung von Frauen und Männern auf dem Arbeitsmarkt zu beseitigen.

9.2. Der Beitrag von Gender Mainstreaming zur Gleichstellung von Frauen und Männern bei Einkommen und Führungspositionen

Auf die Frage, welchen Beitrag Gender Mainstreaming zur Gleichstellung von Frauen und Männern hinsichtlich Entlohnung und Aufstiegschancen leisten kann, wurden von den Interviewpartner/inne/n im Wesentlichen sieben Themenbereiche genannt:

- Bewusstseinsbildung,
- Analyse zu Einkommen und Aufstiegschancen,
- Qualität der Umsetzung,
- Gender Mainstreaming Zielvereinbarungen,
- Einkommenstransparenz,
- Auswahlverfahren bei Führungspositionen,
- Zusammenspiel mit Frauenförderung.

Die Ergebnisse zu den einzelnen Themenbereichen werden nun im Folgenden beschrieben.

9.2.1. Die Bewusstseinsbildung

Gender Mainstreaming dient, so die einhellige Meinung der Expert/inn/en, ganz klar der Bewusstseinsbildung, denn Gender Mainstreaming könne exakt aufzeigen, in welchen Bereichen des Arbeitsmarkts noch keine Gleichstellung existiert bzw. Benachteiligung vorhanden ist und dass es deshalb Handlungsbedarf gebe. Sie unterstreichen in diesem Zusammenhang die Wichtigkeit, dass die

Bewusstseinsbildung vom Top Management ausgehen muss und das könne es am ehesten, wenn im Top Management auch Frauen vertreten sind. Das Gender-Bewusstsein sei in der Zwischenzeit zwar als politisch korrekte Sichtweise nicht nur bei Frauen, sondern auch bei Männern durchgedrungen, wenn es aber dann um die Erstellung von Listen mit Kandidat/inn/en für bestimmte Positionen ginge, dann bekäme man oft zu hören: „Wir wollen ja Frauen einsetzen, aber wir finden keine [geeigneten]"; Gender Mainstreaming funktioniere an diesem Punkt in der Praxis einfach nicht. Interviewpartner/in J zeichnet für Gender Mainstreaming das Bild, dass es wie die Innen-Tapezierung eines Hauses oder einer Wohnung wirken müsse, als ständig vorhandener Hintergrund, als umfassendes Denkmuster, das bei jedem einzelnen Problem mitgedacht und eingefordert wird.

Befragte/r D berichtet von einer Begebenheit mit einer Unternehmerin, die einen Job zu vergeben hatte und bewusst Damen über vierzig Jahren gesucht hatte, denen sie eine Ausbildung, die mehr als ein halbes Jahr dauerte, anbot. Alle sieben Frauen, die ein Vorstellungsgespräch hatten, haben dieses Angebot dankend abgelehnt. Für D ein deutliches Zeichen dafür, dass es an dieser Stelle noch eine ganze Menge an Bewusstseinsbildung benötigt, um den Frauen klar zu machen, dass ihnen im Hinblick auf das eigene berufliche Fortkommen viel entgeht, wenn sie solche Angebote dankend ablehnen. Man müsse die Frauen ermutigen, auch mit vierzig oder noch älter eine zweite oder dritte Berufsausbildung anzugehen. Umgekehrt könnte Gender Mainstreaming den Druck auf die Unternehmen verstärken und ihnen deutlich machen, welches Potenzial ihnen entgeht, wenn sie Frauen ganz generell und speziell ab einem gewissen Alter nicht qualifiziert beschäftigten. Als wichtige Maßnahme für die Gender Sensibilisierung wird ein bestehendes Pflichtmodul zu Gender Mainstreaming in der Grundausbildung von Bundesbediensteten genannt. Zu weiterführenden Maßnahmen wäre es aber bedauerlicherweise nicht gekommen, so Interviewpartner/in N, denn Gender Mainstreaming würde oftmals weiterhin als „Feministinnen-Thema" betrachtet. Die Erfolge in der Bewusstseinsbildung bei Frauen und Männern seien in diesem Sinne zwar vorhanden, aber eben nicht völlig zufriedenstellend, beispielsweise hätte es bei den Karriereentwicklungen von Frauen keine unmittelbaren Erfolge gegeben.

9.2.2. Analyse zu Einkommen und Aufstiegschancen

Gender Mainstreaming muss als erstes wie bei jeder qualitätsvollen Strategie bei einer soliden Datenbasis und deren Analyse ansetzen. Vom Arbeitsmarktservice wurden deshalb auch sehr genau Daten erhoben und daraus Statistiken erarbeitet, aber nicht nur differenziert nach Geschlecht sondern auch nach anderen Kriterien, wie zum Beispiel nach Altersgruppe, nach Branche usw. Eine reine Aufstellung nach Frauen und Männern wäre „pures Gender Counting“ und für die Umsetzung von Gender Mainstreaming qualitätsabträglich. Als Beispiel wurde der Vergleich von Frauen und Männern nach einer bestimmten Ausbildung genannt und wie sich das Einkommen dadurch verändert ; wenn aber nicht berücksichtigt werde, ob die Frauen oder auch Männer vorher Teilzeit gearbeitet haben, werde ein falsches Bild erzeugt. Gender Mainstreaming liefere den wichtigen Beitrag, dass bei der Gestaltung der arbeitsmarktpolitischen Maßnahmen und Programme in den letzten Jahren ein stärkerer Fokus darauf gelegt werde, wie sich die Einkommenssituation von Frauen und Männern verändere. Damit könne man analysieren, welchen Einfluss die Arbeitsmarktpolitik auf die späteren Einkommen und Karriereverläufe habe. Um die Einkommensschere zu verringern anstelle sie wie bisher zu vergrößern, benötige es noch mehr arbeitsmarktpolitische Programme für Frauen, ausgehend vom Arbeitsmarktservice (Interviewpartner/in B).

Gender Mainstreaming ist ein gutes Instrument, um die Ausgangssituation von Frauen und Männern zu analysieren und solange noch keine Gleichstellung erreicht sei, müssten Frauenfördermaßnahmen ansetzen, um langfristig Gleichstellung zu erreichen; Gender Mainstreaming alleine reiche da aber nicht aus. Wird eine Maßnahme gesetzt, muss man sich genau ansehen, wie diese Maßnahme wirkt, speziell wie sie auf Frauen wirkt und wie sie auf Männer wirkt. Und weiter, trägt sie zum Gleichstellungsziel bei oder nicht und wenn ja, warum nicht. Stellt man dann Ungleichbehandlung fest, stellt sich die Frage, welche Maßnahmen es braucht, um diese zu beseitigen. Letztendlich beginnt nach Ansicht der Expert/inn/en jedwede Erarbeitung von Maßnahmen aus Gender Mainstreaming mit einer tiefgehenden Analyse. Umgelegt auf die Praxis bedeutet das in der Verwaltung, dass man bei jedem Programm, das ausgearbeitet wird, zunächst analysiert, wie es sich unterschiedlich auf die Situation von Männern und Frauen auswirken wird und damit die Genderrelevanz berücksichtigt. Organisationen, die sich an Gender Mainstreaming binden, sind anders verpflichtet, darüber zu berichten, als jene, die das nicht getan haben. Es bestünde dadurch die einmalige Chance, die Situation auf dem Arbeitsmarkt systematisch zu hinterfragen und Bilanzen sowie Resümees daraus zu ziehen und biete damit ein Hilfsmittel für einen systematischen Blick. Gender Mainstreaming sei demnach ein methodischer Impuls, indem vor der Einführung eines Gesetzes verpflichtend gecheckt werden muss, welche Auswirkungen es auf Frauen und Männer haben wird. Interviewpartner/in I sieht als Ansatzpunkt für alle Regierungsvorhaben, dass man diese nach dem Gesichtspunkt, wie diese gegendert werden können, betrachtet, das wäre dann „wirkliches Gender Mainstreaming“.

Für die Befragten liegt also der Mehrwert von Gender Mainstreaming in einer qualitätsvollen Analyse, wobei die Problematik darin besteht, dass es sehr schwierig festzumachen sei, worauf sich die Einkommensunterschiede von Frauen und Männern tatsächlich begründen. Es könnten einerseits die Zulagen auf Grundlage der Kollektivverträge, andererseits die Berufsunterbrechungen von Frauen sein. In diesem Zusammenhang wird auf eine Studie der Wirtschaftsuniversität verwiesen, deren Ergebnis es war, dass Frauen nach zehn Jahren Berufstätigkeit im Schnitt 60.000 Euro weniger verdienten als Männer, obwohl es sich um sogenannte „Berufs-Zwillinge“ (Frauen und Männer mit jeweils gleichem Alter und Ausbildungsprofil) gehandelt hat. Dieses Ergebnis der unterschiedlichen Einkommens- und Karriereverläufe war nach dieser Studie an nichts anderem als nur an der Tatsache festzumachen, dass es sich um Frauen gehandelt hat. Gender Mainstreaming wird von Befragte/n N als ein umfassenderes Konzept mit einem weiteren Fokus und Blick als reine Frauenförderung angesehen, das immer mit einer Analyse beginnen sollte, wobei die Verankerung im Nationalen Aktionsplan für Gleichstellung eine wesentliche Voraussetzung darstellt. Auf Basis der Analysen und Evaluierungen müssten dann konkrete Vorgaben für die Umsetzung von Gender Mainstreaming formuliert werden.

9.2.3. Die Qualität der Umsetzung

Gender Mainstreaming ist demnach eine Strategie, bei der sich erst in der Umsetzung zeigt, ob die Qualität erreicht wird, die man sich überlegt hat. Die Beurteilung erfolgt auf der Ebene, ob die Strategie insgesamt politisch Sinn macht, von der Verankerung her gesehen und ob die Ressourcen, ob die Kapazitäten passen, ob eine Qualität bei der Planung vorhanden ist. Die Umsetzung der Strategie Gender Mainstreaming kann man genauso bewerten wie Prozessmanagement oder Qualitätsmanagement. Manche Interviewpartner/innen sind hinsichtlich der Qualität der Umsetzung von Gender Mainstreaming skeptisch, da Gender Mainstreaming bedeuten würde, dass in allen Ministerien und in allen politischen Bereichen Initiativen gesetzt werden und letztendlich konzentriere es sich doch wieder nur auf das Frauenministerium und vielleicht ein wenig noch auf das Sozialministerium. Die Kritik an Gender Mainstreaming richtet sich dabei nicht an die Qualität der Umsetzung des Konzepts an sich, sondern an die „Nicht-Umsetzung“ von Gender Mainstreaming.

Eine hohe Qualität bei der Umsetzung von Gender Mainstreaming ist für Experte/ Expertin C nur dann zu erreichen, wenn die Managementstrukturen der Organisation insoferne miteinfliessen, als das Management es als eine ganz zentrale Strategie hervorhebt, die über allem anderen steht. Damit ist gemeint, dass nicht nur in kleinen Bereichen oder Nischen dort oder da ein kleines Projekt gemacht wird, sondern die Strategie über alle Ebenen und Bereiche top-down weitergegeben wird. Wenn Gender Mainstreaming als Teil vom Qualitätsmanagement angewendet und laufend darauf hingewiesen wird, dann müsste sich die Situation auf dem Arbeitsmarkt für Frauen hinsichtlich Einkommen und Aufstiegschancen ganz automatisch verbessern. Ein Beispiel für eine Initiative der sinnvollen Verknüpfung von Gender Mainstreaming mit Qualitätsmanagement lieferten die Qualitätsmanager/innen an Schulen, die das Konzept des geschlechtergerechten Unterrichts aufgegriffen und implementiert haben. Als zweites Beispiel für die Umsetzung von Gender Mainstreaming in Zusammenhang mit Qualitätsmanagement wird von Interviewpartner/in N die Einführung von Gender-Kompetenz-Schulen genannt, die sich zur Verankerung von Gender Mainstreaming an ihrem Standort verpflichtet und dafür Budgetmittel zur Verfügung gestellt bekommen haben.

9.2.4. Gender Mainstreaming Zielvereinbarungen

Gender Mainstreaming steht und fällt nach Ansicht der Expert/inn/en ganz generell mit den damit verbundenen Zielvereinbarungen. Die Vorhaben der Bundesregierung, die im Regierungsübereinkommen zur Schließung der Einkommensschere und Förderung von Frauen in Spitzenpositionen definiert wurden, werden durchwegs als sehr positiv bezeichnet. Ein Beitrag von Gender Mainstreaming könnte sein, dass man die Situation von Frauen in Organisationen hinsichtlich Qualifikation und Einkommen im Vergleich zu Männern analysiert und auf Basis von Genderanalysen Ziele vereinbart, die zu einem Abbau von Zuschreibungsprozessen und letztendlich Gleichstellung führen sollen. Die Politik müsste Rahmenbedingungen setzen, indem jede/r Minister/in die Ziele, die er/sie erreichen möchte, mit ganz konkreten Vereinbarungen vorgibt und das Ausmaß der Zielerreichung über Prüfberichte evaluiert. Interviewpartner/in F berichtet darüber, dass es unter einer ehemaligen Bundesministerin Jahr für Jahr einen Zehn-Punkte-Plan zur Umsetzung von Gender Mainstreaming gegeben hätte und die Sektionschefs am Ende eines Jahres aufgefordert waren, entsprechende Umsetzungsberichte abzuliefern. Manche Sektionschefs hätten dann Fortschritte vorzuweisen gehabt und andere eben nicht. Da diese Offenlegung für diejenigen, die sich weniger darum gekümmert haben, sehr unangenehm war, hätte das das Bewusstsein schon geschärft.

Ein neuer Artikel im Bundesgesetz in Zusammenhang mit dem Haushaltsrecht besagt, dass Bund, Länder und Gemeinden bei der Haushaltsführung die tatsächliche Gleichstellung der Geschlechter anzustreben haben. Auch wenn es mit der Formulierung „anzustreben“ einen eingebauten Weichmacher in der Vereinbarung gäbe, so sei es doch eine klare Zielbestimmung auf Verfassungsebene und viel stärker als irgendwelche Selbstverpflichtungen in Form von Ministerratsvorträgen. Basierend darauf wurden alle Ressorts dazu verpflichtet, Wirkungsziele zu Gender Mainstreaming und damit Gleichstellungsziele zu formulieren. Befragte/r M berichtet, dass sich der Frauenanteil in der eigenen Organisation aufgrund eines zweijährigen Zielvereinbarungsverfahrens in den letzten Jahren auf knapp 39 % erhöht habe, wobei auf die Einhaltung des Bundesgleichbehandlungsgesetzes, demgemäß bei gleicher Qualifikation einer Frau der Vorzug gegeben wird, besonderes Augenmerk gelegt wurde. Wenn Gender Mainstreaming, so argumentiert M, nur als Methode angewandt wird, um Analysen zu machen, dann wird damit noch nichts bewegt; erst klare Zielsetzungen, was in Richtung einer Gleichstellung von Frauen und Männern auf dem Arbeitsmarkt über die Arbeitsmarktpolitik bewirkt werden soll sowie die Definition der dazu notwendigen Schritte bewirkt Veränderung.

Es wird insgesamt der Hoffnung Ausdruck gegeben, dass Gender Mainstreaming in Zukunft über das Instrument Gender Budgeting effektiver in die Strukturen wirkt, denn basierend darauf wurden in den verschiedenen Ministerien Indikatoren und Wirkungsziele festgelegt, wovon eines ein Gleichstellungsziel ist. Dabei wird es als unbedingte Notwendigkeit angesehen, dass sich alle Ministerien in den nächsten Jahren einem Veränderungsprozess unterziehen, da es ab 2013 Standard werden solle, dass Wirkungs- und gleichzeitig Gleichstellungsziele definiert und anschließend evaluiert werden.

9.2.5. Die Einkommenstransparenz

Auf einer bestimmten Metaebene sei Einkommenstransparenz in Österreich zwar gegeben, was aber fehle, sei die Zuordnung der Gründe, warum es Unterschiede in den Einkommen von Frauen und Männern gibt. Mögliche Gründe können geschlechterspezifische Arbeitsplatzbewertungen oder Laufbahnunterbrechungen sein oder schlicht und einfach, dass Frauen ihr Einkommen schlechter verhandelten als Männer. Gender Mainstreaming ist nach Ansicht von Experten/ Expertin B zwar ein Instrument, um in einer Organisation allen Mitarbeiter/ inne/n die gleichen Chancen und Möglichkeiten hinsichtlich Einkommen und Führungspositionen zu eröffnen; wenn dies aber nicht gelinge, könnte Einkommenstransparenz ein Weg sein, um die Ungleichheiten zu beseitigen. Einkommenstransparenz gilt als ganz wichtiger Schritt, denn Frauen wüssten oft nicht, was Männer verdienen. Das beginne schon damit, dass Frauen die Einstiegsgehälter der Männer nicht kennen und daher auch nicht wissen, welche Forderungen sie stellen sollen, sodass Frauen oftmals bereits mit viel niedrigeren Anfangsgehältern einsteigen, deren Diskrepanz sie während ihrer gesamten beruflichen

Laufbahn nie mehr aufholen. Aus diesem Grund ist die Offenlegung der Löhne und Gehälter so wichtig, damit Frauen sehen, wie sie gegenüber den Männern eingestuft sind und der Druck auf die Unternehmen erhöht wird. Die Expert/inn/en räumen dabei ein, dass diese Maßnahme auf Widerstand stoßen wird, da die Offenlegung von Gehältern in Österreich ein absolutes Tabuthema gegenüber anderen Ländern ist, in denen Einkommenstransparenz kein großes Problem darstellt.

Wenn man die Einkommensschere tatsächlich schließen wolle, dann wäre in Umsetzung des Regierungsübereinkommens eine Offenlegung der Löhne und Gehälter unumgänglich, um Einkommensgerechtigkeit zwischen den Geschlechtern herzustellen. Befragte/r H nimmt Bezug auf das schwedische Modell der Einkommenstransparenz, in dem offengelegt wird, was zum Beispiel die Position eines Abteilungsleiters oder Abteilungsleiterin wert ist, denn das gebe den Frauen die Möglichkeit, sich darüber zu informieren, in welchem Gehaltsbereich sie sich bewegen und den ihnen zustehenden Anteil einzufordern. Im Gespräch mit Personalleiter/innen habe H erfahren, dass Frauen sehr viel seltener um eine Gehaltserhöhung ansuchten als Männer. Daraus zieht H den Schluss, dass es bittere Realität sei, dass Frauen unter anderem deshalb für gleichwertige Arbeit weniger verdienten, weil sie die eigene Leistung nicht so hoch bewerteten wie ihre männlichen Kollegen. Gender Mainstreaming habe nach H noch keine Verbesserung der Situation gebracht, denn die Unternehmen argumentieren, dass sie sich vor einer Einkommenstransparenz nicht fürchten müssten, sie würden ohnehin für gleichwertige Arbeit das gleiche Einkommen bezahlen. Umgekehrt merke man massive Widerstände bzw. Ängste und Befürchtungen in den Unternehmen, sollte es zu einer rechtlich angeordneten Offenlegung der Gehälter ähnlich dem schwedischen Modell kommen.

Als positives Beispiel für Einkommenstransparenz wird ein Unternehmen in der Telekommunikationsbranche genannt, welches Gehaltsbänder für verschiedene Positionen eingeführt und danach offengelegt habe. Auf Basis der Gehaltsbänder konnte man Abweichungen sehr gut feststellen, vor allem jene, wo Männer überdurchschnittlich und Frauen unterdurchschnittlich bezahlt wurden. Man habe dann mit den betroffenen Frauen und Männern verhandelt, um einen Ausgleich für die Benachteiligung der Frauen herzustellen. Einkommenstransparenz bringe in diesem Sinne einen klaren Verantwortungsbereich mit einem klaren Einkommen und letzten Endes hochmotivierte Mitarbeiter/innen. Für die meisten Interviewpartner/innen sind die Vorhaben der Frauenministerin in Richtung Einkommenstransparenz auch deshalb so wichtig, weil es den Druck auf die Unternehmen enorm erhöhe. In punkto Einkommenstransparenz muss gemäß Aussage von Interviewpartner/n N die Politik Gleichstellung in der Arbeitswelt auf Basis Gender Mainstreaming als klares Ziel formulieren, um in Zukunft eine gleiche Teilhabe von Frauen und Männern im Berufsleben sowie im Haushalt und bei der Kindererziehung zu erreichen.

9.2.6. Auswahlverfahren bei Führungspositionen

Ein Beitrag, den Gender Mainstreaming leisten könnte, wäre die bessere Transparenz bei Auswahlverfahren. Diese müssten so gestaltet sein, dass Frauen in Zukunft bei Berufen und Branchen eine Chance erhalten, die ihnen bisher verschlossen geblieben sind. Das wiederum würde zur Folge haben, dass Frauen höhere Einkommensstufen erreichen könnten. Zum Teil herrscht unter den Expert/inn/en die Überzeugung, dass bereits jetzt die Besetzung von Führungspositionen im Öffentlichen Dienst aufgrund von rein objektiven Maßstäben erfolgt und bei Gleichwertigkeit, so wie es die Bestimmungen im Bundesdienst besagen, die Frau bevorzugt wird. Dabei wird das Auswahlverfahren so durchgeführt, wie es im Ausschreibungsgesetz festgehalten ist und wird zudem von einer Kommission begleitet. Andere Interviewpartner/innen sind hingegen der Ansicht, dass die Auswahlverfahren bei Führungspositionen transparenter gestaltet werden müssten, um bei gleicher Qualifikation den Frauen die gleichen Chancen zu geben, diese Positionen zu erreichen. Häufig werde das Argument gebracht, die offene Position sei mit einer Frau besetzt worden, nur weil sie eine Frau ist. Bei einem transparenten Auswahlverfahren müssten eindeutige und von allen Beteiligten anerkannte Indikatoren gefunden werden, die die gleiche Qualifikation der Frau einwandfrei nachweisen und damit die Besetzung mit einer Frau ohne große Diskussionen rechtfertigen.

9.2.7. Zusammenspiel mit Frauenförderung

Gender Mainstreaming und Frauenförderung stellen zwei unterschiedliche Zugänge dar, wobei Gender Mainstreaming viel stärker auf die Strukturen wirkt, während Frauenförderung aus direkt wirkenden, individuellen Maßnahmen besteht. Die Diskriminierung der Frauen hinsichtlich Einkommen und Aufstiegschancen muss, so die einstimmige Meinung der Expert/inn/en, mit beiden Instrumenten, Frauenförderung und Gender Mainstreaming, in die Zange genommen werden, um das Ziel der Gleichstellung von Frauen und Männern auf dem Arbeitsmarkt zu erreichen. Dabei wird von einigen Interviewpartner/inne/n betont, dass in manchen Bereichen nicht nur Frauenförderung, sondern auch Männerförderung notwendig ist, wie zum Beispiel im Bildungsbereich. Wenn 90% der Kindergartenpädagog/inn/en und Lehrer/innen weiblich sind, dann ist nach dem/der

Befragten J Männerförderung unabdingbar, denn die nachwachsende Generation benötigt ein gendergerechtes Bild der Erwachsenenwelt, welches derzeit ein von Frauen vorgeprägtes Bild ist.

Aus den Aussagen der Befragten wird deutlich, dass Gender Mainstreaming und Frauenförderung je nach politischer Auffassung unterschiedliche Zugangsweisen und Instrumentarien darstellen. Daher ist es nur allzu verständlich, dass es durch gesellschaftspolitische Interpretationen zu einer Vermischung von Gender Mainstreaming mit Frauenförderung und vice versa kommt. Gender Mainstreaming hat die Aufgabe, die Strukturen in allen Bereichen zu analysieren und basierend darauf die Aufträge an das Arbeitsmarktservice zur konkreten Umsetzung von Frauenfördermaßnahmen zu geben. Damit Gleichstellung hinsichtlich Einkommen und Aufstiegschancen schneller erreicht werde, müsse mit spezifischen Maßnahmen der Frauenförderung, begleitend zum Gender Mainstreaming, gearbeitet werden. Beide Strategien, Gender Mainstreaming und „klassische“ Frauenförderung seinen wichtig, um den politischen Auftrag zur Gleichstellung auf dem Arbeitsmarkt zu verankern. Gender Mainstreaming sei eine neue, unverzichtbare Strategie neben der „klassischen“ Frauenförderstrategie, denn wenn man nur die Frauenförderschiene weiterfahre, dann werde Gleichstellung von Frauen und Männern bei Entlohnung und Führungspositionen immer ein reines Frauenthema bleiben. In diesem Sinne wünschen sich die Expert/inn/en für die Zukunft ein noch viel engeres Zusammenspiel von Gender Mainstreaming mit Frauenfördermaßnahmen, um das Ziel der Gleichstellung von Frauen und Männern auf dem Arbeitsmarkt zu erreichen.

9.2.8. Zusammenfassung und Fazit

Die Interviewpartner/innen waren sich im Wesentlichen darüber einig, dass ein wichtiger Beitrag von Gender Mainstreaming auf dem Weg zur Gleichstellung von Frauen und Männern bei Entlohnung und Führungspositionen darin zu sehen ist, dass bei jeder Maßnahme, die gesetzt wird, zunächst mit einer qualitätsvollen Analyse der Ausgangssituation begonnen und erst darauf aufbauend das Ziel formuliert wird, welches erreicht werden soll. Dies ist nicht verwunderlich, da ja das Gender Mainstreaming Konzept so definiert ist, dass bei allen politischen Prozessen und Strategien die Gender-Perspektive berücksichtigt werden muss und diese Vorgangsweise eine Analyse des Ist-Zustandes impliziert, bevor Maßnahmen beschrieben und gesetzt werden. Diese Voraussetzung für das Gelingen von Gender Mainstreaming ist nach Ansicht der Befragten zu einem hohen Anteil erfüllt. Hingegen wird von den Teilnehmer/inne/n der Befragung die Qualität der Umsetzung der Maßnahmen aus Gender Mainstreaming sehr in Frage gestellt.

Als wichtigste Hinderungsgründe für eine hohe Qualität in der Umsetzung wird die mangelnde Unterstützung und Konsequenz der Entscheidungsträger/innen hinsichtlich der Maßnahmen zur Gleichstellung von Frauen und Männern bei Entlohnung und Führungspositionen genannt. Es fehle vielfach an konkreten Zielvereinbarungen, an denen später gemessen werden kann, ob sich bei der Einkommensschere oder bei den Aufstiegschancen von Frauen etwas zum Positiven verändert habe. Gender Mainstreaming als reines Analyse-Instrument bewege zu wenig, denn erst über klare Zielvereinbarungen, was in Richtung einer Gleichstellung von Frauen und Männern auf dem Arbeitsmarkt über die Arbeitsmarktpolitik bewirkt werden soll sowie durch die Definition der dazu notwendigen Schritte könne eine Veränderung herbeigeführt werden (Experte/ Expertin F). Gender Mainstreaming hat in diesem Sinne die Aufgabe, die Strukturen in allen Bereichen zu analysieren und abgeleitet daraus Aufträge an die Arbeitsmarktpolitik weiterzugeben. Diese Aufträge werden unter anderem über die Frauenförderung in konkrete Maßnahmen verpackt, um die aus Gender Mainstreaming generierten Zielsetzungen zu erreichen.

Als wichtige konkrete Maßnahme zur Schließung der Einkommensschere, die sich aus Gender Mainstreaming ableitet, wurde vielfach die Einkommenstransparenz genannt. Die Offenlegung der Einkommen bringt nach Ansicht der Befragten folgende Vorteile: es gibt Frauen einerseits die Möglichkeit, sich darüber zu informieren, welche Löhne und Gehälter Männer in gleichwertigen Positionen erhalten und es übt andererseits enormen Druck auf Organisationen und Unternehmen aus, wenn sie versuchen, weiterhin an einer rein geschlechtsspezifisch unterschiedlichen Entlohnung von Frauen und Männern festzuhalten. Ähnlich wird die Situation hinsichtlich der Transparenz bei der Besetzung von Führungspositionen eingeschätzt. Bei einem transparenten Auswahlverfahren sollte es gelingen, Indikatoren zu entwickeln, die die gleiche Qualifikation von Frauen und Männern einwandfrei nachweisen und damit die Besetzung der Topposition mit einer Frau rechtfertigen.

9.3. Maßnahmen von Gender Mainstreaming zur Gleichstellung von Frauen und Männern bei Einkommen und Führungspositionen

Aus der Fülle der Gender Mainstreaming Maßnahmen, die von den Interviewten zur Erreichung von Gleichstellung bei Frauen und Männern bei Entlohnung und Aufstiegschancen genannt wurden, werden nun die dreizehn, am häufigsten genannten Maßnahmen, gegliedert nach vier Themenbereichen, beschrieben:

- Mittelbezogene Maßnahmen
  - Mittelvergabe Arbeitsmarktpolitik
  - Auftragsvergabe öffentliche Hand
  - Gender Budgeting

- Umsetzungsbezogene Maßnahmen
  - NAP Gleichstellung
  - Quotenregelung bei Führungspositionen
  - Berichtspflicht und Prüfstelle
  - Sanktionen

- Ausbildungs- und arbeitsplatzbezogene Maßnahmen
  - Ausbildungsmaßnahmen für Frauen
  - FiT Frauen in Handwerk und Technik
  - Arbeitsplatzbewertung

- Familienbezogene Maßnahmen
  - Vereinbarkeit von Beruf und Familie
  - Papamonat, Väterkarenz, einkommensabhängiges Karenzgeld
  - Qualifizierte Teilzeitarbeit

9.3.1. Mittelbezogene Maßnahmen

Als wesentlichste mittelbezogene Maßnahmen wurden die Mittelvergabe in der Arbeitsmarktpolitik, die Auftragsvergabe durch die öffentliche Hand und das Gender Budgeting genannt.

9.3.1.1. Mittelvergabe Arbeitsmarktpolitik

Die Expert/inn/en betonen durchwegs die Wichtigkeit, dass mindestens 50 % der Mittelvergabe der Arbeitsmarktpolitik an gleichstellungsorientierte Maßnahmen gekoppelt ist, wobei in Zeiten der Wirtschaftskrise dieses Budget noch härter zu verteidigen ist als in wirtschaftlich stabilen Zeiten. Die Festschreibung dieser Mittelvergabe im Regierungsübereinkommen ist ein ganz zentraler Punkt, wenn im Nachhinein laufend evaluiert wird, ob die bereitgestellten Mittel widmungsgemäss für Programme zur Schließung der Einkommensschere und Förderung von Frauen in Führungspositionen verwendet wurden. Relativiert wurde die Effizienz dieser Mittelvergabe von zwei Interviewpartner/inne/n mit dem Hinweis, dass Frauen zumeist kürzere und billigere Weiterbildungsmaßnahmen erhielten als Männer und dass die während der Wirtschaftskrise eingeführte Kurzarbeit in den Unternehmen auch wiederum eher Männern zugute komme als Frauen, da die Kurzarbeit bei den 50 % der Mittel, die den gleichstellungspolitischen Maßnahmen zur Verfügung stehen sollen, herausgerechnet wird.

9.3.1.2. Auftragsvergabe öffentliche Hand

Die Kopplung von Aufträgen der öffentlichen Hand an Genderkriterien in Organisationen stellt für die Befragten einen interessanten Ansatz dar, indem bei der Vergabe von öffentlichen Mitteln unter anderem darauf geachtet wird, wie das jeweilige Unternehmen mit Gleichstellung von Frauen und Männern umgeht. Kriterien könnten dabei zum Beispiel sein, welchen Frauenanteil das Unternehmen bei Führungspositionen aufweist und wie die geschlechtsspezifische Einkommensentwicklung aussieht. Eine andere Möglichkeit wäre, ein Punktesystem einzuführen, um das, was Unternehmen zur Gleichstellung bei Einkommen und Aufstiegschancen tun, besser einschätzen zu können. Damit würde transparenter, ob ein Unternehmen in Bezug auf Gleichstellung positiv oder negativ aufgefallen ist. Eine weitere wirkungsvolle Maßnahme bestünde darin, dass Auftragsvergaben danach ausgerichtet werden, ob die Projektleitungen für jene Projekte, für die um Mittelvergabe angesucht wird, weiblich besetzt sind. Die Erfahrungen hätten nämlich gezeigt, so Interviewpartner/in N, dass manche Unternehmen aufgrund dieser Vorgaben verstärkt Frauen in Projektleitungspositionen eingesetzt hätten. Unter dem Motto „Geld Druck erzeugt“ schlägt ein/e Experte/ Expertin die Bindung der öffentlichen Auftragsvergabe an Gender Mainstreaming-Kriterien vor. Dabei sollte überprüft werden, ob das Unternehmen Frauenförderpläne vorweisen kann, wie hoch der Anteil von Frauen in Führungspositionen ist und wie die Einkommenssituation von Frauen im Vergleich zu Männern aussieht. Befragte/r F nennt als wirksames Mittel nicht nur die Kopplung der Auftragsvergabe der öffentlichen Hand an Gender-Kriterien der Unternehmungen, sondern auch die Wirtschaftsförderung ganz allgemein, aber auch die Forschungs- und Technologieförderung.

9.3.1.3. Gender Budgeting

In Gender Budgeting wird die große Chance gesehen, herauszuarbeiten, wieviel Geld in welche Maßnahmen investiert wird und wer davon aus genderspezifischer Sicht profitiert, um dann eine Umschichtung der Gelder vorzunehmen. Gender Budgeting wird von den Interviewpartner/innen häufig als „Zukunft von Gender Mainstreaming“ bezeichnet, da es im Bundeshaushaltsgesetz verankert ist und die langfristige Möglichkeit bietet, ein „Geschlechterbudget“ zu schaffen.

Aufgrund der formalen Verankerung sei die Verpflichtung zu Gender Budgeting viel stärker als die Verpflichtung zu Gender Mainstreaming. Diese Verankerung findet sich im neuen Bundeshaushaltsgesetz wieder, welches besagt, dass Bund, Länder und Gemeinden bei der Haushaltsführung die tatsächliche Gleichstellung der Geschlechter anzustreben haben. Die Formulierung, dass die Gleichstellung der Geschlechter bloß „anzustreben" sei, ist für die Expert/inn/en zwar etwas weich formuliert, aber nichtsdestotrotz wäre es auf Verfassungsebene erstmals eine klare Zielbestimmung. Diese Zielvorgabe ist in Summe jedenfalls stärker als „irgendwelche" Selbstverpflichtungen in Form von Ministerratsvorträgen, denn ausgehend von dieser Haushaltsrechtsreform seien die Ministerien nun verpflichtet, Wirkungsziele im Sinne von Gleichstellungszielen zu definieren. Für Befragte/n E bräuchte es einen ganz klaren Plan, um Gender Budgeting umzusetzen. E nennt als Beispiel die Einkommensgerechtigkeit im Öffentlichen Dienst, wonach zwar die Meinung vorherrsche, die Einkommensschere im Öffentlichen Dienst sei wesentlicher geringer als in der Privatwirtschaft; tatsächlich sind aber nach E auch im öffentlichen Bereich große Unterschiede festzustellen. Alleine die Reisekostenabrechnung erbringe für Polizisten einige hundert Euro mehr im Jahr als für Polizistinnen, wenn sie pauschaliert abgerechnet werden. E zieht daraus das Resümee, dass es einen ganz klaren politischen Willen zu Gender Budgeting braucht, um an dieser Stelle etwas zu verändern.

Gender Budgeting wird von einigen Interviewpartner/innen als größter Erfolg von Gender Mainstreaming angesehen, denn die öffentlichen Ressorts seien ab 2013 verpflichtet, Wirkungsanalysen zu machen, was die Verwendung der bereitgestellten Gelder im Sinne der Gleichstellung von Frauen und Männern, unter anderem bei Entlohnung und Aufstiegschancen betrifft. Dabei wird von den Befragten die Wichtigkeit der systematischen Betrachtung der Wirkungsweise dieser Maßnahmen innerhalb der Budgetplanung herausgestrichen. Experte/ Expertin N zum Beispiel berichtet, dass die eigene Organisation ausgewählt worden sei, im Sinne eines Pilotprojektes Indikatoren und Wirkungsziele zu definieren, wovon eines ein Gleichstellungsziel sein muss. N ist selbst Teil einer Arbeitsgruppe, in dem Wirkungsziele für höhere Schulen definiert werden, wovon eines ein Gleichstellungsziel ist. Für N müsste in diesem Zusammenhang ein gesamter Qualitätsmanagementprozess eingeleitet werden, denn wenn man Ziele definiert und die Mittel dafür bindet, dann ist das ein Prozess, in dem Politik und Verwaltung optimal zusammenspielen müssen. N erwähnt weiters ein Gender Budgeting Pilotprojekt, bei dem Organisationen im Kunst- und Kulturbereich von den Sektionen aufgefordert wurden, eine Gender-Analyse im Bereich des Personals, aber auch in den Gremien, durchzuführen. Alleine durch diese Analysen sei es schon zu Veränderungen gekommen, jedoch seien die Sektionen nach N nicht imstande, diese Gender-Analysen dauerhaft zu installieren; dazu müssten eigene Budgets und Ressourcen zur Verfügung gestellt werden.

9.3.2. Umsetzungsbezogene Maßnahmen

9.3.2.1. Nationaler Aktionsplan für Gleichstellung

Im Bezug auf den NAP Gleichstellung wünschen sich die Interviewpartner/innen, dass auf Bundesebene konkrete Indikatoren und Zielstellungen formuliert werden, die dann umgesetzt und evaluiert werden. Ein/e Experte/ Expertin äußert die Hoffnung, dass es der Frauenministerin, die ihren Schwerpunkt auf die Beseitigung der Einkommensungleichheit legt, über den NAP Gleichstellung gelingt, neue Impulse zu setzen. Befragte/r F war bei der Ausarbeitung des NAP Gleichstellung Teil der Arbeitsgruppe „Frauen in Führungspositionen", die Vorschläge für Maßnahmen erarbeitet hat. Dieser seien nun mit den Vorschlägen von weiteren Arbeitsgruppen zum NAP Gleichstellung zusammenzuführen und mit den Sozialpartnern zu diskutieren, um abschließend den Ministerrat zu passieren. Wenn der NAP Gleichstellung tatsächlich die Maßnahmen beinhaltet, die im Regierungsübereinkommen stehen und vielleicht sogar noch ein paar mehr, dann sieht F die Basis für eine Gleichstellung von Frauen und Männern auf dem Arbeitsmarkt geschaffen. Demgegenüber sind einige Interviewpartner/innen hinsichtlich des NAP Gleichstellung skeptisch und begründen diese Sichtweise damit, dass Jahr für Jahr diverse Maßnahmen in nationale Aktionspläne verpackt werden und es dann immer wieder ernüchternd ist, wenn sich substantiell wenig bis gar nichts verändere.

In der Wahrnehmung eines/r Experten/ Expertin haben sich zuerst die Sozialpartner darauf verständigt, einen Aktionsplan zur Chancengleichheit zu erarbeiten und basierend darauf hat es die Bundesregierung bei den Regierungsverhandlungen zu einem Thema gemacht. Aber die ganzen Gespräche, die dazu liefen, waren nicht von dem Gedanken getragen, Gender Mainstreaming umzusetzen, weder bei den Verhandlungen mit den Sozialpartnern, noch bei den Regierungsverhandlungen. Ein besonderer Schwerpunkt lag dabei auf dem Thema Einkommensschere, da Österreich dabei laufend durch internationale Studien ein ganz schlechtes Zeugnis ausgestellt wird und daraus habe sich der NAP Gleichstellung entwickelt, aber nicht aus der Logik des Gender Mainstreamings heraus. Erwähnt wird weiters das Leitpapier zum NAP Gleichstellung, welches auf der Homepage des Bundesministeriums für Frauen und Öffentlichen Dienst nachzulesen sei. Darin ist die Ausgangssituation analysiert und in welchen Bereichen Schritte notwendig seien, um die Einkommensschere zu schließen und mehr Frauen in

Spitzenpositionen zu bringen. Basierend auf dieser Analyse wurden verschiedene Arbeitsgruppen eingerichtet, die dazu aufgefordert sind, geeignete Maßnahmen zu definieren. Die Interviewpartner/innen fordern, dass das Instrument Gender Mainstreaming im NAP Gleichstellung abgebildet und weiterverfolgt wird. Gender Mainstreaming hat, wenn es ernsthaft angewendet wird, einen viel weiteren Fokus und einen weiteren Blick als etwa die reine Frauenförderschiene und deshalb sei die Verankerung im NAP Gleichstellung zwingend.

9.3.2.2. Quotenregelung bei Führungspositionen

Vielfach wird von den Expert/inn/en die Quotenregelung als kein sehr elegantes, dafür umso wirkungsvolleres Mittel betrachtet. Quoten sind ein wirksames Instrument, aber nur dann, wenn sie spezifisch sind. Damit ist gemeint, dass spezifisch darauf geachtet werden muss, in welchem Bereich eine Quote einen Sinn ergibt bzw. die Erreichung auch realistisch ist. Ganz einfach nur eine Quote von 50% immer und überall vorzugeben ist vollkommen qualitätslos und ohne gezielten Einsatz und genauer Beobachtung der Umsetzung sei das Instrument der Quoten gänzlich sinnlos. Eine Unterscheidung nach Berufen, Branchen und geografischen Gegebenheiten ist nach Meinung der Expert/inn/en unbedingt erforderlich und je nach Situation müsse der Einsatz von Quoten entsprechend angepasst werden. Wenn es sich zum Beispiel um stark frauenbesetzte Berufe und Branchen handle, müsse die Quote entsprechend höher sein als in Berufen und Branchen, in denen tendenziell wenige Frauen arbeiten. Die Vorgabe einer Quote alleine reiche nicht aus, um die Situation auf dem Arbeitsmarkt zu ändern, es müsse auch der Weg dorthin mit konkreten Maßnahmen formuliert werden. Befragte/r C erinnert an das Beispiel der skandinavischen Länder, bei denen es Frauenquoten für die Besetzung in Aufsichtsräten gäbe; eine Vorgabe, die C in Österreich aufgrund der breiten Ablehnung von Politik und Wirtschaft für undenkbar hält. C ist überzeugt, dass nur mit einer Quotenregelung, so wie im Öffentlichen Dienst mit 40% Frauenanteil in den Führungspositionen, eine Verbesserung der Situation eintreten wird und verweist auf den in Ausarbeitung befindlichen NAP Gleichstellung, in dem verbindliche Quoten festgeschrieben werden sollen. Obwohl der 40% Frauenanteil in leitenden Funktionen auch im Öffentlichen Dienst noch nicht erreicht sei, so C, denke die Frauenministerin bereits daran, die Quote auf 45% zu erhöhen.

Als wirklich gutes Vorbild für den Einsatz von Quoten wird von den Interviewpartner/innen häufig das Beispiel Norwegens genannt, denn dies wäre das einzige Land, in dem es gelungen sei, den Anteil von Frauen in Aufsichtsräten durch die sanktionierende Vorgabe von Quoten sprunghaft ansteigen zu lassen. Allerdings müsse man nicht unbedingt den radikalen Ansatz Norwegens gehen, dass

Unternehmen, die die Quote nicht erfüllen, von der Börse genommen werden, sondern es würde genügen, das österreichische Gesetz, in dem die Besetzung von Aufsichtsräten geregelt wird, insoferne zu erweitern, dass die Aufsichtsräte paritätisch besetzt sein müssen, andernfalls es gerichtlich durchgesetzt werde. Die Unternehmen in Norwegen hatten befürchtet, dass sie durch den Entzug der unternehmerischen Freiheit bankrottgehen könnten, aber wie man sehe, sei noch kein norwegisches Unternehmen bankrott gegangen, nur weil jetzt Frauen im Aufsichtsrat vertreten sind, im Gegenteil, Studien belegten, dass Unternehmen mit ausgewogener geschlechtsspezifischer Besetzung erfolgreicher seien als einseitig besetzte. Der Unterschied zu Österreich liege aber schon darin, dass es in Österreich weit weniger börsennotierte Unternehmen als in Norwegen gäbe, dennoch birgt die Quotenregelung einen enorm hohen symbolischen Wert, der die Debatte auch in Österreich vorwärts bringen könne. Als Beispiel, bei dem es noch viel Handlungsbedarf gäbe, wird auf den geringen Anteil von Frauen in den Professuren österreichischer Universitäten verwiesen, bei dem jedoch sehr stark nach den Fachrichtungen unterschieden werden müsse, denn an den technischen Universitäten mache der Prozentsatz an Frauen nicht einmal 7% aus, während an den Kunsthochschulen weit über 50% Frauenanteil vorherrsche. Noch schlimmer stelle sich die Situation bei den Rektoraten dar, denn derzeit sei keine einzige Frau in einer solchen Funktion tätig. Befragte/r H bezeichnet sich als Verfechter/in des Festschreibens von Quoten in gesetzlichen Regelungen, denn wenn der gewünschte Frauenanteil zum Beispiel in universitären Gremien bereits erreicht sei, dann könne man ja schnell wieder darauf verzichten. Die Quote wird in diesem Sinne mit einer „Therapieform" verglichen, denn wenn die Politik auf einem weiblichen und einem männlichen Bein stehen soll, dann leidet das weibliche Bein derzeit noch sehr an Muskelschwund und muss mit einer Krücke unterstützt werden. Wenn das weibliche Bein die gleiche Muskelstärke erreicht hat wie das männliche, kann die Krücke sofort entfernt werden.

Der positive Effekt von Quoten in öffentlichen Gremien liege unter anderem darin, dass dann auch Frauen stärker in diesen Gremien vertreten seien und die speziellen Bedürfnisse der Frauen besser berücksichtigt werden können. Natürlich gehe das einher mit „dem Leiden der Männer" (Befragte/r J), denn diese seien zwangsläufig aufgefordert, etwas von ihrem Anteil in den Gremien an die Frauen abzugeben. Bei der Einführung von verpflichtenden Quoten liege das eigentliche Problem darin, den Weg entsprechend aufzubereiten und einen Konsens in der Politik zu erzielen, denn wenn die Quotenregelung an einem der beiden Regierungspartner scheitert, dann nütze das ganze Vorhaben nichts (Interviewpartner/in L).

9.3.2.3. Berichtspflicht und Prüfstelle

Bei der Umsetzung von Gender Mainstreaming wird eine Berichtspflicht für Organisationen zur Überprüfung der eingeleiteten Maßnahmen eingefordert, denn die bisherigen Gleichstellungsberichte seien immer zu allgemein gehalten. Jede/r Minister/in sollte demnach konkrete Zielvorgaben machen und die Erreichung dieser Vorgaben über zwingende Jahresberichte überprüft werden. Als weitere wirkungsvolle Institution wird eine Prüfstelle genannt, in der Art wie der Rechnungshof, dessen Prüfungen die Organisationen dazu anspornen, „eine gute Figur" machen zu wollen. Für die Fortschrittskontrolle der Umsetzung von Gender Mainstreaming werden Controllingmaßnahmen angeregt, denn in vielen anderen Bereichen sei das Controlling ein wesentlicher Bestandteil in den Organisationen. Dabei sei es gleichgültig, ob das Gender Controlling über eine externe Prüfstelle wie den Rechnungshof oder über die eigene Controlling Abteilung selbst erfolge, wichtig ist einfach, dass es gemacht wird. Die Expert/inn/en sehen es als sehr sinnvoll an, die Prüfungen des Rechnungshofes auf Gender Aspekte zu erweitern bzw. eine Berichtspflicht einzuführen, bei der Berichte über die Fortschritte bei der Umsetzung von Gender Mainstreaming von einer anerkannten und unabhängigen Stelle, wie zum Beispiel dem Rechnungshof, veröffentlicht werden, möglicherweise sogar im Internet. Damit könne man sehr hohen öffentlichen Druck erzeugen auf die Beschäftigtenstruktur, denn dann könne jeder nachlesen, wie die einzelnen Organisationen hinsichtlich Einkommen und Führungspositionen aufgestellt sind. Besonders öffentlichkeitsnahe Organisationen wie die Regierung, aber auch die Interessensvertretungen, müssten verpflichtet sein, einen regelmäßigen Bericht über ihre Gender Mainstreaming Aktivitäten und den Grad der Umsetzung abzugeben. Die Veröffentlichung dieser Berichte hätte enorme Vorbildwirkung, denn gerade bei den meinungsbestimmenden Organisationen werde besonders darauf geachtet, wie sie hinsichtlich Gender Aspekten aufgestellt sind. Die Einführung einer Prüfstelle wie den Rechnungshof wird also als außerordentlich gute Idee betrachtet, da dieser im Sinne einer Überprüfung von Gender Mainstreaming ein Respektsinstrumentarium darstelle.

9.3.2.4. Sanktionen

Bei Sanktionen wird von den Interviewpartner/inne/n zwischen negativen und positiven Sanktionen unterschieden. Negative Sanktionen wären unter anderem Förderungen, die aufgrund der Nichterreichung von Vorgaben nicht gewährt werden, während positive Sanktionen bei Erreichung der Zielvorgaben Zusatzförderungen nach sich ziehen. Eine Möglichkeit für Sanktionen wäre, den Organisationen Strafzahlungen vorzuschreiben, wenn sie beispielsweise Gleichstellungspläne nicht erfüllten. Befragte/r B sieht die öffentliche Auseinandersetzung zum Thema Sanktionen in Schweden viel größer als an als in Österreich und ortet die Gründe dafür darin, dass es eine stark ablehnende Haltung in Österreich dagegen gibt, weil „man das der Wirtschaft nicht antun könne". B selbst ist jedoch überzeugt, ohne Sanktionen werde sich an der Situation, dass Frauen und Männer auf dem Arbeitsmarkt noch nicht gleichgestellt sind, nichts ändern. Die Expert/inn/en sprechen sich für die Einführung von Sanktionen aus, weil die Erfahrung der letzten Jahre gezeigt hätten, dass man ohne gesetzliche Regelungen und dem Einsatz von Sanktionen nicht auskommt. Sensibilisierungsmaßnahmen alleine, ist man überzeugt, bringen gar nichts, denn immer wenn es scheint, es gehe mit der Gleichstellung von Frauen und Männern auf dem Arbeitsmarkt in die richtige Richtung, zeigt der weitere Trend, dass die geforderten Prozentsätze, wie zum Beispiel die 40 % Frauenanteil bei Führungspositionen im Öffentlichen Dienst, wieder rückläufig sind. Sanktionen werden allerdings als „Mittel der letzten Wahl" angesehen und sollten dann zur Anwendung kommen, wenn alle vorherigen Maßnahmen, wie der Einsatz von konkreten Zielvorgaben und ein zugehöriges Kontrollsystem zur Gleichstellung von Frauen und Männern bei Einkommen und Führungspositionen nicht gegriffen haben.

Ein/e Interviewpartner/in schlägt einen Stufenplan vor, bei dem zunächst Gleichstellungsvorgaben für Organisationen über gesetzliche Regelungen geschaffen werden, die dann nach zwei Jahren evaluiert werden, und wenn die Zielvorgaben nicht erfüllt wurden, die betroffenen Organisationen mit Sanktionen zu versehen. Interviewpartner/in H berichtet über Erfahrungen bei der Erstellung von Gemeinderatslisten für drei Bundesländer, in denen Gemeinderatswahlen anstanden, wonach ein 20 %-iger Frauenanteil nicht überschritten werden konnte und ist der Überzeugung, dass eine Änderung dieser Situation in Zukunft nur mit Sanktionen möglich sein wird. Die Expert/inn/en sehen Sanktionen in Verbindung mit strukturellen Veränderungen als probates Mittel an, die Verbindlichkeit zur Umsetzung von Gender Mainstreaming wesentlich zu erhöhen und in weiterer Folge Gleichstellung auf dem Arbeitsmarkt bei Einkommen und Führungspositionen zu erreichen.

9.3.3. Ausbildungs- und Arbeitsplatzbezogene Maßnahmen

9.3.3.1. Ausbildungsmaßnahmen für Frauen

Die Expert/inn/en sprechen sich dafür aus, dass das Arbeitsmarktservice nicht nur darauf achten sollte, Frauen rasch in den Arbeitsprozess zu reintegrieren, sondern auch auf die Qualität der Ausbildung zu achten. Denn es wäre zu kurzfristig gedacht, wenn Frauen, so wie es derzeit im Gesundheitssystem passiert, bei den Gesundheitsberufen nur auf die unterste Stufe der Heimhilfen ausgebildet werden, wenn die Möglichkeit besteht, sie auch in höher qualifizierte Berufe wie Krankenschwestern oder Ärztinnen mit der Aussicht auf bessere Verdienstmöglichkeiten weiterzubilden. Gender Mainstreaming als Basis für geschlechtergerechte Qualifizierungsmaßnahmen könne dazu beitragen, dass Frauen nicht in unnötige Ausbildungsmaßnahmen gesteckt werden, sondern auf Berufe hin qualifiziert werden, in denen ein Aufstieg und damit ein höheres Einkommen möglich ist. Die Analyse der geschlechtsspezifischen Berufsorientierung und Berufsauswahl wird von den Befragten in diesem Sinne als Vorstufe zum Arbeitsmarkt betrachtet. Die Phase der Berufsorientierung sei entscheidend dafür, ob Frauen in nicht-traditionelle Berufe eintreten, denn es sei nicht zu übersehen, dass Frauen nach wie vor in Lehrberufe gehen, in denen die Einkommen niedriger sind als in den traditionell männlichen Lehrberufen. Die Interviewpartner/innen setzen sich dafür ein, die Rahmenbedingungen für die Qualifizierung von Frauen dahingend zu verbessern, dass Weiterbildungen auch während der Arbeitszeit und nicht nur am Abend und am Wochenende ermöglicht werden. Der Zugang zu den Weiterbildungen sei nämlich ein wesentlicher Schlüssel zum Erfolg, mit dem auch Frauen ein höheres Einkommen beziehen könnten.

Befragte/r H führt als einen Arbeitsschwerpunkt der eigenen politischen Organisation an, Mädchen in atypische und damit besser bezahlte Berufe zu bringen, auch wenn es Vorurteile dagegen gibt. Diese gut gepflegten Vorurteile, so H, seien aber nicht gerechtfertigt, denn wenn Frauen im Supermarkt als Kassierinnen jeden Tag Tonnen von Lebensmittel mit einer Hand über das Förderband schieben oder Kindergärtnerinnen die Kleinkinder heben müssen, dann sei es nicht verständlich, warum es einer Frau nicht zugemutet werden könne, Ziegel zu heben, eine Scheibtruhe zu führen oder eine Kehrmaschine zu fahren. Experte/Expertin J berichtet über die Gründung eines eigenen Vereins mit dem Namen „Tech Women“, der sich zum Ziel gesetzt hat, Frauen vermehrt für technische Berufe zu interessieren. Mit dem Wettbewerb „Highheels@HighEnd“ unter Schülerinnen versuche man, den jungen Mädchen zu zeigen, dass es sehr viel mehr berufliche Möglichkeiten gäbe als einseitig frauentypische Handwerksberufe, wie zum Beispiel Friseurin, zu erlernen. Denn schließlich heiße Laufbahnplanung, sich fit zu machen für bestimmte Funktionen und dieses Fitmachen sei ein Teil des Gender Mainstreamings.

9.3.3.2. F i T – Frauen in Handwerk und Technik

Die Expert/inn/en verweisen mehrfach auf ein speziell für Frauen ins Leben gerufenes Programm mit dem Namen „F i T – Frauen in Handwerk und Technik", mit dem Ziel, Frauen vermehrt in atypische Handwerksberufe bzw. technische Berufe zu bringen, weil diese unter anderem mit höherem Einkommen und besseren Aufstiegschancen verbunden seien. Kritik wird insoferne an den bisherigen Programmen des Arbeitsmarktservices geübt, als diese den Schwerpunkt auf typische Frauenberufe wie Handel, Büroberufe oder Gesundheitsberufe legen, um Frauen schnell wieder in Beschäftigung zu bringen. Umso wichtiger sei es, Programme wie F i T zu forcieren, die es den Frauen ermöglichten, auch in typischen Männerberufen Fuß zu fassen und damit bessere Einkommensmöglichkeiten zu haben. Für die Befragten setzt das Programm, Frauen in ein breiteres Spektrum an Berufen zu bringen, bereits bei den Berufsberatungen an Schulen an, um Frauen für technische Ausbildungen zu begeistern. Viele Mädchen hätten bei der Matura ausgezeichnete Noten in den technischen Fächern, aber die wenigsten von ihnen trauten sich auch zu, ein technisches Studium zu beginnen. Das Programm F i T sei ein wichtiges Programm, die Segregation des Arbeitsmarktes aufzubrechen und Frauen in technische Berufe zu bringen, in denen sie bisher nicht oder nur selten vertreten waren. Im Unterschied zu Österreich ist es in den osteuropäischen Ländern selbstverständlich, dass Frauen in leitenden Positionen in technischen Berufen zu finden sind. Sogar in den arabischen Ländern hätten Frauen Chancengleichheit in technischen Berufen realisiert, allerdings mit der Einschränkung, dass ihnen der Zugang zu technischen Berufen überhaupt ermöglicht wird.

9.3.3.3. Arbeitsplatzbewertung

Die Problemstellung für die unterschiedlichen Bedingungen für Frauen und Männer auf dem Arbeitsmarkt ergibt sich aus der geschlechtsspezifischen Arbeitsplatzbewertung, denn die von Frauen ausgeübten Tätigkeiten seien generell schlechter bewertet als jene von Männern. Ein/e Experte/ Expertin berichtet über gesetzliche Regelungen in der Schweiz, die es den Frauen ermöglicht, gleiche Bezahlung für gleichwertige Berufe einzuklagen. Schweizer Krankenschwestern, berichtet diese/r Experte/ Expertin weiter, hätten dieses Recht genutzt, um das gleiche Einkommen wie die Straßenkehrdienste zu erreichen. Auf Basis dessen haben zwei schweizer Juristen ein Arbeitsbewertungssystem ausgearbeitet, so D, mit dem dann bei Gericht gearbeitet und habe den Krankenschwestern letztendlich eine höhere Einstufung zugestanden wurde. Der Nachteil dieses Arbeitsbewertungssystems liegt nach D in der Detailliertheit, die das Instrument sehr aufwendig macht. Außerdem seien die gesetzlichen Gegebenheiten in Österreich nicht in gleichem Ausmaß gegeben wie in der Schweiz, um dieses Bewertungssystem anwenden zu können. D ist jedoch der Überzeugung, dass ein besseres Arbeitsbewertungssystem in Österreich unbedingt erforderlich ist, um Frauen die gleichen Einkommen wie Männern in gleichwertigen Berufen zu ermöglichen.

Befragte/r E arbeitet die Frage der Arbeitsplatzbewertung mit dem Beispiel heraus, dass es nicht einzusehen sei, warum Kindergärtnerinnen wesentlich weniger verdienen als männliche Polizisten, obwohl beide als höchsten Schulabschluss Matura und interne Ausbildungen aufweisen können. Für E ist eine fundamentale, gesamtgesellschaftliche Überarbeitung, wenn nicht sogar Revolution, der Arbeitsbewertungen unabdingbar, weil hier enorme strukturelle Diskriminierungen für Frauen vorliegen. E fordert in diesem Zusammenhang eine neue Frauenbewegung, um die existierenden Ungerechtigkeiten der Arbeitsplatzbewertung im Bereich der Lehr-, Dienstleistungs- und Pflegeberufe abzuschaffen, die das eigentliche Problem hinter den Einkommensunterschieden von Frauen und Männern darstellen. Gender Mainstreaming bietet den Hebel, zu überprüfen, ob die Arbeitsplatzbewertung in Österreich tatsächlich als gendergerecht einzustufen ist. Sollte dies nicht der Fall sein, müssten von der Arbeitsmarktpolitik entsprechende Maßnahmen formuliert werden, die über die Einführung einer gendergerechte Arbeitsplatzbewertung automatisch zu gleichen Einkommen und Aufstiegschancen für Frauen und Männer führen. Es genüge einfach nicht, dass alle Berufe für alle, egal ob Frau oder Mann, grundsätzlich offenstehen, wenn ausgerechnet die Frauenberufe, wie die Pflegeberufe, extrem schlecht bezahlt seien. Daher muss noch viel mehr mit einer systematischen Arbeitsplatzbewertung gearbeitet werden, um die genderspezifischen Lohnunterschiede in den einzelnen Branchen in den nächsten Jahren aufzubrechen (Experte/ Expertin M). Gender Mainstreaming ist nach Ansicht der Interviewpartner/innen das geeignete Instrument, besonders auf der Politik- und Verwaltungsebene der geschlechtsspezifischen Segregation des Arbeitsmarktes entgegenzuwirken, um über das System der Arbeitsplatzbewertung nachhaltig gleiche Einkommen von Frauen und Männern für gleichwertige Arbeit zu erreichen.

9.3.4. Familienbezogene Maßnahmen

9.3.4.1. Vereinbarkeit von Beruf und Familie

Im Bewusstsein der Menschen in der heutigen Gesellschaft ist das Thema Frauen und Kinder voll verankert, bei weitem aber nicht das Thema Frauen und Beruf. Entscheidend für die Vereinbarkeit von Beruf und Familie ist daher für einige der Expert/inn/en eine gute Kinderbetreuung, damit Frauen und Männer das Privatleben so gestalten können, dass beide beruflich erfolgreich sein können. Als wichtige Voraussetzung, dass mehr Frauen die Chance bekommen, in Führungspositionen zu arbeiten, wird häufig das Konzept der Ganztagsschulen im Sinne von guter, institutioneller Kinderbetreuung genannt. Das ginge auch konform mit den Einkommen, denn Vollzeitpositionen seien besser bezahlt als Teilzeitpositionen. Andererseits wird jedoch die ganztätige Schulform als halbherzig bezeichnet, weil es eine Zumutung sei, dass Kinder ihre Freizeit sozusagen auf ihrem „Arbeitsplatz" (=Schulen) verbringen müssten. Jene Expert/inn/en, die die Ganztagsschulen befürworten, sehen darin eine strukturelle Maßnahme, die es mehr Frauen ermöglichen würde, in besser bezahlten Vollzeitjobs zu arbeiten. Die Norm der Halbtagsschule, zwinge die Frauen ganz klar in die schlechter dotierten Teilzeitjobs. Gender Mainstreaming muss in diesem Sinne die Rahmenbedingungen in der Kinderbetreuung schaffen, damit mehr Frauen in qualifizierten Berufen arbeiten können. Der Ausbau von Kinderbetreuungseinrichtungen steht ganz besonders in ländlichen Gebieten im Vordergrund, denn gerade im ländlichen Bereich werde noch immer der größte Anteil der Betreuungsarbeiten, sei es für Kinder, sei es für Pflegebedürftige, von Frauen erbracht. Das zehre nicht nur an den Kräften dieser Frauen, sondern mache für manche ein Berufsleben sogar gänzlich unmöglich. Qualifizierte Kinderbetreuung ist zum Beispiel nach dem/der Befragten G die Gründung von Betriebskindergärten oder auch die Errichtung von Kindertagesheimen, die sich am geografischen Bedarf orientieren müssten, denn es nütze den Eltern nichts, wenn diese Einrichtungen weit weg von ihrem eigentlichen Arbeitsplatz angeboten werden.

Der Wiedereinstieg von Frauen in das Berufsleben scheitere zum Großteil an den fehlenden Kinderbetreuungsplätzen. Eine zentrale Voraussetzung sehen die Interviewpartner/innen darin, dass die Politiker und Politikerinnen als gesellschaftliches Bild klarmachen, dass Kindergärten als Bildungseinrichtungen und nicht als Aufbewahrungsanstalten angesehen werden. Solange die Einstellung in der Gesellschaft vorherrsche, es sei ohnehin besser, wenn Frauen erst einmal drei Jahre bei den Kindern zu Hause bleiben, wird sich an der Situation nichts ändern (Experte/ Expertin M). Befragte/r K sieht den Bundesdienst bei der Vereinbarkeit von Beruf und Familie als Vorreiter an und bezieht sich dabei auf die eigene Organisation, in der viele Kollegen und Kolleginnen teilzeitbeschäftigt sind, um beides, Berufs- und Privatleben, unter einen Hut bringen zu können. Dabei stehe Flexibilität aller Beteiligten im Vordergrund, denn die Tätigkeiten, die durch einen Umstieg von Vollzeit auf Teilzeitarbeit übrig blieben, werden auf andere aufgeteilt oder es wird mit Ersatzlösungen gearbeitet. Außerhalb des Bundesdienstes ortet K Verbesserungspotenzial im Rahmen der Nachmittagsbetreuung von Kindern und ist überzeugt, dass dieses Defizit über Gender Mainstreaming aufzulösen wäre. Allerdings müsste der Staat, so K, ordentlich Geld in die Hand nehmen, um Kinderbetreuungsplätze, Ferienbetreuungsplätze und Nachmittagsbetreuungsplätze zur Verfügung zu stellen. Diese Rahmenbedingungen sind nach Ansicht von K über Gender Mainstreaming unbedingt steuerbar; die Lösung dieses Problems sollte man nicht den Familien überlassen.

9.3.4.2. Papamonat, Väterkarenz, einkommensabhängiges Karenzgeld

Die Expert/inn/en führen als wichtige Maßnahme zur Gleichstellung von Frauen und Männern auf dem Arbeitsmarkt den sogenannten „Papamonat" und die Förderung der Väterkarenz an. Als Papamonat wird dabei ein verpflichtender Monat bezeichnet, in denen Väter mit Neugeborenen zu Hause bleiben sollen. Im Gegensatz zu Österreich, wo die Wellen in der Gesellschaft nach wie vor wegen des eines Monats hochgehen, überlege Norwegen bereits in der Zwischenzeit, die Väterkarenz von ein auf vier Monate zu erhöhen. Die geteilte Karenz sei ebenso wertvoll wie das Papamonat, denn diese beinhalte, dass Männer innerhalb von drei Jahren, in denen die Familie Karenzgeld bezieht, ein halbes Jahr in Karenz gehen müssen, um den Bezug des Karenzgeldes durchgehend aufrechtzuerhalten. Ein/e Befragte/r ist sich bei der Bewertung unsicher, ob das einkommensabhängige Karenzgeld ein gutes Instrument ist, die qualifizierte und durchgehende Berufstätigkeit von Frauen zu fördern, denn es wäre unfair, dass Frauen, die ohnehin im Berufsleben weniger verdienen als Männer, dann auch während der Karenz weniger verdienen. Andererseits liegt der Vorteil für diese/n Befragte/n darin, dass sich mehr Männer dafür entscheiden würden, in Karenz zu gehen, wenn das Karenzgeld einkommensabhängig gestaltet wird. Ein/e weitere/r Interviewpartner/in ist der Überzeugung, dass sich viel mehr Frauen in Richtung Aufstieg orientieren könnten, wenn mehr Väter Kinderverantwortung übernehmen würden und setzt sich deshalb vehement für die Förderung der Väterkarenz ein. Gerade was die unterschiedliche Einkommenssituation von Frauen und Männern betreffe, sei die Väterkarenz ein wichtiges Instrument, denn mit der Karenz der Frauen beginne die Einkommensschere zumeist so richtig aufzugehen. Das einkommensabhängige Karenzgeld wird befürwortet, um die ökonomischen Voraussetzungen für eine Karenz für beide Geschlechter in gleichem Umfang zu schaffen. Weiters biete das einkommensabhängige Karenzgeld die Möglichkeit, den Männern die Ausrede zu nehmen, dass sie nicht in Karenz gehen können, weil sie einen höheren Verdienst hätten. Ganz im Gegenteil, als Folge von Gender Mainstreaming sollte es ganz selbstverständlich sein, dass Arbeitgeber/innen Männer fragen, warum sie nicht in Karenz gehen und damit beitragen, die Väterkarenz zu fördern. Dienstgeber/innen sollten Männer ganz explizit zur Väterkarenz ermuntern und forcieren, das sei im Rahmen einer Gender Mainstreaming Studie als Ergebnis herausgekommen. Beanstandet wird, dass die Förderung der Väterkarenz im NAP Gleichstellung zwar festgeschrieben sein wird, dass aber andererseits diese Maßnahme zu wenig mit Gender Mainstreaming in Zusammenhang gebracht wird.

9.3.4.3. Qualifizierte Teilzeitarbeit

Die Expert/inn/en plädieren für Maßnahmen, die eine Existenzsicherung von Frauen möglich machen, damit Frauen unabhängig davon, ob sie verheiratet sind oder in einer Beziehung leben, sich selbst und ihre Kinder alleine erhalten können. Die Voraussetzung dafür ist ein ausreichend bezahlter Arbeitsplatz, wobei dieser Arbeitsplatz nicht einmal ein Vollzeitarbeitsplatz sein müsse, sondern auch ein qualifizierter Teilzeitarbeitsplatz sein könne, der so bezahlt werde, dass die Existenz gesichert ist. Wenn Frauen zumindest einen Teil ihres Lebens Teilzeit arbeiten, dann sollte es wenigstens qualifizierte Teilzeit sein. Die Beobachtung von Interviewpartner/in F ist, dass es sehr oft die Alleinerzieherinnen seien, die bis zu drei Teilzeitjobs annehmen müssten, um über die Runden zu kommen. Diese wenig qualifizierten Jobs bieten eine ganz schlechte soziale Absicherung und sind zudem den späteren Pensionsansprüchen abträglich. Deshalb sind die Befragten der Meinung, dass aus Gender Mainstreaming heraus viel stärker die Forderung nach qualifizierter Teilzeitarbeit kommen müsse, denn viele Frauen wünschen sich Teilzeitarbeit, vor allem, wenn sie Familie haben. Qualifizierte Teilzeitarbeit wird als eine von vielen Maßnahmen angesehen, um der Einkommensschere zwischen Frauen und Männern entgegenzuwirken. Es sollte die Möglichkeit gegeben sein, auch Spitzenpositionen zu teilen wie zum Beispiel in den skandinavischen Ländern und in der Schweiz, in der 60 Stundenjobs in zwei 30 Stundenjobs geteilt werden können, sogar auf Topebene.

9.3.5. Zusammenfassung und Fazit

In der Zusammenfassung der vielen Maßnahmen, die von den Expert/inn/en im Rahmen von Gender Mainstreaming genannt wurden, um Gleichstellung bei Einkommen und Führungspositionen zu erreichen, sollen nun jene herausgearbeitet werden, denen die Interviewpartner/innen die höchste Bedeutung zugemessen haben und warum diese als die wichtigsten Maßnahmen angesehen werden. Bei den mittelbezogenen Maßnahmen kommt dem Gender Budgeting die größte Bedeutung zu: die Gender-Budgetanalyse bietet die Möglichkeit, Gender-Aspekte von vornherein im Budget mitzubetrachten. Der Vorteil wird vor allem darin gesehen, dass durch die rechtliche Verankerung im Bundeshaushaltsgesetz eine durchgängige Anwendung des Gender Budgeting geregelt ist bzw. die Nicht-Anwendung rechtlich eingefordert werden kann. Gender Budgeting wurde insbesonders unter dem Gesichtspunkt der öffentlichen Haushalte entwickelt und ist daher gerade für Organisationen im öffentlichen Umfeld ein wichtiges Instrument, um Chancengleichheit auf dem Arbeitsmarkt zu erreichen. Gender Budgeting wird zum Teil sogar als größter Erfolg von Gender Mainstreaming gefeiert, denn die öffentlichen Ressorts sind ab 2013 verpflichtet, Wirkungsanalysen zu erstellen, was die Verwendung der bereitgestellten Gelder im Sinne der Gleichstellung von Frauen und Männern, unter anderem bei Entlohnung und Aufstiegschancen betrifft.

Bei den ausbildungs- und arbeitsplatzbezogenen Maßnahmen wurde besonders die Arbeitsplatzbewertung hervorgehoben. Es muss zum Beispiel mit einem neuen Dienst- bzw. Besoldungsrecht in Organisationen des Öffentlichen Dienstes gelingen, dass die von Frauen ausgeübten Tätigkeiten gleich und nicht wie bisher schlechter bewertet werden wie die von Männern. Die horizontale wie vertikale Segregation des Arbeitsmarktes stellt in diesem Zusammenhang das größte Hindernis auf dem Weg zur Gleichstellung bei Einkommen und Führungspositionen dar. Gender Mainstreaming kann das richtige Konzept dafür sein, zu überprüfen, ob die Arbeitsplatzbewertung in Österreich tatsächlich als gendergerecht einzustufen ist. Sollte dies nicht der Fall sein, müssten von der Arbeitsmarktpolitik entsprechende Maßnahmen formuliert werden, die über die Einführung einer gendergerechten Arbeitsplatzbewertung automatisch zu gleichen Einkommen und Aufstiegschancen für Frauen und Männer führen.

Bei den familienbezogene Maßnahmen wurden in den Interviews das Schwergewicht auf die Vereinbarkeit von Beruf und Familie gelegt. Damit ist aber ganz klar nicht gemeint, einen Betriebskindergarten zu errichten, sondern die Organisationskultur mit ihren unbewussten Wahrnehmungen, Werten und Einstellungen zu verändern. Die Organisationskultur muss bereit sein, sich neben den bewussten Strukturen und Prozessen in den Strategien und Zielen im Sinne der Familie zu verändern (vgl. Brettschneider 2008, 269). Die Voraussetzung dafür ist, dass das Zusammenspiel von Karriere und Familie neu interpretiert wird. Für Männer bedeutet Karriere und Familie zumeist, dass sie zu Hause eine intakte und funktionierende Familie haben, während es für Frauen häufig eine nicht zu überwindende Hürde in der Karriere darstellt. Gleichstellung muss in diesem Sinne bedeuten, dass Menschen, die für ihre Kinder da sind, genauso die Möglichkeit haben, Karriere zu machen, wie Kinderlose. Mehr noch, die Unternehmen müssten Männer, die bereit sind, ihren Teil an den privaten Verpflichtungen zu übernehmen, überdurchschnittlich fördern, das ist aus den Antworten der Interviewpartner/innen deutlich herauszulesen. An dieser Stelle sei Brettschneider (2008, 270) zitiert: „Dass dies ein schwieriger, mitunter ein gesellschaftlicher Prozess ist, ist dabei unbestritten. Dass er gegangen werden muss, aber auch".

Bei den umsetzungsbezogenen Maßnahmen wird der NAP Gleichstellung von den Expert/inn/en zwar als ein wichtiges Instrument bewertet, zugleich aber bezweifelt, ob damit Gleichstellung bei Einkommen und Aufstiegschancen in Zukunft erreicht werden kann. Der Grund für die Zweifel liegt in der einfachen Tatsache, dass die allgemeine Befürchtung vorherrscht, es könne an der Nachhaltigkeit der Umsetzung der politischen Parteien scheitern. In diesem Zusammenhang wurde in den Interviews mehr als deutlich, dass nur so unbeliebten Maßnahmen wie der Quotenregelung, einer Berichtspflicht bzw. einer öffentlichen Prüfstelle sowie Sanktionen eine nachhaltige Wirkung zugeschrieben wird. Immer wieder wird von den Interviewpartner/inne/n auf die Erfahrungen der vergangenen Jahre verwiesen, wonach trotz Gleichstellungsplänen und Aktionsplänen keine Änderung in der Situation für die Frauen auf dem Arbeitsmarkt eingetreten ist, im Gegenteil, in manchen Bereichen hat sich die Situation noch weiter zum Nachteil der Frauen verschärft. Als eindrucksvolle Referenz für die positive Wirkung von Quoten, aber auch Sanktionen, muss das norwegische Beispiel angeführt werden, das für die Mehrheit der Befragten als Vorbild für Österreich dienen sollte. In Norwegen ist es gelungen, den Anteil von Frauen in Aufsichtsräten durch stark sanktionierende Quoten sprunghaft ansteigen zu lassen.

Nicht zuletzt muss bei den wichtigsten Maßnahmen, die zur weiteren Umsetzung empfohlen werden, die Berichtspflicht bzw. die Idee einer öffentlichen Prüfstelle genannt werden. Da die bisherigen Gleichstellungsberichte zu allgemein gehalten seien, fordern die Expert/inn/en konkrete Zielvorgaben, die jede/r Minister/in über Jahresberichte überprüfen soll. Besonders öffentlichkeitsnahe Organisationen wie die Regierung, aber auch die Interessensvertretungen, sollten verpflichtet werden, einen regelmäßigen Bericht über ihre Gender Mainstreaming Aktivitäten und den Grad der Umsetzung abzugeben. Als verschärfte Variante der reinen Berichtspflicht wird als weitere wirkungsvolle Maßnahme die Einrichtung einer öffentlichen Prüfstelle vorgeschlagen, in der Art wie der Rechnungshof, da dieser ein Respektsinstrumentarium darstelle und die Organisationen zu guten Ergebnissen ansporne. Verbunden mit einer Veröffentlichung der Berichte über die Fortschritte bei der Umsetzung von Gender Mainstreaming über eine anerkannte und unabhängige Prüfstelle wie den Rechnungshof könnte enorm hoher öffentlicher Druck erzeugt werden. Die Vorbildwirkung der Veröffentlichung dieser Berichte sollte nicht unterschätzt werden, denn gerade bei jenen Organisationen, die als meinungsbestimmend angesehen werden, wird besonders auf die Berücksichtigung von Gender Aspekten geachtet.

Als Fazit ergibt sich, dass Gender Mainstreaming von den Expert/inn/en eine ganze Reihe von Maßnahmen zugeschrieben werden, die in unterschiedlicher Qualität, aber doch, in Zukunft eine wichtige Rolle auf dem Weg zur Gleichstellung von Frauen und Männern bei Einkommen und Aufstiegschancen spielen werden.

9.4. Das Potenzial der Gender Mainstreaming Maßnahmen, Gleichstellung hinsichtlich Einkommen und Führungspositionen herzustellen

Zwei Drittel der Stellungnahmen der Interviewpartner/innen ließen den Schluss zu, dass die bisher aufgrund von Gender Mainstreaming eingeleiteten Maßnahmen geeignet sind, eine Gleichstellung von Frauen und Männern hinsichtlich Einkommen und Führungspositionen herbeizuführen. Die Sichtweisen der Expert/inn/en zu den einzelnen Maßnahmen zur Gleichstellung von Frauen und Männern bei Einkommen und Führungspositionen aufgrund von Gender Mainstreaming werden nun im Folgenden ausgeführt.

9.4.1. Die Gender Mainstreaming Maßnahmen sind geeignet, Gleichstellung für Frauen und Männer bei Einkommen und Führungspositionen herbeizuführen

Von den aus Gender Mainstreaming resultierenden Maßnahmen halten die Interviewpartner/innen die folgenden für besonders geeignet, Gleichstellung hinsichtlich Einkommen und Führungspositionen auf dem Arbeitsmarkt des Öffentlichen Dienstes herzustellen:

- 50%-ige Mittelbindung für die Förderung von Frauen auf dem Arbeitsmarkt,
- Bindung der öffentlichen Auftragsvergabe an gleichstellungsorientierte Unternehmen,
- Gesetzliche Verankerung von Gender Budgeting im Bundeshaushaltsgesetz,
- NAP Gleichstellung,
- Offenlegung von Löhnen und Gehältern,
- Vorgeschriebene 40% Frauenquote bei Führungspositionen,
- Konzept der Ganztagsschulen bzw. Ausbau der Nachmittagsbetreuung von Kindern.

50%-ige Mittelbindung für die Förderung von Frauen auf dem Arbeitsmarkt

Die Bindung von 50% des Budgets des Arbeitsmarktservices an die Förderung von Frauen auf dem Arbeitsmarkt wird von den Expert/inn/en als eine besonders wichtige Maßnahme betrachtet. Dieser „Frauenanteil am Budget“ ist ihrer Ansicht nach etwas ganz Entscheidendes, um dem Ziel der Gleichstellung von Frauen und Männern auf dem Arbeitsmarkt näherzukommen. Es bedeutet unter anderem, dass im Gegensatz zu früher, wo für Frauen kürzere und billigere Ausbildungen als für Männer vorgesehen waren, nun auch die Frauen genauso teure und längere Ausbildungen erhalten wie Männer. In der Folge haben dann diese Frauen die Chance, hochqualifizierte Funktionen einzunehmen, die auch mit einer höheren Bezahlung einhergehen. Hervorzuheben ist aus Sicht der Interviewpartner/innen, dass diese 50%-ige Mittelbindung des Arbeitsmarktservices für die Förderung von Frauen im Regierungsprogramm festgeschrieben wurde, denn ohne diese Festschreibung wäre die Mittel während der Wirtschaftskrise möglicherweise für diesen Zweck bereits verloren gegangen.

Bindung der öffentlichen Auftragsvergabe an gleichstellungsorientierte Unternehmen

Als weitere wichtige Maßnahme wird die Bindung der öffentlichen Auftragsvergabe an Organisationen und Unternehmen angesehen, die gleichstellungsorientierter sind als andere. Damit können gezielt jene Organisationen und Unternehmen gefördert werden, die sich für die Gleichstellung von Frauen bei Einkommen und Führungspositionen einsetzen. Wenn diese Auftragsvergabe des Öffentlichen Dienstes konsequent an gleichstellungsorientierte Organisationen und Unternehmen gebunden wird, erzeugt es langfristig gesehen Druck auf jene, für die bisher Gleichstellung von Frauen und Männern bei Einkommen und Führungspositionen kein echtes Anliegen war.

Gesetzliche Verankerung von Gender Budgeting im Bundeshaushaltsgesetz

Als besonders positive Maßnahme wird von den Expert/inn/en das Gender Budgeting hervorgehoben, da es eine gesetzliche Verankerung im Bundeshaushaltsgesetz erhalten hat und dadurch in Zukunft ganz besonderes Augenmerk darauf gelegt werden muss. Gender Budgeting soll dabei unterstützen, das öffentliche Budget und die Mittelvergaben nach Gender Gesichtspunkten zu überprüfen und in Folge neu zu orientieren.

NAP Gleichstellung

Eine weitere positive Entwicklung aus Gender Mainstreaming heraus ist für die Interviewpartner/innen der NAP Gleichstellung, wenngleich hier die Maßnahmen, die zur Schließung der Einkommensschere und zur Verbesserung des Anteils von Frauen in Spitzenpositionen führen sollen, erst geschärft werden müssten. Die Befragten befürworten zwar den NAP Gleichstellung mit den darin formulierten Maßnahmen zur Schließung der Einkommensschere und zur Förderung von Frauen in Spitzenpositionen. Sie orten aber gleichzeitig die Gefahr, dass auf dem Weg zur Erreichung dieser Ziele, wenn es um die konkrete Umsetzung der Maßnahmen geht, diese an politischen Differenzen scheitern könnte.

Offenlegung von Löhnen und Gehältern

Die Offenlegung von Löhnen und Gehältern wird in Verbindung mit der Transparenz von Jobausschreibungen als wesentliche Maßnahme zur Schließung der Einkommensschere betrachtet, da es dadurch den Frauen ermöglicht wird, sich zu orientieren, für welche Jobs welche Einkommen bezahlt werden. Langfristig gesehen soll auch hier der Druck auf die Unternehmen, in denen geschlechtsspezifische Unterschiede bei der Entlohnung von Frauen und Männern existieren, stetig ansteigen und letztlich zur Gleichstellung von Frauen und Männern bei Löhnen und Gehältern führen.

Vorgeschriebene 40 % Frauenquote bei Führungspositionen

Die Expert/inn/en waren sich darin einig, dass die vorgeschriebene Quote von 40 % für Frauen in Führungspositionen einen enormen Auftrieb auf den Anteil von Frauen in Management Positionen des Öffentlichen Dienstes gegeben hätte. Im Arbeitsmarktservice konnte nicht zuletzt durch diese vorgeschriebene 40 % Quote der Anteil von Frauen in leitenden Funktionen auf knapp 40 % erhöht werden, wenngleich der Anstieg auf diesen Prozentsatz stetig, aber langsam vor sich gegangen ist. Der einzige Nachteil bestünde darin, dass sich dieser Anteil nur im niederen und mittleren Management niederschlage, nicht aber bei den Spitzenpositionen.

Konzept der Ganztagsschulen bzw. Ausbau der Nachmittagsbetreuung von Kindern

Das Konzept der Ganztagsschulen bzw. der Ausbau der Nachmittagsbetreuung für Kinder wird nach Ansicht der Interviewpartner/innen einen Schub mit sich bringen, Frauen in besser qualifizierte und damit auch besser bezahlte Jobs zu bringen. Denn viele Frauen sind durch die Tatsache, dass sie wegen den familiären Betreuungspflichten nur Teilzeit und nicht Vollzeit arbeiten bzw. an wichtigen Weiterbildungen nicht teilnehmen können, in ihrer beruflichen Weiterentwicklung stark beeinträchtigt und damit gegenüber den Männern benachteiligt.

9.4.2. Die Gender Mainstreaming Maßnahmen sind nicht geeignet, Gleichstellung für Frauen und Männer bei Einkommen und Führungspositionen herbeizuführen

Einige Expert/inn/en sind hinsichtlich der Eignung der Gender Mainstreaming Maßnahmen, eine Gleichstellung hinsichtlich Einkommen und Führungspositionen herbeizuführen, skeptisch, denn in den vorangegangenen Jahren seien viele Maßnahmen intensiv diskutiert, aber wenige davon wirklich umgesetzt worden. Sie nennen dafür folgende Begründungen:

- Gleichstellungsanliegen konzentrieren sich auf das Frauen- und Sozialministerium,
- Die Kritik richtet sich weniger auf die Umsetzung als auf die „Nicht-Umsetzung“
- der Maßnahmen,
- Mangelnder politischer Wille: Frauenministerium hat nur einen sehr kleinen Anteil
- am Bundesbudget.

Gleichstellungsanliegen konzentrieren sich auf das Frauen- und Sozialministerium

Die Interviewpartner/innen, die die nachhaltige Wirkung der Gender Mainstreaming Maßnahmen anzweifeln, argumentieren vielfach damit, dass viele Gender Mainstreaming Maßnahmen auf das Frauen- und das Sozialministerium beschränkt seien, obwohl Gender Mainstreaming richtig angewendet bedeuten müsse, dass in allen Ministerien und in allen Bereichen Initiativen zur Gleichstellung von Frauen und Männern auf dem Arbeitsmarkt gesetzt werden müssten. Obwohl der Frauenministerin von den Expert/inn/en durchgängig zugestanden wird, dass ihr die Gleichstellung von Frauen und Männern in allen Bereichen, so auch dem Arbeitsmarkt, ein echtes Anliegen sei, so stehe ihr eine breite Masse an Ablehnung, allen voran gegeben durch die Mehrzahl der Männer, gegenüber. Als Beispiel nennt Befragte/r D die Dienstrechtsnovelle des Öffentlichen Diensts, in der die Anhebung des Frauenanteils in leitenden Positionen von derzeit 40 % auf 45 % festgeschrieben werden sollte. Diese Theorie steht nach D in krassem Gegensatz zur Praxis, wonach bedingt durch Umstrukturierungsmaßnahmen im Öffentlichen Dienst Zwischenpositionen nicht mehr nachbesetzt würden, um es den Frauen noch schwerer zu machen, die Karriereleiter höherzuklettern.

Die Kritik richtet sich weniger auf die Umsetzung als auf die „Nicht-Umsetzung" der Maßnahmen

Die Kritik richte sich in diesem Sinne weniger an das Konzept Gender Mainstreaming an sich, sondern an die Nicht-Umsetzung des Konzepts. Als konkretes Beispiel für die Nicht-Umsetzung von Gender Mainstreaming bringt Befragte/r E die Mechanismen der Besetzung von Professuren an Universitäten ein. Egal, wie gut qualifiziert die weiblichen Kandidatinnen wären, die gut funktionierenden Männernetzwerke haben immer männliche Kollegen als die besseren Besetzungen in Stellung gebracht. Diese Ausschließungsmechanismen sind nach E riesig und bedeuten nicht, dass Frauen nicht ausreichend qualifiziert seien, sondern nur, dass die Männernetzwerke besser funktionierten. Würde das Konzept Gender Mainstreaming konsequent gelebt und angewendet, dürften solche Benachteiligungen von Frauen gar nicht mehr vorkommen.

Mangelnder politischer Wille: Frauenministerium hat nur einen sehr kleinen Anteil am Bundesbudget

Grundvoraussetzung für eine erfolgreiche Umsetzung von Gender Mainstreaming ist für die Expert/inn/en der unbedingte politische Wille, gerade aber dieser politische Wille sei bei den Gender Mainstreaming Maßnahmen viel zu wenig manifestiert. Dieser mangelnde politische Wille drücke sich unter anderem dadurch aus, dass das Frauenministerium mit einem sehr kleinen Anteil des Bundesbudgets ausgestattet sei, was wiederum dazu führe, dass die personellen Ressourcen und die Mittel für Gleichstellungsmaßnahmen insgesamt sehr eingeschränkt sind. Die grundsätzlich als positiv zu bezeichnenden Gender Mainstreaming Maßnahmen verkommen dadurch zu einer Art „Feuerlöschaktion", bei der zum Beispiel das klare Bekenntnis der Regierung, die Einkommensschere schließen zu wollen, Gefahr läuft, am realpolitischen Leben zu scheitern.

9.4.3. Zusammenfassung und Fazit

Insgesamt sehen die Expert/inn/en die Maßnahmen, die aus Gender Mainstreaming abgeleitet werden, als durchaus positiv an. Dabei wird immer wieder darauf hingewiesen, dass eine gesetzliche Verankerung der Maßnahmen eine unbedingte Voraussetzung für deren Erfolg darstellt. Denn erst die rechtlichen Grundlagen machten es Unternehmen und Organisationen unmöglich, sich an den Maßnahmen „vorbeizuschwindeln". Die kritischen Stimmen zu den Gender Mainstreaming Maßnahmen führen an, dass Evaluierungen über Gleichstellungsbemühungen in den vergangenen Jahren zeigen, dass die Erfolge auf dem Weg zur Gleichstellung von Frauen und Männern bei Einkommen und Führungspositionen auf sich warten lassen. Als Indiz dafür wird angeführt, dass sich die Gleichstellungsbemühungen auf das Frauen- und Sozialministerium konzentrieren und das Frauenministerium überdies nur einen sehr kleinen Anteil am Bundesbudget hat. Hier schließt sich also der Kreis: nur wenn die Politik die Gleichstellungsanliegen auf dem Arbeitsmarkt ernst nimmt und diese in gesetzliche Vorgaben verpackt, hat das Gleichstellungsziel eine Chance.

9.5. Geschlechtsblinde / Geschlechtergerechte Haltung von Organisationen

Die Frage, ob Organisationen im politischen Umfeld hinsichtlich Geschlechtersensibilisierung derzeit eher eine geschlechtergerechte oder eine geschlechtsblinde Haltung einnehmen, wurde mehrheitlich mit „geschlechtsblind" beantwortet. Die Details zu den ausgewerteten Antworten werden im Folgenden wiedergegeben.

9.5.1. Geschlechtergerechte Haltung von Organisationen

Jene die meinen, Organisationen nähmen eine geschlechtergerechte Haltung an begründen dies mit folgenden Punkten:

- Rechtliche Vorgaben wie Bundes- und Landesgleichbehandlungsgesetze,
- Beispiele für besonders geschlechtergerechte Organisationen: Arbeiterkammer, Sozial- und Frauenministerium,
- Einkommenstransparenz als Erfolg auf dem Weg zu geschlechtergerechten Organisationen,
- Unternehmen mit geschlechtsblinder Haltung werden in Zukunft ein negatives Image bekommen.

Rechtliche Vorgaben wie Bundes- und Landesgleichbehandlungsgesetze

Einige Expert/inn/en verknüpften die geschlechtergerechte Haltung von Organisationen und Unternehmen des Öffentlichen Dienstes eng mit den rechtlichen Vorgaben wie den Bundes- und Landesgleichbehandlungsgesetzen. Diese rechtlichen Rahmenbedingungen ließen speziell in öffentlichen Institutionen keinen Spielraum für eine geschlechtsblinde Haltung zu.

Beispiele für besonders geschlechtergerechte Organisationen: Arbeiterkammer, Sozial- und Frauenministerium

Ministerien, die eine gleichstellungsfördernde und damit geschlechtergerechte Haltung einnehmen, sind für die Befragten vorwiegend das Frauenministerium, das Sozialministerium und teilweise das Wirtschaftsministerium. Das Finanzministerium nimmt hingegen eine geschlechtsblinde Haltung ein, obwohl man das Gegenteil annehmen müsste, denn durch die Haushaltsreform sei Gender Budgeting als gleichstellungsförderndes Instrument auf den politischen Fahrplan gekommen. Betrachte man aber die Budgetpolitik und Finanzpositionierungen außerhalb von Gender Budgeting, dann bleibe für das Finanzministerium eine geschlechtsblinde Haltung übrig, die jedenfalls nicht gleichstellungsfördernd, wenn nicht sogar gleichstellungshinderlich sei. Als Beispiele für weitere geschlechtergerechte Organisationen werden die Arbeiterkammer und die Wirtschaftskammer angeführt, die besonderes Augenmerk auf die Situation von Unternehmerinnen und Arbeitnehmerinnen legten, nicht zuletzt durch besondere Serviceleistungen für Frauen wie das Unternehmerinnen- bzw. Gründerinnenservice, bei denen auf die unterschiedlichen Bedürfnisse von Frauen und Männern Rücksicht genommen wird.

Einkommenstransparenz als Erfolg auf dem Weg zu geschlechtergerechten Organisationen

Im Zusammenhang mit der geschlechtergerechten Haltung von Ministerien wird besonders auf die Initiative des Frauenministeriums hingewiesen, auf Basis der Verhandlungen zum Gleichbehandlungsgesetz die Einkommenstransparenz, also die Verpflichtung zur Offenlegung von Gehältern und Löhnen, voranzutreiben (Anmerkung der Autorin: die Einkommenstransparenz wurde in der Zwischenzeit von der Regierung beschlossen). Der Offenlegung von Löhnen und Gehältern wird von den Interviewpartner/inne/n ganz besondere Wirkung auf dem Weg zu Geschlechtergerechtigkeit in Organisationen und Unternehmen zugeschrieben.

Unternehmen mit geschlechtsblinder Haltung werden in Zukunft ein negatives Image bekommen

Organisationen, die eine geschlechtsblinde Haltung haben, werden als altmodisch gelten und in Zukunft ein negatives Image bekommen. Journalist/innen und die Frauen selbst sorgten dafür, dass auf das Thema Ungleichbehandlung auf dem Arbeitsmarkt geachtet werde, denn dass Frauen für gleiche Arbeit weniger bezahlt bekommen als Männer, das empöre in der Öffentlichkeit schon. Gender

Mainstreaming wäre aber nicht unbedingt der Auslöser dafür gewesen, sondern die unentwegten Kraftanstrengungen der Frauen selbst, eine Gleichstellung auf dem Arbeitsmarkt zu erreichen. Gender-Sensibilisierung wird in den Organisationen des Öffentlichen Dienstes nicht mehr so belächelt wie noch vor einigen Jahren und es habe sich aufgrund von Gender Mainstreaming in Richtung Akzeptanz von Frauen in der Berufswelt schon einiges in die positive Richtung getan.

9.5.2. Geschlechtsblinde Haltung von Organisationen

Die Stellungnahmen jener Expert/inn/en, die den Organisationen des Öffentlichen Dienstes eine geschlechtsblinde Haltung zuschreiben, begründen dies mit folgenden Punkten:

- Unternehmen handeln geschlechtsblind und fördern damit auch keine geschlechtergerechten Handlungen der Mitglieder der Organisation,
- Es wird immer noch so getan, als gäbe es keine Ungleichbehandlung bei Einkommen und Aufstiegschancen,
- Männer in Entscheidungspositionen blockieren ganz bewusst eine geschlechtergerechte Haltung, da sie auf ihre Privilegien verzichten müssten,
- Geschlechtergerechtigkeit steht nicht auf der obersten politischen Agenda,
- Im Alltagsleben wird die Gender-Brille viel zu wenig aufgesetzt und verhindert damit eine Auseinandersetzung mit den subtilen Mechanismen der Ungleichbehandlung.

Unternehmen handeln geschlechtsblind und fördern damit auch keine geschlechtergerechten Handlungen der Mitglieder der Organisation

Interviewpartner/in A unterscheidet zwischen der Ebene der Organisation und der Ebene des einzelnen Menschen und meint damit, dass Frauen und Männer prinzipiell eine positive Einstellung zu Gender Mainstreaming und daraus resultierenden Themen hätten, im Rahmen ihrer Funktionen in Organisationen dann aber wenig Raum haben, Themen, die von der individuellen Ebene kommen, in der Organisation zu verankern. Anders formuliert muss nach A differenziert werden zwischen dem, was die Organisation per se tut und dem, was die Personen, die handeln, im Rahmen dessen tun können; denn wenn eine Organisation keine gendergerechten und gleichstellungsfördernden Ziele habe, dann dürfe man sich nicht wundern, wenn die Organisationen mit ihren handelnden Personen ebenfalls nicht gendergerecht und gleichspezifisch agiert. Für A ist in diesem Sinne hinsichtlich Sensibilisierung aufgrund von Gender Mainstreaming schon eine Menge erreicht worden, aber Absichtserklärungen und Festtagsreden seien zu wenig, um bereits von einer geschlechtergerechten Haltung von Organisationen sprechen zu können. Für die Interviewpartner/innen besteht durchwegs eine Diskrepanz zwischen dem, was Organisationen sagen und dem, was sie tun. Denn bei Stellungnahmen zum Thema Gender Mainstreaming und Gleichstellung auf dem Arbeitsmarkt seien „natürlich" alle Organisationen frauenfreundlich und geschlechtersensibel, aber in der Umsetzung hake es von vorne bis hinten, egal, ob es sich um den Öffentlichen Dienst oder politische Parteien handle. Es stehe zwar viel in diversen Papieren über Gleichstellung auf dem Arbeitsmarkt, aber in der konkreten Umsetzung würden dann immer wieder Gründe gefunden, warum die eine oder andere daraus abgeleitete Maßnahme nicht greifen könne.

Es wird immer noch so getan, als gäbe es keine Ungleichbehandlung bei Einkommen und Aufstiegschancen

Für die Befragten sind Organisationen als „sehr geschlechtsblind" zu bezeichnen, denn es sei offensichtlich, egal welche Branche man betrachte, dass immer noch so getan werde, als gäbe es keine Benachteiligung von Frauen hinsichtlich Einkommen und Karriere. Teilweise gehen die Expert/inn/en in ihren Aussagen sogar noch weiter und bezeichnen die Haltung von Organisationen nicht nur als geschlechtsblind, sondern sogar als „pur diskriminierend", von einer geschlechtsneutralen Haltung sei man weit entfernt. Umgekehrt ist für manche Interviewpartner/innen Geschlechtsneutralität nicht unbedingt das oberste Ziel, sondern es reiche aus, das Bewusstsein über Ungleichbehandlung auf dem Arbeitsmarkt zu schärfen und so zu reagieren, dass Unternehmen gleichstellungsorientierte Maßnahmen setzen.

Männer in Entscheidungspositionen blockieren ganz bewusst eine geschlechtergerechte Haltung, da sie auf ihre Privilegien verzichten müssten

Für die Befragten ist der Großteil der Ressorts in den Ministerien weiterhin geschlechtsblind, obwohl Gender Mainstreaming bereits einen Diskurs hinsichtlich Gleichstellungs-, Gender- und Budgetaktivitäten eröffnet habe, jedoch in den meisten Politiken aber dann wieder verpufft sei. Als Beispiel wird die letzte Steuerreform (2009) genannt, bei der sich die vorwiegend männlichen Politiker zwar rühmten, eine gegenderte Steuerreform zustande gebracht zu haben, in Wahrheit sei es aber eine Steuerreform, die nachweislich Frauen benachteilige. Die Beantwortung der Frage, ob Organisationen eine geschlechtsblinde oder geschlechtergerechte Haltung einnehmen, könne man nicht verallgemeinern, denn es gäbe in jeder Organisation Gruppen, die sich mit Gender Mainstreaming und dessen Umsetzung befassen, was aber noch lange nicht hieße, dass diese Organisationen insgesamt eine geschlechtergerechte Haltung einnehme. Man habe am Beispiel der Diskussion über den Nationalen Aktionsplan für Gleichstellung gesehen, dass die Arbeitgebervertreter/innen wie Industriellenvereinigung, Arbeiterkammer und Landwirtschaftskammer eine Sensibilität dafür entwickelt hätten, weil sie wüssten, dass sie ohne Frauen in der Arbeitswelt in Zukunft nicht auskommen werden. Dabei werde aber nur die eigene Klientel im Sinne Kundenorientierung befriedigt, mit einer Ausrichtung auf Gleichstellung auf dem Arbeitsmarkt habe das an sich nichts zu tun. Interviewpartner/in D berichtet als Beispiel für die Blockaden der männlichen Führungswelt von ihrem/seinem Versuch, bei einer vor kurzem stattgefundenen Veranstaltung mehr Frauen in Führungspositionen zu bringen, was darin resultiert hätte, dass die meisten Vorschläge für weibliche Postenbesetzungen abgewiesen wurden, weil dann Männer auf eben diese Positionen verzichten hätten müssen. Letztendlich sei es dann aber doch gelungen, einige Positionen mit Frauen zu besetzen, obwohl es für D eine sehr schwierige persönliche Situation war.

Im Alltagsleben wird die Gender-Brille viel zu wenig aufgesetzt und verhindert damit eine Auseinandersetzung mit den subtilen Mechanismen der Ungleichbehandlung

Organisationen im politischen Umfeld sind nach den Antworten der meisten Expert/inn/en als „sicher nicht geschlechtergerecht“, sondern geschlechtsblind anzusehen, indem unter anderem bewusst weggesehen werde, dass man Frauen zum Beispiel gar nicht ermögliche, in höhere Positionen aufzusteigen. Im Alltagsleben werde viel zu selten die Genderbrille aufgesetzt und deshalb erst gar nicht bemerkt, wie subtil Ungleichbehandlung eigentlich sei. Organisationen geben sich demnach nur den Anschein, geschlechtergerecht zu sein, in Wahrheit seien sie aber geschlechtsblind. Nach wie vor würden Männer anders ermutigt, Spitzenpositionen anzustreben als Frauen und die Macht, dies zu beeinflussen, liege in unserer Gesellschaft bei den Männern.

9.5.3. Zusammenfassung und Fazit

Jene Expert/inn/en, die auf die Erreichung von geschlechtergerechten Organisationen setzen, prophezeien für Institutionen und Unternehmen mit einer geschlechtsblinden Haltung ein negatives Image für die Zukunft. Rechtliche

Vorgaben, die aus Gender Mainstreaming entstehen, wie die Offenlegung von Löhnen und Gehältern, fördern die Entwicklung von geschlechtergerechten Organisationen, ebenso wie die Bundes- und Landesgleichbehandlungsgesetze, die unter anderem eine unterschiedliche Behandlung von Frauen und Männern bei Einkommen und Aufstiegschancen untersagen. Hingegen sehen diejenigen Interviewpartner/innen, die Organisationen weiterhin als geschlechtsblind bezeichnen, als wesentliches Hindernis auf dem Weg zur Gleichstellung bei Einkommen und Führungspositionen an, dass immer noch so getan werde, als gäbe es gar keine Ungleichbehandlung in diesen beiden Themenbereichen des Arbeitsmarktes. In Wahrheit, so meinen diese Befragten, handelten die Institutionen und Unternehmen geschlechtsblind und förderten so auch keine geschlechtergerechte Handlungen der Organisationsmitgliede, am allerwenigsten von jenen Organisationsmitgliedern, die von der Ungleichbehandlung profitierten. Als Fazit ergibt sich daraus: solange im Alltagsleben die Auseinandersetzung mit den subtilen Mechanismen der Ungleichbehandlung systematisch ausgeblendet wird, wird auch Gender Mainstreaming nicht imstande sein, eine Gleichstellung von Frauen und Männern auf dem Arbeitsmarkt des Öffentlichen Dienstes herzustellen.

9.6. Geschlechterkonstruktion in Organisationen

Die Frage, ob Gender Mainstreaming die hierarchische und duale Geschlechterkonstruktion in Organisationen aufbrechen und dadurch eine Gleichstellung beim Zugang zu Führungspositionen und bei der Entlohnung herbeiführen kann, wurde von einem Teil der Interviewpartner/inne/n bejaht, aber von anderen Interviewpartner/innen gleichzeitig verneint.

9.6.1. Gender Mainstreaming kann die Geschlechterkonstruktion in Organisationen aufbrechen

Die folgenden Statements aus den Interviews belegen die Beweggründe, warum ein Teil der Expert/inn/en Gender Mainstreaming als Instrument ansehen, die Geschlechterkonstruktion in Organisationen aufzubrechen:

- Alles steht und fällt mit der Qualität der Umsetzung im Sinne einer konsequenten
- Anwendung der GM Strategie,
- Unabdingbare Voraussetzung: konkrete Zielvereinbarungen, die eine Fortschrittskontrolle und Evaluierung am Ende des Prozesses beinhalten,

- Langfristig wird Gender Mainstreaming die eingefahrenen Strukturen der Organisationen aufbrechen und Gleichstellung bei Einkommen und Führungspositionen herbeiführen.

Alles steht und fällt mit der Qualität der Umsetzung im Sinne einer konsequenten Anwendung der GM Strategie

Gender Mainstreaming als solches, als top-down Strategie ist nach Ansicht der Expert/inn/en dazu imstande, die duale und hierarchische Geschlechterkonstruktion aufzubrechen, allerdings hinge es sehr stark von der Art der Umsetzung ab, wie Gender Mainstreaming in Organisationen tatsächlich implementiert werde. Die Befragten sind sich darüber einig, dass nur eine konsequente Anwendung von Gender Mainstreaming die Geschlechterkonstruktion in Organisationen aufbrechen und damit Gleichstellung bei Aufstiegschancen und Einkommen herbeiführen kann. Der Druck auf die eigenen Ministerien und politischen Parteien sei in diesem Sinne auch stärker geworden, da man aus den regelmäßigen Berichten zu Gender Mainstreaming klar ableiten könne, ob das Verhältnis von Frauen und Männern bei Führungspositionen, wie zum Beispiel bei Sektions-, Referats- und Abteilungsleiter/innen, ausgewogen sei oder nicht.

Unabdingbare Voraussetzung: konkrete Zielvereinbarungen, die eine Fortschrittskontrolle und Evaluierung am Ende des Prozesses beinhalten

Die Fähigkeit von Gender Mainstreaming, die Geschlechterkonstruktion in Organisationen aufzubrechen, wird sehr stark an die Ziele geknüpft, die mit der Umsetzung von Gender Mainstreaming verbunden werden. Wenn konkrete Ziele formuliert würden, mit konkreten Umsetzungsschritten, wie man diese Ziele erreichen kann, dann sei Gender Mainstreaming sehr wohl ein geeignetes Instrument, um Gleichstellung und Chancengleichheit bei Führungspositionen und beim Einkommen herbeizuführen. Als wichtigste Voraussetzung, dass Gender Mainstreaming eine Gleichstellung bei Aufstiegschancen und Einkommen herbeiführen kann, wird von den Interviewpartner/inne/n genannt, dass diese Strategie nicht nur ein Bestandteil in Führungskräfteseminaren ist, in denen für das Thema Geschlechterkonstruktion in Organisationen sensibilisiert wird, sondern im täglichen Arbeitsleben über Maßnahmen und deren Fortschrittskontrolle konsequent umgesetzt wird.

Langfristig wird Gender Mainstreaming die eingefahrenen Strukturen der Organisationen aufbrechen und Gleichstellung bei Einkommen und Führungspositionen herbeiführen

Langfristig gesehen, so die Überzeugung mancher Expert/inn/en, wird Gender Mainstreaming die Strukturen in den Organisationen verändern. Wenn mehr Frauen in mittlere Führungsebenen vordringen, werde ein Druck erzeugt, der dann von dieser mittleren Ebene auf die Topebenen weitergegeben werde, und der letzten Endes ein Aufbrechen der hierarchischen und dualen Geschlechterkonstruktion in Organisationen bewirken könne. Die Fähigkeit von Gender Mainstreaming, die Geschlechterkonstruktion in Organisationen aufzubrechen und damit Gleichstellung bei Führungspositionen und beim Einkommen herbeizuführen wird positiv gesehen, denn es müsste doch allen klar sein, nicht zuletzt auf Basis diverser Studien, dass eine Ausgewogenheit von Frauen und Männern in der Arbeitswelt den Betrieben Vorteile bringe. Gender Mainstreaming habe das Potenzial, die duale und hierarchische Geschlechterkonstruktion aufzubrechen, indem bei der Umsetzung von Gender Mainstreaming die Kategorie Geschlecht – im Sinne des sozialen Geschlechts – bei jeder neuen Maßnahme und bei jedem Prozess-Schritt implizit mitgedacht werden müsse.

9.6.2. Gender Mainstreaming kann die Geschlechterkonstruktion in Organisationen nicht aufbrechen

Jene Interviewpartner/innen, die Gender Mainstreaming nicht die Fähigkeit zugestehen, die Geschlechterkonstruktion in Organisationen aufbrechen zu können, haben die folgenden Begründungen dafür abgegeben:

- Politische Einflussnahmen, Seilschaften und Macht verhindern ein Aufbrechen der Geschlechterkonstruktionen,
- Mangelnde Verankerung von Gender Mainstreaming in den Organisationen,
- Es fehlt die zielgerichtete und konsequente Anwendung der GM Strategie,
- Es besteht die Gefahr, dass beim Versuch des Aufbrechens der Geschlechterkonstruktionen die Geschlechterrollen manifestiert anstelle verändert werden.

Politische Einflussnahmen, Seilschaften und Macht verhindern ein Aufbrechen der Geschlechterkonstruktionen

Als Grund, warum Gender Mainstreaming die Geschlechterkonstruktion in Organisationen vermutlich nicht aufbrechen kann, wird häufig auf politische

Einflussnahmen und Seilschaften verwiesen und letztlich auf die Macht, „die sich immer noch die Männer untereinander aufteilen". Die Spitzenpositionen und Aufsichtsratstätigkeiten, also jene Funktionen, mit denen das meiste Geld zu verdienen ist, seien rein durch Männer besetzt. Frauen achteten viel zu wenig darauf, was sie verdienen, ihnen sei der Inhalt der Tätigkeit und ob ihnen die Arbeit Spaß macht, viel wichtiger als den Männern.

Mangelnde Verankerung von Gender Mainstreaming in den Organisationen

Als weiterer Grund, warum Gender Mainstreaming die Geschlechterkonstruktion in Organisationen nicht aufbrechen wird können, wird die mangelnde Verankerung in den Organisationen angeführt. Es gebe nur wenige Ministerien, die eine eigene Abteilung haben, in deren Aufgabenbeschreibung Gender Mainstreaming eine Rolle spiele und die für die Umsetzung von Maßnahmen auch ein eigenes Budget zur Verfügung gestellt bekommen. In den meisten Ministerien, existiere keine formale oder institutionelle Verankerung und schon gar kein eigenes Budget. Diese Situation repräsentiere auch, wie die Umsetzung von Gender Mainstreaming vor sich gehe, nämlich „eher nebenbei", denn wenn ein wenig Zeit dafür übrig bleibe, dann widme man sich diesem Thema, zielgerichtet und konsequent aber nicht.

Es fehlt die zielgerichtete und konsequente Anwendung der GM Strategie

Nach wie vor sei die Vereinbarkeit von Beruf und Familie ein reines Frauenthema und Frauen, die politisch tätig sein wollen, müssten sich die Abendfreizeit für politische Tätigkeiten viel härter erkämpfen als Männer. Das seien gesellschaftliche Prozesse, für die man zwar durch Gender Mainstreaming sensibilisieren könne, eine Veränderung der Situation finde aber dadurch noch nicht statt. Erst konkrete gesetzliche Maßnahmen, die durch Gender Mainstreaming angestoßen werden, könnten eine Veränderung der gesellschaftlichen Prozesse bewirken, aber so weit sei man noch lange nicht.

Es besteht die Gefahr, dass beim Versuch des Aufbrechens der Geschlechterkonstruktionen die Geschlechterrollen manifestiert anstelle verändert werden

Wenn es heißt, geschlechtsspezifische Bedürfnisse müssten berücksichtigt werden, könne das zur Festschreibung von Geschlechterrollen führen, wenn man nicht genau hinterfragt, wie diese geschlechtsspezifischen Bedürfnisse überhaupt entstehen. Bei der Diskussion rund um die Konstruktion von Geschlechtern in Organisationen bestehe die Gefahr, dass diese dadurch nur noch mehr zementiert und festgeschrieben werden als dass sie dazu verhelfen, die hierarchische und duale Geschlechterkonstruktion aufzubrechen. Als Beispiel nennt Interviewpartner/in M die unterschiedlichen Voraussetzungen bei Frauen und Männern, wenn sie Kinder betreuen, denn Männer hätten es nach wie vor leichter, nach einer Karenz wieder in den Beruf einzusteigen als Frauen. Die Organisation von M propagiert sehr stark die Karenz und Teilzeit für Väter und für M müsste es selbstverständlich sein, dass ein Mann, der Vater wird, Verständnis von seinem Vorgesetzten erhält, wenn es dadurch zu einer eingeschränkten Verfügbarkeit kommt. Deshalb müsse man darauf Rücksicht nehmen, wie Gender Mainstreaming eingesetzt und verstanden wird, denn wenn man über Frauen und Männer diskutiert, dann könne es eben passieren, dass man die Geschlechterrollen und Zuschreibungsprozesse noch stärker manifestiere, als wenn man gar nicht darüber spräche. Deshalb sei es wichtig, wie man Gender Mainstreaming hier einsetze, um eine Gleichstellung auf dem Arbeitsmarkt hinsichtlich Einkommen und Führungspositionen zu erreichen.

9.6.3. Zusammenfassung und Fazit

Die Interviewpartner/innen weisen darauf hin, dass die Geschlechterkonstruktionen in Organisationen des Öffentlichen Dienstes nur mit hoher Qualität in der Umsetzung von Gender Mainstreaming und konkreten Zielvereinbarungen, verbunden mit Fortschrittskontrolle und Evaluierung, aufzubrechen sein werden. Dabei kommt Gender Mainstreaming die wichtige Aufgabe zu, die eingefahrenen Strukturen der Organisationen zu durchbrechen, um das Gleichstellungziel bei Einkommen und Führungspositionen herbeiführen zu können. Jedoch hemme derzeit noch die mangelnde Verankerung von Gender Mainstreaming und die zielgerichtete, konsequente Anwendung der Gender Mainstreaming Strategie in den Organisationen des Öffentlichen Dienstes eine positive Entwicklung. Einerseits werde das Aufbrechen der Geschlechterkonstruktionen durch politische Einflussnahmen und Macht verhindert, andererseits müsse man sich der Gefahr bewusst sein, so die Befragten, dass beim Versuch des Aufbrechens der Geschlechterkonstruktionen die Geschlechterrollen manifestiert werden anstatt sie zu verändern.

9.7. Ökonomischer Vorteil von Gleichstellung

Im Folgenden werden die Antworten der Interviewpartner/innen auf die Frage, wie sie den ökonomischen Vorteil einschätzen, wenn durch konsequente Umsetzung von Gender Mainstreaming eine Gleichstellung von Frauen und Männern bei den Aufstiegschancen und beim Einkommen erreicht wird, beschrieben.

9.7.1. Gründe für den ökonomischen Vorteil von Gleichstellung

Die wichtigsten Begründungen für den ökonomischen Vorteil von Gleichstellung bei Entlohnung und Führungspositionen waren für die Expert/inn/en folgende:

- Effekte auf gesamtwirtschaftlicher Ebene
- Effekte auf der Ebene der Organisationen und Unternehmen
- Effekte auf der individuellen Ebene der betroffenen Frauen

Effekte auf gesamtwirtschaftlicher Ebene

Man müsse sich andere Länder, wie die nordischen Staaten, zum Vorbild machen, so die einhellige Meinung der Befragten, denn in Österreich verzichte man noch allzu sehr auf die Ressource Frau als ökonomischen Wettbewerbsvorteil. Am Beispiel der skandinavischen Länder könne man sehr gut sehen, dass diese funktionierenden Volkswirtschaften einen hohen Anteil an Frauen in Spitzenpositionen sowie einer geringe Einkommensschere aufzuweisen hätten. Die feministische Ökonomiekritik richtet sich in diesem Sinne schon lange vor allem gegen die traditionelle Sichtweise, nur die bezahlte Wirtschaft im Blickfeld zu haben; im Sinne feministischer Ökonominnen müssten bei der Betrachtung der Wirtschaft als Gesamtwirtschaft auch die familiären, zumeist unbezahlten, Tätigkeiten berücksichtigt werden. Besonders gravierend zeige sich das mit dem Sparen im Gesundheitsbereich, indem Patient/inn/en immer früher aus den Spitälern entlassen würden, obwohl sie noch nicht gesund seien. Die Folge sei, dass die Pflege dieser Menschen von Frauen übernommen werde, die dann entweder überarbeitet und damit im Job weniger produktiv seien oder überhaupt dem Arbeitsmarkt nicht zur Verfügung stünden. Diese Wechselwirkung sei nicht zu unterschätzen, so die Vermutung des/der Interviewpartners/in: denn wenn die Erwerbsbeteiligung von Frauen gesteigert werde, bringe das zwar auf dem Arbeitsmarkt einen ökonomischen Vorteil, andererseits stiegen dadurch die Kosten im Gesundheitssystem an, da die Frauen dann nicht mehr imstande seien, die Betreuung und Pflege von Älteren und Kranken in gleicher Weise fortzuführen.

Als weiteres Argument wurde von den Befragten Wachstums- und Konjunktureffekte eingebracht, denn ein Schließen der Einkommensschere in Zeiten der Rezession mobilisiere zusätzliche Kaufkraft und halte die Wirtschaft in Schwung. Der Mehrwert von Gender Mainstreaming in diesem Zusammenhang bestehe darin, dass mit ganz klaren politischen Vorgaben langfristig die Einkommensschere zu schließen und damit ein ökonomischer Vorteil zu erreichen sei. Volkswirtschaftlich gesehen sei es, so die Aussagen der Expert/inn/en, auf jeden Fall ein Vorteil, wenn Frauen erwerbstätig sind und gleichwertige Einkommen haben wie Männer. Ein Schließen der Einkommensschere, wenn es nicht gleichzeitig ein Angleichen der Einkommen der Männer nach unten bedeutet, könne gerade in Zeiten der Rezession zusätzliche Kaufkraft bedeuten und damit für das Wirtschaftswachstum förderlich sein, da bestehe also ein klarer Zusammenhang. erwähnt die fiskalischen Effekte des österreichischen Steuersystems, welches Teilzeitarbeit von Frauen viel mehr fördere anstelle Vollzeitbeschäftigung. Mit Teilzeit zahlten die Frauen viel weniger Steuern und bekämen diverse Vergünstigungen, die sie bei Vollzeit nicht erhalten würden und auch das sei ein ökonomischer Nachteil für die Volkswirtschaft.

Effekte auf der Ebene der Organisationen und Unternehmen

Unbestritten sei der ökonomische Vorteil für Volkswirtschaften auch deshalb, weil erfolgreiche Organisationen und Unternehmen nachweislich eine gute Balance von Frauen und Männern aufwiesen. Es sei jedoch bei diesen Überlegungen zu bedenken, dass Männer um ihre Leitungsfunktionen und Einkommen bangen, wenn Frauen vermehrt in Führungspositionen und damit höhere Einkommensklassen vordringen und damit automatisch der Widerstand der Männer vorgezeichnet sei. Dennoch sind die Expert/inn/en der festen Überzeugung, dass eine ausgewogene Balance von Frauen und Männern auf dem Arbeitsmarkt zum Wohlstand und zur ökonomischen Besserstellung insgesamt beiträgt, zumal man entsprechende Studien kenne, dass Unternehmen, die diese Balance hergestellt haben, höhere Renditen abwerfen.

Als weitere Begründung auf der Ebene der Unternehmen wurde von den Interviewpartner/inne/n genannt, dass ein gleiches Verhältnis von Frauen und Männern in Entscheidungsgremien von Organisationen einen vielfältigeren Blick auf die Themenstellungen ermöglicht. Ökonomisch gesehen sei es völlig uneinsichtig, was Betriebe eigentlich davon abhalte, Frauen bei den Aufstiegschancen oder beim Einkommen gleichzustellen. Interviewpartner/in H referenziert auf Studien der EU Kommission, die belegen, dass es nicht nur positive wirtschaftliche

Effekte auf Unternehmen und Organisationen habe, wenn dort in gemischten Teams gearbeitet wird und Frauen in Führungspositionen eingesetzt werden, sondern auch auf das Bruttoinlandsprodukt dieser Länder. Zum Teil werden dahinter Gewohnheiten bzw. Muster vermutet wie zum Beispiel bei der Personalauswahl, wenn männliche Vorgesetzte gerne neue Mitarbeiter aufnehmen, die ihnen selbst am ähnlichsten sind und das seien dann wiederum Männer. Diese Verhaltensmuster könnten nur dadurch unterbrochen werden, dass ein entsprechender Anteil von Frauen in die Auswahlkommissionen einbezogen werde. Wenn das weibliche Potenzial nicht entsprechend genützt werde, so H, dann verzichte man in Österreich eben auf diesen klaren ökonomischen Vorteil. Auch eine Studie aus Deutschland belege, dass den Betrieben frauenpolitische Maßnahmen einen klaren ökonomischen Vorteil brächten, nicht zuletzt durch die Mitarbeiterbindung und das Engagement der Frauen in den Unternehmen. So gesehen rechnet es sich nach Ansicht der Befragten sehr für Unternehmen, wenn sie das enorme Wissen und das Engagement von Frauen, besonders in Managementpositionen, einsetzen anstatt darauf zu verzichten. Wenn in den Entscheidungsgremien von Organisationen Frauen und Männer im gleichen Verhältnis vertreten seien, dann ergebe sich dadurch ein vielfältigerer Blick auf die Themenstellungen. Andererseits müsse man den Betrieben und Unternehmen viel stärker vor Augen führen, welche ökonomischen Vorteile sie aus gemischten Belegschaften ziehen können.

Effekte auf der individuellen Ebene der betroffenen Frauen

Vielfach wird der ökonomische Vorteil von Gleichstellung bei Einkommen und Führungspositionen damit begründet, dass Frauen heute vielfach bereits besser ausgebildet seien als Männer (Anmerkung der Autorin: gemeint ist zum Beispiel die akademische Bildung, bei der die Frauen bei den Absolventenzahlen die Männer in den letzten Jahren überholt haben). Interviewpartner/in D stellt in diesem Zusammenhang die Frage, warum so viele Frauen bestens ausgebildet werden, nur „damit sie eine gute Heiratsware“ sind. Die Investition der Eltern in die Ausbildung ihrer Töchter gelte meistens nur der besseren Absicherung, weil die Töchter dann mehr Chancen hätten, einen Akademiker als Ehemann zu bekommen, aber genau das koste der Gemeinschaft nach D etwas, da diese gute Ausbildung der Frauen nicht in Arbeitsleistung umgesetzt werde. Die ökonomischen Vorteile, die aus der hervorragenden Ausbildung der Frauen für die einzelnen Haushalte zu generieren wären, käme daher den betroffenen Frauen und deren Familien viel zu wenig zugute.

9.7.2. Zusammenfassung und Fazit

Über all diesen positiven Aspekten darf man aber nach Ansicht der Befragten nicht das eigentliche Ziel aus den Augen verlieren, nämlich dass Gleichstellung ein Grundanliegen aus menschenrechts- und frauenrechtlichen Gesichtspunkten sein muss und daher nicht so sehr aus einem ökonomischen Vorteil heraus argumentiert werden darf. Der ökonomische Vorteil, wenn man brachliegendes Potenzial auf dem Arbeitsmarkt vermehrt einsetzt, sei zwar ein wichtiges Argument, aber die Expert/inn/en würden es im Vergleich zur Umsetzung von Menschenrechten, Frauenrechten und Gleichstellungszielen nicht an die vorderste Stelle reihen. In diesem Sinne sei der ökonomische Vorteil zwar ein wichtiger Grund, warum es Sinn mache, auf Basis von Gender Mainstreaming eine Gleichstellung bei Einkommen und Führungspositionen herbeizuführen, aber eben nicht der vordergründige. Einige Interviewpartner/innen würden das schon deswegen nicht wollen, weil es dann eher um die Bilanzen von Unternehmen ginge und weniger um das Recht auf Gleichstellung von Frauen und Männern auf dem Arbeitsmarkt an sich. Der ökonomische Vorteil von Gleichstellung stellt aus diesem Blickwinkel heraus zweifellos einen positiven Nebeneffekt dar, dem aber die eigentlichen frauenpolitischen Gleichstellungsanliegen niemals untergeordnet werden dürfen.

9.8. Rollenbilder in Organisationen

Die Frage, ob Gender Mainstreaming das Denken und Handeln von Akteuren und Akteurinnen in Organisationen so beeinflussen konnte, dass sie sich von den herrschenden Rollenbildern (das heißt, den Männern gehört der öffentliche = berufliche Bereich, den Frauen der private = familiäre Bereich) trennen und neue integrieren, wurde von den Interviewten sehr skeptisch gesehen: es bestanden große Zweifel, dass dieser Prozess in den Organisationen bereits weit fortgeschritten ist.

9.8.1. Gender Mainstreaming beeinflusst die Rollenbilder

Folgende Begründungen wurden von den Expert/inn/en, die Gender Mainstreaming dennoch eine gewisse Beeinflussung der Rollenbilder zugestanden haben, genannt:

- Langsames, aber sicheres Abgehen von den Stereotypen,
- Frauen steigen immer häufiger in sogenannte „typische Männerberufe" und vice versa Männer in frauendominierte Berufe ein,

- Männer lassen sich auf Neues ein (Stichwort Väterkarenz) und erkennen zunehmend die Mechanismen der Ungleichbehandlung.

Langsames, aber sicheres Abgehen von den Stereotypen

Gender Mainstreaming wird von den Interviewpartner/inne/n als eines von vielen Instrumenten angesehen, das geeignet ist, die generelle Haltung zu Frauen und Männern im Berufs- und Privatleben dahingehend zu verändern, dass man von den Stereotypen abgeht, die man Frauen und Männern in der Arbeitswelt zuschreibt. Der wichtigste Faktor sei, dass man dem Prozess der Veränderung Zeit gibt, damit die Gesellschaft auch mit einer gewissen Überzeugung dahinter stehen kann, denn die Änderung von Rollenbildern lasse sich nicht durch Gesetze oder Verordnungen herbeiführen, sondern indem es von den Menschen gelebt wird. Umgekehrt dürfe in einer demokratischen Gesellschaft einer Familie aus der Entscheidung heraus, dass der Mann arbeiten geht und die Frau für die Kinder sorgt (oder vice versa), kein Nachteil erwachsen. Über diverse Workshops und Schulungen habe sich in der Wahrnehmung der traditionellen Rollenbilder doch einiges zum Besseren verändert.

Frauen steigen immer häufiger in sogenannte „typische Männerberufe" und vice versa Männer in frauendominierte Berufe

Eine weitere Begründung für die Beeinflussung der geschlechtsstereotypen Rollenbilder durch Gender Mainstreaming liefert für die Befragten die Tatsache, dass immer mehr Frauen in sogenannten „typischen Männerberufen" und umgekehrt auch mehr Männer in frauendominierte Berufe einsteigen. Damit könne langfristig gesehen die vertikale und horizontale Segregation des österreichischen Arbeitsmarktes abgeschwächt oder sogar aufgehoben werden. Allerdings gehe nicht erst seit der Einführung von Gender Mainstreaming eine generelle Wandlung hinsichtlich der Änderung der Rollenbilder vor sich, sondern bereits seit Jahrzehnten.

Männer lassen sich auf Neues ein (Stichwort Väterkarenz) und erkennen zunehmend die Mechanismen der Ungleichbehandlung

Es sind kleine Fortschritte im Umgang mit den traditionellen Rollenbildern zu bemerken, vor allem bei Männern, die bereits eine gewisse Sensibilität für die Rollenbilder und die dahinter stehenden Mechanismen entwickelt haben. Als Beispiel wurde die Väterkarenz genannt, denn wenn die Familienarbeit vermehrt den Vätern zugeschrieben werde bzw. Väter auch anerkannt würden, wenn sie in Karenz gehen und sich der Kinderbetreuung widmen, dann habe sich schon etwas verändert. Zusätzlich helfen gesetzliche Rahmenbedingungen wie das einkommensabhängige Kindergeld, dass auch Männer motiviert werden, in Karenz zu gehen. Es sei für die Gesellschaft nahezu selbstverständlich geworden, dass Männer die Betreuung der Kinder übernehmen, damit die Frau eine Weiterbildung absolvieren kann; heute werde kein Mann mehr schief angeschaut, wenn er einen Kinderwagen schiebt und heute machten junge Mädchen ebenso selbstverständlich mit 18 Jahren den Führerschein wie junge Männer, das wäre in der Generation davor undenkbar gewesen. Solche Männer, die Verantwortung bei den familiären Verpflichtungen wirklich übernehmen, seien bereit, sich auf Neues einzulassen, die Mechanismen dahinter abzulegen und gingen im Berufsleben anders damit um als jene, die sich noch nicht darauf einlassen können und wollen.

9.8.2. Gender Mainstreaming beeinflusst nicht die Rollenbilder

Im Gegensatz zu den Interviewpartner/inne/n, die Gender Mainstreaming eine beeinflussende Wirkung zugestehen, nennen die Vertreter/inn/en, die keine Beeinflussung der geschlechtsspezifischen Rollenbilder wahrnehmen, folgende Gründe:

- Geschlechtsneutrale Sprache an sich verändert die Rollenbilder noch nicht
- Private Betreuungsarbeit gehöre noch immer zu einem hohen Prozentsatz den Frauen, was wiederum einen hohen Anteil von benachteiligender Teilzeitarbeit bei Frauen begründet
- Das Unverständnis bei Männern zu Gender Mainstreaming und damit zu Gleichstellungs-Anliegen von Frauen kann nur auf inneren Blockaden beruhen,
- Frauen sollten stärker um die Änderung der geschlechtsspezifischen Rollenbilder kämpfen

Geschlechtsneutrale Sprache an sich verändert die Rollenbilder noch nicht

Beim Start von Gender Mainstreaming hätten in den Organisationen des Öffentlichen Dienstes, angefangen auf der Topebene, sofort Informations- und Diskussionsveranstaltungen begonnen, um entsprechendes Gender Mainstreaming Know-How aufzubauen. In der Zwischenzeit habe man zwar erreicht, dass sich niemand mehr über die geschlechtsneutrale Form in der Sprache aufrege, aber das allein führe noch zu keiner Veränderung der traditionellen Rollenbilder, dazu würde es noch mehr Maßnahmen benötigen.

Private Betreuungsarbeit gehört noch immer zu einem hohen Prozentsatz den Frauen, was wiederum einen hohen Anteil von benachteiligender Teilzeitarbeit bei Frauen begründet

Es war bei den Expert/inn/en wenig umstritten, dass der berufliche Bereich nicht nur den Männern, sondern auch den Frauen gehört, dafür aber umso mehr, dass der private Bereich noch immer eher den Frauen gehöre. Auch wenn es mittlerweile selbstverständlich sei, dass Frauen berufstätig sind und auch Karriere machen können, gäbe es aber weiterhin Handlungsbedarf auf der privaten Seite, da dieser noch immer in den Köpfen als typischer Frauenbereich verankert sei. Interviewpartner/in J verweist bei der Beantwortung der Frage auf die jahrhundertelange Trennung zwischen privater und öffentlicher Welt, wobei die Frau die Welt zu Hause beherrscht habe und der Mann die Welt draußen. Durch das Aufbrechen der Rollenbilder müsste sich diese halbe-halbe Welt in eine Viertel-Welt geändert haben, indem jeweils ein Viertel der Innen- und Außenwelt arbeitsteilig den Frauen als auch den Männern gehört. Das Problem ist aber, argumentiert J, dass die Frauen jetzt zwar das eine Viertel der Außenwelt (=Berufswelt) besitzen, dazu aber noch immer die ganze Hälfte der Innenwelt über haben. Die Männer haben ihr Viertel der Innenwelt noch lange nicht übernommen, wobei J die Verantwortung dafür nicht nur bei den Männern sieht, sondern auch bei den Frauen, die ihren Teil der Innenwelt gar nicht abgeben wollen. Auf Basis der Erhebungen des Mikrozensus‘ könne man leicht nachvollziehen, dass die Frauen und nicht die Männer für die Kinderbetreuung und die Pflege Angehöriger zuständig sind. Die Teilzeitquoten zeigen, dass 85 % aller Teilzeitbeschäftigten in Österreich Frauen sind, sehe man sehr genau, dass Frauen dies zumeist aus familiären Gründen tun, während Männer, wenn überhaupt, aus beruflichen, vor allem Weiterbildungsgründen, Teilzeit arbeiteten.

Der öffentliche Druck steige zwar stetig an, Frauen ihren Platz in der Berufswelt einzuräumen, diese Entwicklungen seien aber weniger als Ergebnis der Umsetzung von Gender Mainstreaming anzusehen, sondern mehr als das Bemühen, auch die weiblichen Mitglieder der Gesellschaft erreichen zu wollen. Organisationen wollen als Einheiten wahrgenommen werden, die sich für Gleichstellung, Vereinbarkeit von Beruf und Familie, aber auch Veränderung der Rollenbilder engagieren, aber nicht, um dem Gender Mainstreaming Gedanken Rechnung zu tragen.

Das Unverständnis bei Männern zu Gender Mainstreaming und damit zu Gleichstellungs-Anliegen von Frauen kann nur auf inneren Blockaden beruhen

Der Beitrag von Gender Mainstreaming zur Änderung der geschlechtsstereotypen Rollenbilder sei sehr gering, das sehe man daran, dass in den Organisationen des Öffentlichen Dienstes nun zwar alles „gegendert" werden müsse, was aber noch lange nicht hieße, dass sich auf der Ebene der Einstellungen bereits etwas geändert habe. Es wird von der Erfahrung berichtet, dass männliche Führungskräfte in diversen Seminaren und Workshops nie verstanden hätten, was Gender Mainstreaming eigentlich ist und der Grund dafür wohl vorwiegend in der Unwilligkeit der Männer geortet werden muss, sich eingehend mit diesem Thema auseinanderzusetzen. Männliche Führungskräfte müssten noch viel schwierigere Dinge lernen, so die Expert/inn/en, wie zum Beispiel Budgets lesen etc.; da wäre das Argument, Gender Mainstreaming sei so ein schwierig zu verstehendes Konzept eine einzige Ausrede und beruhe auf der völligen Blockade der männlichen Führungskräfte.

Frauen sollten stärker um die Änderung der geschlechtsspezifischen Rollenbilder kämpfen

Man werde sich in der Gesellschaft und speziell in der Arbeitswelt noch lange nicht von den althergebrachten Rollenbildern trennen, auch wenn Frauenorganisationen versuchten, die ökonomische Eigenständigkeit von Frauen in den Vordergrund zu rücken. Die Interviewpartner/innen können keine Veränderung der traditionellen Rollenbilder aufgrund von Gender Mainstreaming erkennen, denn Frauen müssten sich permanent immer wieder im Berufsleben beweisen, Männer müssten das hingegen nicht. Hätten Männer eine gewisse – leitende – Position erreicht, so wird argumentiert, dann könnten sie sich bereits ausruhen und blieben da, aber bei Frauen werde immer wieder sehr genau darauf geschaut, wie gut sie ihren Job machen. Die Verantwortung für eine Änderung in den Rollenbildern liege aber auch stark bei den Frauen, die es in der Hand hätten, sich nicht in die Rolle der Hausfrau und Mutter drängen zu lassen, sondern ihren Partnern verständlich zu machen, dass eine Verwirklichung im Berufsleben für sie genauso wichtig ist wie den Männern. Klar ist aber auch, dass diese Verhaltensweisen von Frauen gesellschaftlich nicht akzeptiert sind, denn sie werden dann rasch als Egozentrikerinnen und Karrieresüchtige bezeichnet. In diesem Veränderungsprozess sei die mangelnde Unterstützung aus den eigenen Reihen zu bemerken, also Frauen, die die Lust haben, um ihre Rechte in der Arbeitswelt zu kämpfen. Andererseits müsse man den Männern noch viel eindrücklicher verständlich machen, dass es eine Entfaltungsmöglichkeit bedeutet, wenn sie zum Beispiel ihren Anteil an den privaten Verpflichtungen übernehmen, ansonsten werde sich keiner darum bemühen. Derzeit sei die Veränderung, die Gender Mainstreaming in Gang gesetzt habe, für Frauen vielfach mit Mühsal, Ausgrenzung und sogar Verachtung verbunden.

9.8.3. Zusammenfassung und Fazit

Es gibt kleine, langsame Fortschritte, die die Befragten bei der Änderung der Rollenbilder in Organisationen feststellen, aber eine grundlegende Änderung sei nach wie vor nicht in Sicht. Positiv wird vermerkt, dass Frauen immer häufiger Berufe ergreifen, die in der Gesellschaft als „typische Männerberufe" gelten, während Männer in Berufe einsteigen, die bisher als Frauendomänen galten. Das gibt Anlass zur Hoffnung, sagen die Expert/inn/en, dass sich Frauen wie Männer auf Neues einlassen und gleichzeitig bereit seien, die Mechanismen der Ungleichbehandlung (anzu)erkennen. Andererseits machen die Interviewpartner/innen klar: die private Betreuungsarbeit, die noch immer zum überwiegenden Teil in den Händen der Frauen liegt, muss in Zukunft gerechter zwischen Frauen und Männern aufgeteilt werden, sonst werden die Gleichstellungsbemühungen resultierend aus Gender Mainstreaming nicht zum Ziel führen.

Besonders hilfreich wäre in diesem Zusammenhang, dass immer mehr Männer die Väterkarenz in Anspruch nehmen und es zu einer Selbstverständlichkeit werde, dass berufstätige Männer den gleichen Anteil an den privaten Betreuungspflichten leisten wie dies berufstätige Frauen tun. Um eine wirklich nachhaltige Wirkung zu erzielen, müsste das Problem der Rollenzuweisungen von Frauen und Männern in die Zange genommen werden: Frauen sollten stärker um die Änderung der geschlechtsspezifischen Rollenbilder kämpfen, während Männer die Blockaden gegenüber Gender Mainstreaming und den Gleichstellungs-Anliegen der Frauen hinsichtlich Einkommen und Aufstiegschancen ablegen müssten.

9.9. Reorganisation und Change Management in Organisationen

Es bestanden seitens der Expert/inn/en große Vorbehalte, ob die bisher eingeleiteten Maßnahmen von Gender Mainstreaming geeignet sind, über die Instrumente Reorganisation und Change Management eine Gleichstellung beim Zugang zu Führungspositionen und bei der Entlohnung herbeizuführen. Andererseits gab es auch Interviewpartner/innen, die diesen Instrumenten zugestanden, in der Durchsetzung von Gender Mainstreaming in den Organisationen zu unterstützen.

9.9.1. Gleichstellung wird über Reorganisation und Change Management erreicht

Dies sind die wichtigsten Gründe, die die Expert/inn/en angeführt haben, warum das Gleichstellungsziel bei Einkommen und Aufstiegschancen über Reorganisation und Change Management erreicht werden kann:

- Gender Mainstreaming besitzt Veränderungspotenzial, weil bei jedem Prozess-Schritt in einem Veränderungsprozess das Geschlecht mitgedacht werden muss
- Success Stories: dem AMS und dem Wirtschaftsministerium ist durch Veränderungsprozesse aufgrund von Gender Mainstreaming bereits ein großer Schritt in Richtung Gleichstellung der eigenen Mitarbeiter/innen gelungen
- Die Besetzung des mittleren Managements mit immer mehr Frauen in den Organisationen des Öffentlichen Dienstes zeigt eine Tendenz in die richtige Richtung auf
- Eng verknüpft mit Qualitätsmanagement kann Gender Mainstreaming über Change Management Gleichstellung auf dem Arbeitsmarkt erreichen

Gender Mainstreaming besitzt Veränderungspotenzial, weil bei jedem Prozess-Schritt in einem Veränderungsprozess das Geschlecht mitgedacht werden muss

Bei Gender Mainstreaming muss bei jedem einzelnen Prozessschritt Gender mitgedacht werden, sodass Frauen und Männer gleich berücksichtigt werden können. Diese Tatsache wird von den Expert/inn/en als wichtiger Unterschied zur reinen Frauenförderung herausgestrichen, denn Frauenförderung finde meist erst am Schluss von Veränderungsprozessen oder auf Nebenbühnen statt, während über Gender Mainstreaming eine genderspezifische Betrachtung von Beginn an sichergestellt wird. Bei konsequenter Anwendung sei Gender Mainstreaming das richtige Werkzeug, um Gleichstellung bei Einkommen und Führungspositionen herzustellen, allerdings nur unter der Voraussetzung, dass man es lange genug einsetzt und nicht in Vergessenheit geraten lässt.

Success Stories: dem AMS und dem Wirtschaftsministerium ist durch Veränderungsprozesse aufgrund von Gender Mainstreaming bereits ein großer Schritt in Richtung Gleichstellung der eigenen Mitarbeiter/innen gelungen

Dem Arbeitsmarktservice sei es gelungen, durch Veränderungsprozesse und Gender Mainstreaming viel in Richtung einer Gleichstellung von Frauen und Männern innerhalb der eigenen Organisation zu bewegen. Als Begründung für diese positive Entwicklung wurden die hervorragende Analysearbeit und die bereits umgesetzten Gleichstellungspläne genannt. Wenn die Entscheidung getroffen wird, Gender Mainstreaming vorbehaltlos anzuwenden, dann ist Gender Mainstreaming ein Ansatz, dem es gelingen kann, über Reorganisation eine Gleichstellung auf dem Arbeitsmarkt herbeizuführen. Als zweites positives Beispiel wird von den Interviewpartner/innen das Wissenschaftsministerium erwähnt. In diesem Ministerium wird demnach das Gender Mainstreaming Prinzip Top-Down gelebt, der Wille der Organisationsspitze sei da und spiegle sich unmittelbar in der „Firmenphilosophie“ als auch in den Zieldefinitionen wieder.

Die Besetzung des mittleren Managements mit immer mehr Frauen in den Organisationen des Öffentlichen Dienstes zeigt eine Tendenz in die richtige Richtung auf

Die über Gender Mainstreaming initiierten Veränderungsprozesse hätten in den Organisationen des Öffentlichen Dienstes insoferne bereits etwas bewegt, indem die Besetzung von Bereichsleitungspositionen immer mehr weiblich werde und die Berücksichtigung von Frauen im mittleren Management in der Zwischenzeit zum Standard geworden sei. Wenngleich es auch noch nicht gelungen sei, die Spitzenfunktionen weiblich zu besetzen, so wurde doch sehr genau darauf geachtet, dass alle Führungspositionen unterhalb der Top-Ebene eine gute Durchmischung zwischen Frauen und Männern aufweisen.

Eng verknüpft mit Qualitätsmanagement kann Gender Mainstreaming über Change Management Gleichstellung auf dem Arbeitsmarkt erreichen

Gender Mainstreaming sei ein Instrument, das sehr wohl geeignet ist, strukturelle und systemische Veränderungen in Organisationen zu erreichen, wenn es zur Sensibilisierung beiträgt und Prozesse relativ radikal in Richtung Gleichstellung beschleunigt. In diesem Sinne sei für einige der Befragten Gender Mainstreaming ganz eng mit dem Prozess des Qualitätsmanagements verknüpft, denn ohne

Gender-Betrachtung kann es gar keine Qualität in Prozessen geben. In diesem Sinne müsste man sich bei jeder Reorganisation zu bestimmten Gelegenheiten überlegen, was man bereits erreicht habe und wo noch und Ungleichbehandlung und Veränderungsbedarf bestehe und daraus abgeleitet Maßnahmen setzen, die zu einer Gleichstellung von Frauen und Männern auf dem Arbeitsmarkt führen.

9.9.2. Gleichstellung wird über Reorganisation und Change Management nicht erreicht

Nun werden folgende Themen, warum aus Sicht der Interviewpartner/innen Gleichstellung nicht über Reorganisation und Change Management erreicht werden kann, beschrieben:

- Der Begriff Gender Mainstreaming ist für ein Reorganisationsvorhaben viel zu sperrig
- Gender Mainstreaming wird vom Top Management nicht mit Nachdruck vertreten bzw. sogar abwehrend behandelt
- Rasch wechselnde Verantwortliche in der Politik und den Ministerien verhindern eine nachhaltige Wirkung

Der Begriff Gender Mainstreaming ist für ein Reorganisationsvorhaben viel zu sperrig

Gender Mainstreaming wäre durchaus ein probates Mittel, über Change Management Gleichstellung bei Entlohnung und Aufstiegschancen zu erreichen, vielfach wird aber von den Expert/inn/en der Begriff an sich kritisiert, da er als Leitbegriff für Veränderungsprozesse viel zu sperrig erscheint. Der Begriff erzeuge kein einprägsames Bild bei den handelnden Personen und das sei gerade bei Reorganisationsprojekten ein Hindernis. Der Begriff Gender Mainstreaming drücke zu wenig klar aus, welche Veränderungen man langfristig damit bewirken will.

Gender Mainstreaming wird vom Top Management nicht mit Nachdruck vertreten bzw. sogar abwehrend behandelt

Die bisher eingeleiteten Maßnahmen von Gender Mainstreaming seien nicht imstande, über Reorganisation eine Gleichstellung bei Einkommen und Führungspositionen herbeizuführen und das liege in den Denk- und Handlungsweisen der Führungsebenen, die das Instrument Gender Mainstreaming nicht mit Nachdruck vertreten würden bzw. sogar abwehrende Handlungen setzten. Man sei mit diesem Veränderungsprozess noch nicht bei der Topebene angekommen und es sei weiters nicht gelungen, das Instrument strukturell als Prozess so zu verankern, dass es auch positive Auswirkungen bei der Nachbesetzung von Führungspositionen mit Frauen habe.

Rasch wechselnde Verantwortliche in der Politik und den Ministerien verhindern eine nachhaltige Wirkung

Es wird zwar zugestanden, dass Organisationen prinzipiell lernfähig sind, aber es sei schwierig, wenn sich die Verantwortlichen zu schnell abwechselten, Nachhaltigkeit zu erzeugen. Diese Tatsache werde von den reaktionären Kräften, die besser organisiert seien als die veränderungswilligen Kräfte, bestens ausgenutzt, um Change Management Prozesse in Richtung einer Gleichstellung von Frauen und Männern auf dem Arbeitsmarkt zu verhindern.

9.9.3. Zusammenfassung und Fazit

Die in Gender Mainstreaming immanente Strategie, dass bei allen Veränderungsprozessen die Kategorie Geschlecht mitgedacht werden muss, gibt am häufigsten Anlass zur Hoffnung, dass mit Change Management Gleichstellung von Frauen und Männern bei Entlohnung und Führungspositionen erreicht werden kann. Als positive Beispiele werden von den Interviewpartner/innen das AMS und das Wirtschaftsministerium genannt, die aufgrund von Veränderungsprozessen Fortschritte erzielen konnten. Einen interessanten Ansatz stellt der Vorschlag mehrerer Befragten dar, Gender Mainstreaming im Zuge des Change Managements eng mit dem Qualitätsmanagement zu verknüpfen. Gründe, die gegen ein Erreichen von Gleichstellung über Reorganisation und Change Management sprechen, liegen für die Expert/inn/en vorrangig in der abwehrenden Haltung von rasch wechselnden politischen Verantwortlichen und Entscheidungsträger/inne/n, die das Konzept Gender Mainstreaming nicht mit Nachdruck vertreten. Überdies seien die reaktionären Kräfte, für die Gleichstellung bei Einkommen und Aufstiegschancen kein wichtiges Ziel sei oder dieses sogar bekämpften, besser organisiert und verhinderten damit, trotz Gender Mainstreaming, eine Gleichstellung von Frauen und Männern auf dem Arbeitsmarkt des Öffentlichen Dienstes.

9.10. Weitere Maßnahmen bzw. Ergänzungen zur Arbeitsmarktpolitik

Auf die Frage, welche weiteren Maßnahmen in der Arbeitsmarktpolitik gesetzt werden müssen, die noch nicht besprochen wurden, um eine Gleichstellung bei Entlohnung und Aufstiegschancen zu erreichen, wurden folgende Vorschläge gemacht:

- Berufsinformation an Schulen möglichst früh beginnen
- Frauen sollen sich aus der Opferrolle herausbewegen

Berufsinformation an Schulen möglichst früh beginnen

Berufsinformation an Schulen wird deshalb als so wichtig angesehen, weil man bereits hier den jungen Menschen ein realistisches Bild der Arbeitsmarktsituation vermitteln kann, vor allem hinsichtlich jener Berufe, in denen die besten Entwicklungsmöglichkeiten bestehen. Ein weiterer Vorteil von Berufsinformation an Schulen bestehe darin, Berufsbilder und damit auch das Ergreifen von geschlechtsspezifisch atypischen Berufen bei Buben und Mädchen zu bewerben. Die Ungleichbehandlung auf dem Arbeitsmarkt verlaufe auf einer sehr subtilen Ebene, sodass die offen vertretene Meinung, Mädchen dürften nicht studieren, kein Thema mehr sei; andererseits seien die Bilder über einschlägige frauen- und männerspezifische Berufe noch stark in den Köpfen verankert. Abhilfe könne hier nur eine sehr früh beginnende Berufsinformation an Schulen schaffen. Es gelte, die Segregation auf dem Arbeitsmarkt zu überwinden und für Frauen die Möglichkeit zu schaffen, ihre Berufsvorstellungen auch in atypischen Berufen zu realisieren. Es liege nicht nur an den Mädchen und Frauen, dass es hier zu keiner Veränderung komme, da müsse man schon die Schulen ins Auge fassen. Denn Mädchen gingen selbstbewusst in die Volksschule mit Berufsvorstellungen aller Art und mit fünfzehn Jahren würden sie mit Aussagen konfrontiert, dass sie in Mathematik, Physik und Chemie nicht begabt seien. Diesen Prozess der Bewusstseinsbildung, der bereits an den Schulen beginne, müssten stark hinterfragt und gegebenenfalls verändert werden.

Frauen sollen sich aus der Opferrolle herausbewegen

Interviewpartner/in D bezieht sich stark auf jene Zuschreibungen, denen Frauen im Berufsleben ausgesetzt sind, jedoch häufig von den Frauen selbst erzeugt werden. Wenn sich die Frauen zu stark in die Opferrolle hineinbegeben, so meint D, dann sollten sie sich auch nicht darüber wundern, dass sie ungleich behandelt werden. Frauen, die sich um Spitzenpositionen bemühen, verhalten sich nach Ansicht von D viel zu unterwürfig und viel zu wenig selbstbewusst, sind viel zu wenig davon überzeugt, die Position auch ausfüllen zu können. Frauen haben gelernt, Opfer zu sein, sei es in der Mutterrolle, sei es in der Rolle der Betreuenden und Pflegenden. D: „Wenn ich Opfer bin, bin ich keine Führungspersönlichkeit“. Als weiteres Hindernis auf dem Weg zur Gleichstellung betrachtet D das Verhalten von Frauen, die glauben, bessere Männer sein zu müssen, um in Führungspositionen zu kommen. Statt die eigenen Qualitäten wie die soziale Kompetenz auszuspielen, legten Frauen besondere Härte an den Tag und förderten bei Männern das Bild, dass mit ihnen im Berufsleben nicht auszukommen sei. Frauen müssen erkennen, ist D überzeugt, dass „weibliche Fähigkeiten“ ihre Stärken sind und nicht ihre Schwächen. Insoferne müsse Gender Mainstreaming nach D auch in den Köpfen von Frauen verankert sein, nicht nur in den Köpfen von Männern.

Nach dieser Beschreibung der Ergebnisse aus den Expert/inn/en-Interviews folgen nun im nächsten Kapitel die Überprüfung der fünf zentralen Thesen und die Beantwortung der Forschungsfrage auf Basis der aus diesen Interviews gezogenen Zusammenfassungen und Fazits.

10. Überprüfung der fünf zentralen Thesen und Beantwortung der Forschungsfrage

Im vorhergehenden Kapitel wurden die Ergebnisse aus den Interviews beschrieben und im Sinne der qualitativen Inhaltsanalyse verdichtet und zusammengefasst. Im folgenden Kapitel werden als Ausgangspunkt für die Beantwortung der Forschungsfrage zunächst die im theoretischen Teil gebildeten fünf zentralen Thesen überprüft, bevor die zentralen Antworten auf die Forschungsfrage auf Basis der Erkenntnisse aus dem theoretischen als auch empirischen Teil dieser Arbeit gegeben werden.

10.1. Überprüfung der fünf zentralen Thesen

Bei der Überprüfung der in Kapitel sieben gebildeten, fünf zentralen Thesen soll herausgearbeitet werden, ob die aufgestellten Thesen durch die Antworten der Expert/inn/en bestätigt wurden oder ob die Thesen nach dem Vorliegen der Ergebnisse aus den Interviews überarbeitet und/oder revidiert werden müssen.

10.1.1. These 1: Die soziale Geschlechterkonstruktion wirkt sich auf die Umsetzung von Gender Mainstreaming Maßnahmen in der Arbeitsmarktpolitik aus

Gender Mainstreaming hat den Anspruch, dass bei jeder Thematik, unter anderem in der Arbeitsmarktpolitik, die Gender Perspektive eingenommen und mitgedacht wird, um geschlechtsspezifische Ungleichbehandlung bereits von Beginn an in politischen Prozessen zu eliminieren. Voraussetzung dafür ist, dass die derzeit vorhandene dichotome Konstruktion und Reproduktion von Geschlecht nachhaltig aufgebrochen wird. Somit liegt das Ziel von Gender Mainstreaming darin, über eine beständige *Veränderung der traditionellen Geschlechterverhältnisse* und einer *Veränderung der diskriminierenden Strukturen* auf dem Arbeitsmarkt eine *Gleichstellung von Frauen und Männern betreffend Entlohnung und Aufstiegschancen* herbeizuführen.

Die Frage, ob Gender Mainstreaming die soziale Konstruktion von Geschlecht aufbrechen und Gleichstellung auf dem Arbeitsmarkt herbeiführen kann, wurde von den Interviewpartner/innen sehr unterschiedlich beantwortet. Als grundlegende Voraussetzung, dass Gender Mainstreaming eine Gleichstellung bei Aufstiegschancen und Einkommen herbeiführen kann, wird von den Befürworter/inne/n genannt, dass diese Strategie nicht nur ein Bestandteil in Führungskräfteseminaren ist, in denen für das Thema Geschlechterkonstruktion in Organisationen sensibilisiert wird, sondern im täglichen Arbeitsleben über Maßnahmen und deren Fortschrittskontrolle konsequent umgesetzt wird. Gender Mainstreaming hat gemäß diesen Interviewpartner/innen das Potenzial zum Aufbrechen der Geschlechterkonstruktionen in Organisationen, wenn es systematisch und laufend zur Überprüfung der Geschlechterverhältnisse bei Führungspositionen eingesetzt wird. Andere Expert/inn/en sprechen hingegen als Begründung, warum Gender Mainstreaming die Geschlechterkonstruktion in Organisationen nicht aufbrechen wird können, die mangelnde Verankerung in den Organisationen an. Genau diese vorhin erwähnte zielgerichtete und konsequente Umsetzung von Gender Mainstreaming passiert nach Ansicht dieser Interviewpartner/innen nicht, denn in den meisten Organisationen des Öffentlichen Dienstes existiert keine formale oder institutionelle Verankerung und es gibt auch kein eigenes Budget dafür. Nur wenige Ministerien haben laut diesen Angaben eine eigene Abteilung, in deren Aufgabenbeschreibung Gender Mainstreaming fester Bestandteil ist und die für die Umsetzung von Maßnahmen ein eigenes Budget zur Verfügung gestellt bekommen. Ein Punkt, der auch von Sauer (2009, 50) kritisiert wird: „Diese schwache Institutionalisierung wird verstärkt durch die Tatsache, dass keine der Gender Mainstreaming Beauftragten ein eigenes Budget besitzt".

Mehrere Interviewpartner/innen begründen die Fähigkeit von Gender Mainstreaming, die duale und hierarchische Geschlechterkonstruktion aufbrechen zu können, damit, dass mit der Umsetzung von Gender Mainstreaming die Kategorie Geschlecht im Sinne des sozialen Geschlechts implizit mitgedacht wird und sind der Ansicht, dass mit Gender Mainstreaming bereits eine entsprechende Sensibilisierung in den Organisationen gelungen sei. Dem gegenüber sehen andere Expert/inn/en in Gender Mainstreaming zwar ein Instrument zur Sensibilisierung von Geschlechterkonstruktion in Organisationen an, sind aber der festen Überzeugung, dass das Konzept alleine nicht geeignet sei, diese aufzubrechen und Gleichstellung bei Entlohnung und Führungspositionen herbeizuführen. Als Beispiel wurde angeführt, dass nach wie vor die Vereinbarkeit von Beruf und Familie reine Frauensache ist und Frauen, die politisch tätig sein wollen, müssten sich die Abendfreizeit für politische Tätigkeiten viel härter erkämpfen als Männer. Diese gesellschaftlichen Prozesse können nach Meinung dieser Interviewpartner/innen zwar durch Gender Mainstreaming sensibilisiert werden, eine Veränderung der Situation finde aber dadurch noch nicht statt.

Die besondere Herausforderung in diesem Veränderungsprozess bestehe darin, zu vermeiden, dass durch die Thematisierung der Geschlechterverhältnisse auf dem Arbeitsmarkt die Geschlechterrollen und Zuschreibungsprozesse nicht noch stärker manifestiert anstelle transformiert werden. Als Beispiel werden von den Expert/inn/en die unterschiedlichen Voraussetzungen bei Frauen und Männern, wenn sie Kinder betreuen, genannt, denn Männer hätten es nach wie vor leichter, nach einer Karenz wieder in den Beruf einzusteigen als Frauen. Dabei stehen Haltungen und Rollenbilder im Vordergrund, die verändert werden müssen, damit Mann-Sein nicht automatisch mit „Karriere machen“ verbunden wird. Fazit ist, dass mehrere Interviewpartner/innen der Ansicht sind, dass Gender Mainstreaming zwar die grundsätzliche Fähigkeit besitzt, über das Aufbrechen der Geschlechterkonstruktion Gleichstellung bei Entlohnung und Führungspositionen herbeizuführen, weisen aber auf die Gefahr hin, dass es eher zur Festschreibung von Geschlechterrollen führen kann, wenn man nicht genau hinterfragt, wie die geschlechtsspezifischen Bedürfnisse überhaupt entstehen.

Diejenigen Interviewpartner/innen, die Gender Mainstreaming nicht das Potenzial zugestehen, die Geschlechterkonstruktion in Organisationen aufbrechen zu können, begründen dies mit den politischen Einflussnahmen und der Macht, die sich die Männer immer noch unter sich aufteilen. Denn Aufsichtsratstätigkeiten und Top-Management-Funktionen, die in der obersten Einkommensstufe rangieren, werden nach wie vor überwiegend von Männern bekleidet. Diese Expert/inn/en betonen daher die Wichtigkeit, dass Gender Mainstreaming langfristig gesehen die Strukturen der Organisationen verändert, denn wenn mehr Frauen in mittlere Führungsebenen vordringen wird ein Druck von dieser mittleren Ebene auf die Topebenen erzeugt, die ein Aufbrechen der hierarchischen und dualen Geschlechterkonstruktion in Organisationen bewirken kann. Dieser Druck auf die Organisationen wird noch verstärkt, indem durch die regelmäßige Berichtspflicht in nationalen und internationalen Studien die Problematik von ausgewogenen Postenbesetzungen in der Gesellschaft an sich zum Thema geworden und damit in den Mittelpunkt des politischen Interesses gerückt ist.

Fazit: These Nummer 1 kann weder bestätigt noch verworfen werden, da die Interviewpartner/innen die Frage, ob Gender Mainstreaming das Potenzial besitzt, die soziale Konstruktion von Geschlecht in Organisationen aufbrechen und damit Gleichstellung bei Einkommen und Führungspositionen erreichen zu können, nicht einhellig, sondern sehr unterschiedlich beantwortet haben. Die Befürworter/innen sehen einen positiven Trend, wenn Gender Mainstreaming über Maßnahmen und Fortschrittskontrolle konsequent umgesetzt wird, die Gegner/innen begründen ihre Ablehnung mit der mangelnden rechtlichen, formalen und institutionellen Verankerung von Gender Mainstreaming in den Organisationen des Öffentlichen Dienstes. Aus den Antworten der Interviewten ist deutlich herauszulesen, dass der wichtigste Hebel für das Instrument Gender Mainstreaming darin liegt, über den Punkt der reinen Sensibilisierung hinsichtlich Geschlechterkonstruktionen in Organisationen hinauszukommen und durch eine konsequente Vorgabe von Zielen, am besten über gesetzliche Regelungen und deren rigoroser Fortschrittskontrolle eine Gleichstellung auf dem Arbeitsmarkt herbeizuführen.

10.1.2. These 2: Die Wirksamkeit von Gender Mainstreaming Maßnahmen in der Arbeitsmarktpolitik hängt eng von der Gestaltung der Nachhaltigkeit in der Umsetzung ab

Die Wirksamkeit der Maßnahmen, ausgehend von Gender Mainstreaming, wird erwartungsgemäß von den Interviewpartner/inne/n danach beurteilt, wie nachhaltig die Umsetzung der Maßnahmen von den politischen Entscheidungsträger/innen verfolgt wird. Es besteht die einheitliche Meinung, dass Gender Mainstreaming Maßnahmen eine enorme Veränderungskraft besitzen, soferne das Gender Mainstreaming zu einem Regelkreislauf wird, bei dem laufend die Schritte Analyse – Zielsetzung – Zielvereinbarung – Evaluierung angewendet werden. Jedoch fehle es am klaren Bekenntnis der Politik, die Einkommensschere schließen bzw. Gleichstellung bei Führungspositionen erreichen zu wollen und somit seien die grundsätzlich als positiv zu bewertenden Gender Mainstreaming Maßnahmen von vornherein zum Scheitern verurteilt. Diese Sichtweise wird von den Befragten dadurch untermauert, indem eine kürzlich vorgenommene Evaluierung der Gleichstellungsbemühungen der Bundesregierung in den letzten Jahren deutlich aufzeige, dass sich an der Situation für Frauen auf dem Arbeitsmarkt substantiell nichts verändert habe. Die Begründung liegt für die Interviewten darin, dass die Umsetzung der Maßnahmen von den politischen Entscheidungsträger/innen zu wenig nachhaltig verfolgt werde bzw. an den politischen Differenzen scheitert. Das sehe man unter anderem an der Tatsache, dass viele Gender Mainstreaming Maßnahmen auf das Frauen- und das Sozialministerium beschränkt sind, obwohl Gender Mainstreaming bedeuten müsse, dass in allen Ministerien und in allen Bereichen Initiativen zur Gleichstellung von Frauen und Männern auf dem Arbeitsmarkt gesetzt werden.

Die Interviewpartner/innen beurteilen durchgängig die Gleichstellungsbemühungen der amtierenden Frauenministerin betreffend Einkommen und Führungspositionen als äußerst positiv, sehen aber gleichzeitig das Hindernis, dass eben diese Bemühungen von politischen Gegenspielern andauernd konterkariert werden. Zudem ist das Frauenministerium mit einem sehr kleinen Anteil des Bundesbudgets ausgestattet, was nach Ansicht der Expert/inn/en wiederum dazu führt, dass die personellen Ressourcen und die Mittel für Gleichstellungsmaßnahmen insgesamt sehr eingeschränkt sind und als nichts anderes als ein Zeichen für den mangelnden politischen Willen zur tatsächlichen Umsetzung von Gender Mainstreaming genommen werden müsse. Gender Mainstreaming ist für viele das umfassendere Konzept gegenüber der reinen Frauenförderung und eine Verankerung im NAP Gleichstellung unbedingt erforderlich, jedoch auch mit den nötigen Konsequenzen bei Nichterreichung der Vorgaben. Wesentliche Voraussetzung für die nachhaltige Umsetzung ist für viele der befragten Expert/inn/en deren Verankerung im österreichischen Rechtssystem, um die Maßnahmen zur Gleichstellung von Frauen und Männern bei Einkommen und Aufstiegschancen im Bedarfsfall rechtlich durchsetzen zu können.

Nachhaltigkeit in der Umsetzung ist eng verbunden mit der Wahl der Mittel, die eingesetzt werden, um die gewünschte Nachhaltigkeit zu erreichen. Deshalb wird im folgenden nochmals zusammenfassend jenen Mitteln Raum gewidmet, die als schlagkräftigste Instrumente zur Durchsetzung der Maßnahmen genannt wurden: die Quotenregelung, Sanktionen und eine regelmäßige Berichtspflicht verbunden mit einer Prüfstelle. Quoten werden als sehr effektives, wenngleich wenig elegantes Mittel angesehen, um Gleichstellung auf dem Arbeitsmarkt zu erreichen. Die 40%-Quote als vorgeschriebener Frauenanteil in Führungspositionen im Öffentlichen Dienst sind für viele ein gutes Beispiel für die Wirksamkeit des Instruments, denn obwohl die 40% noch nicht durchgehend erreicht sind, hat sich der Frauenanteil zusehends erhöht. Es besteht die einheitliche Meinung, dass man auf Quoten, sobald Gleichstellung bei Einkommen und Aufstiegschancen erreicht ist, sehr schnell wieder verzichten kann. Quoten werden als Hilfsmittel zur Erreichung der Gleichstellung angesehen, die aber zu keinem Dauerzustand führen sollten.

Immer wieder wird in den Interviews auf das Vorbild von Norwegen referenziert, denn in diesem Land sind Frauenquoten für die Besetzung von Aufsichtsräten gesetzlich vorgeschrieben; eine Vorgabe, die in Österreich aufgrund der breiten Ablehnung von Politik und Wirtschaft für undenkbar gehalten wird. Am Vorbild Norwegen sehe man, so die einhellige Meinung der Interviewpartner/innen, welche Erfolge mit diesem Instrument zu erzielen seien, denn durch den Einsatz von sanktionierenden Quoten ist der Frauenanteil in Aufsichtsräten in Norwegen sprunghaft angestiegen. Einige der Befragten sprechen sich vehement für den Einsatz von Sanktionen aus, da die Erfahrungen der letzten Jahre gezeigt hätten, dass man ohne gesetzliche Regelungen und dem Einsatz von Sanktionen nicht auskommt. Die Anwendung von Sanktionen wird vor allem dann als sinnvoll angesehen, wenn alle vorherigen Maßnahmen, wie der Einsatz von konkreten Zielvorgaben und ein zugehöriges Kontrollsystem zur Gleichstellung von Frauen und Männern bei Einkommen und Führungspositionen nicht gegriffen haben. Für die meisten Interviewpartner/innen bieten Sanktionen in Verbindung mit strukturellen Veränderungen eine effektive Möglichkeit, die Verbindlichkeit zur Umsetzung von Gender Mainstreaming wesentlich zu erhöhen und bezeichnen Sanktionen daher als ein probates Mittel zur Erreichung von Gleichstellung auf dem Arbeitsmarkt.

Viele der befragten Expert/inn/en fordern eine starke Verpflichtung zur regelmäßigen Berichterstattung für Organisationen zur Überprüfung der eingeleiteten Maßnahmen hinsichtlich Gleichstellung bei Einkommen und Aufstiegschancen ein. Jede/r Minister/in sollte demnach konkrete Zielvorgaben machen und die Erreichung dieser Vorgaben über zwingende Jahresberichte überprüfen, denn die bisherigen Gleichstellungsberichte sind zu allgemein gehalten. Die Verpflichtung, über Gender Mainstreaming Aktivitäten und deren Grad der Umsetzung berichten zu müssen, sollte vor allem für öffentlichkeitsnahe Organisationen wie die Regierung, aber auch die Interessensvertretungen, bestehen. Davon versprechen sich die Interviewpartner/innen eine enorme Vorbildwirkung, denn besonders jene Organisationen, die in der Öffentlichkeit meinungsbestimmend sind, müssen aus deren Sicht nachweisen, wie sie mit geschlechtsspezifischen Themen in der eigenen Organisation umgehen. Die Expert/inn/en sind weiters der Ansicht, dass die Wirksamkeit der Berichtspflicht noch unterstrichen werden könnte, indem die Fortschritte bei der Umsetzung von Gender Mainstreaming von einer anerkannten und unabhängigen Stelle, wie zum Beispiel dem Rechnungshof, überprüft und veröffentlicht werden. Die Prüfungen dieser Prüfstelle würden die Organisationen dazu anspornen, ein möglichst gutes Ergebnis zu erzielen, denn eine Prüfstelle wie der Rechnungshof stelle für die Überprüfung der Umsetzung von Gender Mainstreaming ein Respektsinstrumentarium dar. Ebenso werden für die Fortschrittskontrolle von Gender Mainstreaming Controllingmaßnahmen angeführt, denn in vielen anderen Bereichen stellt das Controlling einen wesentlichen Bestandteil in den Organisationen dar. Dabei sei es gleichgültig, ob das Gender Controlling über eine externe Prüfstelle wie den Rechnungshof oder über die eigene Controlling Abteilung selbst erfolge, wesentlich sei, dass es überhaupt gemacht werde.

Fazit: These Nummer 2 wird auf Basis der vorgenannten Ausführungen eindeutig bestätigt. Wichtigste Voraussetzung für die Nachhaltigkeit von Gender Mainstreaming Maßnahmen ist die Implementierung eines Regelkreislaufes mit den Schritten Analyse – Zielsetzung – Zielvereinbarung – Evaluierung, wobei dem letzten Schritt Evaluierung die höchste Bedeutung zukommt. Sollten die Evaluierungen kein zufriedenstellendes Ergebnis bringen, dann müssten stark sanktionierende Mittel eingesetzt werden, um das Gender Mainstreaming in den Organisationen des Öffentlichen Dienstes voranzutreiben. Besonderes Augenmerk ist dabei nach den Aussagen der Expert/inn/en darauf zu legen, dass die

Bemühungen zur Gleichstellung von Frauen und Männern bei Einkommen und Führungspositionen nicht aufgrund der Differenzen der politischen Entscheidungsträger/innen verpuffen.

10.1.3. These 3: Die geschlechtsblinde Haltung von Organisationen verhindert eine Auseinandersetzung mit dem Thema Gleichstellung und die Nutzung eines ökonomischen Vorteils

Die Interviewten waren der Ansicht, dass Organisationen eine geschlechtsblinde Haltung zum Thema Chancengleichheit auf dem Arbeitsmarkt einnehmen, jedoch gab es auch einige Beiträge, die sich auf eine geschlechtergerechte Haltung von Organisationen bezogen. Bei der Beantwortung der Frage nach der Haltung von Organisationen zu Gender-Themen muss nach Ansicht eines/r Interviewpartners/in zwischen der Ebene der Organisation und der Ebene des einzelnen Individuums in der Organisation unterschieden werden. Dabei wird unterstellt, dass die Individuen prinzipiell eine positive Einstellung zu Gender Mainstreaming und daraus resultierende Themen haben, im Rahmen ihrer Funktionen in Organisationen aber wenig Spielraum vorfinden, gender-spezifische Themen in der Organisation zu verankern. Es bestehe überdies eine Differenz zwischen dem, was Organisationen propagieren und dem, wie sie letztendlich handeln. Denn bei Stellungnahmen zum Thema Gender Mainstreaming und Gleichstellung auf dem Arbeitsmarkt geben sich alle Organisationen frauenfreundlich und geschlechtersensibel, aber in der konkreten Umsetzung würden dann immer wieder Gründe gefunden, warum die eine oder andere daraus abgeleitete Maßnahme nicht greifen könne, egal, ob es sich um den Öffentlichen Dienst oder politische Parteien handle.

Mehrere Befragte bezeichnen die Haltung von Organisationen als sehr geschlechtsblind, denn es sei offensichtlich, egal welche Branche man betrachte, dass das Problem der Benachteiligung von Frauen hinsichtlich Einkommen und Karriere weiterhin als nicht existent betrachtet wird. Zum Teil wird diese geschlechtsblinde Haltung von Organisationen von den Expert/inn/en als diskriminierend eingestuft, denn von einer geschlechtergerechten Haltung sei man weit entfernt. Manche Interviewpartner/innen sehen Geschlechtsneutralität nicht als unbedingtes Ziel von Organisationen an, denn sie wären bereits damit zufrieden, wenn das Bewusstsein über Ungleichbehandlung auf dem Arbeitsmarkt so geschärft ist, dass Unternehmen gleichstellungsorientierte Maßnahmen setzen. Der Großteil der Ressorts in den Ministerien nimmt nach den Aussagen der Expert/inn/en weiterhin eine geschlechtsblinde Haltung ein, obwohl Gender Mainstreaming bereits einen Diskurs hinsichtlich Gleichstellungs- und Genderaktivitäten eröffnet habe. Als Begründung für die geschlechtsblinde Haltung von Organisationen wird oftmals angegeben, dass Gender Mainstreaming und dessen praktische Umsetzung nicht in der obersten Priorität auf der politischen Agenda gereiht ist. Ziele und Maßnahmen werden nur sehr punktuell von einzelnen Minister/innen gesetzt, nicht aber als Verfolgung einer Strategie, die aus Gender Mainstreaming resultiert.

Als Begründung für die geschlechtergerechte Haltung von Organisationen wurden unter anderem die rechtlichen Vorgaben wie Bundes- und Landesgleichbehandlungsgesetze in den öffentlichen Institutionen sowie die Frauenförderpläne in den Ministerien genannt, wonach bestimmte Ziele zur Gleichstellung von Frauen vorgegeben und alle zwei Jahre evaluiert werden. Als Organisationen mit gleichstellungsfördernder und damit geschlechtergerechten Haltung wurden die Arbeiterkammer, das Frauenministerium, das Sozialministerium und teilweise das Wirtschaftsministerium bezeichnet. Als positives Beispiel wird häufig das Frauenministerium angeführt, das auf Basis der Verhandlungen zum Gleichbehandlungsgesetz die Einkommenstransparenz, also die Verpflichtung zur Offenlegung von Gehältern und Löhnen, vorantreibt. Umgekehrt wird das Finanzministerium als besonders geschlechtsblind angesehen, obwohl man das Gegenteil annehmen müsste, denn durch die Haushaltsreform sei Gender Budgeting als gleichstellungsförderndes Instrument auf den politischen Fahrplan gekommen. Betrachtet man aber die Budgetpolitik und Finanzpositionierungen außerhalb von Gender Budgeting, dann bleibt für das Finanzministerium nach Ansicht der Befragten eine geschlechtsblinde Haltung übrig, die jedenfalls nicht gleichstellungsfördernd, wenn nicht sogar gleichstellungshinderlich ist. Diese Aussagen werden durch die Sichtweise von Caglar (2003, 132) untermauert, die Finanzministerien als besonders resistent gegenüber Gender-Themen und in einem hohen Maße geschlechtsblind bezeichnet.

Insgesamt wurde von den Interviewpartner/innen der ökonomische Vorteil, wenn Frauen und Männer auf dem Arbeitsmarkt hinsichtlich Einkommen und Führungspositionen gleichgestellt sind, sehr hoch eingeschätzt. Der Mehrwert von Gender Mainstreaming besteht nach Ansicht der Befragten darin, mit ganz klaren politischen Vorgaben langfristig die Einkommensschere zu schließen und damit einen ökonomischen Vorteil zu erreichen. Begründet wird dieser ökonomische Vorteil zumeist damit, dass erfolgreiche Unternehmen nachweislich eine gute Balance von Frauen und Männern aufweisen. Wie man am Beispiel der skandinavischen Länder gut sehen könne, haben diese wirtschaftlich erfolgreichen Staaten einen hohen Anteil an Frauen in Spitzenpositionen sowie eine geringe Einkommensschere aufzuweisen. Deshalb müsste man sich diese Länder zum Vorbild machen, denn in Österreich hat man den Wettbewerbsvorteil, der sich durch die Ressource Frau erzielen ließe, noch nicht genügend erkannt. Es herrscht Übereinstimmung unter den Befragten, dass eine ausgewogene Balance von Frauen und Männern auf dem Arbeitsmarkt zum Wohlstand und zur ökonomischen Besserstellung insgesamt beiträgt, zumal entsprechende Studien untermauern, dass Unternehmen, die diese Balance hergestellt haben, höhere Renditen abwerfen. Gemischte Teams und Frauen in Führungspositionen haben nicht nur positive wirtschaftliche Effekte auf Unternehmen und Organisationen, sondern auch auf das Bruttoinlandsprodukt dieser Länder. Wenn das weibliche Potenzial nicht entsprechend genützt wird, dann verzichte man in Österreich eben auf diesen klaren ökonomischen Vorteil. Dazu muss man den Betrieben und Unternehmen viel stärker vor Augen führen, welche ökonomischen Vorteile sie aus gemischten Belegschaften ziehen können.

Mehrmals wird der ökonomische Vorteil mit der guten Ausbildung und hohen Qualifikation von Frauen begründet. Als wichtiges Argument, dass es volkswirtschaftlich gesehen auf jeden Fall gut ist, wenn Frauen erwerbstätig sind und gleichwertige Einkommen haben wie Männer, wird dadurch begründet, dass damit der ganze Kreislauf, was die Kaufkraft betrifft, in Gang gehalten wird. Für viele der Befragten ist es ökonomisch gesehen schlicht und einfach nicht nachvollziehbar, warum Betriebe die Gleichstellung von Frauen bei den Aufstiegschancen oder beim Einkommen nicht intensiv vorantreiben. Gewohnheiten bzw. Verhaltensmuster stehen. Für einige der Interviewpartner/innen ist der ökonomische Vorteil, wenn man brachliegendes Potenzial auf dem Arbeitsmarkt vermehrt einsetzt, zwar ein wichtiges Argument, sie würden es aber im Vergleich zur Umsetzung von Menschenrechten, Frauenrechten und Gleichstellungszielen nicht an die vorderste Stelle reihen. Der ökonomische Vorteil ist zwar unzweifelhaft ein wichtiger Grund, warum es Sinn macht, auf Basis von Gender Mainstreaming eine Gleichstellung bei Einkommen und Führungspositionen herbeizuführen, aber eben nicht der vordergründige. Es birgt die große Gefahr in sich, dass dann vorwiegend die Bilanzen von Unternehmen in den Vordergrund gestellt werden und weniger das Recht auf Gleichstellung von Frauen und Männern auf dem Arbeitsmarkt an sich. Auch wenn Norwegen eindrucksvoll beweist, dass Unternehmen, die die 40% Quote an Aufsichtsrätinnen erfüllen, in der Unternehmensbilanz und damit an der Börse besser abschneiden, kann es nicht als wesentlichster Grund für Gender-Maßnahmen dienen.

Fazit: These Nummer 3 wird eindeutig bestätigt, denn die Expert/inn/en waren sich darin einig, dass die geschlechtsblinde Haltung von Organisationen eine Auseinandersetzung mit dem Thema Gleichstellung bei Einkommen und Führungspositionen verhindert. Die Begründung liegt vor allem darin, dass in den meisten Organisationen des Öffentlichen Dienstes die Benachteiligung von Frauen bei Einkommen und Führungspositionen nach wie vor nicht als Problem erkannt bzw. anerkannt wird. Wenngleich Gender Mainstreaming es geschafft habe, den öffentlichen Diskurs über Gleichstellung von Frauen und Männern auf dem Arbeitsmarkt weiterzutreiben, so nimmt die Umsetzung dieser Strategie immer noch nicht die vorderste Stelle der Prioritäten in der Politik ein. Mit dieser Verhaltensweise wird ganz klar auf den ökonomischen Vorteil, der sich aus einer Gleichstellung von Frauen und Männern ergeben könnte, verzichtet.

10.1.4. These 4: Das Gleichstellungsziel bei Entlohnung und Aufstiegschancen setzt aufgrund der sozialen Konstruktion von Organisationen eine Änderung der herrschenden Rollenbilder voraus

Für die überwiegende Mehrheit der Befragten ist Gender Mainstreaming kein geeignetes Instrument, um das Denken und Handeln von Akteur/inn/en in Organisationen so zu beeinflussen, dass sie sich von den herrschenden Rollenbildern (das heißt, den Männern gehört der öffentliche = berufliche Bereich, den Frauen der private = familiäre Bereich) trennen und neue integrieren. Einige wenige Interviewpartner/innen sehen zumindest dort langsame Fortschritte bei der Änderung der Rollenbilder, wo die gesellschaftliche Akzeptanz von Vätern, die in Karenz gehen und sich der Kinderbetreuung widmen, gestiegen ist. Besonders jüngere Männer, so die Beobachtung der Expert/inn/en, hätten in letzter Zeit mehr Sensibilität für geschlechtsspezifische Rollenbilder und den dahinter liegenden Mechanismen entwickelt und jene Männer seien viel eher bereit, eine Neudefinition der Rollenverteilung auszuprobieren als jene Männer, die sich auf die Veränderungen (noch) nicht einlassen wollen.

Gender Mainstreaming wird hingegen von anderen Befragten als eines von vielen Instrumenten gesehen, das geeignet ist, die generelle, auf stereotypen Zuschreibungen basierende Haltung zu Frauen und Männern im Berufs- und Privatleben zu verändern. Dies sei aber nicht erst seit der Einführung von Gender Mainstreaming ein Thema, sondern ein längerfristig andauernder Veränderungsprozess. Der wichtigste Faktor ist für diese Expert/inn/en, dass man dem Veränderungsprozess genügend Zeit einräumt, damit sich die Überzeugung in der Gesellschaft festigen kann, denn die Änderung der Rollenbilder kann nur in den Köpfen der handelnden Menschen und nicht durch Gesetze und Verordnungen stattfinden. In einigen der befragten Organisationen konnte relativ rasch nach Einführung von Gender Mainstreaming mit entsprechenden Schulungen von der Top-Management-Ebene abwärts Gender Mainstreaming Wissen erfolgreich aufgebaut werden. Andere Interviewpartner/innen berichten hingegen von der negativen Erfahrung, dass männliche Führungskräfte in den Seminaren und Workshops aufgrund von inneren Blockaden gegenüber der Auseinandersetzung mit

Gender-Aspekten nie den eigentlichen Sinn von Gender Mainstreaming erfasst hätten.

Die hauptsächliche Kritik an den herrschenden Rollenbildern richtet sich nach wie vor auf die ungleiche Verteilung der Pflichten im privaten Bereich, denn es sei inzwischen großteils gesellschaftlich anerkannt, dass der berufliche Bereich nicht nur den Männern, sondern auch den Frauen gehört, dafür aber umso mehr, dass der private Bereich noch immer eher den Frauen gehört. Nach Haas (2009, 140) zeigen sich In den letzten Jahrzehnten kaum nennenswerte Änderungen bei dieser klassischen Zuständigkeit der Frau, denn Frauen verwenden im Schnitt beinahe zwei Drittel ihrer gesamten Arbeitszeit für Hausarbeit und Kinderbetreuung, während dieser Anteil bei Männern nur ein Fünftel der Arbeitszeit ausmacht. Die Interviewpartner/innen weisen darauf hin, dass es sich bei dieser Sichtweise nicht um ein Bauchgefühl handelt, sondern über die Erhebungen und Statistiken des Mikrozensuses in Österreich leicht nachweisbar ist, wonach Frauen und nicht die Männer für die Kinderbetreuung und die Pflege Angehöriger zuständig sind. Eine gerechtere Aufteilung von öffentlicher und privater Arbeit, so das ernüchternde Bild, ist weiterhin nicht in Sicht.

Die bisher genannten Gründe führten bei vielen Befragten zur Meinung, dass man sich in der Gesellschaft und speziell in der Arbeitswelt noch lange nicht von den althergebrachten Rollenbildern trennen werde, auch wenn der ökonomische Gesichtspunkt der Eigenständigkeit von Frauen in der Öffentlichkeit in den Vordergrund gerückt wird. Besonders deutlich wird diese Beurteilung, dass sich in der Einstellung der Menschen noch nichts geändert hat, dadurch unterstrichen, dass junge Mädchen bei der Wahl ihrer Berufsausbildung überlegen, überhaupt eine höher qualifizierte Ausbildung, wie zum Beispiel ein Studium, zu beginnen. Viele junge Mädchen wünschen sich später eine Familie und abgeleitet aus den Erfahrungen, die sie in der eigenen Familie gemacht haben, nehmen sie an, dass sie im späteren Leben diejenigen sein werden, die zum größten Teil für die Aufsicht und die Erziehung der Kinder zuständig sein werden. Hinzu kommt noch, dass Frauen, die eine bestimmte Position erreicht haben, permanent um diese kämpfen müssten, um diese zu halten. Das sei Beweis genug, dass Gender Mainstreaming die traditionellen Rollenbilder im Berufsleben noch nicht verändert habe. Der gestiegene öffentliche Druck auf Unternehmen und Organisationen, den Frauen gleiche Chancen wie den Männern in der Berufswelt zuzugestehen, habe noch nicht zur Gleichstellung von Frauen und Männern hinsichtlich Einkommen und Aufstiegschancen geführt. Organisationen bemühen sich zwar darum, als Einheiten wahrgenommen zu werden, die sich für Gleichstellung, Vereinbarkeit von Beruf und Familie, aber auch Veränderung der Rollenbilder engagieren, aber nicht um dem Gender Mainstreaming Gedanken Rechnung zu tragen.

Die Interviewpartner/innen sehen eindeutig die Verantwortung für eine Änderung in den Rollenbildern nicht nur bei den Männern, die in ihren Köpfen die herrschenden Rollenbilder ablegen und neue integrieren sollen, sondern auch bei den Frauen. Demnach sollten Frauen, die sich beruflich engagieren wollen, dies auch in einem höheren Masse klar machen, denn es kann nicht sein, dass der Zugang zu Führungspositionen und höheren Einkommen nur einem Geschlecht zugänglich gemacht wird. Dass solche Verhaltensweisen von Frauen in der Gesellschaft wenig Akzeptanz finden, ist unbestritten. Es ist daher für die Expert/inne/n nachvollziehbar, dass in diesem Prozess der Veränderung der typischen Rollenbilder manchen Expert/inn/en zuweilen die ausgesprochene Lust daran vergeht, ihre Rechte in der Arbeitswelt durchzusetzen. Dennoch gibt es für die Befragten keine Wahl in diesem Punkt: wer etwas bewirken will, muss auch auf der individuellen Ebene der Familie darum kämpfen.

Fazit: These Nummer 4 wird eindeutig bestätigt, denn das Gleichstellungsziel bei Einkommen und Führungspositionen ist nach Ansicht der Interviewpartner/innen nur über eine Änderung der Rollenbilder zu erreichen. Negativ vermerkt wird, dass es immer noch nicht gelungen ist, den Männern ihren Anteil an Verantwortung für familiäre Verpflichtungen abzuringen, während die Berufstätigkeit von Frauen an sich in der Gesellschaft nicht mehr in Frage gestellt wird. Die damit verbundene einseitige Verteilung der Belastungen zuungunsten der Frauen ist damit als eines der wichtigsten Wirkungsfelder für Gender Mainstreaming Maßnahmen in der Zukunft zu bezeichnen.

10.1.5. These 5: Die Anwendung von Gender Mainstreaming kann über das Prinzip Reorganisation und Change Management Chancengleichheit in Organisationen herbeiführen

In den Interviews wurde bestätigt, dass das Change Management eine wichtige Grundlage für die Umsetzung des Konzeptes Gender Mainstreaming in Politik und Verwaltung bildet. In diesem Prozess muss Gender Mainstreaming auf die bereits vorhandenen Strukturen der Frauen- und Gleichstellungspolitik zurückgreifen: denn während Frauenförderprogramme den Fokus auf konkrete, meist kurzfristiger greifende, Maßnahmen zum Ausgleich von Benachteiligungen und Ungleichgewichten richtet, sorgt Gender Mainstreaming über konzeptionelle und strukturelle Interventionen, eben dem Change Management Prozess, für langfristige Veränderungen. Die Expert/inne/n sehen den Vorteil von Gender Mainstreaming darin, dass im Gegensatz zur Frauenförderung, die von Politik und Gesellschaft in erster Linie als Aufgabe des Frauen- und Sozialministeriums und den in diesen Organisationen betrauten Frauen wahrgenommen wird, die Gender

Aspekte bei jedem einzelnen Prozessschritt systemimmanent mitberücksichtigt werden müssen.

Gender Mainstreaming beinhaltet bereits in seiner Definition den Begriff Reorganisation und damit soll zum Ausdruck gebracht werden, dass über die eingeleiteten Maßnahmen eine Änderung in den Denk- und Handlungsmustern der Mitglieder bewirkt werden soll. Dieser Reorganisation auf Basis des Gender Mainstreamings muss es gelingen, die Mitglieder einer Organisation dazu zu bewegen, ihre bisherigen subjektiven Theorien abzulegen und anstelle dessen neue Theorien anzunehmen und zu integrieren, um das Ziel, Gleichstellung bei Einkommen und Führungspositionen erreichen zu können. Dazu nehmen einige der Interviewpartner/innen die folgende Haltung ein: wenn die Entscheidung getroffen wird, Gender Mainstreaming vorbehaltlos anzuwenden, dann ist es durchaus ein Ansatz, dem es gelingen kann, über Reorganisation eine Gleichstellung auf dem Arbeitsmarkt herbeizuführen. In diesem Sinne muss man sich bei jeder Reorganisation überlegen, was man bereits erreicht hat bzw. wo noch Ungleichbehandlung und Veränderungsbedarf besteht und daraus abgeleitet Maßnahmen setzen, die zu einer Gleichstellung von Frauen und Männern bei Entlohnung und Aufstiegschancen führen. Die Expert/inne/n sehen bisweilen einen engen Zusammenhang von Gender Mainstreaming mit dem Prozess des Qualitätsmanagements, denn eine echte Qualität in Prozessen kann es nur geben, wenn die Gender-Aspekte vorbehaltlos einbezogen werden. Diese Sichtweise wird beispielweise auch von Dittrich (2003, 217) vertreten: Gender Mainstreaming muss sich als Teil eines betrieblichen Qualitätsmanagements darstellen, durch das Chancengleichheit als zertifizierter Bestandteil einer Firmenkultur sichtbar wird. Voraussetzung ist ein dauerhafter Veränderungsprozess auf Basis von konkreten Inhalten, wobei die Reflexionsfähigkeit der Beteiligten bezüglich ihres Rollenverständnisses und ihrer Geschlechterwertehaltung eine herausragende Rolle spielt (vgl. Dittrich 2003, 217).

Die Expert/inn/en sehen in der Umsetzung von Gender Mainstreaming die große Gefahr, dass Innovationen und Neuerungen in Organisationen zumeist einmal von den Organisationsmitgliedern abweisend betrachtet werden und der Mehrwert, der dahinter stecken könnte, nicht verstanden wird. Vielfach wird der Begriff Gender Mainstreaming als wenig hilfreich bezeichnet, weil er als Leitbegriff für Veränderungsprozesse aufgrund seiner Sperrigkeit nicht gerade unterstützend wirkt. Nicht nur, dass der Begriff kein einprägsames Bild bei den handelnden Personen davon erzeugt, was erreicht werden soll, sondern es werde damit auch zu wenig klar zu Ausdruck gebracht, welche Veränderungen langfristig angestrebt werden. Reorganisationen haben ihre Wurzeln zumeist nicht in vorhandenen Problemen, die die Organisation gerade zu lösen versucht, sondern darin, dass das Top Management und Opinion Leaders zu der Ansicht gelangen, dass die Wettbewerbsfähigkeit des Unternehmens langfristig nur dann gesichert werden kann, wenn eine Änderung der Ziele, Organisation und Strukturen, somit eine Neuausrichtung des gesamten Unternehmens, vorgenommen wird. Gerade aber auch diese ökonomische Orientierung kann sich nach Auer/Welte (2009, 193) leicht als Nachteil herausstellen, denn während die Kosten von Gleichstellungsprogrammen in Organisationen weitgehend eindeutig sind, ist der Nutzen unklar und schwer messbar. Für manche Expert/inn/en liegt in diesem Sinne die Begründung, warum es Gender Mainstreaming über das Instrument des Change Managements in der eigenen Organisation noch nicht gelungen sei, Gleichstellung bei Entlohnung und Führungspositionen herzustellen, darin, dass eben diese Wahrnehmung des Top Managements zur Notwendigkeit von grundlegenden strukturellen Veränderungen noch nicht ausreichend vorhanden ist.

Fazit: These Nummer 5 wird eindeutig bestätigt, denn in Summe wird die Fähigkeit von Gender Mainstreaming, über Change Management und Reorganisation eine Gleichstellung bei Einkommen und Führungspositionen herbeiführen zu können, von den Befragten einhellig als positiv eingeschätzt. Immer jedoch unter der Voraussetzung, dass das Instrument aus einer sehr langfristigen Perspektive heraus konsequent angewendet wird. Gender Mainstreaming ist nach Ansicht dieser Interviewpartner/innen sehr wohl geeignet, strukturelle und systemische Veränderungen in Organisationen zu erreichen, wenn eine ausgehend vom Top-Management entsprechende Nachhaltigkeit bei der Umsetzung gegeben ist.

Zusammenfassend lässt sich sagen, dass die in Kapitel sieben gebildeten zentralen Thesen bis auf die erste These von den Expert/inn/en eindeutig bestätigt wurden. Bezogen auf die erste These wurde nicht von allen Expert/inn/en ein eindeutiger Zusammenhang zwischen der sozialen Konstruktion von Geschlecht in Organisationen und der Wirksamkeit von Gender Mainstreaming Maßnahmen gesehen. Die Wirksamkeit der Maßnahmen wurde eher an die Durchsetzbarkeit in Form von rechtlichen und formalen Vorgaben geknüpft. Eng verbunden damit ist die zweite, bestätigte These, die besagt, dass die Wirkung der Gender Mainstreaming Maßnahmen in hohem Grad mit der Nachhaltigkeit in der Umsetzung verbunden ist. Die dritte These, die die geschlechtsblinde Haltung von Organisationen als Hindernis für die Auseinandersetzung mit Gleichstellung von Frauen und Männern bei Einkommen und Führungspositionen thematisierte, wurde ebenfalls durch die Ergebnisse aus den Interviews untermauert. Dass die Änderung der Rollenbilder in der Gesellschaft eine notwendige Voraussetzung für das Gleichstellungsziel auf dem Arbeitsmarkt darstellt, wurde in der vierten These bestätigt. Die Überprüfung der fünften und letzten These schließlich brachte das Ergebnis, dass die Interviewpartner/innen überzeugt sind, dass Gender Mainstreaming Maßnahmen das Potenzial besitzen, über Reorganisation und Change

Management Gleichstellung bei Einkommen und Führungspositionen auf dem Arbeitsmarkt des Öffentlichen Dienstes herzustellen. Nach dieser Aufarbeitung, ob die in Kapitel sieben gebildeten fünf zentralen Thesen weiterhin gültig sind, erfolgt die Beantwortung der Forschungsfrage auf Basis der im theoretischen Teil aufbereiteten Daten und Fakten und der im empirischen Teil aus den Interviews gewonnenen Erkenntnissen.

10.2. Beantwortung der Forschungsfrage

Vor den folgenden Ausführungen zur Beantwortung der Forschungsfrage sei an den Anfang dieses Kapitels nochmals die forschungsleitende Frage gestellt:

> *Inwieweit führen die bisher aufgrund von Gender Mainstreaming eingeleiteten Maßnahmen in der Arbeitsmarktpolitik eine Gleichstellung in Bezug auf den Zugang zu Führungspositionen und bezüglich der Entlohnung in Organisationen herbei?*

Betrachtet man den rein theoretischen Teil dieser Arbeit, so lautet – wie die zusammengestellten Daten und Fakten umfassend belegen – die Antwort auf die Forschungsfrage eindeutig „Nein“: die bisher aufgrund von Gender Mainstreaming eingeleiteten Maßnahmen konnten noch keine Gleichstellung von Frauen und Männern bei Einkommen und Führungspositionen herstellen. Selbst wenn man berücksichtigt, dass nicht alle dargestellten Maßnahmen vorbehaltlos Gender Mainstreaming zugeordnet werden können und zusätzlich berücksichtigt, dass ein massiver struktureller Eingriff in politische Prozesse wie Gender Mainstreaming nicht in wenigen Jahren greifen kann, so bleibt die Tatsache bestehen, dass Österreich es nicht geschafft hat, Gleichstellung der Geschlechter auf dem Arbeitsmarkt hinsichtlich Entlohnung und Aufstiegschancen herzustellen. Ganz im Gegenteil, der Trend geht in die andere Richtung: wie der Global Gender Gap Report (2009) eindrucksvoll belegt, ist die Einkommensschere in Österreich in den letzten zehn Jahren zwischen Frauen und Männern größer geworden und der Anteil von Frauen in Führungspositionen stagniert bzw. ist auf der Ebene der Spitzenpositionen sogar rückläufig. Wäre Gender Mainstreaming ernst genommen und konsequent angewendet worden, hätte es zumindest eine Änderung in eine positive Richtung geben müssen, keinesfalls hätte jedoch eine Verschlechterung der Situation für Frauen gegenüber Männern auf dem Arbeitsmarkt eintreten dürfen.

Beantwortet man die Forschungsfrage auf Basis der Ergebnisse aus dem empirischen Teil dieser Arbeit, so fällt die Antwort weniger eindeutig aus. Viele der Befragten waren der Ansicht, dass die aufgrund von Gender Mainstreaming eingeleiteten Maßnahmen durchaus in der Lage seien, eine Gleichstellung der

Geschlechter hinsichtlich Einkommen und Aufstiegschancen herbeizuführen. Diese Ansicht wurde jedoch in den meisten Fällen relativiert, indem diese Einschätzung immer durch ein profundes Maß an Resignation begleitet wurde. Die Jahr für Jahr in diverse Gleichstellungspläne und nationale Aktionspläne gepackten Maßnahmenbündel scheiterten Jahr für Jahr an der konkreten Verfolgung dieser Ziele. In diesem Sinne lautet die Antwort auf die Forschungsfrage zwar „Ja", solange es um die Sinnhaftigkeit des Konzeptes an sich und den daraus abgeleiteten Maßnahmen geht, sie lautet jedoch „Nein", wenn es um die konsequente Umsetzung des Instruments Gender Mainstreaming geht. In vielen Antworten der Befragten wurde als Begründung für die Nicht-Umsetzung der fehlende politische Wille genannt. Letzten Endes gingen alle guten Ansätze und Maßnahmen am Widerstand der vorwiegend männlichen Entscheidungsträger/innen verloren oder versandeten in der Auseinandersetzung der Regierungsparteien. Dieses schlechte Zeugnis wurde übrigens quer über alle befragten Regierungsparteien und öffentlichen Institutionen hinweg nicht nur der amtierenden Regierung, sondern auch allen vorhergehenden Regierungen seit der Einführung von Gender Mainstreaming ausgestellt.

Die Ergebnisse aus dem empirischen Teil dieser Arbeit zeigen, dass es sinnvoll ist, Möglichkeiten und Wege aufzuzeigen, wie Chancengleichheit und Gender-Sensibilisierung in Organisationen vorangetrieben werden kann, um die Einkommensschere bzw. die Unterrepräsentanz von Frauen in Führungspositionen zu minimieren bzw. aufzuheben. Die Beteiligung von Frauen am Arbeitsleben, das wird durch die Erhebung deutlich, wird ein positiver Einfluss auf den wirtschaftlichen Erfolg von Unternehmen zugeschrieben. Allerdings zeigt sich auch, dass eine grundlegende Veränderung von Strukturen, Prozessen und Werthaltungen in Organisationen kaum erwünscht ist, sondern teilweise sogar abgelehnt wird (vgl. Brettschneider 2008, 261). Zugespitzt auf zwei Aspekte bedeutet das, dass Gleichstellungsmaßnahmen nur dann ernst genommen werden, wenn sie wenig bis gar nichts kosten oder auch Männern Vorteile bieten.

Neben diesen ökonomischen Zugängen tragen Theorien der sozialen Geschlechterkonstruktion zur Erklärung der Arbeitsteilung in der Familie bei, denn im alltäglichen Prozess des „Doing Gender" stellen nach Haas (2009, 137) die handelnden Personen das Verhältnis der Geschlechter aktiv her, indem den Geschlechtern unterschiedliche, meist komplementäre Rollen und Fähigkeiten zugeschrieben werden. Zu den wichtigsten Gestaltungsprinzipien der österreichischen Sozialpolitik zählt die Erwerbs- und Familienorientierung und aufgrund des nach wie vor dominierenden Modells der Arbeitsteilung zwischen den Geschlechtern werden Frauen hinsichtlich Einkommen und Aufstiegschancen diskriminiert (vgl. Appelt 2009, 32). Nach Appelt (2009, 33) setzt der vergeschlechtlichte Wohlfahrtsstaat Österreich dabei weiterhin auf die familiäre Rolle von Frauen und trägt dazu bei, die geschlechtsspezifische Arbeitsteilung und die damit verbundene Geschlechterhierarchie zu zementieren. Daran hat auch Gender Mainstreaming seit seiner verpflichtenden Einführung vor rund zehn Jahren nichts geändert.

Nur in wenigen Ausnahmefällen, wie beim Frauenministerium und teilweise dem Sozialministerium, werden einhellig von allen Interviewpartner/innen Bemühungen um Gleichstellung von Frauen und Männern auf dem Arbeitsmarkt als echtes Anliegen empfunden. Besonders betont werden in diesem Zusammenhang die nachhaltige Verfolgung der 40% Frauenquote in den Führungspositionen, die Offenlegung der Löhne und Gehälter sowie der Nationale Aktionsplan für Gleichstellung. Man hätte einerseits erwarten dürfen, dass auch das Finanzministerium als verantwortliches Ressort für die Umsetzung von Gender Budgeting, einem Instrument, dem durchgängig von allen Interviewpartner/innen ein besonders hohes Potenzial in der Gleichstellungsthematik von Frauen und Männern zugeschrieben wird, als gleichstellungsorientiert eingeschätzt wird. Andererseits überrascht es nicht, dass gerade das Finanzministerium von den Befragten als generell eher untätig in Sachen Gleichstellung von Frauen und Männern auf dem Arbeitsmarkt gesehen wird, denn Finanzministerien erweisen sich als besonders resistent gegenüber Fragen der Geschlechtergerechtigkeit (vgl. Caglar 2003, 132). Die Expert/inn/en sind sich darin einig, dass die bisherigen Bemühungen des Frauenministeriums in jeder erdenklichen Hinsicht von den Mitgliedern der Regierung und aller politischen Parteien unterstützt werden müssten, um endlich eine Gleichstellung hinsichtlich Einkommen und Führungspositionen zu erreichen.

Alle anderen Ministerien, so fordern die Interviewpartner/innen, sollten in der gleichen Art und Weise wie das Frauen- und Sozialministerium Ziele für die Umsetzung von Gender Mainstreaming formulieren, vereinbaren und vor allem evaluieren. Diesem letzten Punkt, der Evaluierung, kommt insoferne ganz besondere Bedeutung zu, da eine reine Evaluierung an sich noch keine Veränderung herbeiführt. Wie die angeführten Studien im theoretischen Teil und die Ergebnisse aus den Interviews im empirischen Teil eindrucksvoll beweisen, führt dies dazu, dass man nach zehn Jahren seit der verpflichtenden Einführung von Gender Mainstreaming eher Rückschritte als Fortschritte hinsichtlich der geschlechtsspezifischen Unterschiede auf dem Arbeitsmarkt zu verzeichnen hat. Die logische Schlussfolgerung daraus lautet: die Nichterfüllung der Zielvorgaben muss spürbare Konsequenzen haben. Wie im empirischen Teil herausgearbeitet wurde, scheint die Quotenregelung in Verbindung mit Sanktionen ein wirksames Mittel zu sein, ebenso wie die öffentliche Berichtspflicht in Verbindung mit einer unabhängigen Prüfstelle. Auch wenn die Quotenregelung häufig als unpopulärstes aller möglichen Maßnahmen genannt wird, überzeugen die Ergebnisse, die durch die Vorgabe von Quoten erreicht werden können. Die gesetzliche Verankerung der Maßnahmen stellt dabei für die Expert/inn/en eine unabdingbare Voraussetzung dar. Wird die Quotenregelung durch Sanktionen bei Nichterreichung verstärkt, ist sie ein besonders wirkungsvolles Mittel. Ein letztes Mal sei an dieser Stelle auf das Beispiel Norwegens verwiesen, das es geschafft hat, mit diesen unpopulären Maßnahmen zum Vorbild der EU zu werden, was die Umsetzung von Gender Mainstreaming insgesamt, speziell aber auch die Anzahl von Frauen in Spitzenpositionen betrifft.

Das Resümee aus den vorangegangenen Ausführungen lautet daher, dass die bisherigen Schwerpunktlegungen der österreichischen Bundesregierungen darauf hindeuten, dass Gender Mainstreaming eher als bürokratisches denn als transformatorisches und geschlechtsdemokratisches Instrument umgesetzt wird (vgl. Sauer 2009, 51). Nach Sauer (2009, 51) sind die Motivierung von Mädchen für technische Berufe oder die Vereinbarkeit von Beruf und Familie klassische Projekte, die in erster Linie auf Frauen, aber kaum auf Männer und auf eine Neuordnung der Geschlechterverhältnisse im Berufs- und Arbeitsleben abzielen. Auf den Punkt gebracht: diese einseitige Orientierung besitzt nicht das Potenzial, über Gender Mainstreaming Chancengleichheit bei Einkommen und Führungspositionen herzustellen. Denn eine Gleichstellung der Frauen auf dem Arbeitsmarkt ist nach Biffl (2009, 163) nicht mit der Bekämpfung der Diskriminierung von Frauen zu erzielen, sondern es bedarf strategischer Weichenstellungen, die bei den Auslösern für die Schlechterstellung der Frauen auf dem Arbeitsmarkt ansetzen.

Aufgrund der Ergebnisse des theoretischen und empirischen Teils der vorliegenden Arbeit muss die Forschungsfrage so beantwortet werden: die bisher aufgrund von Gender Mainstreaming eingeleiteten Maßnahmen haben noch nicht zu einer Gleichstellung in Bezug auf den Zugang zu Führungspositionen und in Bezug auf die Entlohnung in Organisationen des Öffentlichen Dienstes geführt. Aus den Interviews mit den Expert/inn/en lässt sich jedoch die Hoffnung darauf ableiten, dass aufgrund der Gender Mainstreaming Maßnahmen in einer ausgesprochen langfristigen Perspektive Gleichstellung von Frauen und Männern bei Einkommen und Aufstiegschancen erreicht werden kann.

11. Zusammenfassung und Empfehlungen für die weitere Forschung und Gleichstellungspolitik

Im elften und zugleich Schlusskapitel dieser Arbeit werden zunächst die wichtigsten Inhalte und Erkenntnisse aus den einzelnen Kapiteln des theoretischen und empirischen Teils zusammengefasst. Daran anschließend werden die sich daraus ableitenden Empfehlungen für die weitere Forschung und die Gleichstellungspolitik gegeben.

11.1. Zusammenfassung

Die vorliegende Arbeit wurde in zwei Hauptkapitel untergegliedert: einerseits dem ersten Teil, in dem die Ausgangslage des Forschungsvorhabens und die Forschungsgrundlagen vermittelt wurden, andererseits den zweiten empirischen Teil, in dem die Forschungsmethode und die Ergebnisse aus den Expert/inn/en-Interviews dargestellt wurden. Zur Beschreibung des konkreten Forschungsvorhabens wurden zu Beginn des ersten Hauptkapitels die Ausgangslage, die Zielsetzung, die Forschungsfrage und der Aufbau der Arbeit behandelt. Aufbauend auf der Forschungsfrage, inwieweit die bisher aufgrund von Gender Mainstreaming eingeleiteten Maßnahmen in der Arbeitsmarktpolitik eine Gleichstellung in Bezug auf den Zugang zu Führungspositionen und bezüglich der Entlohnung in Organisationen herbeiführen, wurden im zweiten Kapitel die Grundlagen zu Gender Mainstreaming beschrieben. Nach der Erklärung des Begriffs, der Entstehung und Definition von Gender Mainstreaming erfolgte eine Betrachtung, ob es sich bei Gender Mainstreaming um eine Strategie, ein Konzept oder ein Programm handelt.

Um die Forschungsfrage beantworten zu können, war es eine notwendige Voraussetzung, den Stand der Umsetzung von Gender Mainstreaming auf dem österreichischen Arbeitsmarkt und hier mit besonderem Augenmerk auf den Arbeitsmarkt des Öffentlichen Dienstes zu durchleuchten. Deshalb wurden im dritten Kapitel des theoretischen Teils zunächst die Entwicklung und der Status Quo von Gender Mainstreaming in Österreich mit besonderem Fokus auf Einkommen und Führungspositionen beschrieben. Dabei stellte sich sehr bald heraus, dass es in Politik, Wirtschaft sowie Wissenschaft keine übereinstimmende Meinung dazu gibt, welche konkreten Maßnahmen Gender Mainstreaming zuzuordnen sind.

Daher wurden daran anschließend die bisher aufgrund von Gender Mainstreaming eingeleiteten Maßnahmen zur Gleichstellung auf dem Arbeitsmarkt vorwiegend in den Internetseiten jener Organisationen recherchiert, die zur Durchführung von Gender Mainstreaming verpflichtet sind, wie die Bundesregierung, die Ministerien, das Arbeitsmarktservice und die Arbeiterkammer. Nach der Darstellung der Maßnahmen, die diese Organisationen in ihren Internetseiten darstellen, erfolgte im letzten Teil des dritten Kapitels eine Gegenüberstellung von Gender Mainstreaming und Frauenförderung, da diese beiden Konzepte zwar die gleiche Zielsetzung haben, nämlich Gleichstellung von Frauen und Männern bei Einkommen und Führungspositionen zu erreichen, sich jedoch durch die Herangehensweisen deutlich voneinander unterscheiden. Während Gender Mainstreaming bereits in der Konzeptionsphase von politischen Entscheidungsprozessen auf allen Ebenen Berücksichtigung finden soll, wird Frauenförderung mit einem eigens dafür vorgesehenen Budget als punktuelle Maßnahme zur Beseitigung von Ungleichbehandlung, unter anderem auf dem Arbeitsmarkt, verstanden.

Das vierte Kapitel im ersten Hauptkapitel befasste sich mit der Beschreibung der Daten und Fakten zu Einkommen und Führungspositionen. Dabei wurde der Fokus in erster Linie auf Daten und Fakten des Arbeitsmarktes des Öffentlichen Dienstes gelegt. Die teilweise Erweiterung der Darstellungen auf den gesamten österreichischen Arbeitsmarkt ist darin begründet, dass es nicht immer möglich war, aus den erhobenen Daten und Fakten die rein auf den Öffentlichen Dienst bezogenen Grundlagen herauszuarbeiten. Eine weitere Begründung liegt darin, dass bewusst der Kontext und Vergleich zu anderen Teilarbeitsmärkten in Österreich hergestellt werden sollte. Gleiches gilt für die Erweiterung auf Daten und Fakten im Vergleich zur Europäischen Union bzw. im internationalen Vergleich. Aus diesem vierten Kapitel wurde das Resümee gezogen, dass zwar die Benachteiligung von Frauen bei Einkommen und Führungspositionen im Öffentlichen Dienst aufgrund strengerer gesetzlicher Vorgaben im Vergleich zum privatwirtschaftlichen Arbeitsmarkt in Österreich nicht so gravierend ist, aber dennoch von einer Gleichstellung der Geschlechter hinsichtlich dieser beiden Themenbereiche keine Rede sein kann. Noch schlechter fällt das Urteil im Vergleich zur Europäischen Union bzw. im internationalen Vergleich aus, wie zahlreiche Studien aus der jüngsten Vergangenheit beweisen (vgl. Gender Gap Report 2010, Frauenbericht 2010).

Aufbauend auf den Ergebnissen aus Kapitel vier wurde im fünften Kapitel herausgearbeitet, welche theoretischen Ansätze die geschlechtsspezifische Teilung des Arbeitsmarktes erklären können. Mit Doing Gender wurde ein interaktiver Herstellungsprozess der Geschlechterverhältnisse und deren Reproduktion in Kommunikation, Interaktion und Institutionen beschrieben. Sowohl das eingelernte geschlechtsspezifische Handeln als auch die Zuschreibung von

Geschlechterstereotypen, die in den täglichen Interaktionen verfestigt werden, wirken dabei als unbewusste Barriere für Frauen. Der Segregationsansatz erklärte die Ungleichbehandlung von Frauen und Männern betreffend Einkommen und Führungspositionen durch die horizontale und vertikale Segregation des Arbeitsmarktes. Vereinfacht gesagt bedingt horizontale Segregation Benachteiligung in der Entlohnung, während vertikale Segregation Benachteiligung bei den Aufstiegschancen hervorruft. Im Anschluss an den Segregationsansatz wurden die Mechanismen der Arbeitsmarktdiskriminierung beschrieben. Diese Mechanismen reichen von den Geschlechtsstereotypen und Vorurteilen über die Arbeits- und Organisationskultur hin bis zu den Einstellungen der Männer zur Gleichstellung und den eigenen Handlungen von Frauen.

Kapitel Nummer sechs widmete sich dem theoretisch-konzeptionellen Bezugsrahmen für die eigene Analyse. Für die vorliegende Forschungsarbeit wurden die Gendertheorien als auch die Organisationstheorien zugrunde gelegt. Nach der Diskussion der verschiedenen Gender-Ansätze wurde eine Einordnung von Gender Mainstreaming im Gender Diskurs anhand des Beispiels Karriereentwicklung und Führung in Organisationen vorgenommen, wobei Gender Mainstreaming im Rahmen dieser Dissertation dem Differenzansatz zugeordnet wurde. Die Diskussion über den Einfluss von Gender Mainstreaming auf die soziale Konstruktion von Geschlecht rundete das Kapitel über Gender Mainstreaming und seine Verbindungen zum Gender Diskurs ab. Daran anschließend erfolgte eine Darstellung des Zusammenhangs zwischen Gender Mainstreaming und der sozialen Konstruktion von Organisationen. Nach der Begriffsklärung und der Aufzählung der verschiedenen Ansätze in den Organisationstheorien wurden konkret die mikro- sowie makrotheoretischen Ansätze in den Organisationstheorien vorgestellt. Schließlich wurde auf objektivistische und konstruktivistische Ansätze in den Organisationstheorien eingegangen, wobei Gender Mainstreaming in der vorliegenden Arbeit dem Konstruktivismus zugeordnet wurde. Der sozial-konstruktivistische Ansatz wurde deshalb gewählt, weil damit einerseits die soziale Konstruiertheit von Gender hervorgehoben wird und weil dieser die Bedeutung der Sprache im Prozess der Wirklichkeitskonstruktion besonders hervorhebt. Das Wechselspiel zwischen Bewusstsein und Kommunikation erfolgt über die Sprache, denn über die Sprache entsteht zunächst auf der kognitiven Ebene der handelnden Personen Bewusstsein über Gender Mainstreaming, welches sich später in den Organisationen und am Ende in der Gesellschaft fortsetzt. Zuletzt wurden in Kapitel sechs organisationaler Wandel und Change Management als Voraussetzung für eine erfolgreiche Umsetzung von Gender Mainstreaming diskutiert. Im siebten und letzten Kapitel des ersten Hauptkapitels wurden die bisherigen Ausführungen und Ergebnisse in fünf zentrale Thesen zusammengefasst. Diese fünf zentralen Thesen bildeten den Ausgangspunkt für die empirische Analyse, indem sie für die Auswahl des Untersuchungsdesigns sowie den Aufbau und Inhalt des Interviewleitfadens verantwortlich zeichneten.

Kapitel acht eröffnete den empirischen Teil mit der Beschreibung der qualitativen Sozialforschung als handlungsleitende Untersuchungsmethode und der qualitativen Evaluationsforschung. Evaluationsforschung allgemein wird eingesetzt, um den Umsetzungsstand und Fortschritt politischer Programme, wie in diesem Fall Gender Mainstreaming, zu überprüfen. Qualitative Evaluation bedeutet in diesem Sinne die Verbindung der Evaluationsforschung mit den Methoden der qualitativen Sozialforschung. Die Auswahl der Interviewpartner/innen ergab sich aus dem Fokus auf den Arbeitsmarkt des Öffentlichen Dienstes und deshalb wurden vorrangig Expert/inn/en aus Ministerien und anderen regierungsnahen Organisationen sowie den im Parlament vertretenen politischen Parteien befragt, welche zur Umsetzung von Gender Mainstreaming verpflichtet sind. Im Folgenden wurde die Erhebungsmethode mit dem leitfadengestützten Expert/inn/en-Interview, der Konstruktion des Interviewleitfadens sowie der konkreten Durchführung der Interviews vorgestellt. Mit der qualitativen Inhaltsanalyse, der Entwicklung des Kategoriensystems und des Kodierleitfadens sowie der computergestützten Auswertung wurde danach die Vorgangsweise bei der Auswertung der Expert/inn/en-Interviews beschrieben.

In Kapitel neun wurden die Ergebnisse aus der empirischen Untersuchung sehr detailliert dargestellt. Die Frage, ob Gleichstellung bei Einkommen und Führungspositionen bei Frauen und Männern auf dem Arbeitsmarkt des Öffentlichen Dienstes bereits erreicht sei, wurde mit eindeutiger Mehrheit mit nein beantwortet. Nach der Aufzählung der Beiträge, die Gender Mainstreaming zur Gleichstellung der Geschlechter hinsichtlich der beiden Themenstellungen leisten kann, wurden die auf Basis von Gender Mainstreaming eingeleiteten Maßnahmen erörtert. Dabei wurde herausgearbeitet, dass dem Gender Budgeting, der Quotenregelung bei Führungspositionen, einer Berichtspflicht über Gleichstellungsmaßnahmen sowie Sanktionen bei Nichterfüllung das meiste Potenzial zugetraut wird, Gleichstellung bei Entlohnung und Führungspositionen herbeiführen zu können. Der überwiegende Teil der Expert/inn/en war der Ansicht, dass die Organisationen des Öffentlichen Dienstes derzeit noch eine geschlechtsblinde Haltung einnehmen. Der ökonomische Vorteil von Gleichstellung von Frauen und Männern auf dem Arbeitsmarkt wurde zwar niemals in Frage gestellt, jedoch haben die Interviewpartner/innen deutlich zum Ausdruck gebracht, dass dieses Ziel nicht das vordergründige sein kann und niemals dem Ziel der Gleichstellung aus einer emanzipatorischen Sichtweise heraus übergeordnet werden darf.

Bei der Änderung der Rollenbilder sehen die Befragten zwar kleine, langsame Fortschritte, bringen aber andererseits klar zum Ausdruck, dass eine grundlegende Veränderung nicht zu beobachten sei. Den meisten Erfolg hätte nach Ansicht der

Expert/inn/en eine duale Vorgangsweise: während Frauen stärker um die Änderung der geschlechtsspezifischen Rollenbilder kämpfen müssten, sollten Männer die Blockaden gegenüber den Gleichstellungs-Anliegen der Frauen ablegen. Den Themenbereichen Reorganisation und Change Management kommt dabei eine nicht zu unterschätzende Bedeutung zu. Wie sich sowohl aus zahlreichen Studien als auch den Interviews mit den Interviewpartner/innen belegen ließ, herrscht die einhellige Meinung vor, dass Gleichstellung von Frauen und Männern auf dem Arbeitsmarkt einen Vorteil für Unternehmen und Organisationen darstellt: Organisationen, in denen gemischte Teams arbeiten, sind wirtschaftlich erfolgreicher als geschlechtsspezifisch einseitig besetzte Unternehmen. Einen nicht zu unterschätzenden Faktor stellt dabei die einseitige Verteilung der familiären Verpflichtungen dar: während Frauen noch immer den überwiegenden Anteil der Hausarbeit übernehmen, sind Männer fast völlig frei von diesen Verpflichtungen und können viel unbelasteter ihre beruflichen Vorstellungen realisieren. Gender Mainstreaming kommt hier die bedeutende Aufgabe zu, über Reorganisation und Change Management die festgefahrenen Rollenbilder zu durchbrechen, um Frauen die gleichen Möglichkeiten bei Einkommen und Aufstiegschancen zu ermöglichen.

Das zehnte Kapitel widmete sich der Interpretation und Bewertung der Ergebnisse entlang den in Kapitel sieben formulierten fünf zentralen Thesen. Danach erfolgte die Beantwortung der Forschungsfrage auf Basis der im vorangegangen Kapitel beschriebenen Ergebnisse. Dabei wurde festgestellt, dass die bisher aufgrund von Gender Mainstreaming eingeleiteten Maßnahmen bisher noch nicht zu einer Gleichstellung in Bezug auf den Zugang zu Führungspositionen und in Bezug auf die Entlohnung in Organisationen des Öffentlichen Dienstes geführt haben. Aus den Interviews mit den Expert/inn/en konnte jedoch die Hoffnung herausgelesen werden, dass aufgrund der Gender Mainstreaming Maßnahmen in einer ausgesprochen langfristigen Perspektive Gleichstellung von Frauen und Männern bei Einkommen und Aufstiegschancen erreicht werden kann. Die Mechanismen der Ungleichbehandlung von Frauen und Männern auf dem Arbeitsmarkt werden in der einschlägigen Literatur als sehr vielfältig beschrieben. Nicht nur, dass diese Mechanismen aus Sicht der Expert/inn/en zweifellos bestehen, so ergaben die Interviews im empirischen Teil, dass es der Gesellschaft offensichtlich gelingt, diese subtilen Mechanismen der Benachteiligung immer wieder so zu verändern, dass Ungleichbehandlung nach wie vor bestehen bleibt.

Nach dieser Zusammenfassung der wichtigsten Inhalte und Erkenntnisse aus den einzelnen Kapiteln sowohl des theoretischen als auch des empirischen Teiles der Arbeit werden nun resultierend daraus Empfehlungen für die weitere Forschung und die Gleichstellungspolitik gegeben:

11.2. Empfehlungen für die weitere Forschung

Gender Mainstreaming stellt den Anspruch, dass bei jedem politischen Prozess und den daraus resultierenden Maßnahmen die Auswirkungen auf die Kategorie Geschlecht mitgedacht werden muss. Im Zuge der Recherchen und des Literaturstudiums für den theoretischen Teil kamen immer wieder Zweifel auf, ob diesem Anspruch in der täglichen, politisch gelebten Praxis in ausreichendem Umfang nachgekommen wird. Die Interviews mit den Expert/inn/en haben diese Zweifel nicht nur untermauert, sondern es wurde ganz konkret und mehrfach bestätigt, dass Gender Mainstreaming als Begriff bereits in das Bewusstsein der Entscheidungsträger/innen in der Regierung, in den Ministerien und den regierungsnahen Institutionen vorgedrungen ist, in der alltäglichen Praxis jedoch die eigentlich recht strikten Vorgaben von Gender Mainstreaming bei der Entscheidungsfindung und Umsetzung von Maßnahmen eine sehr untergeordnete bis überhaupt keine Rolle spielen. Deshalb lautet die erste Empfehlung für eine weitere Forschung herauszufinden, welche Einstellungen, Haltungen und Mechanismen der Entscheidungsträger/innen und Umsetzungsverantwortlichen die Grundlage dafür bilden, dass Gender Mainstreaming zehn Jahre nach seiner Einführung trotz der Verpflichtung zur Umsetzung bei politischen Entscheidungsprozessen nach wie vor nicht konsequent angewendet wird.

Die Verpflichtung zur Einführung von Gender Mainstreaming gilt zunächst einmal nur für öffentliche Institutionen und deshalb wurde in der vorliegenden Arbeit der Schwerpunkt auf die Analyse in diesen Organisationen gelegt. Jedoch ist es nicht verboten, sondern im Gegenteil, sehr erwünscht, dass Gender Mainstreaming auch in privatwirtschaftlichen Unternehmen in die Unternehmensstrategie integriert wird. Im Gegensatz zum Thema Diversität, welches besonders in international agierenden Konzernen bereits zum fixen Bestandteil der Unternehmenspolitik wurde, ist Gender Mainstreaming jedoch als Gleichstellungsstrategie weitgehend unbekannt geblieben. Es bietet sich daher an, die hier vorliegende Evaluierung in Organisationen des Öffentlichen Dienstes auf privatwirtschaftliche Unternehmen auszudehnen. Die Empfehlung wäre, bei der Wahl der Interviewpartner/innen in den ausgewählten Unternehmen nicht nur die mit Gender- und Diversitätsfragen Beauftragten zu befragen, sondern jeweils auch ein Mitglied der Geschäftsführung, um ein umfassenderes Gesamtbild zu erhalten.

Als weitere Möglichkeit für eine weiterführende Forschung ergibt sich die Frage nach der geeigneten Organisationsform: zu hinterfragen wäre dabei, welche Arbeits- und Organisationsformen gewählt werden müssten, damit Gender Mainstreaming Maßnahmen über Reorganisation und Change Management ihre volle Wirkung entfalten können. Unter der Annahme, dass Organisationen lernfähige

Gebilde sind, wäre herauszufinden, welche Arbeits- und Organisationsformen am besten geeignet sind, um das von Gender Mainstreaming angestrebte Gleichstellungsziel mittels Reorganisation und Change Management zu erreichen.

Die vierte und letzte Empfehlung für weitere Forschung nimmt Bezug auf die Mechanismen, die hinter jeder Benachteiligung stehen. Aus den Interviews mit den Expert/inn/en war deutlich herauszuhören, dass die subtilen Mechanismen der Ausgrenzung und Ungleichbehandlung von Frauen gegenübern Männern weiterhin bestehen und nicht nur das, sondern diese Ausschlussgründe von der Gesellschaft selbst laufend so verändert werden, dass die Ungleichbehandlung perpetuiert und nicht beendet wird. In diesem Sinne wird empfohlen, mit einer Forschung fortzusetzen, die sich mit der Frage beschäftigt, ob Gender Mainstreaming aus einer langfristigen Perspektive heraus das Potenzial besitzt, diese Mechanismen der Benachteiligung auszuschalten.

11.3. Empfehlungen für die Gleichstellungspolitik

Ganz zum Schluss der vorliegenden Arbeit stehen nun die Empfehlungen für die Gleichstellungspolitk. An vorderster Stelle Stelle sei genannt, dass Ungleichbehandlung von Frauen und Männern bei Einkommen und Führungspositionen von der Politik endlich erkannt und anerkannt werden muss. Die Formulierung von Zielen und die Vereinbarung von Maßnahmen erfolgt nur sehr punktuell von einzelnen Minister/inne/n und kann nicht als eine aus Gender Mainstreaming ableitbare Strategie interpretiert werden. Um Gender Mainstreaming strategisch voranzutreiben, müssten zwei Voraussetzungen erfüllt sein: erstens die Verankerung von Gender Mainstreaming im österreichischen Rechtssystem, um Maßnahmen zur Gleichstellung von Frauen und Männern bei Einkommen und Führungspositionen bei Bedarf rechtlich durchsetzen zu können; zweitens die formale und institutionelle Verankerung von Gender Mainstreaming in den Organisationen des Öffentlichen Dienstes und die Ausstattung dieser Organisationen mit einem eigens für Gender Mainstreaming Maßnahmen zweckgebundenem Budget.

Zum Gelingen von Gender Mainstreaming ist es zwingend erforderlich, die Vereinbarkeit von Beruf und Familie nicht ausschliesslich den Frauen zu überlassen, sondern auch zur Männersache zu machen. Dazu muss es gelingen, die traditionellen Rollenbilder dahingehend zu verändern, dass „Mann-Sein" nicht unbedingt nur mit „Karriere-Machen" verlinkt ist. Dies könnte aus zwei Richtungen forciert werden: einerseits dadurch, dass jüngere Männer, bei denen bereits ein Umdenken stattgefunden hat und die bereit sind, ihren Anteil an den familiären Verpflichtungen zu übernehmen, als Role Models dienen, um andere

Männer ebenfalls davon zu üerzeugen, ihren Beitrag im Haushalt und bei der Kindererziehung zu leisten; umgekehrt müssen junge Mädchen und Frauen dazu ermuntert werden, sich nicht schicksalhaft in die tradierten Rollenbilder zu ergeben, sondern um ihren Anteil am Berufsleben und letztlich ihren Anteil an der Macht zu kämpfen.

Die Politik wird gefordert sein, die konsequente Umsetzung von Gender Mainstreaming in den Organisationen des Öffentlichen Dienstes mit entsprechend wirksamen Maßnahmen zu verfolgen und mit einer permanenten Fortschrittskontrolle zu überprüfen, um Gleichstellung von Frauen und Männern bei Einkommen und Führungspositionen zu erreichen. Quoten und Sanktionen sind zwar wenig beliebt, beinhalten aber, wie die skandinavischen Länder eindrucksvoll vorgezeigt haben, eine enorme Hebelwirkung. Ganz besonders dann, wenn diese Maßnahmen zudem noch mit einer regelmäßigen Berichtspflicht an eine öffentliche Institution sowie der Einsetzung einer unabhängigen Prüfstelle verbunden werden. Schlussendlich waren sich die Interviewpartner/innen einig, dass dem Veränderungsprozess genügend Zeit eingeräumt werden muss, um dem Gender Mainstreaming die Möglichkeit zu geben, über konzeptionelle und strukturelle Änderungen maximale Wirkung zu entfalten.

12. Verzeichnis der Abbildungen und Tabellen

12.1. Abbildungen

12.2. Tabellen

13. Literaturverzeichnis

Aaltio, Iris/Mills, Albert J. (2002): Gender, Identitiy and the Culture of Organizations. Routledge Verlag, London.

Aboim, Sofia (2010): Gender cultures and the division of labour in contemporary Europe: a cross-national perspective. In: The Sociological Review 58:2, Blackwell Publishing, Oxford, S. 171–196.

Acker, Joan (1998): Hierarchies, Jobs, Bodies: A Theory of Gendered Organizations. In: Myers, Kristen A., Anderson, Cynthisa D. & Risman, Barbara J. (Hrsg.): Feminist Foundations, Towards Transforming Sociology. Thousand Oaks Verlag, 299–318.

Acker, Joan (2003): The Continuing Necessity of ‚Class' in Feminist Thinking. In: Knapp, Gudrun-Axeli, Wetterer, Angelika: Achsen der Differenz. Gesellschaftstheoretische und Feministische Kritik II. Westfälisches Dampfboot, Münster, S. 49–72.

Aderhold, Jens (2003): Organisation als soziales System. In: Weik, Elke/Lang, Rainhart (Hrsg): Moderne Organisationstheorien 2, Strukturorientierte Ansätze. Gabler Verlag, Wiesbaden, S. 153–188.

Amt der Tiroler Landesregierung (2009): Lohnunterschiede zwischen Männern und Frauen in Tirol, Gender Pay Gap. Amt der Tiroler Landesregierung, Raumordnung-Statistik, Landesstatistik Tirol, Innsbruck.

Anand, Sudhir: The Concern for Equity in Health. In: Anand, Sudhir/Peter, Fabienne/Sen, Amartya (2004): Public Health, Ethics and Equity. Oxford University Press, Oxford, S. 15–20.

Appelt, Erna (2009): Rahmenbedingungen und Etappen österreichischer Gleichstellungspolitik. In: Appelt, Erna (Hrsg): Gleichstellungspolitik in Österreich. Eine kritische Bilanz. Studienverlag, Innsbruck, S. 25–42.

Argyris, Chris/Schön, Donald A. (2002): Die lernende Organisation. Grundlagen, Methode, Praxis. Klett-Cotta Verlag, Stuttgart, 2. Auflage.

Arioli, Katharina Simone (1991): Frauenförderungsmassnahmen im Erwerbsleben unter besonderer Berücksichtigung der Verfassungsmäßigkeit von Quotenregeln. Dissertation der Rechts- und Sozialwissenschaftlichen Fakultät der Universität Zürich. Schulthess Polygraphischer Verlag AG, Zürich.

Arrow, Kenneth (1973): The Theory of Discrimination. In: Ashenfelter,Orley / Rees,Albert (Hrsg.): Discrimination in Labour Markets, University Press, Princeton, S. 3–33.

Auer, Manfred/Welte, Heike (2009): Betriebliche Gleichstellungspolitik – top oder flop? In: Appelt, Erna (Hrsg): Gleichstellungspolitik in Österreich. Eine kritische Bilanz. Studien Verlag, Innsbruck, S. 181–198.

Baer, Susanne (2002a): Gender Mainstreaming als Operationalisierung des Rechts auf Gleichheit. In: Bothfeld, Silke/Gronbach, Sigrid/Riedmüller, Barbara (Hrsg).: Gender Mainstreaming – eine Innovation in der Gleichstellungspolitik. Campus Verlag, Frankfurt, S. 41–62.

Baer, Susanne (2002b): Gender Mainstreaming – Theorie und Recht zum Wandel der Gleichstellungspolitik an Hochschulen. In: Baaken, Uschi/Plöger, Lydia (Hrsg.): Gender Mainstreaming. Konzepte und Strategien zur Implementierung an Hochschulen, Kleine Verlag, Bielefeld, S. 19–38.

Bambas, Alexandra/Casas, Juan Antonio (2003): Assessing Equity in Health. Conceptual Criteria. In: Richard Hofrichter (Hrsg.): Health and Social Justice. Politics, Ideology and Inequity in the Distribution of Disease. A Public Health Reader. Jossey-Bass, San Francisco, S. 321–334.

Barth, Erling/Roed, Marianne/Torp, Hege (2002): Towards a Closing of the Gender Pay Gap. A comparative study of three occupations in six European countries. Institute for Social Research, Oslo.

Bassanini, Andrea/Saint-Martin, Anne (2008): The Price of Prejudice: Labour Market Discrimination on the Grounds of Gender and Ethnicity, HAL-CNRS Working Papers, OECD.

Bauer, Ingrid (2002): Die Konstruktion von Geschlecht im medialen Diskurs. In: Bauer, Ingrid/Neissl Julia: Gender Studies. Denkachsen und Perspektiven der Geschlechter-forschung. Studienverlag, Innsbruck, S. 35–52 und 81–94.

Baur, Christine/Fleischer, Eva/Schober, Paul (2005): Gender Mainstreaming in der Arbeitswelt, Studienverlag, Innsbruck.

Bea, Franz Xaver/Göbel Elisabeth (2002): Organisation. Theorie und Gestaltung. Lucius & Lucius Verlag, Stuttgart, 2. Auflage.

Beatty, Joy E. (2007): Women and invisible social identities: women as the Other in organizations. In: Bilimoria, Diana/Piderit, Sandy Kristin: Handbook on Women in Business and Management. Edward Elgar Publishing, Cheltenham, S. 34–56.

Beauvoir, Simone de (1987): Das andere Geschlecht. Sitte und Sexus der Frau. Rowohlt Verlag, Reinbek bei Hamburg.

Becker, Gary S. (1971): The Economics of Discrimination. The University of Chicago Press, Chicago & London, 2. Auflage.

Becker-Schmidt, Regina/Knapp, Gudrun-Axeli (1987): Geschlechtertrennung, Geschlechter-differenz. Suchbewegungen des sozialen Lernens. Dietz Verlag, Bonn.

Behning, Ute/Sauer, Birgit (2005): Was ist Gender Mainstreaming? Debatten um ein politisches Instrument. In: Behning, Ute/Sauer, Birgit (Hrsg.): Was bewirkt Gender Mainstreaming? Evaluierung durch Policy Analysen. Campus Verlag, Frankfurt, S. 11–28.

Bendl, Regine (2004): Gendermanagement und Gender- und Diversitätsmanagement – ein Vergleich der verschiedenen Ansätze. In: Bendl, Regine/Hanappi-Egger, Edeltraud/Hofmann, Roswitha: Interdisziplinäres Gender- und Diversitätsmanagement. Einführung in Theorie und Praxis. Linde Verlag, Wien, S. 43–66.

Bendl, Regine (2005): Revisiting organization theory: Integration and deconstruction of gender and transformation of organization theory. Peter Lang Verlag, Frankfurt am Main.

Bendl, Regine (2006): Gender Theory Goes Business – Geschlechtertheorien als Ausgangspunkt zur Umsetzung von Gender Mainstreaming in verschiedenen Organisationskulturen. In: Gubitzer, Luise/Schunter-Kleemann, Susanne (Hrsg): Gender Mainstreaming – Durchbruch der Frauenpolitik oder deren Ende? Peter Lang Verlag, Frankfurt am Main, S. 69–104.

Bendl, Regine/Leitner, Andrea/Rosenbichler, Ursula/Walenta, Christa (2007): Geschlechter-theoretische Perspektiven und Gender Mainstreaming. In: EQUAL Entwicklungspartnerschaft (Hrsg.): Qualitätsentwicklung Gender Mainstreaming, Band 2. Wien, S. 33–64.

Bergmann, Nadja (2006): Die Strategie des Gender Mainstreaming. In: Diendorfer, Gertraude (Hrsg): Geschlechtergeschichte – Gleichstellungspolitik – Gender Mainstreaming. Forum Politische Bildung, Studien-Verlag, Wien, S. 41–48.

Bergmann, Nadja/Sorger, Claudia (2007): Die Umsetzung von Gender Mainstreaming in der österreichischen Arbeitsmarkt- und Beschäftigungspolitik. Ein Erfahrungsbericht der Gender Mainstreaming Koordinationsstelle im ESF. L&R Sozialforschung, Wien.

Biffl, Gudrun (2009): Wo Gleichstellungspolitik an ihre Grenzen stößt: Geschlechtersegregierte Arbeitsmärkte. In: Appelt, Erna (Hrsg): Gleichstellungspolitik in Österreich. Eine kritische Bilanz. Studien Verlag, Innsbruck, S. 149–166.

Blau, Francine D./Ferber, Marianne A./Winkler, Anne E. (2006): The Economics of Women, Men and Work. Pearson Education Inc., New Jersey, 5. Auflage.

Bluth, Stefanie (2004): Gender Mainstreaming in der Europäischen Union. LIT Verlag, Münster.

Böheim, René/Hofer, Helmut/Zulehner, Christine (2005): Wage Differences Between Men and Women in Austria: Evidence from 1983 and 1997. Forschungsinstitut zur Zukunft der Arbeit, Discussion Paper No. 1554.

Borjas, George J. (2009): Labour Economics. McGraw Hill / Irwin, New York, 5. Auflage.
Bortz, Jürgen/Döring, Nicola (2006): Forschungsmethoden und Evaluation für Human- und Sozialwissenschaftler. Springer Verlag, Heidelberg, 4. Auflage.
Breger, Claudia (2005): Identität. In: Von Braun, Christina/Stephan, Inge: Gender@Wissen. Ein Handbuch der Gender-Theorien. Böhlau Verlag, Köln, S. 47–65.
Brettschneider, Jenny (2008): Frauen in Führungspositionen: Anspruch und Wirklichkeit von Chancengleichheit. Dr. Kovac Verlag, Hamburg.
Bundesministerium für soziale Sicherheit und Generationen, BMSG (1999): Folder zu Gender Mainstreaming: Begriffsschema, Methodologie und Darstellung nachahmenswerter Praktiken. Wien.
Bundesministerium für soziale Sicherheit und Generationen, BMSG (2002): 2. Ministerratsbeschluss (Vortrag) vom 3. April 2002 betreffend Empfehlungen für die Umsetzung von Gender Mainstreaming. Wien.
Bundesministerium für Wirtschaft und Arbeit, BMWA (2000): Umsetzungsbericht 2000 zum Nationalen Aktionsplan für Beschäftigung. Wien.
Bundesministerium für Wirtschaft und Arbeit, BMWA (2001): Zielvorgaben des Bundes-ministers für Wirtschaft und Arbeit zur Durchführung der Arbeitsmarktpolitik an das Arbeitsmarktservice. Wien.
Bundesministerium für Wirtschaft und Arbeit, BMWA (2008): Zielvorgaben des Bundes-ministers für Wirtschaft und Arbeit zur Durchführung der Arbeitsmarktpolitik an das Arbeitsmarktservice. Wien.
Burbach, Christiane/Döge, Peter (2006): Gender-Bildung in Organisationen. In: Burbach, Christiane/Döge, Peter: Gender Mainstreaming. Lernprozesse in wissenschaftlichen, kirchlichen und politischen Organisationen. Vandenhoeck et Ruprecht, Göttingen, S. 185–194.
Butler, Judith (1990): Gender Trouble: Feminism and the Subversion of Identity. Routledge, New York.
Butler, Judith (1993): Bodies that matter. Routledge, New York.
Butler, Judith (2004): Undoing Gender. Routledge, New York.
Caglar, Gülay (2003): Gender Budgeting: Erfolgsrezept oder Mythos? In: Jansen, Mechthild/Röming, Angelika/Rohde, Marianne (Hrsg.): Gender Mainstreaming. Herausforderung für den Dialog der Geschlechter. Olzog Verlag, München, S. 124–144.
Calas, Marta B./Smircich, Linda (1996): From „The Woman's" Point of View: Feminist Approaches to Organization Studies. In: Clegg, Stewart R. (Hrsg.): Handbook of Organization Studies. Sage Publications, London, 1. Ausgabe, S. 218–245.

Chia, Robert (1996): Organizational Analysis as Deconstructive Practice. Walter de Gruyter, Berlin.
Clegg, Stewart/Kornberger, Martin/Pitsis, Tyrone (2008): Managing and Organizations. An Introduction to Theory and Practice. Sage Publications, London.
Coleman, James S. (1991): Grundlagen der Sozialtheorie. Band 1: Handlungen und Handlungssysteme. Oldenburg Verlag, München.
Cordes, Mechthild (2008): Neue Aspekte der Gleichstellungspolitik. In: Becker, Ruth/ Kortendiek, Beate (Hrsg.): Handbuch Frauen- und Geschlechterforschung. Theorie, Methoden, Empirie. Verlag für Sozialwissenschaften, Wiesbaden, 2. Auflage, S. 916–924.
Daly, Mary/Lewis, Jane (1998): Introduction: Conceptualising Social Care in the Context of Welfare State Restructuring. In: Lewis, Jane (Hrsg.): Gender, Social Care and Welfare State Restructuring in Europe. Ashgate Publishing, Aldershot, S. 1–24.
Daniels, Norman/Kennedy, Bruce/Kawachi, Ichiro: Health and Inequality, or, Why Justice is Good for Our Health. In: Anand, Sudhir/Peter, Fabienne/Sen, Amartya (2004): Public Health, Ethics and Equity. Oxford University Press. Oxford, S. 63–91.
Degener, Mirko (2008): Soziale Verantwortung und Unternehmenserfolg – die Bedeutung der Unternehmenskultur und des Human Resource Management für den ökonomischen Erfolg. In: Ulich, Eberhard (Hrsg): Unternehmensgestaltung im Spannungsfeld von Stabilität und Wandel. iafob (Institut für Arbeitsforschung und Organisationsberatung), Vdf Hochschul-verlag, 2008, Band 43, 291–310.
Delado, Juan Jose/Felgueroso, Florentino/Jimeno Juan F (2002): Recent Trends in Occupational Segregation by Gender: a Look accross the Atlantic. Discussion Paper No. 3421, Centre for Economic Policy Research, London.
Diekmann, Andreas (2003): Empirische Sozialforschung. Grundlagen, Methoden, Anwendungen. Rowohlt Taschenbuch Verlag, Reinbek bei Hamburg, 10. Auflage.
Dittrich, Anette (2003): Praxisüberlegungen aus Trägerperspektive. In: Jansen, Mechthild/Röming, Angelika/Rohde, Marianne (Hrsg.): Gender Mainstreaming. Herausforderung für den Dialog der Geschlechter. Olzog Verlag, München, S. 204–222.
Doblhofer, Doris/Küng, Zita (2008): Gender Mainstreaming. Gleichstellungsmanagement als Erfolgsfaktor – das Praxisbuch. Springer Medizin Verlag, Heidelberg.
Döge, Peter (2002a): Gender-Mainstreaming als Modernisierung von Organisationen. Ein Leitfaden für Frauen und Männer. IAIZ (Institut für anwen-

dungsorientierte Innovations- und Zukunftsforschung e.V.) Schriften Band 2, Berlin, 2. Auflage.
Döge, Peter (2002b): Chancengleichheit als Managing Diversity. Konzeptionen von Gender Mainstreaming im internationalen Überblick. In: Baaken, Uschi/ Plöger, Lydia (Hrsg.): Gender Mainstreaming. Konzepte und Strategien zur Implementierung an Hochschulen, Kleine Verlag, Bielefeld, S. 39–53.
Döge, Peter (2006): Von der Gleichstellung zur diskriminierungsfreien Gestaltung von Geschlechterkulturen: Gender Mainstreaming als Männlichkeitskritik. In: Burbach, Christiane/ Döge, Peter: Gender Mainstreaming. Lernprozesse in wissenschaftlichen, kirchlichen und politischen Organisationen. Vandenhoeck et Ruprecht, Göttingen, S. 25–38.
Duden (1999): Das große Wörterbuch der deutschen Sprache. Bibliographisches Institut & F.A. Brockhausen AG, Mannheim, 3. Auflage.
Ebster/Claus/Stalzer, Lieselotte (2002): Wissenschaftliches Arbeiten für Wirtschafts- und Sozialwissenschafter. WUV Universitätsverlag, Wien.
Ehrhardt, Angelika (2003): Gender Mainstreaming – wo es herkommt, was es will und wie es geht. In: Jansen, Mechthild/Röming, Angelika/Rohde, Marianne (Hrsg.): Gender Mainstreaming. Herausforderung für den Dialog der Geschlechter. Olzog Verlag, München, S. 13–33.
Ellmeier, Andrea (2006): Frauenpolitik. Zur Geschichte emanzipatorischer Politik und Praxis (in der Ersten Welt). Am Beispiel Österreich. In: Diendorfer, Gertraude (Hrsg): Geschlechter-geschichte – Gleichstellungspolitik – Gender Mainstreaming. Forum Politische Bildung, Studien-Verlag, Wien, S. 5–26.
Eltaewa, Aigul/Lambertz, Brigitte/Müller, Anja/Müller, Bernadette/Ohlsen, Gesa/Samadi, Sara (2002): Frauen in Führungspositionen. Shaker Verlag, Achen.
Esser, Hartmut (1993): Soziologie. Allgemeine Grundlagen. Campus Verlag, Frankfurt/Main.
Europarat (1998): Gender Mainstreaming. Konzeptueller Rahmen, Methodologie und Beschreibung bewährter Praktiken. GR-EG (98) 1 vom Mai 1998, Straßburg.
European Foundation for the Improvement of Living and Working Conditions (2006): The Gender Pay Gap. Background Paper.
Europäische Kommission (2008): Frauen und Männer in Entscheidungsfindungspositionen. Generaldirektion Beschäftigung, Soziales und Chancengleichheit, Referat G1, Luxembourg.
Europäische Kommission (2009): Frauen in der europäischen Politik – Zeit handeln. Generaldirektion Beschäftigung, Soziales und Chancengleichheit, Referat G1, Luxembourg.

Europäisches Parlament und der Rat der europäischen Union (1999): Verordnung Nr. 1784/1999 vom 12. Juli 1999 betreffend den Europäischen Sozialfonds (ESF), Amtsblatt der europäischen Gemeinschaften vom 13. August 1999.

Flick, Uwe (2006a): Qualitative Evaluationsforschung zwischen Methodik und Pragmatik – Einleitung und Überblick. In: Flick, Uwe (Hrsg): Qualitative Evaluationsforschung. Konzepte – Methoden – Umsetzung. Rowohlt Verlag, Reinbek bei Hamburg, S. 9–32.

Flick, Uwe (2006b): Interviews in der qualitativen Sozialforschung. In: Flick, Uwe (Hrsg): Qualitative Evaluationsforschung. Konzepte – Methoden – Umsetzung. Rowohlt Verlag, Reinbek bei Hamburg, S. 214–232.

Flick, Uwe (2007a): Zur Qualität qualitativer Forschung. In: Kukartz, Udo/Grunenberg, Heiko/ Dresing, Thorsten (Hrsg): Qualitative Datenanalyse: computergestützt. Methodische Hintergründe und Beispiele aus der Forschungspraxis. VS Verlag, Wiesbaden, 2. Auflage, S. 188–209.

Flick, Uwe (2007b): Qualitative Sozialforschung. Eine Einführung. Rowohlt Taschenbuch Verlag, Reinbek bei Hamburg.

Frauenbericht (2010): Bericht betreffend die Situation von Frauen in Österreich im Zeitraum von 1998 bis 2008. Bundesministerium für Frauen und Öffentlichen Dienst im Bundeskanzleramt Österreich, Wien.

Frauenberger, Sandra (2002): Gender Mainstreaming – eine Beschreibung. Broschüre der Gewerkschaft der Privatangestellten.

Fraser, Nancy (1997): Justice Interruptus. Reflections on the „Postsocialist" Condition. Routledge, New York.

Frey, Regina/Dingler, Johannes (2001): Wie Theorien Geschlechter konstruieren. In: Heinrich Böll Stiftung (Hrsg): Alles Gender? Oder was? Theoretische Ansätze zur Konstruktion von Geschlecht(ern) und ihre Relevanz für die Praxis in Bildung, Beratung und Politik. Dokumentation einer Fachtagung der Heinrich-Böll-Stiftung und des „Forum Männer in Theorie und Praxis der Geschlechterverhältnisse". Berlin, S. 7–25.

Frey, Regina (2003): Gender im Mainstreaming. Geschlechtertheorie und -praxis im internationalen Diskurs, Ulrike Helmer Verlag, Königstein/Taunus.

Fritz, Elfriede (2006): Gender Mainstreaming im Bundesministerium für Finanzen – Eine Strategie auf dem Weg. In: Gubitzer, Luise/Schunter-Kleemann, Susanne (Hrsg): Gender Mainstreaming – Durchbruch der Frauenpolitik oder deren Ende? Peter Lang Verlag, Frankfurt am Main, S. 145–158.

Fuchshuber, Eva (2006) im Auftrag des Bundesministeriums für Gesundheit und Frauen (Hrsg): Auf Erfolgskurs – Die Repräsentanz von Frauen in Führungspositionen in österreichischen Unternehmen sowie in der Selbstverwaltung. Studie im Auftrag des Bundesministeriums in Kooperation mit Frau in der Wirtschaft Österreich. Wien.

Gatrell, Caroline/Cooper, Cary L. (2007): (No) cracks in the glass ceiling: women managers, stress and the barriers to success. In: Bilimoria, Diana/Piderit, Sandy Kristin: Handbook on Women in Business and Management. Edward Elgar Publishing, Cheltenham, S. 57–77.

Gerhard, Birgit Margret (1995): Gender(de)konstruktionen zwischen Doing Science und Doing Organization. Dissertation der Wirtschaftswissenschaftlichen Fakultät der Universität Zürich.

Gildemeister, Regine/Wetterer, Angelika (1992): Wie Geschlechter gemacht werden. Die soziale Konstruktion der Zweigeschlechtlichkeit und ihre Reifizierung in der Frauenforschung. In: Knapp, Gudrun-Axeli/Wetterer Angelika: Traditionen Brüche. Entwicklungen feministischer Theorie. Kore-Verlag, Freiburg.

Gläser, Jochen/Laudel, Grit (2004): Experteninterviews und qualitative Inhaltsanalyse. VS Verlag für Sozialwissenschaften, Wiesbaden.

Goos, Gisela/Hansen, Katrin (2000): Führungsfrauen in der Wirtschaft. Studie zu Situation, Verhaltensweisen und Perspektiven. Hrsg.: Ministerium für Frauen, Jugend, Familie und Gesundheit des Landes Nordrhein-Westfalen, Düsseldorf.

Gschwandtner/Ulli, Buchinger/Birgit (2006): Gendern heißt ändern! Standards und Qualitätskriterien für Gender Mainstreaming-Prozesse. In: Gubitzer, Luise/Schunter-Kleemann, Susanne (Hrsg): Gender Mainstreaming – Durchbruch der Frauenpolitik oder deren Ende? Peter Lang Verlag, Frankfurt am Main, S. 235–249.

Gubitzer, Luise (2004): Einleitung. In: Gubitzer, Luise/Trukeschitz, Birgit (Hrsg): Frauen und Budget. Peter Lang Verlag, Frankfurt am Main, S. 85–113.

Gürtler, Christa/Hausbacher, Eva/Schmid-Bortenschlager, Sigrid (2002): Von der Frauenforschung zum Dekonstruktiven Feminismus in der Literaturwissenschaft. In: Bauer,

Ingrid/Neissl Julia: Gender Studies. Denkachsen und Perspektiven der Geschlechter-forschung. Studienverlag, Innsbruck, S. 81–94.

Haas, Barbara (2009): Geschlechtergerechte Arbeitsteilung – theoretisch ja, praktisch nein! Arbeitsteilung in österreichischen Paarhaushalten mit Kindern. In: Appelt, Erna (Hrsg): Gleichstellungspolitik in Österreich. Eine kritische Bilanz. Studienverlag, Innsbruck, S. 135–148.

Hackl, Ian (2006): Die Situation der geschlechtlichen Gleichstellung in der österreichischen Arbeitswelt – Status Quo, Hemnisse, Entwicklungen, Verbesserungsansätze, Gleichstellungsinstrumente. Diplomarbeit Wirtschaftsuniversität Wien.

Hanappi-Egger, Edeltraud (2004): Einführung in die Organisationstheorien unter besonderer Berücksichtigung von Gender- und Diversitätsaspekten.

In: Bendl, Regine/Hanappi-Egger, Edeltraud/Hofmann, Roswitha: Interdisziplinäres Gender- und Diversitätsmanagement. Einführung in Theorie und Praxis. Linde Verlag, Wien, S. 21–40.

Hejl, Peter M. (2003): Konstruktion der sozialen Konstruktion. In: Paul Watzlawick (Hrsg.): Einführung in den Konstruktivismus. Oldenbourg Verlag, München, 7. Auflage, S. 109–146.

Hochrangige Sachverständigengruppe (2004): Die Herausforderung annehmen. Die Lissabon-Strategie für Wachstum und Beschäftigung. Bericht der hochrangigen Sachverständigengruppe unter Vorsitz von Wim Kok. Amt für amtliche Veröffentlichungen der Europäischen Gemeinschaften, Luxemburg.

Hofmann, Isolde/Körner, Kristin/Färber, Christine/Geppert, Jochen/Rösgen, Anne/Wanzek Ute (2003): Gender Mainstreaming in Sachsen-Anhalt. Konzepte und Erfahrungen. Leske+Budrich Verlag, Opladen.

Hofmann, Roswitha (2004): Grundlagen der Gender- und Diversitätstheorien. In: Bendl, Regine/Hanappi-Egger, Edeltraud/Hofmann, Roswitha: Interdisziplinäres Gender- und Diversitätsmanagement. Einführung in Theorie und Praxis. Linde Verlag, Wien, S. 159–176.

Hofmann, Roswitha (2008): Gender- und Diversitätsmanagement in der österreichischen Wirtschaft – noch ein weiter Weg. In: Appiano-Kugler, Iris/Kogoj, Traude: Going Gender and Diversity. Ein Arbeitshandbuch. Facultas Verlag, Wien, S. 22–31.

Holst, Elke (2006): Women in Mangerial Positions in Europe. Discussion Papers 557, German Institute for Economic Research, Berlin.

Holzleithner, Elisabeth (2002): Von der Gleichheit aller Bürger zum Gender Mainstreaming – ein Paradigmenwechsel? In: Bauer, Ingrid/Neissl Julia: Gender Studies. Denkachsen und Perspektiven der Geschlechterforschung. Studienverlag, Innsbruck, S. 17–34.

Hyöng, Stephan (2002): Gleichstellungspolitik als Klientelpolitik greift zu kurz. In: Bothfeld, Silke/Gronbach, Sigrid/Riedmüller, Barbara (Hrsg).: Gender Mainstreaming – eine Innovation in der Gleichstellungspolitik. Campus Verlag, Frankfurt, S. 199–228.

Hyöng, Stephan/Lange Ralf (2004): Gender Mainstreaming – ein Ansatz zur Auflösung männerbündischer Arbeits- und Organisationskultur? In: Meuser, Michael/Neusüß Claudia (Hrsg.): Gender Mainstreaming. Konzepte, Handlungsfelder, Instrumente. Bundeszentrale für politische Bildung, Bonn, S. 103–121.

Hyöng, Stefan/Puchert, Ralf (1998): Die Verhinderung der beruflichen Gleichstellung. Männliche Verhaltensweisen und männerbündische Kultur. Kleine Verlag, Bielefeld.

Hyöng, Stephan/Schwerma, Klaus (2002): Gender Mainstreaming – Möglichkeiten und Grenzen aus der Perspektive von Männern. In : Nohr, Barbara/ Veith, Silke (Hrsg.) Gender Mainstreaming – Kritische Reflexionen einer neuen Strategie. Dietz Verlag, Berlin, 56–62.

Hübler, Olaf (2003): Geschlechtsspezifische Lohnunterschiede. In: Mitteilungen aus der Arbeitsmarkt- und Berufsforschung, Jahrgang 36, Heft 4, S. 539–559.

Jarosch, Monika (2001): Frauenquoten in Österreich. Grundlagen und Diskussion. Studien Verlag, Innsbruck.

Jauk, Vera (2003): Gender Mainstreaming. Eine neue Strategie zur Umsetzung der Chancengleichheit in Österreich. In: Schacherl, Ingrid (Hrsg.): Gender Mainstreaming. Kritische Reflexionen. Studia Universitätsverlag, Innsbruck, S. 57–78.

Kamleithner, Renate (2006): Geschlechtergerechtes Europa? In: WISO Wirtschafts- und Sozialpolitische Zeitschrift, 29. Jahrgang, Oktober 2006, S. 123–134.

Kanter, Rosabeth Moss (1998): The Impact of Hierarchical Structures on the Work Behaviour of Women and Men. In: Myers, Kristen A., Anderson, Cynthisa D. & Risman, Barbara J. (Hrsg.): Feminist Foundations, Towards Transforming Sociology. Thousand Oaks Verlag, 259–277.

Kieser, Alfred (2002): Konstruktivistische Ansätze. In: Kieser, Alfred (Hrsg.): Organisationstheorien. Kohlhammer Verlag, Stuttgart, 5. Auflage, S. 287–314.

Klaus, Elisabeth (2002a): Ein Zimmer mit Ausblick? Perspektiven kommunikationswissenschaftlicher Geschlechterforschung. In: Klaus, Elisabeth/ Röser, Jutta/Wischermann, Ulla (Hrsg): Kommunikationswissenschaft und Gender Studies. Westdeutscher Verlag, Wiesbaden, S. 20–41.

Klaus, Elisabeth (2002b): Die Konstruktion von Geschlecht im medialen Diskurs. In: Bauer, Ingrid/Neissl Julia: Gender Studies. Denkachsen und Perspektiven der Geschlechter-forschung. Studienverlag, Innsbruck, S. 67–80.

Klinger, Cornelia (2003): Ungleichheiten in den Verhältnissen von Klasse, Rasse und Geschlecht. In: Knapp, Gudrun-Axeli/Wetterer, Angelika (Hrsg): Achsen der Differenz. Gesellschaftstheoretische und feministische Kritik II. Westfälisches Dampfboot, Münster, S. 14–48.

Knapp, Gudrun-Axeli (2008): Gleichheit, Differenz, Dekonstruktion: Vom Nutzen theoretischer Ansätze der Frauen- und Geschlechterforschung für die Praxis. In: Krell, Gertraude: (Hrsg.): Chancengleichheit durch Personalpolitik. Gabler Verlag, Wiesbaden, 5. Auflage, S. 163–174.

Koall, Iris (1999): Managing Gender and Diversity – von der Homogenität zur Heterogenität in der Organisation der Unternehmung, Dissertation, LIT Verlag, Münster.

Kommission der europäischen Gemeinschaften (2007): Mitteilung der Kommission an das Europäische Parlament, den Europäischen Wirtschafts- und Sozialausschuss und den Ausschuss der Regionen zur Bekämpfung des geschlechtsspezifischen Lohngefälles, Brüssel.

Kommission der europäischen Gemeinschaften (2008): Bericht der Kommission an den Rat, das europäische Parlament, den europäischen Wirtschafts- und Sozialausschuss und den Ausschuss der Regionen zur Gleichstellung von Frauen und Männern, Brüssel.

Kram, Kathy E./Mc Collom Hampton, Marion (2003): When Women Lead: The Visibility-Vulnerability Spiral. In: Ely, Robin J./Foldy, Erica Gabrielle/Scully, Maureen A.: Reader in Gender, Work and Organization. Blackwell Publishing, Malden, S. 211–224.

Krell, Gertraude/Mückenberger, Ulrich/Tondorf, Karin (2008): Gender Mainstreaming: Chan-cengleichheit (nicht nur) für Politik und Verwaltung. In: Krell, Gertraude: (Hrsg.): Chancengleichheit durch Personalpolitik. Gabler Verlag, Wiesbaden, 5. Auflage, S. 97–114.

Krell, Gertraude (2008): „Vorteile eines neuen, weiblichen Führungsstils": Ideologiekritik und Diskursanalyse. In: Krell, Gertraude: (Hrsg.): Chancengleichheit durch Personalpolitik. Gabler Verlag, Wiesbaden, 5. Auflage, S. 319–330.

Kroll, Renate (2002): Metzlers Lexikon Gender Studies. Geschlechterforschung. Metzlerverlag, Stuttgart.

Kromrey, Helmut (2001): Evaluation – ein vielschichtiges Konzept. Begriff und Methodik von Evaluierung und Evaluationsforschung. In: Sozialwissenschaften und Berufspraxis, 24. Jahrgang, Heft 2, S. 105–131.

Kuckartz, Udo/Dresing, Thorsten/Rädiker, Stefan/Stefer, Claus (2008): Qualitative Evaluation. Der Einstieg in die Praxis. VS Verlag für Sozialwissenschaften, Wiesbaden, 2. Auflage.

Kuppe, Gerlinde/Körner, Kristin (2002): Gender Mainstreaming. Ein Beitrag zum Change Management in Politik und Verwaltung. In: Peters, Sybille/Bensel, Norbert (Hrsg): Frauen und Männer im Management. Gabler Verlag, Wiesbaden, 2. Auflage, S. 199–210.

Lamnek, Siegfried (1993): Qualitative Sozialforschung. Band 1, Methodologie. Beltz Psychologie Verlags Union, Hemsbach, 2. Auflage.

Lamnek, Siegfried (2005): Qualitative Sozialforschung. Beltz Verlag, Weinheim und Basel, 4. Auflage.

Lehner, Erich (2002): Die Organisation als Männerbund. In: Wolf, Michael (Hrsg): Frauen und Männer in Leitungsfunktionen. Unbewusste Prozesse und die Dynamik von Macht und Geschlecht. Brandes&Apsel Verlag, Frankfurt am Main, S. 19–36.

Leitner, Andrea/Wroblewski Angela (2000): Chancengleichheit und Gender Mainstreaming. Ergebnisse der begleitenden Evaluierung des österreichischen NAP. Institut für Höhere Studien, Reihe Soziologie, Heft 41, Wien.

Leitner, Andrea (2005): Gender als Mainstream. Doing Gender in Theorie und politischer Praxis. Institut für Höhere Studien, Reihe Soziologie, Heft 70, Wien.

Leitner, Andrea/Walenta, Christa (2007): Gleichstellungsindikatoren im Gender Mainstreaming. In: EQUAL Entwicklungspartnerschaft (Hrsg.): Qualitätsentwicklung Gender Mainstreaming, Band 5. Wien, S.11–56.

Liebold, Renate/Trinczek, Rainer (2002): Experteninterview. In: Kühl, Stefan/ Strodtholz, Petra (Hrsg): Methoden der Organisationsforschung. Ein Handbuch. Rowohlt Taschenbuch Verlag, Reinbek Hamburg, S. 33–70.

Löw, Martina (2005): Frigga Haug: Frauen – Opfer oder Täter? In: Löw, Martina/ Mathes Bettina (Hrsg.): Schlüsselwerke der Geschlechterforschung. Verlag für Sozial-wissenschaften, Wiesbaden, S. 148–157.

Lüdemann, Christian (1998): Das Mikro-Makro-Modell von James S. Coleman, Kontrollübertragung und fremdenfeindliche Gewalt. In: Müller, Hans-Peter/ Schmid, Michael (Hrsg.): Norm, Herrschaft und Vertrauen. Beiträge zu James S. Colemans Grundlagen der Sozialtheorie. Westdeutscher Verlag, Opladen/ Wiesbaden, S. 157–179.

Maier, Friederike (2002): Gleichstellungspolitische Fortschritte durch Europäische Beschäftigungsstrategie und Gender Mainstreaming? In: Maier, Friederike/Fiedler, Angela (Hrsg): Gender Matters. Ed. Sigma Verlag, Berlin, S. 61–85.

Marotzki, Winfried (2003): Leitfadeninterview. In: Bohnsack, Ralf/Marotzki, Winfried/Meuser, Michael (Hrsg.): Hauptbegriffe Qualitative Sozialforschung, Leske+Budrich, Opladen, S. 114.

Mayring, Philipp (2002): Einführung in die qualitative Sozialforschung. Eine Anleitung zu qualitativem Denken. Beltz Verlag, Weinheim und Basel, 5. Auflage.

Mayring, Philipp (2008): Qualitative Inhaltsanalyse. Grundlagen und Techniken. Beltz Verlag, Weinheim und Basel, 10. Auflage.

McGregor, Elizabeth/Bazo, Fabiola (2001): Gender Mainstreaming in Science and Technology. A Reference Manual for Governments and Other Stakeholders. Gender Management System Series, Commonwealth Secretariat, London.

Metz-Göckel, Sigrid (2002): Etikettenschwindel oder neuer Schritt im Geschlechter- und Generationenverhältnis? Zur Karriere des Gender Mainstreaming in Politik und Wirtschaft. In: Zeitschrift für Frauenforschung, 20. Jahrgang, Heft 1+2. Bielefeld 2002, S. 11–25.

Meuser, Michael/Nagel, Ulrike (2003): Evaluationsforschung. In: Bohnsack, Ralf/Marotzki, Winfried/Meuser, Michael (Hrsg.): Hauptbegriffe Qualitative Sozialforschung, Leske+Budrich, Opladen, S. 55–58.
Meyer, Dorit (2001): Gender Mainstreaming: Bedeutung – Entstehung – Kontext einer neuen politischen Strategie. In: Stiftung SPI. Ginsheim, Gabriele von/ Meyer, Dorit: Gender Mainstreaming. Neue Perspektiven für die Jugendhilfe. Berlin, S. 25–40.
Michalitsch, Gabriele (2006): Gleichheit, Differenz, Gerechtigkeit. Gender-Mainstreaming im Spiegel feministischer Theorien. In: Gubitzer, Luise/Schunter-Kleemann, Susanne (Hrsg): Gender Mainstreaming – Durchbruch der Frauenpolitik oder deren Ende? Peter Lang Verlag, Frankfurt am Main, S. 15–38.
Moritz, Ingrid (2008): Gender Mainstreaming in der AK Wien. In: Appiano-Kugler, Iris/Kogoj, Traude: Going Gender and Diversity: ein Arbeitshandbuch. Facultas Verlag, Wien, S. 75–82.
Mühlberger, Ulrike (2004): Arbeitsmarktökonomie aus der Gender-Perspektive. In: Bendl, Regine/Hanappi-Egger, Edeltraud/Hofmann, Roswitha: Interdisziplinäres Gender- und Diversitätsmanagement. Einführung in Theorie und Praxis. Linde Verlag, Wien, S. 181–200.
Naderer, Ruth/Sauer, Petra/Wieser, Christina (2009) im Auftrag der AK Österreich: Frauen in Geschäftsführung und Aufsichtsrat. Eine Untersuchung in den den Top-200 Unternehmen. Arbeiterkammer Österreich, Wien.
Naylon, Isabel/Weber, Friederike (2000): Gender Mainstreaming als Ansatz einer Politik der Gleichstellung am Arbeitsmarkt. (Hrsg): Arbeitsmarktservice Österreich, Abteilung Berufsinformations- und Qualifikationsforschung, Verlag Hofstätter, Wien.
Nickel, Hildegard Maria (2006): Gender Studien in einzelnen Disziplinen: Wirtschafts-wissenschaft. In: Braun, Christina von/ Stephan, Inge: Gender Studien. Eine Einführung. J.B. Metzler Verlag, Stuttgart, S. 124–135.
Österreichische Bundesregierung (2008): Regierungsprogramm 2008–2013, Gemeinsam für Österreich, Republik Österreich, Wien.
Olivetti, Claudia/Petrongolo, Barbara (2006): Unequal Pay or Unequal Employment? A cross-country Analysis of Gender Gaps. Discussion Paper No. 5506, Centre for Economic Policy Research, London.
Osterloh, Margit/Littmann-Wernli, Sabina (2002): Die „gläserne Decke“ – Realität und Widersprüche. In: Peters, Sybille/Bensel, Norbert (Hrsg): Frauen und Männer im Management. Gabler Verlag, Wiesbaden, 2. Auflage, S. 259–276.
Pascall, Gillian/Lewis, Jane (2004): Emerging Gender Regimes and Policies for Gender Equality in a Wider Europe. Journal of Social Policy, 33(3), July 2004, Cambridge University Press, Cambridge, S. 373–394.

Pastner, Ulrike (1999a): Benchmarking gender equality – Austria: report fort he EU-Group of Experts „Gender&Employment“, Equal Opportunities Unit, GD V, Commission of the European Union. Forschungs- und Beratungsstelle Arbeitswelt, FORBA Research Report 1/99, Wien.
Pastner, Ulrike (1999b): Reduzierung der vertikalen Segregation mit den Mitteln betrieblicher Frauenförderung. In: Buchinger, Birgit/Gschwandtner, Ulrike: Europa und alles wird gut? Tagungsdokumentation. Bundesministerium für Arbeit, Gesundheit und Soziales, Wien, S. 54–55
Peters, Sybille (2002): Frauen in Führungspositionen In: Peters, Sybille/Bensel, Norbert (Hrsg): Frauen und Männer im Management. Gabler Verlag, Wiesbaden, 2. Auflage, S. 23–48.
Peters, Sybille (2003): Perspektivenvielfalt für Frauen und Männer im Management? In: Jansen, Mechthild/Röming, Angelika/Rohde, Marianne (Hrsg.): Gender Mainstreaming. Herausforderung für den Dialog der Geschlechter. Olzog Verlag, München, S. 145–165.
Plantenga, Janneke/Remery, Chantal (2006): The gender pay gap – Origins and policy responses. A comparative review of 30 European countries. (Hrsg): Group of experts on Gender, Social Inclusion and Employment. European Commission, Luxembourg.
Preglau, Max (2009): Geschlechterpolitische Aspekte der österreichischen Familienpolitik. In: Appelt, Erna (Hrsg): Gleichstellungspolitik in Österreich. Eine kritische Bilanz. Studien Verlag, Innsbruck, S. 115–134.
Puchert, Ralf/Hyöng, Stefan (2000): Die Ausbremser. Wie Männer die Gleichstellung verhindern. Kreuz Verlag, Zürich.
Puchert, Ralf (2003): Männliche Arbeitskultur. Wie Gleichstellung ganz ohne Strategie verhindert wird. In. Schacherl, Ingrid (Hrsg.): Gender Mainstreaming. Kritische Reflexionen. Studia Universitätsverlag, Innsbruck, S. 79–91.
Rösgen, Anne (2006): Männerbeteiligung und Gender Mainstreaming (GeM) – „Garant für Erfolg oder neuer Mythos?“ In: Gubitzer, Luise/Schunter-Kleemann, Susanne (Hrsg): Gender Mainstreaming – Durchbruch der Frauenpolitik oder deren Ende? Peter Lang Verlag, Frankfurt am Main, S. 179–196.
Rosenbichler, Ursula (2006): Frauenpolitische Betrachtungen zum Thema (Un-) Gleichstellung der Geschlechter am Arbeitsmarkt oder: Wie und wem nutzt Gender Mainstreaming? In: Gubitzer, Luise/Schunter-Kleemann, Susanne (Hrsg): Gender Mainstreaming – Durchbruch der Frauenpolitik oder deren Ende? Peter Lang Verlag, Frankfurt am Main, S. 105–126.
Rosenbichler, Ursula/Schörghuber, Karl (2007): Integratives Konzept zu: Gender Mainstreaming als Systementwicklung. In: EQUAL Entwicklungspartnerschaft (Hrsg.): Qualitätsentwicklung Gender Mainstreaming, Band 2. Wien, S. 11–32.

Rüegg-Stürm, Johannes (2001): Organisation und organisationaler Wandel. Eine theoretische Erkundung aus konstruktivistischer Sicht. Westdeutscher Verlag, Wiesbaden.

Rubery, Jill/Smith, Mark/Fagan, Colette/Grimshaw, Damian (1998): Women and European Employment. Routledge, London.

Rubery, Jill (2002): Gender mainstreaming and European employment policy. In: Mosley, Hugh/O'Reilly, Jacqueline/Schömann, Klaus: Labour Markets, Gender and Institutional Change – Essays in Honour for Günther Schmid. Edward Elgar Publishing, Cheltenham, S. 111–129.

Rubery, Jill/Grimshaw, Damian/Figueiredo, Hugo (2002): The Gender Pay Gap and Gender Mainstreaming Pay Policy in EU Member States. EWERC, Manchester School of Management, Manchester, UK.

Rubery, Jill/Grimshaw, Damian/Smith, Mark/Figueiredo, Hugo (2004): Gender Mainstreaming and the European Employment Strategy. EWERC, Manchester School of Management, Manchester, UK.

Rubery, Jill/Grimshaw, Damian/Figueiredo, Hugo (2005): How to close the gender pay gap in Europe: towards the gender mainstreaming of pay policy. Industrial Relations Journal Nr. 36–3, Blackwell Publishing, Malden, S. 184–213.

Sanders, Karin/Kianty, Andrea (2006): Organisationstheorien. Eine Einführung. VS Verlag für Sozialwissenschaften, Wiesbaden.

Sauer, Birgit (2009): Gleichstellungspolitik und neoliberaler Staatsumbau. Chancen und Restriktionen. In: Appelt, Erna (Hrsg): Gleichstellungspolitik in Österreich. Eine kritische Bilanz. Studienverlag, Innsbruck, S. 43–56.

Schacherl, Ingrid (2003): Gender Mainstreaming in Theorie und Praxis. In: Schacherl, Ingrid (Hrsg.): Gender Mainstreaming. Kritische Reflexionen. Studia Universitätsverlag, Innsbruck, S. 19–28.

Schmidt, Angelika (2004): Gendergerechte Personalentwicklung. In: Bendl, Regine/Hanappi-Egger, Edeltraud/Hofmann, Roswitha: Interdisziplinäres Gender- und Diversitätsmanagement. Einführung in Theorie und Praxis. Linde Verlag, Wien, S. 131–152.

Schmidt, Silke (2003): Gender Mainstreaming als Herausforderung für eine zukunftsorientierte Personalarbeit. Die Gleichstellung von Mann und Frau am Arbeitsplatz im europäischen Kontext. Deutscher Universitäts-Verlag, Wiesbaden.

Schmidt, Verena (2001): Gender Mainstreaming als Leitbild für Geschlechtergerechtigkeit in Organisationskulturen. In: Zeitschrift für Geschlechterforschung und Geschlechterstudien, Heft 1, S. 45–62.

Schmitt, Katja (2005): Gender Mainstreaming im Spannungsfeld von Theorie und Praxis. VDM Verlag Dr. Müller, Berlin.

Schörghuber, Karl (2007): Zum Mainstreamen von Systemen und Organisationen – Bausteine für ein gelingendes Gender Mainstreaming. In: EQUAL Entwicklungspartnerschaft (Hrsg.): Qualitätsentwicklung Gender Mainstreaming, Band 7. Wien, S. 13–28.

Squires, Judith/Wickham-Jones, Marc (2004): New Labour, Gender Mainstreaming and the Women and Equality Unit. Political Studies Association, Blackwell Publishing, Oxford, S. 81–98.

Schubert, Renate/Littmann-Wernli, Sabina (2001): Stereotype in Unternehmen – Barrieren für Frauen. In: Assig, Dorothea (Hrsg.): Frauen in Führungspositionen. Die besten Erfolgskonzepte aus der Praxis. Deutscher Taschenbuch-Verlag, München, S. 23–49.

Schülein, Johann August/Reitze, Simon (2002): Wissenschaftstheorie für Einsteiger. WUV Universitätsverlag, Wien.

Schütte, Wilfried (2007): ATLAS.ti 5 – ein Werkzeug zur qualitativen Datenanalyse. Gesprächsforschung, Online Zeitschrift zur verbalen Interaktion (www.gespraechsforschung-ozs.de), Ausgabe 8, S. 57–72.

Schunter-Kleemann, Susanne (2001): Gender Mainstreaming – Neoliberale Horizonte eines neuen Gleichstellungs-Konzeptes. Kurswechsel, Zeitschrift für gesellschafts-, wirtschafts- und umweltpolitische Alternativen, „Europa unterwegs ins 21. Jahrhundert“, Heft 3/2001.

Schunter-Kleemann, Susanne (2004): Gender-Mainstreaming. Ein doppelbödiges Konzept. In: Gubitzer, Luise/Trukeschitz, Birgit (Hrsg): Frauen und Budget. Peter Lang Verlag, Frankfurt am Main, S. 85–113.

Schunter-Kleemann, Susanne (2006): Gender Mainstreaming und die Ziele der Neuen Frauenbewegung(en). In: Gubitzer, Luise/Schunter-Kleemann, Susanne (Hrsg): Gender Mainstreaming – Durchbruch der Frauenpolitik oder deren Ende? Peter Lang Verlag, Frankfurt am Main, S. 39–67.

Schwarzer, Susanne (2000): Leitfaden Gender Mainstreaming. Frauenbüro Magistrat 57 der Stadt Wien, Milena, Wien.

Schweikert, Birgit (2002): „Alles Gender – oder?“. Die Implementierung von Gender Mainstreaming auf Bundesebene. In: Bothfeld, Silke/Gronbach, Sigrid/Riedmüller, Barbara (Hrsg).: Gender Mainstreaming – eine Innovation in der Gleichstellungspolitik. Campus Verlag, Frankfurt, S. 83–107.

Statistik Austria (2008): Arbeitsmarktstatistik, Schnellbericht 4. Quartal. Mikrozensus-Arbeitskräfteerhebung, Statistik Austria, Wien.

Statistik Austria (2009): Verdienststrukturerhebung 2006. Statistik Austria, Wien.

Statistik Austria (2010): Statistisches Jahrbuch Österreichs 2010, Kapitel 09, Einkommen; Verdienste. Statistik Austria, Wien.

Stechert, Kathryn (1988). Frauen setzen sich durch. Leitfaden für den Berufsalltag mit Männern. Campus Verlag, Frankfurt am Main/New York.
Steinhage, Rosemarie (2006): Gender Mainstreaming in Organisationen. Die Berücksichtigung geschlechtsspezifischer Bedürfnisse, Interessen und Verhaltensweisen. In: Straumann, Ursula/Zimmermann-Lotz Christiane (Hrsg): Personenzentriertes Coaching und Supervision. Asanger Verlag, S. 160–176.
Steinke, Ines (2000): Gütekriterien qualitativer Forschung. In: Flick, Uwe, Kardoff, Ernst von/Steinke, Ines (Hrsg): Qualitative Forschung: ein Handbuch. Rowohlt Taschenbuch Verlag, Reinbek bei Hamburg, S. 319–331.
Stiegler, Barbara (1998): Frauen im Mainstreaming: politische Strategien und Theorien zur Geschlechterfrage. Hrsg.: Friedrich-Ebert-Stiftung, Abt. Arbeits- und Sozialpolitik. Expertisen zur Frauenforschung. Bonn.
Stiegler, Barbara (2002a): Gender macht Politik. 10 Fragen und Antworten zum Konzept Gender Mainstreaming. Hrsg.: Friedrich-Ebert-Stiftung, Abt. Arbeits- und Sozialpolitik. Expertisen zur Frauenforschung. Bonn.
Stiegler, Barbara (2002b): Wie Gender in den Mainstream kommt. In: Bothfeld, Silke/Gronbach, Sigrid/Riedmüller, Barbara (Hrsg).: Gender Mainstreaming – eine Innovation in der Gleichstellungspolitik. Campus Verlag, Frankfurt, S. 19–40.
Stiegler, Barbara (2003): Gender Mainstreaming. Postmoderner Schmusekurs oder geschlechterpolitische Chance? Hrsg.: Friedrich-Ebert-Stiftung, Abt. Arbeits- und Sozialpolitik. Expertisen zur Frauenforschung. Bonn.
Stiegler, Barbara (2004): Geschlechter in Verhältnissen. Denkanstöße für die Arbeit in Gender Mainstreaming Prozessen. Hrsg.: Friedrich-Ebert-Stiftung, Abt. Arbeits- und Sozialpolitik. Expertisen zur Frauenforschung. Bonn.
Stiglitz, Joseph E. (1973): Approaches tot he Economics of Discrimination. In: The American Economic Association: The American Economic Review. American Economic Association, Menasha, Wisconsin, S. 287–295.
Stockmann, Reinhard (2006): Evaluation in Deutschland. In: Stockmann, Reinhard (Hrsg): Evaluationsforschung. Grundlagen und ausgewählte Forschungsfelder. Waxmann Verlag, Münster, S. 15–46.
Struthmann, Sandra (2008): Theorie und Praxis des Gender Mainstreaming. Frauen in Führungspositionen der Wissenschaft. VDM Verlag, Saarbrücken.
Sturmfels, Christa (2002): Lebenszyklus, Geschlecht und Führung. In: Wolf, Michael (Hrsg): Frauen und Männer in Leitungsfunktionen. Unbewusste Prozesse und die Dynamik von Macht und Geschlecht. Brandes&Apsel Verlag, Frankfurt am Main, S. 73–90.
Verloo, Mieke (2001): Another Velvet Revolution? Gender Mainstreaming and the Politics of Implementation. IWM Working Paper No. 5/2001, Vienna.

Verloo, Mieke (2005): Displacement and Empowerment: Reflections on the Concept and Practice of the Council of Europe Approach to Gender Mainstreaming and Gender Equality. Social Politics, Oxford University Press, S. 344–365.

Verloo, Mieke (2007): Gutes Gender Mainstreaming in der Praxis. In: Baer, Susanne/Hildebrandt, Karin (Hrsg): Gender Works! Gender Mainstreaming: Gute Beispiele aus der Facharbeit. Peter Lang Verlag, Frankfurt, S. 15–24.

Walby, Sylvia (2005): Gender Mainstreaming: Productive Tensions in Theory and Praxis. Social Politics 12(3), S. 321–324.

Walch, Jutta (1980): Ökonomie der Frauendiskriminierung. Rudolf Haufe Verlag, Freiburg im Breisgau.

Weg, Marianne (2003a): Gender Mainstreaming. Zukunftsstrategie für Gleichstellungspolitik? In. Schacherl, Ingrid (Hrsg.): Gender Mainstreaming. Kritische Reflexionen. Studia Universitätsverlag, Innsbruck, S. 29–55.

Weg, Marianne (2003b): Gender Mainstreaming in der Arbeitsmarktpolitik: besonderer Auftrag – besonderer Handlungsbedarf. In: Jansen, Mechthild/Röming, Angelika/Rohde, Marianne (Hrsg.): Gender Mainstreaming. Herausforderung für den Dialog der Geschlechter. Olzog Verlag, München, S. 49–76.

Weick, Karl E. (1995): Der Prozess des Organisierens. Suhrkamp Verlag, Frankfurt am Main.

Weik, Elke (2003): Postmoderne Theorie und Theorien der Postmoderne. In: Weik, Elke/Lang, Rainhart (Hrsg): Moderne Organisationstheorien 2, Strukturorientierte Ansätze. Gabler Verlag, Wiesbaden, S. 93–120.

Welpe, Ingelore/Schmeck, Marike (2005): Kompaktwissen Gender in Organisationen. Peter Lang Verlag, Frankfurt.

Weinbach, Heike (2001): Über die Kunst Begriffe zu fluten. Die Karriere des Konzeptes Gender Mainstreaming. In: Forum Wissenschaft (Hrsg.): Alles Gute kommt von oben? Gender Mainstreaming in der Diskussion. Heft 2–2001, S. 6–13.

West, Candace/Zimmermann, Don H (1998): Doing Gender. In: Myers, Kristen A., Anderson, Cynthisa D. & Risman, Barbara J. (Hrsg.): Feminist Foundations, Towards Transforming Sociology. Thousand Oaks Verlag, 167–190.

West, Candace/Zimmermann, Don H (2002): Doing Gender. In: Doing Gender, Doing Difference. Inequality, Power and Institutional Change. Routledge Verlag, New York, S. 3–24.

West, Candace/Zimmermann, Don H (2003): Doing Gender. In: Ely, Robin J./Foldy, Erica Gabrielle/Scully, Maureen A.: Reader in Gender, Work and Organization. Blackwell Publishing, Malden, S. 62–74.

Wetterer Angelika (1995): Dekonstruktion und Alltagshandeln. Die (möglichen) Grenzen der Vergeschlechtlichung von Berufsarbeit. In: Wetterer, Angelika

(Hrsg.): Die soziale Konstruktion von Geschlecht in Professionalisierungsprozessen. Campus Verlag, Frankfurt, S. 223–246.

Wetterer Angelika (2001): Das Geschlecht (bei) der Arbeit. Zur Logik der Vergeschlechtlichung von Berufsarbeit. In: Pasero, Ursula/Braun, Friedericke (Hrsg): Konstruktion von Geschlecht. Centaurus Verlag, Herbolzheim, 2. Auflage, S. 199–224.

Wetterer, Angelika (2003): Gender Mainstreaming und Managing Diversity. Rhetorische Modernisierung oder Paradigmenwechsel in der Gleichstellungspolitik? In. Schacherl, Ingrid (Hrsg.): Gender Mainstreaming. Kritische Reflexionen. Studia Universitätsverlag, Innsbruck, S. 131–151.

Wilson, Fiona M. (2002): Management and the Professions: How Cracked ist That Glass Ceiling? Public Money and Management Journal, January-March 2002, The Chartered Institute of Public Finance and Accountancy.

Wilz, Sylvia M. (2008): Organisation: Die Debatte um ‚Gendered Organizations'. In: Becker, Ruth/Kortendiek, Beate (Hrsg.): Handbuch Frauen- und Geschlechterforschung. Theorie, Methoden, Empirie. Verlag für Sozialwissenschaften, Wiesbaden, 2. Auflage, S. 505–511.

Wöhl, Stefanie (2007): Mainstreaming Gender? Widersprüche europäischer und nationalstaatlicher Geschlechterpolitik. Ulrike Helmer Verlag, Frankfurt am Main.

World Economic Forum (2009): Global Gender Gap Report. Genua, Schweiz.

Wrangell, Ute von (2003): Gender Mainstreaming, Frauenbeauftragte, Gleichstellungsbeauftragte – wie passt das zusammen? In: Jansen, Mechthild/Röming, Angelika/Rohde, Marianne (Hrsg.): Gender Mainstreaming. Herausforderung für den Dialog der Geschlechter. Olzog Verlag, München, S. 49–76.

Wroblewski, Angela/Lassnig, Lorenz/Kahlhammer, Elisa (2007): Evaluation von GM-Implementierungsprozessen. In: EQUAL Entwicklungspartnerschaft (Hrsg.): Qualitätsent-wicklung Gender Mainstreaming, Band 5. Wien, S.81–97.

Wroblewski Angela, Leitner/Andrea (2004): Benchmarking Chancengleichheit. Österreich im EU Vergleich. Institut für Höhere Studien, Reihe Soziologie, Heft 67, Wien.

www.ingramcontent.com/pod-product-compliance
Ingram Content Group UK Ltd.
Pitfield, Milton Keynes, MK11 3LW, UK
UKHW021913290926
8980IPUK00015B/1228

9 783631 625415